Violência contra crianças e adolescentes

V795   Violência contra crianças e adolescentes : teoria, pesquisa e prática / Luísa F. Habigzang ... [et al.]. – Porto Alegre : Artmed, 2012.
280 p. : il ; 25 cm.

ISBN 978-85-363-2649-8

1. Psicologia da criança – Violência. 2. Psicologia da adolescência – Violência. I. Habigzang, Luísa F.

CDU 159.922.73/.8

Catalogação na publicação: Ana Paula M. Magnus – CRB 10/2052

Luísa F. Habigzang
Silvia H. Koller
e colaboradores

Violência contra crianças e adolescentes

teoria, pesquisa e prática

2012

© Grupo A Educação S.A., 2012

Capa: *Paola Manica*

Preparação de originais: *Lara Frichenbruder Kengeriski*

Editora sênior – Ciências Humanas: *Mônica Ballejo Canto*

Editoração eletrônica: *Formato Artes Gráficas*

Reservados todos os direitos de publicação, em língua portuguesa, à
ARTMED EDITORA LTDA., divisão do GRUPO A EDUCAÇÃO S.A.
Av. Jerônimo de Ornelas, 670 – Santana
90040-340 Porto Alegre RS
Fone (51) 3027-7000 Fax (51) 3027-7070

É proibida a duplicação ou reprodução deste volume, no todo ou em parte,
sob quaisquer formas ou por quaisquer meios (eletrônico, mecânico, gravação,
fotocópia, distribuição na Web e outros), sem permissão expressa da Editora.

SÃO PAULO
Av. Embaixador Macedo Soares, 10.735 – Pavilhão 5 – Cond. Espace Center
Vila Anastácio – 05095-035 – São Paulo SP
Fone (11) 3665-1100 Fax (11) 3667-1333

SAC 0800 703-3444
IMPRESSO NO BRASIL
PRINTED IN BRAZIL
Impresso sob demanda na Meta Brasil a pedido de Grupo A Educação.

Autores

Luísa Fernanda Habigzang (org.) – Psicóloga pela Universidade do Vale do Rio dos Sinos (UNISINOS). Mestre e Doutora em Psicologia pela Universidade Federal do Rio Grande do Sul (UFRGS). Pós-doutoranda em Psicologia pela UFRGS (PRODOC/CAPES). Professora convidada do Curso de Especialização em Terapia Cognitivo-Comportamental da UFRGS. Coordenadora do CEP-RUA/NH. *E-mail*: habigzang.luisa@gmail.com

Silvia H. Koller (org.) – Psicóloga. Doutora em Educação pela Pontifícia Universidade Católica do Rio Grande do Sul (PUCRS). Professora do Programa de Pós-Graduação em Psicologia da Universidade Federal do Rio Grande do Sul (UFRGS). Pesquisadora 1A do CNPq. Coordenadora do CEP-RUA/Psicologia/UFRGS. *E-mail*: silvia.koller@pq.cnpq.br

Alice Queiroz Telmo – Graduanda do curso de Psicologia pela PUCRS. Atuou no Grupo de Pesquisa Processo e Organizações de Pequenos Grupos e, atualmente, integra o Centro de Estudos Psicológicos de Meninos e Meninas de Rua da UFRGS (CEP-RUA). *E-mail*: alicetelmo@gmail.com

Aline Cardoso Siqueira – Psicóloga. Doutora em Psicologia pela UFRGS. Professora Adjunta do Departamento de Psicologia da Universidade Federal de Santa Maria. *E-mail*: alinecsiq@gmail.com

Ana Carina Stelko-Pereira – Psicóloga. Mestre em Educação Especial. Doutoranda em Psicologia pela Universidade Federal de São Carlos. Bolsista FAPESP. *E-mail*: anastelko@gmail.com

Ana Paula Lazzaretti de Souza – Psicóloga. Mestre e doutoranda em Psicologia pela UFRGS. Bolsista da CAPES e membro do Centro de Estudos Psicológicos sobre Meninos e Meninas de Rua (CEP-RUA). *E-mail*: anapaula.lazzaretti@gmail.com

Carolina Lisboa – Psicóloga. Doutora em Psicologia. Professora do Programa de Pós-Graduação em Psicologia Clínica da UNISINOS. Membro do Grupo de Pesquisa sobre Desenvolvimento em Situação de Risco Pessoal e Social/CNPq. Coordenadora do Grupo de Pesquisa sobre Relações Interpessoais, Sócio-Cognições, Bullying e Cyberbullying. *E-mail*: lisboacaro@gmail.com

Cátula Pelisoli – Psicóloga. Especialista em Psicoterapias Cognitivo-Comportamentais – WP. Mestre e doutoranda em Psicologia pela UFRGS.Psicóloga do Centro de Atenção Psicossocial Casa Aberta – Osório/ RS. Psicóloga clínica. Professora da Faculdade Cenecista de Osório – FACOS. Membro do Núcleo de Estudos e Pesquisa em Adolescência – NEPA/ UFRGS. *E-mail*: catulapelisoli@yahoo.com.br

Clarissa De Antoni – Psicóloga. Especialista em Psicologia Social pela PUCRS. Mestre e Doutora em Psicologia pela UFRGS. Professora Adjunta da Universidade Federal de Ciências da Saúde de Porto Alegre (UFCSPA). Professora convidada no Curso de Especialização em Saúde Comunitária (UFRGS). Membro do CEP-Rua. *E-mail*: clarissadeantoni@yahoo.com.br

Cosme Marcelo Furtado Passos da Silva – Estatístico. Doutor em Engenharia Biomédica pelo Instituto Alberto Luiz Coimbra de Pós-Graduação e Pesquisa de Engenharia (COPPE/UFRJ). Pesquisador em Saúde Pública da Escola Nacional de Saúde Pública Sergio Arouca (ENSP/FIOCRUZ). *E-mail*: cfpassos@ensp.fiocruz.br

Débora Dalbosco Dell'Aglio – Psicóloga. Mestre e Doutora em Psicologia do Desenvolvimento pela UFRGS. Docente do Programa de Pós-Graduação em Psicologia da UFRGS. Pesquisadora CNPq e Coordenadora do Núcleo de Estudos e Pesquisas em Adolescência (NEPA-UFRGS). *E-mail*: dalbosco@cpovo.net

Fernanda Bianchini – Psicóloga. Especialista em Psicologia Clínica: Ênfase em Saúde Comunitária. Escrivã de Polícia - Delegacia do Idoso Porto Alegre/RS. *E-mail*: nandabianchini@yahoo.com.br

Fernanda Helena Stroeher – Psicóloga, Especialista em Neuropsicologia pela UFRGS e Membro do Centro de Estudos Psicológicos sobre Meninos e Meninas de Rua em Novo Hamburgo (CEP-RUA/NH), bolsista de apoio técnico do CNPq. *E-mail*: fernandastroeher@yahoo.com.br

Guilherme Ebert – Graduando em Psicologia na UNISINOS. Membro Grupo de Pesquisa sobre Desenvolvimento em Situação de Risco Pessoal e Social/CNPq e Grupo de Pesquisa sobre Relações Interpessoais, Sócio-Cognições, Bullying e Cyberbullying. *E-mail*: guilherme.ebert@gmail.com

Jean Von Hohendorff – Psicólogo. Mestrando em Psicologia pela UFRGS, Centro de Estudos Psicológicos sobre Meninos e Meninas de Rua de Novo Hamburgo (CEP-Rua/NH). *E-mail*: jhohendorff@gmail.com

Jeane Lessinger Borges – Psicóloga. Mestre em Psicologia pela UFRGS. Membro do Núcleo de Estudos e Pesquisas em Adolescência (NEPA-UFRGS). Professora do Curso de Psicologia da Faculdade Três de Maio/SETREM. *E-mail*: jeanepsico@yahoo.com.br

Josiane Lieberknecht Wathier Abaid – Psicóloga. Mestre e doutoranda em Psicologia pelo Programa de Pós-Graduação em Psicologia pela UFRGS. Atua como professora assistente do Curso de Psicologia e do Curso de Especialização em Psicopedagogia no Centro Universitário Franciscano (UNIFRA). É membro do Núcleo de Estudos e Pesquisas em Adolescência (NEPA/UFRGS). *E-mail*: josianelieb@yahoo.com.br

Joviana Quintes Avanci – Psicóloga. Doutora em Saúde da Criança e da Mulher pelo Instituto Fernandes Figueira (IFF/Fiocruz). Pesquisadora-colaboradora do Centro Latino-Americano de Estudos de Violência e Saúde Jorge Careli (Claves/ENSP/Fiocruz) na área de violência contra a criança e o adolescente. *E-mail*: avanci@globo.com

Julia Obst – Assistente Social. Especialista em Terapia Familiar e de Casal, atua na Fundação de Assistência Social e Cidadania, Porto Alegre. *E-mail*: juliaobst@yahoo.com.br

Lirene Finkler – Psicóloga. Especialista em Terapia Familiar e de Casal e em Dinâmica dos Grupos. Mestre e Doutora em Psicologia pela UFRGS. Membro do NEPA/UFRGS e atua na Fundação de Assistência Social e Cidadania, Porto Alegre. *E-mail*: lirenefinkler@yahoo.com.br

Lísia Ramos Mayer – Psicóloga. Mestre e Doutora em Psicologia pela UFRGS. Psicóloga Clínica. Membro do Centro de Estudos Psicológicos de Meninos e Meninas de Rua. *E-mail*: lisiamayer@yahoo.com.br

Lúcia Cavalcanti de Albuquerque Williams – Psicóloga. Doutora em Psicologia Experimental pela USP. Mestre em Psicologia pela Universidade de Manitoba, Canadá. Professora Titular do Departamento de Psicologia da Universidade Federal de São Carlos. Coordenadora do Laboratório de Análise e Prevenção da Violência (LAPREV). *E-mail*: williams@ufscar.br

Luciana Dutra-Thomé – Psicóloga pela PUCRS. Mestre e Doutoranda na Pós-graduação em Psicologia pela UFRGS. Especialista em Psicologia Clínica pelo InstitutoFernando Pessoa. *E-mail*: lucianaduth@gmail.com

Maycoln L. M. Teodoro – Professor Adjunto do Departamento e do Programa de Pós-Graduação em Psicologia da Universidade Federal de Minas Gerais. Doutor pela Albert-Ludwigs-Universität de Freiburg, Alemanha, com estágio pós-doutoral na UFRGS. Pesquisador do CNPq com experiência em relações familiares, psicopatologia e terapia cognitivo-comportamental. *E-mail*: mlmteodoro@hotmail.com

Mayte Raya Amazarray – Psicóloga. Especialista em Gestão de Serviços Sociais pela Universidade Complutense de Madrid. Mestre em Psicologia Social e Institucional pela UFRGS. Doutora em Psicologia pela UFRGS. Professora na Universidade Federal de Ciências da Saúde de Porto Alegre e na Universidade Luterana do Brasil (Canoas). Membro do Centro de Estudos Psicológicos sobre Meninos e Meninas de Rua. *E-mail*: mayter@ufcspa.edu.br

Michele da Silva Ramos – Psicóloga. Especializanda em Psicoterapias Cognitivo-Comportamentais pela WP. *E-mail*: misira_psi@yahoo.com.br

Michele Poletto – Psicóloga. Docente do Curso de Psicologia da Faculdade IBGEN – Instituto Brasileiro de Gestão de Negócios. Mestre e Doutora em Psicologia pela UFRGS. Membro do Centro de Estudos Psicológicos sobre Meninos e Meninas de Rua (CEP-RUA). *E-mail*: michelepolettopsi@gmail.com

Paula Daniela Bavaresco – Psicóloga graduada pela UNISINOS. *E-mail*: paulad.b@terra.com.br

Rachel de Faria Brino – Psicóloga. Mestre e Doutora em Educação Especial pelo Programa de Pós-graduação em Educação Especial da Universidade Federal de São Carlos. Professora Adjunta III do Departamento de Medicina da Universidade Federal de São Carlos. Professora do Programa de Pós-graduação em Educação Especial do Departamento de Psicologia da Universidade Federal de São Carlos. Pesquisadora Associada ao Laprev - Laboratório de Análise e Prevenção da Violência, do Departamento de Psicologia da Universidade Federal de São Carlos. *E-mail*: chelbrino@yahoo.com.br

Rafaela Cassol da Cunha – Psicóloga. Membro do Centro de Estudos Psicológicos sobre Meninos e Meninas de Rua (CEP-RUA/NH). *E-mail*: rafaela.cassol@hotmail.com

Raquel de V. C. de Oliveira – Estatística. Mestrado em Estudos Populacionais e Pesquisas Sociais. Doutoranda em Epidemiologia em Saúde Pública (ENSP-FIOCRUZ). Pesquisadora do Instituto de Pesquisa Evandro Chagas (IPEC/FIOCRUZ). *E-mail*: raquel.carvalhaes@br.inter.net

Roberta Hatzenberger – Psicóloga. Especialista em Terapia Cognitivo-Comportamental pela UFRGS e Membro do Centro de Estudos Psicológicos sobre Meninos e Meninas de Rua em Novo Hamburgo (CEP-RUA/NH), bolsista de apoio técnico do CNPq. *E-mail*: robertahatzen@gmail.com

Samara Silva dos Santos – Psicóloga. Mestre e Doutora em Psicologia pela UFRGS. Membro do Núcleo de Estudos e Pesquisa em Adolescência – NEPA/UFRGS. *E-mail*: silvadossantos.samara@gmail.com

Simone Gonçalves de Assis – Médica. Pós-doutorada pela Cornell University – EUA. Doutora em Ciências pela Escola Nacional de Saúde Pública Sergio Arouca (Ensp/Fiocruz). Coordenadora Executiva do Centro Latino-Americano de Estudos de Violência e Saúde Jorge Careli (Claves/Ensp/Fiocruz), atua na área da violência e saúde, em especial no que se refere a crianças, adolescentes e jovens em situação de violência. *E-mail*: simone@claves.fiocruz.br

Thais Helena Bannwart – Mestre em Psicologia pela Universidade Federal de São Carlos. Laboratório de Análise e Prevenção da Violência – Laprev – Departamento de Psicologia – Universidade Federal de São Carlos. *E-mail*: thais.psico@gmail.com

Sumário

Prefácio 11
José Antônio Daltoé Cezar

Apresentação 15
Normanda Araujo de Morais

Parte I – Violência no contexto familiar

1. Rede de apoio social e representação mental das relações de apego de crianças vítimas de violência doméstica 21
   Lísia Ramos Mayer e Silvia H. Koller

2. Abuso emocional parental contra crianças e adolescentes 33
   Clarissa De Antoni

3. Perfil da violência em famílias com história de abuso físico 43
   Clarissa De Antoni e Silvia H. Koller

4. Desvendando segredos: padrões e dinâmicas familiares no abuso sexual infantil 55
   Samara Silva dos Santos, Cátula Pelisoli e Débora Dalbosco Dell'Aglio

5. Análise das percepções que meninas vítimas de violência sexual têm sobre si, os outros e o futuro: tríade cognitiva 69
   Roberta Hatzenberger, Luísa F. Habigzang e Silvia H. Koller

6. Violência na adolescência e formação da autoestima 80
   Simone Gonçalves de Assis, Joviana Quintes Avanci, Cosme Marcelo Furtado Passos da Silva e Raquel de V. C. de Oliveira

7. Exposição ao abuso sexual infantil e suas repercussões neuropsicobiológicas 94
   Jeane Lessinger Borges e Débora Dalbosco Dell'Aglio

8. Abuso sexual contra meninos: uma revisão 107
   Jean Von Hohendorff, Paula Daniela Bavaresco, Luísa F. Habigzang e Silvia H. Koller

9. Adolescentes que abusam sexualmente de crianças e de outros adolescentes 123
   Fernanda Bianchini e Clarissa De Antoni

Parte II – Violência em outros contextos

10 Assédio moral e violência psicológica: riscos sutis no processo
de inserção dos jovens no mercado de trabalho 137
Mayte Raya Amazarray e Silvia H. Koller

11 Trabalho e violência: impactos na juventude brasileira 147
Luciana Dutra-Thomé, Alice Queiroz Telmo e Silvia H. Koller

12 Crianças em situação de rua: a desproteção como forma de violência 159
Lirene Finkler, Samara Silva dos Santos, Julia Obst e Débora Dalbosco Dell'Aglio

13 Famílias e instituições de acolhimento: interfaces entre risco e proteção 176
Aline Cardoso Siqueira, Josiane Lieberknecht Wathier Abaid e Débora Dalbosco Dell'Aglio

14 Violência na escola: reflexão sobre as causas e propostas de ações preventivas focais 190
Carolina Lisboa e Guilherme Ebert

15 Dando voz a estudantes de escolas públicas sobre situações de violência escolar 203
Ana Carina Stelko-Pereira e Lúcia Cavalcanti de Albuquerque Williams

Parte III – Intervenções em situações de violência

16 Entrevista clínica com crianças e adolescentes vítimas de abuso sexual 221
*Luísa F. Habigzang, Silvia H. Koller, Roberta Hatzenberger,
Fernanda Helena Stroeher, Rafaela Cassol da Cunha e Michele da Silva Ramos*

17 Grupoterapia cognitivo-comportamental para crianças e adolescentes vítimas
de abuso sexual: descrição de um modelo de intervenção 232
*Luísa F. Habigzang, Fernanda Helena Stroeher, Roberta Hatzenberger,
Rafaela Cassol da Cunha e Silvia H. Koller*

18 A importância da capacitação dos profissionais que
trabalham com vítimas de violência na infância e na adolescência 242
Michele da Silva Ramos e Maycoln L. M. Teodoro

19 Maus-tratos contra crianças e adolescentes e o papel dos
profissionais de saúde: estratégias de enfrentamento e prevenção 255
Thais Helena Bannwart e Rachel de Faria Brino

20 Juventude em cena: tecnologia social para a promoção da
cidadania e enfrentamento à violência 266
Ana Paula Lazzaretti de Souza, Mayte Raya Amazarray, Michele Poletto e Silvia H. Koller

Índice 279

Prefácio

Foi com grande satisfação que recebi o convite para prefaciar a obra intitulada *Violência contra crianças e adolescentes: teoria, pesquisa e prática* – de autoria das professoras doutoras em psicologia Luísa Fernanda Habigzang e Silvia H. Koller, bem como de seus 33 colaboradores.

Apresenta-se o trabalho como de excelente qualidade, constituindo-se, doravante, em instrumento teórico-prático de grande valor para todas as pessoas, profissionais ou não, que tenham como atividade tratar com crianças e adolescentes vítimas de violência física, psicológica, abuso sexual, negligência, etc.

É sempre importante relembrar que a Constituição de 1988, estabelece, em seu artigo 227, os direitos das crianças e adolescentes no Brasil. O Estatuto da Criança e do Adolescente, o ECA, regulamentou o artigo em grande parte inspirado nos Instrumentos Internacionais de Direitos Humanos da ONU e, em especial, na *Declaração dos Direitos da Criança*, nos *Princípios das Nações Unidas para Prevenção da Delinquência Juvenil*, nas *Regras Mínimas das Nações Unidas para a Administração da Justiça Juvenil* e nas *Regras das Nações Unidas para Proteção de Menores Privados de Liberdade*.

Embora o Estatuto da Criança e do Adolescente tenha sido aprovado há mais de vinte anos (1990), e tenha ele, com base nos documentos antes referidos, preconizado que a atuação na defesa de crianças e adolescentes deva ser integral, de forma *interdisciplinar*, a verdade é que se percebe, ainda hoje, nos mais variados sistemas que operam nesse meio (saúde, educação, justiça, proteção, etc.), muitos profissionais que atuam de forma isolada e fracionada, com conhecimentos técnicos limitados às suas áreas de formação, circunstância que reduz em muito a produção de um atendimento qualificado.

Na prática atual a justiça e a polícia tratam dos sistemas legais e de persecução criminal, os médicos da saúde física, psicólogos e psiquiatras da saúde mental, educadores do sistema de educação, conselheiros tutelares da efetiva aplicação do ECA, assim como todos os demais agentes de outras áreas.

E é essa facilidade de compartilhar conhecimentos acadêmicos de inegável teor científico, principalmente advindo da área da psicologia, com todos aqueles que atendem crianças e adolescentes vítimas de violência, que se reveste como uma das principais virtudes desta obra.

São vinte capítulos de uma leitura agradável, que enfrentam objetivamente as principais vertentes da violência que atingem a infância e a adolescência, indicam as melhores formas de buscar uma solução para esse problema, os quais em muito poderão contribuir para uma formação interdisciplinar dos agentes que lidam com crianças e adolescentes vítimas dessas ações humanas.

Por experiência própria, em 23 anos de exercício na magistratura estadual do Rio Grande do Sul, 20 dos quais exercendo a jurisdição na área da infância e juventude, pude experimentar, pessoalmente, modelos diferenciados de intervenção nos casos de violência praticados contra crianças e adolescentes.

Ao início, no ano de 1988, até o final dos anos 90, o modelo tradicional, que na maior parte das comarcas brasileiras ainda é vigente, segundo o qual o juiz aplica somente os textos legais na forma preconizada pelo direito, não se utilizando de outras formas de conhecimento em áreas que lhe estão disponíveis, inclusive dentro do próprio sistema de justiça.

Isso ocorre porque, tanto nas faculdades de ciências jurídicas e sociais como nos concursos públicos que selecionam os operadores do direito, nenhum outro conhecimento – psicologia, educação, medicina, serviço social, informática, engenharia, etc. – por mais singelo que seja, é exigido daqueles que têm a tarefa de atuar em casos que envolvam violência contra crianças e adolescentes.

Recordo que em 1988, em Santa Maria, minha primeira comarca, nem 15 dias depois de assumir a função de magistrado, vi-me na situação de ouvir uma menina de sete anos de idade, alegadamente vítima de violência sexual praticada pelo padrasto, o qual estava preso preventivamente. Não entendia nada de abuso sexual, nunca tinha ouvido uma criança em juízo, mas, ainda assim, essa função me foi destinada naquele momento, não podendo dela declinar.

Todos podem imaginar como essa escuta, que é um direito da criança, na forma do artigo 12 da Convenção Internacional dos Direitos da Criança, foi realizada e concluída. A criança ficou totalmente inibida para relatar a experiência traumática, nada falou, o réu foi imediatamente colocado em liberdade e aí o sistema de justiça finalizou sua intervenção.

Já no início dos anos 2000, ainda que de forma incipiente, quando o ECA já completava uma década, o viés interdisciplinar começa a ganhar força entre os profissionais que atuam no combate a situações de violência que tenham como vítimas crianças e adolescentes.

Juristas, psicólogos, médicos, educadores, assistentes sociais, conselheiros tutelares, estatísticos, técnicos em informática, etc., começam a compreender e construir um modelo de intervenção efetivamente interdisciplinar, no qual fica mantida a autonomia técnica, que é própria de cada saber, mas desta vez com um olhar coletivo sobre a situação a ser avaliada.

Esses profissionais, que atuavam isoladamente e que, por regra, pouco conheciam sobre as atividades dos outros que trabalhavam para o mesmo fim, começam a se capacitar e a buscar conhecimentos fora das áreas de sua especificidade, até porque compreendem que cada situação avaliada gera consequências em diversas áreas onde cada pessoa está inserida.

É como se um médico, buscando o tratamento de um problema cardíaco, com esse mesmo tratamento criasse problemas para a função hepática do seu paciente.

O trabalho começou a ser coletivo e com resultados mais satisfatórios, o que era de se esperar.

Esse caminho, o da interdisciplinaridade, é um caminho sem volta. Nenhuma esfera de conhecimento, individualmente, atenderá às necessidades de um atendimento integral a crianças e adolescentes.

Exemplos nesse sentido, de trabalho integrado e coletivo, na área em que atuo, são o depoimento especial de crianças e adolescentes vítimas de violência sexual, os cadastros eletrônicos de adoção em todo Brasil e também questões envolvendo a opção sexual das pessoas (união estável, adoção, etc.).

A evolução das ações nessas áreas é satisfatória e induvidosa, ressaltando que o ramo da psicologia mostrou-se sempre indispensável para as suas formulações.

O sofrimento humano ainda hoje é banalizado e tolerado em todas as esferas sociais, embora, nos últimos anos as discussões a respeito de seu enfrentamento tenham se multiplicado. Todos têm a obrigação de participar dessa discussão, pois é o seu resultado que norteará o tipo de sociedade que estamos preparando para a próxima geração.

Os autores desta obra estão contribuindo muito para uma qualificação desse debate.

Por minhas convicções e também para que as ações para aqueles que trabalham com crianças e adolescentes sejam cada dia mais perceptíveis, efetivas, concretas, ajudando a diminuir a dor humana, desejo que esta obra acalente nos seus leitores sonhos de um mundo melhor.

José Antônio Daltoé Cezar
Juiz da Infância e da Juventude de Porto Alegre

Apresentação

É com imensa alegria que recebi e aceitei o convite para fazer a apresentação do livro que agora chega em suas mãos: *Violência contra crianças e adolescentes: teoria, pesquisa e prática*. Como não sei se minhas palavras acima deram conta da intensidade dessa alegria e satisfação, repito: é com muita alegria e satisfação que me disponho a escrever a apresentação desse livro, querido(a) leitor(a), organizadoras e colaboradores. Farei isso com algumas reflexões pessoais acerca de como o conteúdo do livro me impactou, ao mesmo tempo em que me desafiarei a "apresentar" os inúmeros tesouros que aqui você pode encontrar.

Certamente, há anos atrás, jamais as nossas colegas psicólogas e pesquisadoras Luísa F. Habigzang e Silvia H. Koller, como organizadoras desse livro, poderiam pensar em condensar em uma única obra, de uma só vez (perdoem-me a redundância, mas já começo a sentir que essa será a tônica dessa apresentação...) aspectos tão abrangentes no que toca à violência contra crianças e adolescentes.* Tal abrangência está muito bem expressa nas três partes do livro: violência no contexto familiar, violência em outros contextos, e intervenções em situação de violência.

Foi preciso tempo, foram necessárias mudanças paradigmáticas e legais, inclusive. Sobretudo, foi necessário que a violência começasse a ser vista como um problema de saúde pública e, antes de tudo, como um "atentado" ao direito de bem viver de cada cidadão.

Infelizmente, até então, muitas foram as crianças e adolescentes que tiveram seu sofrimento emudecido. Dito de outra forma, muito mal-estar e sequelas físicas, emocionais e sociais foram vividos sem que fossem relacionados a um potencial abuso físico, emocional ou sexual; ou ao *bullying*, por exemplo. Ao mesmo tempo, muitas foram as histórias de superação vividas no silêncio e na solidão,

---

* Um adendo: como boas visionárias que são, até pensariam... Como de fato devem ter pensado! Mas a possibilidade concreta de viabilizá-lo demandaria mais alguns anos de muito trabalho! Era preciso uma gestação!

sem que delas soubéssemos ou sem que aqueles que a viviam pudessem compartilhar com outros tantos em semelhante situação. No entanto, mesmo na invisibilidade social e acadêmica, ambos – sofrimento e superação – estavam lá! Nós, como pesquisadores, trabalhadores sociais e sociedade é que não estávamos prestando muita atenção.

Foi preciso que algumas crianças/adolescentes – como belos protagonistas que são – rompessem com esse silêncio pela força da dor no seu corpo e alma. Foi preciso que algum psicólogo, assistente social ou professor se dispusesse a questionar a "vergonha, as marcas físicas, a má adaptação na escola, os comportamentos inadequados...". Enfim, foi preciso que alguém se dispusesse a escutar e acolher aquela criança e adolescente, dando-lhe espaço, dando-lhe voz.

Falo isso porque, antes de tudo, é dessa forma que o livro me mobiliza. Ao lê-lo, contemplo a aprendizagem de diversos profissionais, os quais se permitiram escutar os sofrimentos e histórias de superação dessas crianças e adolescentes vítimas da violência. Todos eles permitiram-se tocar pela dor e exercício de superação alheio; mas também pela dúvida, pelo desejo de buscar uma melhor compreensão desse fenômeno, assim como uma melhor estratégia para enfrentá-lo.

O livro tem um pouco disso tudo! Reúne estudantes da graduação em psicologia, psicólogos, assistentes sociais, mestrandos, doutorandos e doutores de diferentes Universidades do nosso país e visões complementares acerca da violência contra a infância e adolescência. A competência teórica e prática dos autores será visível durante a leitura dos capítulos, todos devidamente embasados – teórica e empiricamente falando.

Certamente, a leitura dos capítulos dará eco às nossas inquietações diárias; trará algumas perspectivas de respostas aos nossos questionamentos, mas também levantará outras tantas perguntas. Será, ainda, uma forma de compartilhar os anseios que emergem no cotidiano do atendimento que, mais do que respostas prontas, muitas vezes demandam um caminhar/buscar/questionar-se/mobilizar-se conjunto.

Esse livro, portanto, quer muito conversar com você, com seus saberes e com suas dúvidas. Mas quer, também, com muita humildade, compartilhar o que os autores vêm aprendendo na prática de pesquisa e no atendimento de crianças e adolescentes vítimas da violência. Aprendizagens estas que têm se mostrado significativas, seja para a compreensão da violência nas suas múltiplas formas e contextos, seja na efetividade das intervenções a ela direcionadas.

Quero aqui deixar meus cumprimentos especiais às organizadoras Luísa Habigzang e Silvia Koller, pela iniciativa do livro e por todo árduo trabalho de planejamento, contato com colaboradores, escrita de capítulos e revisão dos mesmos. É ofício de visionárias perceber a lacuna e a demanda na sociedade por um livro como esse. É ofício de visionárias agregar colaboradores de tanta qualidade ao redor de um projeto comum. Mais do que tudo, querer fazer a diferença na sociedade e no enfrentamento da violência contra crianças e adolescentes, através de um gesto como esse: a publicação de um livro sobre violência. A vocês, caras organizadoras, o nosso Muito Obrigada! Reconhecemos a trajetória de comprometimento acadêmico, ético e social que as conduziu até aqui e queremos partilhar sempre de perto as etapas seguintes dessa caminhada.

A você que tomar este livro em suas mãos, desejo que possa dar-se conta dos tesouros aqui escondidos. Digo com sinceridade que esse livro pode lhe ajudar a dar ainda mais sentido à sua atuação, à sua pesquisa, à sua interação diária com as crianças/adolescentes vítimas da violência no nosso país.

Por fim, desejo que possas compartilhar os resultados dessa leitura com tantas outras pessoas que dela possa se beneficiar. Contagiados pelo exercício visionário que, com toda certeza, motivou os autores, vamos juntos no nosso exercício também visionário – e diário – de construir um mundo mais feliz para nossas crianças e adolescentes.

Normanda Araujo de Morais
Doutora em Psicologia pela UFRGS.
Professora do Programa de Pós-Graduação
em Psicologia da UNIFOR.

Parte I

Violência no contexto familiar

1

Rede de apoio social e representação mental das relações de apego de crianças vítimas de violência doméstica

Lísia Ramos Mayer e Silvia H. Koller

O presente capítulo tem por objetivo apresentar a rede de apoio social e a representação mental das relações de apego como importantes aspectos a serem considerados no desenvolvimento de crianças vítimas de violência doméstica. Com ênfase na Abordagem Ecológica do Desenvolvimento Humano, postulada por Bronfenbrenner no final da década de 1970 (Bronfenbrenner, 1979/1996), as duas variáveis – redes de apoio e representação mental da relação de apego – são discutidas. O estudo e a identificação da rede de apoio social de crianças, principalmente diante de situações de risco, podem acrescentar novos conhecimentos e subsidiar ações que visem desenvolver meios para minimizar ou atenuar riscos. Uma rede de apoio social e afetiva bem-estruturada e funcional permite que a criança desenvolva melhores condições para seu desenvolvimento. O apego, por sua vez, é a base para o reconhecimento e o estabelecimento de relações estáveis e recíprocas, que são fundamentais para a formação de uma rede de apoio.

A Abordagem Ecológica do Desenvolvimento Humano (Bronfenbrenner, 1979/1996, Bronfenbrenner e Evans, 2000; Bronfenbrenner e Morris, 1998), ao estudar o ser humano dentro do seu ciclo vital, busca compreendê-lo como um todo, não só do ponto de vista biológico, mas, também, suas relações com os contextos ambientais (Bronfenbrenner, 1979/ 1996). Tais contextos, nos quais a pessoa está se desenvolvendo, são indicativos de quais interações podem influenciar sua vida e de quais fatores podem colocá-la em risco ou favorecer seu desenvolvimento. No caso de situações de violência doméstica, busca esclarecimentos para os comportamentos e motivações que envolvem esses eventos. Para tal, leva em conta que a pessoa em desenvolvimento deve ser entendida de modo dinâmico no curso do seu ciclo vital, interagindo com seu meio, ao mesmo tempo em que é por ele influenciada.

Dentre os fatores de risco para o desenvolvimento, a violência doméstica tem se mostrado frequente na sociedade atual. Agressões verbais, abuso emocional, abusos físicos e sexuais, negligência e abandono resultam, muitas vezes, na morte de uma criança e na impunidade do adulto agressor. Foram criados nos últimos anos no Brasil vários mecanismos para a proteção de crianças, como a Comissão de Direitos Humanos e o Estatuto da Criança e do Adolescente (Brasil, 1990), porém a violência continua ocorrendo. Algumas crianças que sofrem maus-tratos permanecem em seus lares, outras são afastadas de suas famílias e institucionalizadas em casas de passagem. Há muita discussão sobre qual dessas escolhas é a mais adequada para o bem-estar da criança e o que seria protetivo para seu desenvolvimento. Contudo, o afastamento da criança ainda é recorrente e modifica o curso esperado do desenvolvimento da vítima, em vez de afastar os agressores. Por trás disso, se identifica a herança da culpabilização da vítima pela violência, especialmente nos casos de abuso sexual. Situações estressoras como a violência sofrida e a retirada da criança de seu lar, podem representar fatores de risco para o seu desenvolvimento.

Por outro lado, no curso do desenvolvimento dos seres humanos, sempre podem ser identificados fatores de proteção diante de eventos estressores, situações de risco e vulnerabilidade. Segundo Zimmerman e Arunkumar (1994), fatores de proteção são recursos e características pessoais que agem como moderadores de efeitos ou impactos negativos no desenvolvimento. Pessoas, ainda que sujeitas a situações que tendem a influenciar negativamente o curso do seu desenvolvimento, quando na presença de fatores de proteção, apresentam bons resultados em termos de comportamentos adaptativos. O sucesso dessa adaptação, ou seja, para que a resposta que o indivíduo dá às situações estressantes seja eficaz, deve haver a influência de três aspectos fundamentais: a rede de apoio social, as características individuais e o apoio e coesão familiar (Garmezy e Masten, 1994).

A rede de apoio social corresponde à oportunidade de aprofundamento dos relacionamentos para melhorar o padrão de adaptação ao desenvolvimento (Rutter, 1987; Tyler, 1984). Origina-se daquelas relações sociais e pessoais ou vínculos afetivos seletivos construídos no transcorrer da vida. Essa rede é constituída, basicamente, por relacionamentos recíprocos e estáveis, que geram satisfação mútua dos envolvidos, tanto para quem busca o apoio quanto para quem o oferece, influenciando as características individuais e os contatos sociais. Para Garmezy e Masten (1994), a rede de apoio social e afetivo é constituída por pessoas pertencentes àqueles ambientes ou microssistemas em que a criança/indivíduo transita, ou seja, a família, a escola, o clube, a comunidade, a igreja, etc. A estrutura da rede de apoio, que consiste no tamanho e na constituição daquela rede na qual a criança está vinculada é uma das dimensões importantes de análise e identificação para avaliação de risco e proteção. A funcionalidade dessa rede é outro aspecto relevante, pois aponta para a forma como a rede é percebida e como efetivamente atua no cotidiano do desenvolvimento humano. A funcionalidade envolve o grau de satisfação ou insatisfação com os relacionamentos, a percepção e a identificação das relações mais próximas ou distantes com os membros da rede. Esses aspectos se tornam ainda mais importantes nos estudos com crianças vítimas de violência, uma vez que esse evento de risco se dá dentro do primeiro sistema de relação da criança – microssistema familiar.

As características individuais são aquelas que as pessoas trazem consigo geneticamente, somadas às aprendizagens e experiências, que resultam das relações com o meio em que vivem (Pierce et al., 1996). A relação de apego inicial e todas aquelas que se constituem ao longo da vida, a competência social, o lócus de controle, a atribuição de causas aos eventos da vida, a autoeficácia, a confiança, a autonomia, a iniciativa, a resolução de problemas são exemplos, entre tantos outros, de características individuais. Essas características podem proteger as pessoas ao longo do ciclo vital ou potencializar a sua vulnerabilidade.

O apoio e a coesão familiar, segundo Pierce e colaboradores (1996), consistem no estabelecimento de pelo menos uma relação que seja afetiva e significativa na vida da criança. Essa relação está baseada na maneira como se dá o apoio entre os membros de uma família. Certamente o apoio e a coesão familiar saudável podem ser resultantes do estabelecimento de uma relação de apego inicial segura, que se desenvolveu e consolidou ao longo do ciclo vital. Boas relações de apego podem gerar relações familiares saudavelmente coesas e de apoio mútuo, em grupos que buscam, também, de forma protetiva encontrar relações de apoio social e afetivo extrafamiliares. Esse conceito foi ampliado em seu âmbito contextual por Morais e Koller (2004), que passam a chamá-lo de coesão ecológica e não apenas familiar. A coesão (proximidade, intimidade) descreve a organização do sistema social ou da estrutura familiar, relativa à ligação ou ao vínculo emocional que os membros de um contexto ecológico têm uns em relação aos outros e a autonomia individual que a pessoa experimenta no seu sistema de desenvolvimento. O grau da coesão familiar pode ser verificado pela presença de variáveis, como: vínculo emocional, independência, fronteiras, coalizões, tempo, espaço, tomada de decisão, relações de amizade, interesses e recreação (Olson, 1986; Olson, Sprenkle e Russel, 1979; Wood, 1985). No entanto, alguns estudos apontam que a coesão familiar pode ser um aspecto de risco em casos de violência doméstica. Famílias com história de violência doméstica podem ser coesas em torno do segredo, o que faz desse aspecto uma condição negativa do ambiente familiar (De Antoni, Teodoro e Koller, 2009).

Devido ao interesse em estudar formas de moderar o impacto do risco (neste caso, violência doméstica) no desenvolvimento de crianças, e diante da hipótese de que a redução do risco ocorre frente à promoção de fatores de proteção, este capítulo discute a estrutura e a funcionalidade da rede de apoio social e a representação mental das relações de apego na vida de crianças vitimizadas.

ABORDAGEM ECOLÓGICA DO DESENVOLVIMENTO HUMANO

A Abordagem Ecológica do Desenvolvimento Humano (Bronfenbrenner, 1979/1996) prioriza quatro componentes específicos: o tempo, a pessoa, o processo e o contexto, bem como suas dinâmicas e as relações interativas existentes. O tempo é compreendido pelo momento histórico em que a pessoa está vivendo (guerras, momentos políticos) e pelos eventos de vida (faixa etária, constelação familiar, etapa sociocognitiva, situação de vitimização), tendo influência sobre o desenvolvimento da pessoa. A pessoa é percebida como a união de todas as características biológicas (físicas e genéticas), psicológicas e sociais, que viabilizam determinados comportamentos e respostas em contato com o meio. O processo consiste na transformação das interações da pessoa com seu ambiente. Aspectos capturados pela pessoa em sua interação com os contextos de desenvolvimento nos quais transita são apreendidos ou internalizados. Para que seja efetiva, no entanto, a interação deve ocorrer em uma base regular, através de períodos estendidos de tempo. O contexto consiste em um sistema de quatro níveis denominados: microssistema, mesossistema, exossistema e macrossistema. Microssistema é o ambiente imediato frequentado pela pessoa, no qual estabelece relações face a face, caracterizadas por sua manutenção no tempo e por padrões de atividades que influenciam diretamente o desenvolvimento de habilidades emocionais e sociais (como p. ex., a família). Quando a pessoa interage com outros ambientes, além do microssistema imediato, o conjunto e as relações entre eles formam o mesossistema (p. ex., a escola, a igreja, o clube). O exossistema é o conjunto de contextos nos quais a pessoa não estabelece relações face a face, mas mesmo assim sofre a influência direta em seu desenvolvimento, como, por exemplo, a direção da escola ou o local de trabalho de um pai de família. O macrossistema é o conjunto de aspectos relativos ao sistema de crenças, cultura, valores, religião e ideologias do grupo social no qual a pessoa se insere que perpassa todos os demais sistemas mencionados e, também, influencia o desenvolvimento da pessoa. Bronfenbrenner (1979/1996) afirmou que quanto mais ambientes a pessoa frequentar e mais interações surgirem, mais rica será sua rede de apoio. Para que essas relações tenham realmente um impacto protetivo sobre o desenvolvimento, é necessário que as pessoas desenvolvam afeto, reciprocidade e equilíbrio de poder.

A Abordagem Ecológica do Desenvolvimento Humano pode servir como uma "moldura e lente" teórico-metodológica para estudos com populações em situação de vulnerabilidade, como a violência familiar. Os dados podem ser coletados levando em conta o método de inserção ecológica (Cecconello, 2003; Cecconello e Koller, 2003), que consiste na operacionalização do modelo teórico para pesquisas sobre o desenvolvimento-no-contexto. A inserção ecológica envolve o acompanhamento de crianças em seus ambientes naturais (famílias, escolas e comunidades) e inclui observações, conversas informais, entrevistas e a aplicação de instrumentos. O tempo pode ser investigado levando em conta a idade e outras questões relacionadas com a história de violência sofrida. A operacionalização do modelo, através da inserção ecológica no ambiente natural proporciona validade ecológica aos dados.

Estudos utilizando a Abordagem ecológica têm revelado que algumas pessoas, mesmo se desenvolvendo em contextos e situações adversas para sua saúde física e mental, apresentam condições saudáveis, sem sintomas psicopatológicos (De Antoni, Teodoro e Köller, 2009; Morais e Koller, 2004). Essas pessoas têm respostas adaptativas diante de situações de estresse e de risco vividas em seu cotidiano. Esse processo foi chamado de resiliência, por Rutter, em 1987. Trata-se de um processo relacionado às respostas da pessoa ao seu contexto, que se expressa diante de situações de risco ao desenvolvimento. Por outro lado, consequências negativas para o desenvolvimento da pessoa caracterizam o que se chama vulnerabilidade, ou seja, característica pessoal expressa principalmente por meio de respostas mal-adaptadas aos eventos da vida (Zimmerman e Arunkumar, 1994). Relacionados a isso, alguns fatores de risco têm sido apontados pela literatura, como mais frequentes e comprovadamente influentes para o aumento da vulnerabilidade. São eles: o empobrecimento, a violência doméstica e na comunidade, o tamanho da família, a ausência paterna, a rigidez das práticas educativas e a doença mental dos pais, entre outros (Seifer et al., 1992). Esses aspectos configuram, em parte, a miséria econômica e/ou afetiva que uma pessoa pode enfrentar como fator de risco para o seu desenvolvimento. Cada um deles, em separado ou em conjunto, provoca uma ameaça constante que desencadeia ou gera privação e desvantagem física, emocional, afetiva e social (Luthar e Zigler, 1991; Seifer et al., 1992; Zimmerman e Arunkumar, 1994). No entanto, os fatores protetivos presentes atenuam o risco, tais como: as características, o estilo de comportamentos e crenças da própria pessoa, o temperamento fácil ou adaptável, a competência social, a percepção de controle eficaz e realística, a utilização de estratégias de *coping* adaptativas, entre outros. Assim como as relações eficientes e eficazes de apoio familiar, social e afetivo, baseadas em uma rede estável com interações recíprocas, saudavelmente coesas em nível ecológico e com nítido equilíbrio de poder (Bronfenbrenner, 1979/1996; Rutter, 1987; Zimmerman e Arunkumar, 1994). O conjunto desses fatores de proteção, diante de situações de estresse, serve como recursos que auxiliam a pessoa a interagir com os eventos de vida e alcançar bons resultados, evitando consequências negativas ou enfrentando-as como se fossem desafios a serem superados (Garmezy e Masten, 1994).

Nesse sentido, tomando a violência doméstica como um fator de risco presente na vida das crianças, podem ser investigados os fatores de proteção relativos à rede de apoio social e à representação mental das relações de apego, que podem promover resiliência em crianças vítimas ou não de violência doméstica. A estrutura e a funcionalidade de redes de apoio social dessas crianças e suas nuances, bem como a representação mental das relações de apego, podem mostrar distintas formas de lidar com situações de estresse. Para tal, é importante, compreender os aspectos relacionados aos eventos de violência doméstica aos quais essas crianças estão expostas.

A violência sofrida ou testemunhada por crianças é um fenômeno complexo, resultante de uma combinação de fatores individuais e sociais, que ocorre na maioria dos países do mundo e em todos os grupos socioeconômicos, culturais, étnicos e religiosos (Pires, 1999). A presença de violência doméstica e comunitária tem sido comparada com cenas similares às das zonas de guerra (Garbarino et al., 1992). Crianças e mulheres estão sendo vitimizadas e espancadas em seus lares e as ações de violência estão banalizadas no dia a dia da sociedade atual (Dlugokinski e Allen, 1997). A mídia traz à tona, em detalhes, fatos que as pessoas, algumas vezes, não vivenciam em seu cotidiano, ou seja, a exposição às drogas, ações de gangues, uso de armas, conflitos entre grupos étnicos e religiosos, baseados em preconceitos e fanatismo, exploração infantil e juvenil, atividades terroristas e, ainda, desastres naturais. Todos esses fatos geram, ao mesmo tempo, medo e habituação com a violência. Repetidamente, as crianças testemunham em primeira mão, a violência através da mídia, prejudicando qualquer possibilidade de ter uma visão de mundo seguro e previsível. Como resultado, as crianças vivenciam sentimentos de pânico e ansiedade, têm pesadelos e dificuldades de concentração ou apresentam fobia social (Dlugokinski e Allen, 1997). No entanto, nem sempre essa violência está tão distante da realidade e sendo assistida somente na televisão. Formas violentas e agressivas de interação são utilizadas em ambientes familiares, às vezes, como parte da prática disciplinar, para controlar crianças ou puni-las por comportamentos não aprovados por seus *pretensos* cuidadores. Estudos sobre violência doméstica revelam que o padrão violento vivido em casa é levado pela vida afora, refletindo-se no modo como as crianças lidam com eventos estressantes do seu dia a dia e interagem socialmente (Caminha, 1999; Oliveira e Flores, 1999).

Não há concordância universal para definir violência e/ou abuso contra a criança, sendo usados vários termos, tanto no âmbito nacional como no internacional, tais como, castigo, disciplina, maus-tratos, agressão ou vitimização (Habigzang et al., 1999). Todos estes termos, no entanto, referem-se ao que Koller (1999) definiu como violência, ou seja, um fator de risco para todas as pessoas, relacionado a ações que tendem a cessar, impedir ou retardar o desenvolvimento pleno dos seres humanos. São ações caracterizadas por violação dos direitos humanos, abusos nas relações de poder (hierarquia, subordinação e desigualdade), relações discriminatórias (gênero, etnia) e de exclusão (pobreza, marginalidade, orientação sexual).

Pires (1999) e Koller (1999) apontam aspectos que são comuns em casos de violência doméstica. Por parte dos pais aparece alta incidência de repetição da história de abuso sofrida na infância por parte do abusador, isolamento social, gravidez na adolescência, promiscuidade dos pais com vários parceiros convivendo sob o mesmo teto, apego inseguro ou ansioso entre pai/mãe/filho, falta de acompanhamento pré-natal, capacidade limitada em lidar com situações de estresse (perda fácil do autocontrole), uso de drogas e alcoolismo, baixa escolaridade, desemprego, doenças psiquiátricas, transtornos emocionais e de personalidade. Os fatores mais frequentes, que expõem a criança ao risco de violência são: ter menos de três anos, ou seja, ser ainda inábil para se defender, ter sido separado da mãe ao nascer, por doença, prematuridade ou malformações congênitas, ter sido adotado com falta de vínculo nos primeiros anos de vida e não ter sido planejada (Farinatti, Biazus e Leite, 1993; Garbarino et al., 1992; Koller, 1999; Pires, 1999).

A violência ou abuso se refere não só à ação, mas também à omissão de parte do adulto cuidador, que resulte em prejuízo ao desenvolvimento físico, emocional, intelectual e social da criança, bem como na insuficiência ou distorção da interação dos pais (ou cuidadores) com seus filhos (Koller, 1999). Ações e/ou omissões têm se constituído em várias formas de violência expressa contra a criança no ambiente doméstico, tais como, abuso físico, abuso sexual, abuso emocional e negligência.

O abuso físico tem sido apontado como a forma de violência mais comum e fácil de diagnosticar, pois está geralmente associada a alguma forma de punição ou disciplina (Pires, 1999). Frequentemente, a marca do instrumento utilizado na agressão (cintos, fivelas, cordas, correntes, dedos e dentes) é encontrada no corpo violado. Essas marcas tendem a ser repetitivas e aumentam a cada investida (Farinatti, Biazus e Leite, 1993). Lesões de queimaduras de segundo e terceiro grau, principalmente por imersão, são comuns e acometem zonas, tais como, períneo, nádegas, mãos e pés. Queimaduras de cigarro podem ocorrer acidentalmente, mas podem levantar suspeitas quando são múltiplas. Com menos frequência, talvez pela localização, são encontradas erosões no lábio superior, no palato e no freio lingual, em crianças com mais de um ano, por tentativa forçada de alimentação. Fraturas são frequentes, podendo ser únicas, múltiplas, antigas ou recentes. São comuns em costelas em crianças menores de 2 anos. Traumatismos abdominais e cranianos são causas de mortalidade frequente em crianças submetidas à violência (Farinatti, Biazus e Leite, 1993; Pires, 1999). A punição física é extremamente danosa para a criança também do ponto de vista emocional. Essa forma de disciplina mostra uma confusão entre o amor e a dor, o ódio e a submissão, entre outros sentimentos (Farinatti et al., 1993; Pires, 1999).

Abuso sexual é definido como qualquer interação, contato ou envolvimento da criança ou adolescente em atividades sexuais, que ela não compreenda ou com o qual não consinta, violando assim as regras sociais e legais. Esses envolvimentos podem ser por assédio, toques físicos, *voyeurismo*, estupro, incesto e exploração sexual infantil (Habigzang et al., 2009). Os indicadores de vitimização sexual podem variar desde alterações de comportamentos até a presença de lesão genital grave, passando por distúrbios do sono, dor abdominal, enurese, baixo desempenho escolar, depressão, comportamento sexualizado, choro fácil, medo e comportamento suicida. As meninas são as vítimas mais frequentes, e a maioria é abusada por pessoas que transitam em contextos nos quais ela também participa. Pais, padrastos, avós, tutores ou parentes próximos têm sido apontados como os principais abusadores denunciados às autoridades competentes (Habigzang et al., 2009).

O abuso emocional está presente em todas as demais formas de violência, embora possa ocorrer isoladamente e variar desde a desatenção ostensiva até a rejeição total. É difícil ser documentado e diagnosticado, porque não deixa qualquer sinal visível (Farinatti et al., 1993; Pires, 1999). Essa forma de abuso é potencialmente nociva para a criança, levando a consequências severas como depressão, suicídio, baixa autoestima, retraimento, entre outras. Garbarino e colaboradores (1992) descreveram algumas formas de abuso emocional como rejeição, degradação, exploração, isolamento, terrorismo, indisponibilidade emocional e corrupção, que leva a criança a modelos de condutas não aceitáveis pela sociedade.

A negligência é outra forma de maus-tratos, comumente associada a falhas ou omissões dos potenciais cuidadores na assistência e no provimento das necessidades básicas da criança, tais como, saúde, alimentação, respeito, afeto e educação (Pires, 1999). O abandono pode gerar evasão escolar, pela falta de vigilância e de supervisão. O descuido pode deixar as crianças mais expostas a acidentes e intoxicações frequentes. Crianças negligenciadas apresentam higiene precária, roupas sujas e, comumente, têm assaduras e problemas de pele. Algumas vezes, a pobreza extrema pode ser confundida com a negligência, mas são questões completamente distintas e devem ser diferenciadas.

As consequências de todos os tipos de violência podem ser imediatas ou tardias. As imediatas são o estresse pós-traumático e os distúrbios emocionais. As tardias são o risco de drogadição, exploração sexual, problemas de aprendizagem, promiscuidade, queixas somáticas, distúrbios na sexualidade, depressão e dificuldades de relacionamento (Pires, 1999).

O nascimento de uma criança deveria ser sempre considerado um evento social que sela a criação de uma família. No entanto, existem algumas circunstâncias específicas que tornam a relação pais e filhos mais vulneráveis à probabilidade de ocorrência de maus-tratos, como, por exemplo, situação econômica muito precária, histórias e características pessoais da família, história de abuso ou negligência na infância dos pais, entre outros (Bolger, Thomas e Eckenrode, 1997). A complexidade dos fatores que influenciam o desenvolvimento da relação pais e criança, como expressos pelo apego seguro, no qual a criança demonstra angústia quando é separada da mãe, mas se sente reconfortada logo que ela retorna. Mães que têm um bom apoio social e emocional de suas redes são mais sensíveis aos cuidados de seus bebês. Bolger e colaboradores (1997) salientam que os comportamentos maternos, as características das crianças e as relações fora da díade pais/criança podem ajudar a determinar a qualidade do cuidado à criança. Contudo, a história dos pais pode dificultar o cuidado com as crianças. Pais que receberam cuidado inadequado enquanto crianças podem não ter um modelo adequado para se tornarem pais. McClelland (1973) afirmou que o abuso pode ser compreendido como um processo no qual as diferenças iniciais entre pais e filhos são ampliadas o tempo todo. Assincronias entre criança e cuidador, problemas que exigem controle, forma de disciplina e interações aversivas podem estar presentes e serem multiplicadas até se tornarem reconhecidas como desviantes e perigosas ao desenvolvimento. Esse processo está associado ao estresse e à falta de apoio social da família (Egelend, Jacobvitz e Sroufe, 1988; McClelland, 1973). Na perspectiva de pais e crianças se tornarem uma família, o abuso revela um sistema com defeito em sua função (Bolger, Thomas e Eckenrode, 1997). O padrão de maus-tratos é baseado em tipos particulares de relações entre a díade, vítima e perpetrador e os outros que podem estar envolvidos. Para modificar esse padrão é necessário compreender quais fatores ameaçam a relação familiar e o desenvolvimento da relação de apego pais/criança. Só assim será possível implementar uma intervenção efetiva para prevenir maus-tratos.

Visando à prevenção de repetição do quadro de violência doméstica, bem como as consequências da mesma, faz-se necessário o reconhecimento de fatores que possam ajudar a pessoa em desenvolvimento a romper ou minimizar os fatores de risco. A promoção de resiliência com uma visão integrada de pessoa-ambiente pode ser uma forma de prevenção. A identificação de pessoas e ambientes mais significativos da rede de apoio pode subsidiar trabalhos de base, estimulando segurança, confiança, autoestima, entre outros, aproveitando o vínculo positivo, tanto da comunidade como da família com as crianças vitimizadas.

REDE DE APOIO SOCIAL

O ser humano, desde seu nascimento, necessita de cuidados especiais para sobreviver. O bebê precisa ser limpo, alimentado e, principalmente, tratado com especial carinho e compreensão por aqueles que cuidarão dele ao longo de sua vida. Nesse primeiro ambiente, já se caracteriza a necessidade que todas as pessoas têm de apoio social no decorrer do ciclo vital. Tanto o bebê precisa de apoio, como a mãe e o pai da criança. Com a ocorrência dos eventos de vida, tanto positivos como negativos, previsíveis ou imprevisíveis ao desenvolvimento humano, é percebido com mais clareza a necessidade de interação da pessoa com seu ambiente social.

O apoio social é entendido como um processo interativo da pessoa com seu ambiente social, evoluindo ao longo da vida e sendo moldado por reciprocidade e bidirecionalidade. Brito e Koller (1999, p. 117) definiram rede de apoio social como "o conjunto de sistemas e de pessoas significativas que compõem os elos de relacionamento recebidos e percebidos do indivíduo". Dentro da perspectiva da Abordagem Ecológica do Desenvolvimento Humano, o mundo social é composto por sistemas ou contextos [micro (família), meso (creche, escola, trabalho), exo (direção da escola ou creche, lares dos professores, trabalho dos pais) e macrossistemas (nível socioeconômico, religião, valores, crenças)] que a criança frequenta e interage enquanto pessoa em desenvolvimento (Bronfenbrenner, 1979/1996).

A primeira relação de apoio social evolui das relações de apego iniciais da criança e da capacidade e disposição dos pais em prover suas necessidades. Essa experiência é a primeira base de esperança e segurança em outras pessoas para satisfazer necessidades e desejos. O mundo social da criança começa a se expandir para incluir outros membros não familiares, geralmente, da creche e da escola. Começa a se formar aqui a rede de apoio social, baseada também, nas qualidades pessoais da criança de responsividade e temperamento (Newcomb, 1990).

A rede de apoio social é dinâmica e construída em todas as fases da vida (Newcomb, 1990). Um alto nível de apoio social pode melhorar o funcionamento pessoal e proteger o indivíduo de efeitos negativos causados por adversidades e estresse. O efeito protetivo que o apoio social oferece está relacionado ao desenvolvimento da capacidade da pessoa para enfrentar essas adversidades, promovendo características de resiliência e desenvolvimento adaptativo da personalidade (Brito e Koller, 1999; Garmezy e Masten, 1994; Rutter, 1987).

O apoio social é concebido a partir de três conceitos: apoio social percebido, relações significativas de apoio social e presença real de redes de apoio social (Pierce et al., 1996). Entretanto, para compreender o apoio social, esses conceitos não devem ser vistos isoladamente, mas dinamicamente. O apoio social percebido tem sido utilizado para definir a estima, o cuidado e/ou o interesse entre as pessoas. Reflete a crença da pessoa sobre a natureza das suas relações sociais e o apoio percebido através das atitudes daqueles que compõem a sua rede de relações. Pessoas que têm relativamente bem-formadas a percepção, as expectativas e as atribuições sobre as relações de apoio com pessoas específicas, apresentam uma boa avaliação sobre os recursos e as pessoas disponíveis em suas vidas. Essas relações podem capacitar pessoas na prevenção de eventos estressantes, como, por exemplo, buscar um conselho ou orientação, ajuda financeira, informação relevante para resolução de um problema, terapia, tratamento, minimizando o risco da ocorrência do evento. Ao mesmo tempo em que a rede de apoio social é composta por relações próximas e significativas, estas são dinâmicas e constantes, ou seja, há um movimento de entrada e saída de pessoas na estrutura da rede. Da mesma forma, a pessoa vivencia novas avaliações para recompor a rede. Sarason, Shearing, Pierce e Sarason (1987) verificaram que pessoas com alto índice de apoio percebido foram mais atentas na avaliação das características individuais de seus pares do que outras pessoas. Elas, também, atribuíram a si mesmas mais qualidades positivas do que negativas, além de se relacionarem positivamente com seus pais, amigos e pares. Esses achados contribuem para capacitar pessoas a desenvolver estratégias de *coping* (formas de lidar com eventos estressantes) mais realistas e efetivas, sendo mais eficazes no confronto com desafios, mesmo em uma situação de estresse (Pierce et al., 1996; Sarason et al., 1987). A rede de apoio social promove bem-estar por meio da autoestima e vínculos afetivos. Por outro lado, a ausência de uma rede de apoio pode produzir sentimentos de solidão e falta de sentido na vida. Apoio social pode, ainda, oferecer condições para subsidiar estratégias de *coping* em situações muito estressantes, promovendo a manipulação da situação e o apoio emocional, favorecendo a resiliência (Samuelsson, Thernlund e Ringström, 1996).

A rede de apoio social pode ser descrita em termos estruturais e funcionais. A estrutura se refere à existência de membros no sistema de relações, podendo ser medida por seu tamanho e composição. A função se direciona às características e qualidades das relações existentes na rede, e pode ser medida de várias formas, entre elas pela satisfação com sua rede de apoio social e pela qualidade dos vínculos afetivos presentes na rede, bem como a integração desses dois aspectos (Samuelsson, Thernlund e Ringström 1996).

Para a criança, a primeira e a mais importante rede de apoio é a família. Boyce (1985) propõe que a família oferece um sentido de estabilidade com os elementos centrais na experiência da vida. Entretanto, nos casos de violência doméstica, não é possível esperar que a família ofereça esses elementos de forma positiva, pois é dentro desse ambiente que está centralizado o maior fator de risco. Contudo, Bronfenbrenner (1979/1996) destacou que sempre há algo saudável em uma pessoa ou no contexto em que está inserida que pode ser resgatado e retomado em seu desenvolvimento. Mesmo na situação crítica constituída pelo quadro da violência doméstica, crianças resilientes encontram meios e força para buscar ajuda e o apoio necessário, no intuito de interromper esse processo. Muitas vezes a ajuda é encontrada dentro da própria família. A possibilidade de encontrar essa ajuda está na rede de apoio social, bem como em todos os ambientes e sistemas frequentados pela criança, principalmente a escola, amigos e vizinhos, estando assim, a serviço da promoção de resiliência (Koller, 1999). A relação inicial de apego tem sido descrita como a base para o reconhecimento e o estabelecimento de relações estáveis e recíprocas, que são os pilares para a formação de uma rede de apoio.

REPRESENTAÇÃO MENTAL DAS RELAÇÕES DE APEGO

A relação de apego permeia os temas da violência e de rede de apoio social. Na violência, ao se detectar a falta ou a carência de cuidado com a criança, está aparente, implicitamente, a presença da falta de confiança, da insegurança e do vínculo mal constituído entre o cuidador e a criança. Aparece desde a falta de acompanhamento pré-natal até a mãe e/ou pai que não conseguiram atender a criança em suas necessidades, seja por características dela ou pela história de vida dos pais.

A relação de apego consiste em um vínculo afetivo e recíproco, no qual aqueles que cuidam, proporcionam a satisfação das necessidades de quem é cuidado, pelo provimento de conforto, carinho e proteção. A sensibilidade dos pais para responder às necessidades da criança e a qualidade da interação entre ambos contribuem para o desenvolvimento de um senso de confiança e segurança, que servirá como base para o conhecimento e exploração do ambiente pela criança (Ainsworth e Bell, 1970; Blehar, Liberman e Ainsworth, 1977; Bowlby, 1989; Cecconello, 1999).

A experiência de apego advinda das interações da criança com seus cuidadores possibilita a construção de modelos de trabalhos internos, como a internalização de estruturas cognitivas, que servirão como base para novos relacionamentos (Ainsworth, 1989). O modelo que a criança constrói de si mesma reflete a imagem que os pais têm dela e a noção de quão aceitável ou inaceitável ela se percebe aos olhos dos pais. O modelo das figuras de apego se refere à ideia que a criança faz de quem são seus pais (suas figuras de apego) e como respondem às suas necessidades (Cecconello, 1999).

Ptacek (1996) apontou que, entre fatores determinantes da percepção de apoio social, a relação de apego com o cuidador primário pode ser o componente mais crítico do desenvolvimento. O apoio social percebido em adultos é, portanto, a manifestação do modelo de trabalho interno baseado na relação de apego (Sarason et al., 1987). As relações primárias são hipoteticamente relacionadas ao sentimento de ser aceito e cuidado por toda a vida. Pessoas que têm uma relação de apego positiva tendem a crer que outras pessoas são confiáveis para ajudá-las, como também elas podem oferecer ajuda quando for preciso. O modelo de trabalho, uma vez internalizado, estará relativamente resistente a modificações (Ptacek, 1996). Baseado nesse pressuposto, é que se realizam estudos sobre a representação mental das relações de apego (conforme descrito por Bretherton, Ridgeway e Cassidy, 1990; Cassidy, 1988; Fury, Carlson e Sroufe, 1997). Esses autores avaliaram a relação de apego baseados na comunicação da criança sobre a relação, pois postularam que as experiências precoces de apego foram internalizadas e transformadas em representações mentais da relação de apego. Em um estudo realizado com meninas vítimas de violência doméstica foi verificado que a representação mental das relações de apego é, em sua maioria, do tipo inseguro. Por outro lado, meninas não vítimas de violência doméstica, vivendo no mesmo ambiente comunitário violento que meninas vítimas, apresentaram uma rede de apoio social e afetiva mais ampla e a representação mental das relações de apego eram do tipo seguro, baseadas na confiança (Mayer, 2003). A investigação da representação mental das relações de apego se torna importante, uma vez que a relação de apego está relacionada diretamente com todas as variáveis de coesão e o apoio familiar.

Finalmente, uma rede de apoio social e afetiva ampla, que permita a circulação em vários contextos, bem como a interação das pessoas de outros microssistemas de modo adaptado e com equilíbrio nas relações de poder pode proporcionar um desenvolvimento mais saudável para crianças vítimas de violência doméstica. A representação mental das relações de apego é outra variável importante a ser considerada.

Programas de prevenção e intervenção para populações em situação de risco devem ser realizados permanentemente, com frequência e periodicidade, atendendo aos requisitos de prevenir e acompanhar os casos de violência doméstica. Devem ser dirigidos a um público alvo que inclua as crianças e os adolescentes vítimas de violência e os pais (perpetradores do abuso), ou seja, a família como um todo. Idealmente, poderiam ocorrer dentro das escolas, já que estas têm sido identificadas como um microssistema reconhecido como protetivo, preferencialmente envolvendo os profissionais desse contexto. Em nível preventivo podem ser realizados grupos de gestantes, proporcionando o desenvolvimento das relações de apego desde o pré-natal. Em nível de intervenção, ou seja, nos casos de violência doméstica já ocorridos, o trabalho deve ser desenvolvido atendendo às próprias crianças vítimas, proporcionando a ampliação da rede de apoio social e afetivo, bem como a melhoria da autoestima e do bem-estar. Também devem ser atendidos os pais, por meio de grupos de apoio nos quais seriam discutidas questões sociais e histórias de vida, buscando desenvolver o senso de produtividade, mais valia e bem-estar. A compreensão de suas histórias de conduta violenta deve ser desenvolvida, além da busca de ampliação da rede de apoio social e afetiva. Quanto aos irmãos abusadores, realizar grupos de apoio ajudando a desenvolver o equilíbrio das relações hierárquicas. Dessa forma, se minimizará a vulnerabilidade das relações entre meninas vítimas de violência e suas famílias e haverá um incremento na promoção de resiliência ao abarcar esses três níveis: criança, família e escola, desenvolvendo habilidades e características para lidar com situações de risco.

REFERÊNCIAS

Ainsworth, M. D. S. (1989). Object relations, dependency and attachment: A theoretical rewiew of the infant-mother relationship. *Child Development, 40*, 969-1025.

Ainsworth, M. D. S., & Bell, S. M. (1970). Attachment, exploration and separation: Illustrated by the behavior of one-year-olds in a strange situation. *Child Development, 41*, 49-67.

Blehar, M. C., Liberman, A. F., & Ainsworth, M. D. S. (1977). Early face-to-face interaction and its relation to later infant-mother attachment. *Child Development, 48*, 182-194.

Bolger, K., Thomas, M., & Eckenrode, J. (1997). *Disturbances in relationships: Parenting, family development, and child maltreatment.* San Francisco: Jossey-Bass.

Bowlby, J. (1989). *Uma base segura: Aplicações clínicas da teoria do apego.* Porto Alegre: Artmed.

Boyce, W. T. (1985). Social support, family relations and children. In S. Cohen, & L. S. Symes (Eds.), *Social support and health* (pp.151-173). Orlando: Academic.

Brasil. (1990). *Lei nº 8069, de 13 de julho de 1990: Estatuto da Criança e do Adolescente.* Acessado em 23 jul, 2011, em http://www.planalto.gov.br/ccivil_03/Leis/L8069.htm.

Bretherton, I., Ridgeway, D., & Cassidy, J. (1990). Assessing internal working models of the attachment relationship. In M. T. Greenberg, D. Cicchetti, & E. M. Cummings (Eds.), *Attachment in the preschool years: Theory, research and intervention* (pp. 273-308). Chicago: University of Chicago.

Brito, R., & Koller, S. H. (1999). Desenvolvimento humano e redes de apoio social e afetivo. In A. M. Carvalho (Ed.), *O mundo social da criança: Natureza e cultura em ação* (pp.115-129). São Paulo: Casa do Psicólogo.

Bronfenbrenner, U. (1996). *A ecologia do desenvolvimento humano: Experimentos naturais e planejados.* Porto Alegre: Artmed. (Original publicado em 1979).

Bronfenbrenner, U., & Evans, G. (2000). Developmental science in the 21st century: Emerging questions, theoretical models, research designs and empirical findings. *Social Development, 9*, 115-125.

Bronfenbrenner, U., & Morris, P. (1998). The ecology of developmental processes. In W. Damon, & R. Lerner (Eds.), *Handbook of psychology* (pp. 993-1028). New York: John Wiley & Sons.

Caminha, R. (2000). A violência e seus danos à criança e adolescente. In Amencar/Unicef (Ed.), *Violência doméstica* (pp. 43-60). Brasília: UNICEF.

Cassidy, J. (1988). Child-mother attachment and the self in six-year-olds. *Child Development, 59*, 121-134.

Cecconello, A. M. (1999). *Competência social, empatia e representação mental das relações de apego em famílias em situação de risco.* Dissertação de mestrado não publicada, Universidade Federal do Rio Grande do Sul, Porto Alegre, Brasil.

Cecconello, A. M. (2003). *Resiliência e vulnerabilidade em famílias em situação de risco.* Tese de doutorado não publicada, Universidade Federal do Rio Grande do Sul, Porto Alegre, Brasil. Acessado em 23 ago, 2011, em http://www.lume.ufrgs.br/handle/10183/2641.

Cecconello, A. M., & Koller, S. H. (2003). Inserção ecológica na comunidade: Uma proposta metodológica para o estudo de famílias em situação de risco. *Psicologia: Reflexão e Crítica, 16*, 515-524.

De Antoni, C., Teodoro, M., & Koller, S. H. (2009). Coesão e hierarquia em famílias com história de abuso físico. *Universitas Psychologica, 8*, 399-412.

Dlugokinski, E., & Allen, S. (1997). *Empowering children to cope with difficult and build muscles for mental health.* Oklahoma: University of Oklahoma Health Sciences Center.

Egelend, B., Jacobvitz, D., & Sroufe, L. A. (1988). Breaking the cycle of abuse: Relationship predictors. *Child Development, 59*, 1080-1088.

Farinatti, F., Biazus, D. B., & Leite, M. B. (1993). *Pediatria social: A criança maltratada.* Rio de Janeiro: MEDSI.

Fury, G., Carlson, E. A., & Sroufe, L. A. (1997). Children's representations of attachment relationships in family drawings. *Child Development, 68*, 1154-1164.

Garbarino, J., Dubrow, N., Kostelny, K., & Pardo, C. (1992). *Children in danger: Coping with the consequences of community violence.* San Francisco: Jossey-Bass.

Garmezy, N., & Masten, A. (1994). Chronic adversities. In M. Rutter, E. Taylor, & L. Herson (Eds.), *Child and adolescent psychiatry* (pp. 191-207). Oxford: Blackwell.

Habigzang, L., Hatzenberger, R., Corte, F. D., Stroeher, F., & Koller, S. H. (2009). Grupoterapia cognitivo-comportamental para crianças e adolescentes vítimas de abuso sexual. *Revista de Saúde Pública, 43*, 70-78.

Koller, S. H. (1999). Violência doméstica: Uma visão ecológica. In Amencar/Unicef (Ed.), *Violência doméstica* (pp. 32-42). Brasília: UNICEF.

Luthar, S. S., & Zigler, E. (1991). Vulnerability and competence: A review of research on resilience in childhood. *American Journal Orthopsychiatry, 61,* 6-22.

Mayer, L. R. (2003). *Rede de apoio social e representação mental das relações de apego de meninas vítimas de violência doméstica.* Tese de doutorado não publicada, Universidade Federal do Rio Grande do Sul, Porto Alegre, Brasil. Acessado em 23 ago, 2011, em http://www.lume.ufrgs.br/handle/10183/2793.

McClelland, D. (1973). Testing for competence rather than intelligence. *American Psychology, 28,* 1-14.

Morais, N. A., & Koller, S. H. (2004). Abordagem ecológica do desenvolvimento humano, psicologia positiva e resiliência: A ênfase na saúde. In S. Koller (Ed.), *Ecologia do desenvolvimento humano: Pesquisa e intervenção no Brasil* (pp. 91-107). São Paulo: Casa do Psicólogo.

Newcomb, M. (1990). Social support and personal characteristics: A developmental and interactional perspective. *Journal of Social and Clinical Psychology, 9,* 54-68.

Oliveira, M., & Flores, R. (1999). Violência contra as crianças e adolescentes na Grande Porto Alegre. In Amencar/Unicef (Ed.), *Violência doméstica* (pp. 71-86). Brasília: UNICEF.

Olson, D. H. (1986). Circumplex model VII: Validations studies and FACES III. *Family Process, 25,* 337-351.

Olson, D. H., Sprenkle, D., & Russel, C. S. (1979). Circumplex model of marital and family systems: I. Cohesion and adaptability dimensions, family types, and clinical applications. *Family Process, 18,* 3-28.

Pierce, G., Sarason, B. Sarason, I., Joseph, H., & Henderson, C. (1996). Conceptualizing and assessing social support in the context of the family. In G. Pierce, B. Sarason, & I. Sarason (Eds.), *Handbook of social support and the family* (pp.124-234). New York: Plenum.

Pires, J. (1999). Violência na infância: Aspectos clínicos. In Amencar/Unicef (Ed.), *Violência doméstica* (pp. 61-70). Brasília: UNICEF.

Ptacek, J. T. (1996). The role of attachment in perceived support and the stress and coping process. In G. Pierce, B. Sarason, & I. Sarason (Eds.), *Handbook of social support and the family* (pp. 235-333). New York: Plenum.

Rutter, M. (1987). Psychosocial resilience and protective mechanisms. *American Journal Orthopsychiatry, 57,* 316-331.

Samuelsson, M., Thernlund, G., & Ringström, J. (1996). Using the five map to describe the social network of children: A methodological study. *International Journal Behavioral Development, 19*(2), 327-345.

Sarason, B., Shearing, E., Pierce, G., & Sarason, I. (1987). Conceptualizing and assessing social support in the context of the family. In G. Pierce, B. Sarason, & I. Sarason (Eds.), *Handbook of social support and family* (pp. 3-23). New York: Plenum.

Seifer, R., Sameroff, A., Baldwin, C., & Baldwin, A. (1992). Child and family factors that ameliorate risk between 4 and 13 years of age. *Journal of American Academic Adolescent Psychiatry, 31,* 893-903.

Tyler, F. (1984). El comportamiento psicosocial, la competencia psicosocial individual y las redes de intercambio de recursos como ejemplos de psicologia comunitaria. *Revista Latino-Americana de Psicologia, 16,* 77-92.

Wood, B. (1985). Proximity and hierarchy: Orthogonal dimensions of family interconnectedness. *Family Process, 24,* 497-507.

Zimmerman, M. A., & Arunkumar, R. (1994). Resiliency research: Implications for schools and policy. *Social Policy Report, 8,* 1-18.

2

Abuso emocional parental contra crianças e adolescentes

Clarissa De Antoni

O abuso emocional é uma das formas de violência mais presentes nas relações familiares. No entanto, não é identificado de imediato pelos profissionais, e sua presença não é avaliada ou quantificada na maioria dos levantamentos demográficos realizados sobre a violência perpetrada contra crianças e adolescentes. Talvez isso ocorra pela sua invisibilidade, já que não deixa evidências físicas. Portanto, torna-se difícil conhecer exatamente as formas de manifestação e a incidência do mesmo no contexto familiar.

A identificação de sua existência apenas é possível pelas consequências que ele gera, isto é, pelo comportamento observável apresentado pela vítima ao longo do tempo. Ou, em alguns casos, pelo próprio relato prestado por esta ou pelo abusador sobre as ações abusivas existentes nas relações. Em função disso, ainda não há uma definição operacional clara e objetiva para o abuso emocional ou, como também é denominado, abuso psicológico (Brassard, Hart e Hardy, 2000).

Por se tratar de um construto, há dificuldades em pesquisar sobre o fenômeno e pouco se estuda e se produz a respeito no Brasil (Brodski, 2010), principalmente se comparando às pesquisas sobre abuso físico ou sexual (De Antoni, 2005; Habigzang e Caminha, 2004, p. ex.). Também se observa que o abuso emocional não é privilegiado em programas de prevenção e intervenção no enfrentamento à violência, e na implantação de políticas públicas na área. Provavelmente isso ocorre pela sutileza como as fronteiras são estabelecidas entre um ato considerado "normal" para uma ação ou omissão abusiva, assim como também pelo alto grau de tolerância da nossa sociedade frente a esse tipo de abuso. Um exemplo dessa permissividade é que a sociedade não se sente estimulada em denunciar ou investigar pais/cuidadores que dizem para os filhos: "– Você não presta pra nada mesmo!", "– Você só me traz desgosto, só me incomoda!"; "– Você tem o diabo no corpo!". Ou "– Se você não se comportar, o bicho papão vai te devorar!" Entre tantas outras ameaças ou intimidações.

Este capítulo tem por objetivo fornecer subsídios necessários para tornar o abuso emocional (AE) mais visível, através da identificação de diferentes categorias de AE vivenciadas pelas crianças e descritas na literatura, o impacto dessa violência no desenvolvimento infantil e as reflexões sobre intervenções possíveis com a vítima, o abusador e a família. Com isso, espera-se auxiliar de forma instrumental os profissionais que trabalham com crianças e adolescentes vítimas desse tipo de maus-tratos.

O conceito de abuso, de forma geral, está relacionado ao mau uso ou uso errado, excessivo ou injusto. No caso da violência nas relações familiares, o adulto que deveria exercer o papel de cuidador e protetor explora o poder que tem sobre a criança e propicia uma relação assimétrica e de subordinação. Assim, o poder está centrado apenas no abusador, e este não permite que esse poder seja compartilhado em prol do desenvolvimento da autonomia da criança (Koller e De Antoni, 2004).

O abuso emocional é evidenciado pelo prejuízo à competência emocional da criança e do adolescente, isto é, a capacidade de amar os outros e de se sentir bem a respeito de si mesmo. São atos de hostilidade e agressividade que podem influenciar em sua motivação, em sua autoimagem e em sua autoestima (De Antoni e Koller, 2002). A presença do abuso emocional expressa para a criança que seus supostos cuidadores não a consideram merecedora de estima e amor e que é indesejada naquele contexto (Brassard, Hart e Hardy, 2000).

O AE pode incluir a observação da criança sobre o comportamento abusivo entre os pais, bem como, o comportamento abusivo dos pais em relação à criança. Essa forma abusiva está presente tanto na ação quanto na omissão, isto é, o que se faz com a criança (a humilhação) e o que se deixa de fazer (abandono). Pode ocorrer isoladamente, entretanto está presente em todas as formas de violência, como a sexual, a física e a negligência (Koller e De Antoni, 2004).

No diagnóstico, deve-se ter em mente cinco aspectos interrelacionados: frequência, duração, severidade, intensidade e a percepção sobre o abuso. A frequência está relacionada com a incidência que o mesmo ocorre dentro de um período de tempo determinado (uma, duas, três vezes por dia, por mês, por ano); a duração, ao período de tempo do ato abusivo (que pode ser mensurado em minutos, horas ou dias); a severidade, ao grau de gravidade do abuso; a intensidade, ao impacto desse ato em sua vítima e, por fim, a percepção, como a criança interpreta esse fenômeno. Quanto maior a frequência, duração, severidade e intensidade e, principalmente, o impacto dessa percepção, maior a probabilidade de causar riscos ao desenvolvimento, não somente na infância, mas durante todo o ciclo vital (Garbarino e Eckenrode, 1997).

As causas que desencadeiam o abuso emocional mais citadas na literatura estão relacionadas aos aspectos da interação e da comunicação precária entre os membros familiares (Brassard, Hart e Hardy, 2000). A separação do casal é um exemplo, pois a criança pode testemunhar as desavenças dos pais e ser usada como objeto de disputa. Outro exemplo da falta de comunicação está evidenciado na forma de educar os filhos (colocar limites, autonomia, valores). Muitas vezes os pais não conversam sobre as práticas disciplinares, tendo comportamentos antagônicos. Cada um pode assumir um papel, permissivo ou rígido, ou ambos trocam ou oscilam constantemente entre essas posturas. Expectativas irrealistas em relação ao potencial da criança, isto é, esperar determinado comportamento ou talento ou, ao contrário, não estimulá-la por achar que ela não é capaz, fazem parte das causas do abuso emocional (Giardino e Giardino, 2002). Além disso, pode-se pensar na violência estrutural que afeta muitas famílias brasileiras. Minayo (2006) alerta para a falta de condições socioeconômicas e o estresse decorrente disso, acarretando assim, pais menos tolerantes e disponíveis emocionalmente.

As formas mais comuns envolvem: humilhação, degradação, rejeição, isolamento, terrorismo, corrupção, rotulação, ameaças, agressão verbal e negação de afeto. São diferentes em ações e intenções. E, com o objetivo de melhor compreendê-lo, encontra-se na literatura sobre o tema diferentes categorizações das manifestações do abuso emocional (Brassard, Hart e Hardy, 2000; Garbarino e Eckenrode, 1997; Giardino e Giardino, 2002).

Brassard, Hart e Hardy (2000), por exemplo, classificam o abuso em cinco categorias: Desprezo, Aterrorizar, Isolamento, Exploração e Negação Emocional. Essas categorias serão definidas a seguir.

O *desprezo* é uma combinação de rejeição e hostilidade. Os pais podem se recusar a ajudar a criança ou não reconhecer que esta precisa deles. Também inclui chamar a criança por apelidos indesejados, tratar a criança como inferior ou humilhá-la publicamente.

A categoria *aterrorizar* está relacionada à ameaça que os cuidadores fazem de causar danos físicos, morte ou abandono se a criança não se comportar da forma como eles desejam. Também inclui expor a criança a cenas de violência, falar que não irá mais amá-la ou deixá-la desassistida.

O *isolamento*, como a própria palavra indica, se refere ao fato de isolar a criança do convívio com outras pessoas. O cuidador pode trancá-la em um cômodo da casa (quarto, banheiro, etc.) ou não permitir que a criança tenha algum tipo de interação com colegas ou familiares.

A *exploração* envolve incentivar a criança a ter um comportamento antissocial, que beneficie de alguma forma o adulto que a está incentivando. Inclui ensinar e encorajar a criança a ter um comportamento criminoso, manter a criança em casa obrigando-a a ser serviçal ou até mesmo estimular a criança a participar de uma produção pornográfica.

A *negação emocional* inclui ignorar a necessidade da criança de contato emocional, que envolve abraçar, beijar e conversar. Pais omissos demonstram que não estão interessados na criança e estão indisponíveis para tal contato.

Giardino e Giardino (2002) também categorizam o abuso, e citam sete diferentes manifestações: 1) ignorar, 2) rejeitar valores, 3) isolar, 4) aterrorizar ou ameaçar, 5) encorajar e reforçar comportamentos destrutivos, 6) pressionar a criança e, 7) expor a criança a cenas de violência. As categorias serão descritas a seguir:

A categoria *ignorar* a criança está relacionada ao não fornecimento de estimulação necessária, receptividade e valorização dos méritos da mesma nas rotinas familiares. O exemplo típico é a ausência de estimulação e de manejo apropriados, não olhar para a criança ou chamar o seu nome, e ignorar a presença da mesma. Assemelha-se à categoria negação emocional.

Rejeitar os valores e as necessidades infantis é exemplificado pelo fato dos cuidadores negligenciarem as necessidades de tratamento médico ou psicológico, constranger a criança intensamente, depreciar ou ridicularizar, rejeitar as ideias e debochar da criança quando esta expressa seus sentimentos. Também, inapropriadamente, atribuir características negativas, tratar o adolescente como criança, colocar apelidos ou chamar de forma depreciativa, como: retardado, burro, estúpido, entre outros.

Isolar a criança da família e da comunidade se refere a privá-la do contato social, ao impossibilitar que a mesma tenha relacionamento com colegas, amigos, vizinhos ou parentes. Também os pais/cuidadores impedem que a criança participe das rotinas familiares, como ir a um passeio ou sentar à mesa para uma refeição. Geralmente esses pais a separam fisicamente do convívio familiar.

Uma forma grave de abuso emocional é *aterrorizar e ameaçar* a criança com ataques verbais, criando um clima de medo, hostilidade e ansiedade, privando a criança de sentimentos de segurança. Essas ameaças podem ser por meio de armas, facas ou outros objetos, como também o uso de palavrões. Geralmente, esses pais fazem com que a criança se sinta excessivamente culpada pelos acontecimentos negativos ocorridos no contexto familiar, atribuindo a elas a origem desses eventos. Também podem punir a criança por sentir medos próprios da sua idade, como ao deixar todas as luzes apagadas quando a criança tem medo de escuro; ameaçar que monstros, fantasmas ou bruxas irão aparecer, ou criar situações em que a criança tenha que enfrentar o objeto fóbico sem um preparo adequado, por exemplo: fazer a criança tocar em um cão, quando esta tem medo do animal. Outra forma de aterrorizar a criança é ameaçar de suicídio ou abandono.

Encorajar e reforçar comportamentos destrutivos, antissociais, até que a criança esteja impossibilitada de um desenvolvimento socioemocional favorável para sua interação social é uma das categorias citadas por Giardino e Giardino (2002). Está relacionada a exigir que a criança ou adolescente participe de rituais (abuso ritualístico), sejam esses religiosos com conotação macabra, ou ritos de passagem sociais, como exigir que a iniciação sexual ocorra em um prostíbulo. Também pode envolver o abuso sexual, ao forçar a criança a assistir materiais pornográficos ou explorar a criança sexualmente. É ensinar a criança ou adolescente a aceitar de forma positiva comportamentos ilegais ou antissociais, através da distorção moral em que o bem é algo ruim e o mal é o certo. Fornecer drogas ou usar a criança como traficante ou "mula", envolvê-la em furtos, entre outros atos ilícitos. Expor a criança a situações de perigo, ao deixá-la brincar com fogo ou com brincadeiras agressivas, como lutas.

O abuso emocional relacionado ao comportamento de *pressionar excessivamente* para que a criança cresça rapidamente e adquira habilidades motoras, acadêmicas, etc, pode ocasionar um sentimento na criança de que ela nunca é boa o suficiente. Como se as expectativas dos pais ou cuidadores em relação à inteligência e destreza da criança dificilmente fossem alcançadas. Cada criança tem seu próprio ritmo de desenvolvimento, espera-se que algumas aquisições sejam conquistadas dentro de um período específico, como o controle dos esfíncteres. Este pode ocorrer entre os 18 e 30 meses, no entanto, ainda não é conclusiva a idade de aquisição da criança, dependendo de uma variabilidade individual que envolve o peso de nascimento, o sexo, a etnia, as diferenças culturais e o grau de maturidade fisiológica (Mota e Barros, 2008). Pressionar a criança antes que esteja "pronta", poderá ocasionar uma série de consequências negativas emocionais e físicas. Nas relações familiares, os pais podem usar a criança/adolescente como espião ou confidente de relacionamentos românticos ou comentar sobre problemas com separação ou conjugais. Assim, os papéis de pai, mãe e filho(a) ficam confusos para a criança.

Outra forma de abuso é *expor a criança à violência doméstica ou comunitária*. A criança ser testemunha das desavenças conjugais, por exemplo. Pellegrini (2007) afirma que a presença da violência conjugal no ambiente familiar se caracteriza por prejuízos no desenvolvimento familiar sadio. Os agravos ocorrem além de relações isoladas, passando a se manifestar como um fenômeno que engloba todo o grupo familiar. Assim, todo o tipo de violência praticada entre os pais da criança pode tornar o ambiente familiar pouco seguro, assustador, negligente e imprevisível. Isso pode desencadear o comprometimento das funções de cuidado em relação às crianças por parte dos pais e provocar danos difíceis de superar nas testemunhas.

Outro comportamento parental contemporâneo que pode levar ao abuso emocional é chamado por Trainini (2004) de "superexigência". A superexigência se caracteriza por exigências e/ou atitudes "impostas" por uma cultura ou meio social aos pais ou cuidadores, que por sua vez acabam transmitindo esses valores aos seus filhos. Essa dinâmica ocorre devido ao compromisso que a criança assume com seus pais, em dar conta de todas as exigências e demandas advindas também do meio social no qual ela está inserida. Praticar esportes, aprender novas línguas, tocar instrumentos, realizar atividades artísticas (desenho, teatro, dança) ou informática são exemplos desses compromissos assumidos pelas crianças, que podem visar alavancar seu desenvolvimento e torná-las competitivas em um futuro mercado profissional ou, como uma tarefa de recreação, para suprir a ausência de espaços de lazer.

Percebe-se que essa demanda socioparental sempre almeja consequências positivas para a criança. Entretanto, para algumas delas, a superexigência pode causar sofrimento, ansiedade, depressão e estresse tanto individual quanto familiar. A criança passa a cumprir uma carga horária muito desgastante, assumindo inúmeras responsabilidades e diferentes papéis. Portanto, o AE pode estar por trás de exigências e atitudes dos pais frente à expectativa de desempenho dos filhos. As crianças passam a não ter outra escolha a não ser dar conta de toda essa demanda, o nível de exigência passa a ser alto e elas sentem que não "devem" fracassar. Isso também ocorre pela necessidade que as crianças têm de agradar aos pais ou cuidadores. Assim, muitas participam de provas e competições para mostrar que são os melhores.

Na maioria das vezes, essas exigências e atitudes não são compreendidas como um abuso, uma vez que os pais as cometem em nome da proteção e de possibilitar oportunidades positivas para um bom futuro de seus filhos. Talvez por isso seja tão difícil de identificar essas características como AE, inclusive na literatura, pois não é descrito dessa forma, conforme analisa Trainini (2004).

Conforme Martins (1991) a maioria das crianças que são superexigidas tem sua idade adulta antecipada, já que o tempo de ser criança é ocupado consideravelmente pelo tempo do adulto. Seu tempo infantil é preenchido com essas inúmeras atividades, e muitas vezes com o trabalho, a exploração e a violência, principalmente em crianças que vivem em situação de pobreza, sem recursos para sua sobrevivência. A criança que não está sendo absorvida pelo mercado de trabalho tem igualmente o seu destino submetido ao processo de reprodução do capital e da sociedade, pois está à mercê de vários estímulos que exigem sua preparação para saber competir nesse novo mercado. Toda essa demanda é para que não fiquem em desvantagem em um mundo e em uma cultura que prega a competitividade, a multiplicidade de habilidades, o individualismo e o consumismo (Minayo, 2006).

Frente a esses atos abusivos, as crianças e os adolescentes podem desenvolver diversos sintomas geradores de patologias, sejam físicas, cognitivas, sociais e emocionais. Segundo Brodski (2010), pesquisas atuais comprovam essa afirmativa, inclusive se referindo a uma "Traumatologia Desenvolvimental", que envolve os danos psicológicos no desenvolvimento cognitivo e neurobiológico. Entretanto, em função da complexidade do tema, neste capítulo será realizada uma reflexão apenas sobre algumas das consequências psicológicas do abuso emocional.

CONSEQUÊNCIAS PSICOLÓGICAS DO ABUSO EMOCIONAL

A família é um espaço que sempre deveria possibilitar a aprendizagem de vivências afetivas como o amor, o respeito, o cuidado, entre tantos outros sentimentos positivos presentes nas relações interpessoais. No entanto, o abuso emocional demonstra que esses valores não estão presentes em todos os momentos do convívio familiar e que os pais podem lidar de forma errônea com os filhos. O autoritarismo (abuso de poder) ou a negligência (falta de afetividade) estão comumente presentes. Mas, independentemente de qual estilo parental utilizado nas relações familiares, o mais significativo é a interferência no desenvolvimento comportamental da criança (De Antoni, 2005). Assim, o abuso emocional no exercício da parentalidade influencia os comportamentos das crianças e adolescentes sobre a forma de lidar e resolver seus problemas e a construção de crenças disfuncionais ou equivocadas sobre si mesma e sobre os outros.

Esse abuso compromete o desenvolvimento emocional, pois interfere na crença que a criança possui sobre a sua competência, isto é, sobre a sua habilidade de utilizar adequadamente os seus recursos para o cumprimento das tarefas relevantes aos estágios de desenvolvimento; isto é, na habilidade de se comunicar com os outros; na habilidade de reconhecer e se comprometer de forma realista com os desafios encontrados; e, de desenvolver sentimentos de confiança básica nas suas decisões diante os desafios diários (Brassard, Hart e Hardy, 2000).

Geralmente, famílias com pais hostis tendem a ter baixa coesão (proximidade) ou vínculo emocional, pouco calor humano, carinho e preocupação com o bem-estar dos filhos. Essas crianças podem, em decorrência, apresentar dificuldades em estabelecer contatos sociais (Garbarino e Eckenrode, 1997).

O comprometimento no desenvolvimento emocional ou afetivo pode ser revelado pela presença de severas patologias. Brassard, Hart e Hardy (2000) citam um estudo de Hart em 1998 que identificou 29 resultados negativos do AE para o desenvolvimento. Entre esses, destacam-se: baixa autoestima, depressão, hostilidade interpessoal, negatividade, entre outros. A depressão é a mais comum e é evidenciada através da falta de apetite, ou da fadiga crônica, além da falta de expectativas em relação ao futuro e da baixa autoestima. Inclui mudanças nos padrões de sono e irritabilidade

Para exemplificar as consequências emocionais, serão apresentados dois casos. O primeiro se refere a uma menina, chamada de S., 9 anos, etnia negra. A menina foi "adotada" quando era bebê, porém não seguindo as leis vigentes, isto é, foi criada sem documentos legais para tal, por uma família de etnia branca. Pouco se sabe dos pais biológicos, apenas que a mãe era moradora de rua e tida como "louca". Aos 3 anos, a mãe adotiva queria "devolver" a menina para o Conselho Tutelar, alegando que a mesma era "muito malvada". Aos 8, a menina foi para um abrigo, pois a mãe adotiva alegou que não iria mais cuidar dela, já que a mesma fugia constantemente e ateou fogo na casa, fato este decisivo para sua entrega. Ao investigar a situação, concluiu-se que a menina permanecia várias horas sozinha em casa, enquanto todos saíam para trabalhar. Ela ficava dentro de casa com a porta trancada por fora. Então S. saía pela janela e ia brincar na vizinhança. Quando a mãe chegava, ela não estava, e todos os familiares se mobilizavam para procurá-la. Em relação à situação que originou o incêndio, foi uma ocasião em que S. estava sozinha e tentou acender a chama do fogão para aquecer a comida. Nessa tentativa, acendeu vários fósforos, que atingiram a cortina próxima ao fogão. O incêndio não teve grandes proporções e foi imediatamente contido por vizinhos, quando S. começou a gritar por socorro. A negligência dessa família perante os cuidados com S. e culpabilização da menina em relação aos seus atos de experimentação (naturais para uma criança de 8 anos que fica sozinha) revela a presença do abuso emocional. Esse abuso interferiu diretamente na construção da autoimagem e autoconceito de S., pois em certa ocasião a menina perguntou: "- Por que eu sou suja? Olha a minha cor? Tento me esfregar para tirar a sujeira, mas não sai!". Ela se sentia diferente da sua família adotiva, já que eles passavam a ideia, e ela acreditava, que eram "certos", "bons" e ela era "suja" e "malvada" e com o estigma de uma mãe biológica "louca". Então o sofrimento de S. era evidenciado pelo medo de ser louca como a mãe e a culpa de ser como ela era, pois aprendeu que não era bom ser assim.

As crianças podem externalizar seu sofrimento e expressar em ações de diferentes formas. Segundo exemplo é N., um menino de 11 anos. O pai separado prometia sempre visitá-lo e nunca aparecia. A criança ficava empolgada com a expectativa de rever o pai e isso não acontecia. N. reagia com um acesso de raiva e batia em todos ao seu redor, em outras ocasiões, se isolava em um canto e não queria falar. Ele estava aprendendo que os adultos, principalmente aqueles com os quais tinha um vínculo de confiança, não cumpriam o que prometiam, e isso pode acarretar no desenvolvimento de relações futuras pautadas pela desconfiança e falta de proximidade.

Frente a esses casos e a tantos outros, percebe-se a necessidade de ações interventivas individuais ou familiares que possam amenizar o sofrimento causado pelo abuso emocional em crianças e adolescentes. A seguir, serão sugeridas algumas estratégias de intervenção que podem ser aplicadas pelos profissionais da área.

ESTRATÉGIAS DE INTERVENÇÃO EM CASOS DE ABUSO EMOCIONAL

A intervenção em casos de abuso emocional se torna mais difícil, pois as famílias geralmente se apresentam mais resistentes a um tratamento e, mesmo durante ou depois do mesmo, muitas continuam a maltratar as crianças. Portanto, Kashani e Allan (1998) abordam que cinco aspectos principais devem ser conduzidos simultaneamente para que a intervenção seja eficaz, que são: 1) a responsabilidade legal; 2) o tratamento aos abusadores; 3) o tratamento da criança abusada, 4) o tratamento da criança testemunha da violência conjugal; e 5) o tratamento da família que vivencia a violência.

Segundo Kashani e Allan (1998), as teorias mais utilizadas nos processos psicoterápicos norte-americanos são a combinação da ecológica/sistêmica e a cognitivo-comportamental. Não foram encontrados estudos brasileiros que relatem os referenciais teóricos utilizados nos atendimentos às crianças, adolescentes e famílias com a presença de abuso emocional, especificamente. Cabe ressaltar que não existe uma receita pronta, mas sim estratégias que podem servir como auxílio a um tratamento, se analisadas e aplicadas com responsabilidade. A seguir serão descritas algumas estratégias de intervenção, com foco nos cinco principais aspectos citados anteriormente.

As leis brasileiras regidas pelo Estatuto da Criança e do Adolescente (ECA, Brasil, 1990) não são claras em relação ao abuso emocional especificamente. No entanto, o artigo quinto tem caráter universal em relação à violência: Art. 5º "- Nenhuma criança ou adolescente será objeto de qualquer forma de negligência, discriminação, exploração, violência, crueldade e opressão, punido na forma de lei qualquer atentado, por ação ou omissão, aos seus direitos fundamentais". Assim, a divulgação do ECA em diferentes áreas (educacional, saúde, esportes, etc.) em que as famílias transitam é fundamental para a conscientização e a implicação dos pais sobre suas ações. No Brasil, ainda há necessidade de um avanço na legislação, que possa punir com mais severidade os casos de abuso emocional.

Em relação ao tratamento com o abusador psicológico, Kashani e Allan (1998) revelam que este frequentemente apresenta baixa motivação para se tratar, se recusa a falar sobre o problema e interrompe o tratamento após algum tempo. Terapeutas podem trabalhar focados em determinados sentimentos, que muitas vezes emergem no ato abusivo, como a raiva ou a frustração. Esses sentimentos podem ser trabalhados por meio de técnicas de relaxamento, como pensar sobre os motivos que geram a raiva. Ou podem trabalhar focados nas interações com a criança ou adolescente, como são estabelecidas e repetidas, principalmente em relação aos modelos parentais desses abusadores. Pode-se abordar também como e quais práticas educativas são utilizadas. Essas ações podem ser desenvolvidas com o abusador (pai, mãe ou cuidador) ou ainda em programas psicoeducacionais com um grupo de pais (Weber, 2005). Assim, pode-se auxiliar aos pais a lidarem e interagiram de forma mais positiva com os seus filhos e também é importante estimular o diálogo com o(a) filho(a), por exemplo: antes de fazer uma crítica negativa, verificar o motivo do comportamento do filho. Sugere-se trabalhar as crenças desse abusador ao redefinir a agressão como uma fraqueza mais do que como força. E, outra possibilidade de intervenção é estimular a formação de amizades, a fim de ampliar a rede de apoio social e afetivo desses pais, possibilitando que eles efetuem trocas e visualizem diferentes formas de manejo com crianças. Por fim, outro foco interessante é esclarecer e informar sobre questões relacionadas ao desenvolvimento esperado infantil ou do adolescente, por exemplo: época mais adequada para tirar as fraldas ou características de oposição e de confrontação na adolescência. Auxiliar aos pais a identificarem os fatores de risco para o estresse, presentes no contexto familiar e fora dele, no qual a criança é a depositária de todas as angústias e frustrações.

Em relação ao tratamento da criança que sofre abuso emocional, Kashani e Allan (1998) afirmam que este requer ações variadas. Primeiro, é necessário proporcionar um ambiente em que a criança se sinta segura (confiança) para expor seus sentimentos, auxiliando a conhecê-la melhor; depois identificar os sintomas e verificar as estratégias de *coping* utilizadas pela criança. Estimular a criança a estabelecer vínculos afetivos com mais proximidade com outros parentes ou adultos, para trabalhar melhor a visão que a criança tem sobre estes. Também afirmam que é necessário auxiliar a criança a modificar suas crenças em relação à percepção de culpa, vergonha, menos-valia e sentimentos de tristeza, apatia, entre outros sentimentos presentes nesses casos. Esses autores não especificam a técnica, porém Oliveira e Pereira (2004) sugerem que o Diagrama de Conceituação Cognitiva proposto por Beck é uma ferramenta eficaz em casos de pessoas que sofreram rejeição na infância e possuem uma autoimagem negativa.

O tratamento da criança que é testemunha de violência, principalmente a conjugal, pode ser realizado através de um programa de intervenção com grupos. Os objetivos estão vinculados a ajudar a criança a desenvolver mais e novas respostas adaptativas em relação às experiências passadas, resolver problemas e melhorar sua autoestima. O Programa citado por Kashani e Allan (1998) conta com dez sessões: A primeira sessão é para estimular a criança a falar sobre a família (algo difícil em função dos segredos familiares). Assim, a criança aprende que outras crianças têm experiências semelhantes em suas casas, e as diferentes formas de violência são discutidas. A segunda sessão tem por foco auxiliar a criança a identificar seus sentimentos, por meio da formulação de uma lista, conceituando-os e conversando sobre quando ocorrem. A terceira sessão é sobre a expressão da raiva. São propostas simulações, dramatizações e troca de papéis que auxiliam a criança a ter uma experiência em resolver situações sem manifestar a raiva. Na quarta sessão, o objetivo é identificar o grau de responsabilidade da criança em diferentes áreas em sua vida, como áreas de baixa responsabilidade como as brigas entre os pais e de alta responsabilidade, como a interação com irmãos ou colegas. Assim, auxilia-se a criança a desenvolver estratégias para evitar o abuso no futuro. A quinta sessão serve para explorar os aspectos positivos da criança e o sistema de apoio social, auxiliando a expandir a sua rede. Na sexta, trabalha-se a autoestima. A criança identifica tanto aspectos positivos como os negativos em si mesma. Utiliza-se um quebra-cabeça da sua vida, desenho, pintura, recortes e o objetivo é juntar peças que representem os sentimentos em casa, com amigos, na escola, no grupo terapêutico. Explora-se como a criança é e como se sente em cada ambiente. A ênfase é a integração dessas peças. Na sétima sessão, as crianças contam histórias sobre incidentes que aconteceram em sua família e são trabalhadas as responsabilidades dos pais ou adultos. Na oitava, busca-se refletir sobre como serão no futuro em relação aos seus filhos, que atitudes e como abordarão os problemas. O objetivo é romper com a transmissão intergeracional da violência ao pensar sobre as práticas educativas adotadas por seus pais. Na nona sessão exploram-se os desejos que as crianças têm em relação a sua família, como as atividades que as crianças gostam e detestam com os pais, a separação dos mesmos. Sugere-se que a criança desenhe a sua família no passado, presente e futuro. E, por fim, na última sessão a finalidade é identificar caminhos em que elas têm controle sobre suas próprias vidas. Discutem-se características positivas de seus relacionamentos com várias pessoas em sua rede de apoio, incluindo pais, colegas e amigos (Kashani e Allan, 1998).

Além da abordagem cognitivo-comportamental, as terapias sistêmicas familiares podem alcançar um importante resultado na questão do tratamento do abuso emocional parental, pois possibilitam intervir em todas as gerações, ao tratar conjuntamente os pais e os filhos (Minuchin, Nichols e Lee, 2009). E assim, proporcionar um espaço de diálogo e resolução de conflitos.

Não foram encontrados na literatura estudos específicos que relacionem o tratamento do abuso emocional parental na perspectiva sistêmica familiar. Entretanto, pode-se pensar que se a intervenção for feita em apenas uma parte do sistema (p. ex. abusador), pode-se intensificar o processo homeostático familiar e ocasionar que outro membro faça sabotagem ao tratamento para manter o *status quo* familiar (Kashani e Allan, 1998). Compreende-se o processo homeostático familiar como uma constância relativa de comportamentos estabelecidos que mantêm o funcionamento e as relações entre os membros da família para sua sobrevivência, mesmo que sejam negativos e prejudiciais para seus membros (Fishman, 1998), como no caso da violência.

Segundo Kashani e Allan (1998), o principal objetivo do tratamento é interromper a violência. Cada membro é estimulado a discutir suas experiências na família. Esta técnica ajudará a se sentirem como parte do processo e também é uma oportunidade para o/a terapeuta observar e conhecer a interação e a dinâmica familiar. Portanto, ao se avaliar a família, é possível identificar os padrões disfuncionais através dos mantenedores homeostáticos, isto é, quem ou o que está agindo para manter a homeostase do sistema. E, ao identificar o mantenedor homeostático, pode-se buscar a cura e a reorganização desse padrão de funcionamento (Fishman, 1998).

Pela visão ecológica pode-se pensar em estratégias que visem à prevenção do abuso emocional parental em outros contextos, como o sistema educacional ou o de saúde mental. Os sistemas educacionais, por exemplo, são propícios para desenvolver projetos de conscientização sobre os tipos de abuso emocional existentes, de esclarecimento sobre as consequências dos atos abusivos e de como denunciá-los. Essa capacitação auxilia todos os envolvidos: os alunos, pais e professores. Assim, as crianças que frequentam as escolas desde a educação infantil podem reconhecer se estão sendo vítimas de abuso emocional, os pais podem refletir sobre seus comportamentos e os educadores saberem como agir frente uma suspeita. Outro contexto favorável à conscientização é o da saúde. Principalmente relacionado ao programas de saúde mental, inseridos nas Unidades Básicas de Saúde e nos Programas de Saúde da Família. Além da conscientização com as famílias, os profissionais de saúde que lidam com crianças podem identificar situações abusivas e realizar uma intervenção pontual ou encaminhar para o tratamento com profissionais especializados.

CONSIDERAÇÕES FINAIS

A questão da invisibilidade do abuso emocional não pode ser usada como "desculpa" para que ações não sejam efetivadas. Este é o momento dos profissionais, pesquisadores e educadores, que trabalham no combate a todas as formas de violência e opressão, abrirem seus olhos para a existência do abuso emocional.

Assim como o abuso emocional está presente nos diferentes contextos em que transitam as crianças e os adolescentes, e faz parte do cotidiano de muitas famílias, as intervenções também deveriam estar constantemente sendo realizadas nesses contextos. A conscientização sobre atos abusivos é a melhor ferramenta na prevenção. E, somente através dela é que se pode realmente promover relações interpessoais e parentais pautadas na colaboração, na orientação e no amor.

REFERÊNCIAS

Brasil. (1990). *Lei nº 8069, de 13 de julho de 1990: Estatuto da Criança e do Adolescente*. Acessado em 23 jul, 2011, em http://www.planalto.gov.br/ccivil_03/Leis/ L8069.htm.

Brassard, M., Hart, S., & Hardy, D. (2000). Psychological and emotional abuse of children. In R. Ammermann, & M. Hersen (Eds.), *Case studies in family violence* (pp. 293-319). New York: Kluwer.

Brodski, S. K. (2010). *Abuso emocional: Suas relações com auto-estima, bem-estar subjetivo e estilos parentais em universitários*. Dissertação de mestrado não publicada, Universidade Federal do Rio Grande do Sul, Porto Alegre, Brasil.

De Antoni, C. (2005). *Coesão e hierarquia em famílias com história de abuso físico*. Tese de doutorado não publicada, Universidade Federal do Rio Grande do Sul, Porto Alegre, Brasil.

De Antoni, C., & Koller, S. H. (2002). Violência doméstica e comunitária. In M. L. Contini, S. H. Koller, & M. S. Barros (Eds.), *Adolescência & psicologia: Concepções, práticas e reflexões críticas* (pp. 85-91). Brasília: Conselho Federal de Psicologia.

Fishman, H. C. (1998). *Terapia estrutural intensiva: Tratando famílias em seu contexto social*. Porto Alegre: Artmed.

Garbarino, J., & Eckenrode, J. (1997). *Understanding abusive families: Ecological approach to theory and practice*. San Francisco: Jossey-Bass.

Giardino, A., & Giardino, E. (2002). *Recognition of child abuse for the mandated reporter: For the mandated reporter*. New York: G. W. Medical.

Habigzang, L., & Caminha, R. (2004). *Abuso sexual contra crianças e adolescentes: Conceituação e intervenção clínica*. São Paulo: Casa do Psicólogo.

Kashani, J. H., & Allan, W. D. (1998). The impact of family violence on children and adolescents. In A. Kasdin, & J. Kashani, *Developmental clinical psychology and psychiatry*. Thousand Oaks: Sage.

Koller, S. H., & De Antoni, C. (2004). Violência intrafamiliar: Uma visão ecológica. In S. H. Koller (Ed.), *Ecologia do desenvolvimento humano: Pesquisa e intervenção no Brasil* (pp. 293-310). São Paulo: Casa do Psicólogo.

Martins, J. S. (1991). *O massacre dos inocentes: A criança sem infância no Brasil*. São Paulo: HUCITEC.

Minayo, M. C. S. (2006). *Violência e saúde*. Rio de Janeiro: Fiocruz.

Minuchin, S., Nichols, M., & Lee, W. (2009). *Famílias e casais: Do sintoma ao sistema*. Porto Alegre: Artmed.

Mota, D. M., & Barros, A. J. D. (2008). Treinamento esfincteriano precoce: Prevalência, características materna da criança e fatores associados numa coorte de nascimentos. *Revista Brasileira Saúde Materno Infantil, 8*(1), 103-111.

Pellegrini, T. B. (2007). *O desenvolvimento da criança testemunha da violência conjugal na família*. Monografia não publicada, Universidade Federal do Rio Grande do Sul, Porto Alegre, Brasil.

Trainini, M. (2004). *A superexigência como manifestação do abuso emocional nas relações intrafamiliares*. Monografia não publicada, Universidade Federal do Rio Grande do Sul, Porto Alegre, Brasil.

Weber, L. (2005). *Eduque com carinho: Equilíbrio entre amor e limites*. Curitiba: Juruá.

3

Perfil da violência em famílias com história de abuso físico

Clarissa De Antoni e Silvia H. Koller

A família é definida pela psicologia como um conjunto de relações. Tal conjunto é representado, também, por um grupo de pessoas que funciona como uma unidade e é composto de todos aqueles que vivem sob o mesmo teto ou de um grupo de pessoas liderado por uma pessoa em comum (Ackerman, 1986).

A família é formada por pessoas unidas por um parentesco e/ou por se considerarem integrantes desta. De Antoni e Koller (2000) constataram essas duas visões sobre família em adolescentes vítimas de maus-tratos intrafamiliares. Um grupo conceituou família como composta por pessoas com as quais possa nutrir sentimentos afetivos e essa relação deve ser próxima, duradoura e significativa. Essas adolescentes valorizavam as formas de interação com base nas relações de amizade, nas quais prevalecem a afinidade e a responsabilidade sobre o cuidado entre os membros. Tal conceituação é uma forma de atribuir e retribuir às pessoas amadas, o mesmo sentimento de pertencimento que os envolve. Portanto, a família é constituída por pessoas que possuem laços afetivos positivos. No entanto, o outro grupo pesquisado apontou que a família é formada por pessoas com as quais possuem algum grau de parentesco, valorizando os laços consanguíneos, mesmo que seus membros tenham cometido atos abusivos, como a violência física.

A violência ou abuso físico intrafamiliar está relacionado ao uso de força física contra a criança ou adolescente por parte de seus cuidadores, sejam pais adotivos ou biológicos ou ainda outros, que devam zelar por seu bem-estar e integridade física e emocional (Cecconello, De Antoni e Koller, 2003). É mais facilmente diagnosticado quando há lesões orgânicas, como as cutâneas, ósseas, oculares e neurológicas, provocadas por agressões físicas, queimaduras, mordidas, tapas, socos, etc. No entanto, atualmente observa-se que esses cuidadores se utilizam de materiais que não deixam marcas físicas visíveis para agredir seus filhos. Portanto, o relato da criança ou de testemunhas já é um critério de avaliação para a presença de atos agressivos na família (Koller e De Antoni, 2004).

A etiologia da violência deve ser considerada a partir de fatores históricos, contemporâneos, culturais, situacionais, além de atribuídos às características dos pais e dos filhos (Belsky, 1993). O uso da força física, contra crianças e adolescentes por seus cuidadores, revela a crença nos valores autoritários e na asserção de poder dos pais sobre os filhos (De Antoni, Teodoro e Koller, 2009; Cecconello, De Antoni e Koller, 2003; Oates, Ryan e Booth, 2000). Muitas vezes, o abuso é justificado por seus membros como uma prática disciplinar que subsidia a crença que a punição física é a melhor maneira de educar e colocar limites no filho (Cecconello, De Antoni e Koller, 2003; De Antoni, Barone e Koller, 2007). E, esse poder está centralizado permanentemente em um familiar, no caso, o abusador. Tal centralização revela o desequilíbrio de poder entre os membros (De Antoni, Teodoro e Koller, 2009). O abuso físico está relacionado à necessidade do abusador de manter o controle sobre o sistema familiar, seja como manifestação do poder ou pela sua incapacidade em gerenciá-lo, que pode levar ao descontrole emocional. Também está presente a violência conjugal e transgeracional (De Antoni, Barone e Koller, 2007).

Famílias com história de abuso físico revelam que os pais tendem a desencadear menos situações de interação com seus filhos do que pais não abusivos. Demonstrações de carinho e afeto são raras e predomina um sentimento de rejeição entre os familiares (Kashani e Allan, 1998). A relação entre pais e filhos é marcada pela hostilidade, ausência de reciprocidade e agressividade (De Antoni, Barone e Koller, 2007). Além disso, adolescentes vítimas de abuso físico percebem suas famílias como menos coesas, sendo seus pais considerados rígidos afetivamente (De Antoni, Teodoro e Koller, 2009).

Este capítulo apresenta o perfil da violência intrafamiliar a partir da percepção dos membros familiares e traça um panorama sobre as agressões verbais e físicas nesse contexto. Além disso, tem por objetivo avaliar a interação das díades envolvidas (pai-filho, mãe-filho, casal e irmãos), os motivos, a frequência e a severidade das agressões; bem como as estratégias adotadas para a resolução dos conflitos.

MÉTODO

Participantes

Participaram 20 famílias, sendo que 20 mães, 17 pais e 35 filhos responderam às perguntas individualmente. Os filhos respondentes apresentaram as seguintes características: 51,4% do sexo masculino e 48,6% do sexo feminino e a faixa etária predominante (80%) entre 6 e 11 anos. As famílias participantes desse estudo são de nível socioeconômico baixo e com denúncia no Conselho Tutelar sobre a presença de abuso físico.

Instrumento

Foi aplicada uma entrevista diretiva que acompanha o Teste do Sistema Familiar – FAST (Gehring, 1993). O FAST avaliou a coesão e a hierarquia através da disposição de peças em um tabuleiro que representam os membros familiares. Os respondentes representaram três situações: a típica (como é o relacionamento no cotidiano da família), a ideal (como gostariam que fosse) e a situação de conflito (nas brigas e divergências). A situação de conflito, especificamente, foi investigada em detalhe. Realizaram-se as seguintes perguntas: Qual o tipo de conflito? Quem briga com quem? Qual o motivo? Qual a frequência? O conflito é verbal ou corporal? Caso corporal, que tipo de instrumentos são usados? Qual parte do corpo atingida? Quem resolve o conflito? Como fica a família após o episódio de agressão?

Procedimentos

As famílias foram indicadas pelas equipes técnicas de três locais diferentes: um hospital, referência no atendimento a crianças, adolescentes e famílias abusivas, uma Organização Não Governamental (ONG) que atende famílias em situação de vulnerabilidade social e uma escola estadual de ensino fundamental. Então, a presença de abuso físico pôde ser detectada pela existência de denúncia no Conselho Tutelar, pelos profissionais que formam a equipe técnica das organizações ou pelos professores da escola e pela afirmação verbal dos familiares constatada durante a entrevista.

As entrevistas foram realizadas individualmente, gravadas e transcritas posteriormente. A aplicação individual de todo o instrumento teve duração aproximada de 20 minutos. Os dados obtidos nas entrevistas foram submetidos à análise de conteúdo, que é um conjunto de técnicas de análise da comunicação que utiliza procedimentos sistemáticos e objetivos das descrições do conteúdo das mensagens (Bardin, 1977). O critério de categorização adotado foi o semântico, isto é, a formação de categorias temáticas, que buscou descobrir os núcleos de sentido que compuseram as falas dos entrevistados e a frequência em que apareceram.

Esta pesquisa seguiu as determinações da Resolução N° 196/96, do Ministério da Saúde, do Estatuto da Criança e do Adolescente (Brasil, Lei N° 8.069, de 1990). A Resolução 196/96 aborda as diretrizes e normas que regulam as pesquisas com seres humanos e incorpora o referencial básico da bioética. As pesquisas devem, de acordo com essa resolução, atender as exigências éticas e científicas fundamentais de uma pesquisa através do consentimento livre e esclarecido, da ponderação entre riscos e benefícios, garantindo contra prejuízos previsíveis, e da relevância social, fornecendo o retorno das análises às pessoas e à comunidade. O ECA garante o bem-estar físico, emocional, social e moral das crianças e adolescentes, evitando assim, que estejam expostos aos maus-tratos.

RESULTADOS E DISCUSSÃO

Os conflitos instituídos no sistema familiar estão apresentados a seguir. Foram analisados os aspectos relativos às díades envolvidas (Quem são os envolvidos nos conflitos? Quem briga com quem?), aos motivos, à frequência, à severidade e à busca de resolução dos mesmos.

Quem são os envolvidos nos conflitos?

A Figura 3.1 demonstra a percepção da mãe, do pai e dos filhos a respeito das díades pai-filho, mãe-filho, irmãos e casal, envolvidas nas situações de conflito. O casal, formado por esposo e esposa, aparece como a díade mais citada. As mães (75%), os pais (70,59%) e os filhos (62,86%) afirmam a existência e prevalência do conflito conjugal.

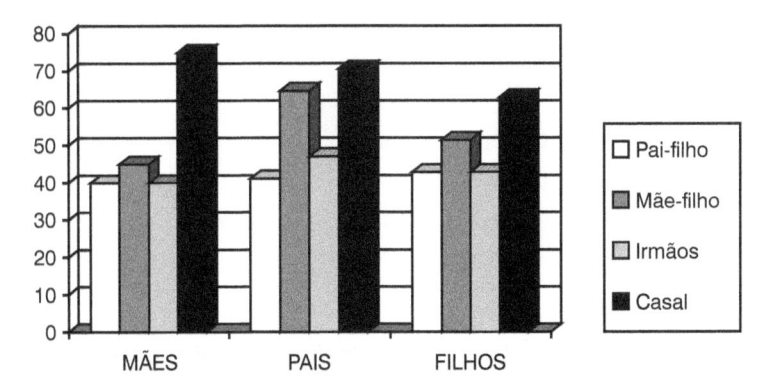

Figura 3.1 Díades citadas pela mãe, pai e filho envolvidas nas situações de conflito.

Observa-se que o conflito está distribuído de forma semelhante entre a figura materna e a paterna nas díades mãe-filho e pai-filho. Todos os envolvidos relatam haver uma incidência maior de conflito entre a mãe e seus filhos do que o conflito entre o pai e seus filhos. Isso pode ser compreendido pelo fato das mães estarem mais presentes do que os pais nas rotinas familiares e por serem responsabilizadas pela educação e pelas práticas disciplinares. No entanto, percebe-se que o pai atribui maior incidência de conflitos entre a mãe e os filhos (64,71%) e entre irmãos (47,06%), do que os próprios envolvidos, além de considerar que os conflitos em que estão envolvidos (pai e seus filhos) ocorrem em menor incidência. As mães possuem uma visão equitativa entre os conflitos parentais (pai-filho e mãe-filho) e fraternais (irmão-irmão). Os filhos revelam uma maior incidência de conflitos na relação parental com a mãe (51,4%) do que com o pai (42,9%).

Quais os motivos dos conflitos?

A seguir, serão apresentados os motivos atribuídos pela mãe, pelo pai e pelo filho aos conflitos na díade pai-filho, mãe-filho, irmão-irmão (fraternal), pai-mãe (conjugal). Na percepção dos pais, mães e filhos observaram as características ou demandas atribuídas aos pais/cuidadores ou as características ou demandas atribuídas aos filhos nos conflitos pai-filho e mãe-filho que servem como fatores de risco para o abuso físico.

As características dos cuidadores envolvem autoritarismo, descontrole emocional, falta de confiança e excessiva exigência para com os filhos. Exemplo de uma criança: "– Porque ela (madrasta) é dona da casa e, quando eu pego uma coisa, ela me bate". As características ou demandas do filho estão relacionadas aos comportamentos que, na visão dos envolvidos, devam ser modificados ou corrigidos, como brigar entre irmãos, desobedecer aos pais, bagunçar a casa, incomodar, ter problemas na escola. São exemplos citados pelas crianças: "–O pai briga também, porque incomodamos" ou "– Quando eu faço alguma coisa errada".

A Figura 3.2 apresenta os motivos atribuídos pelas mães, pais e filhos aos conflitos na díade pai-filho.

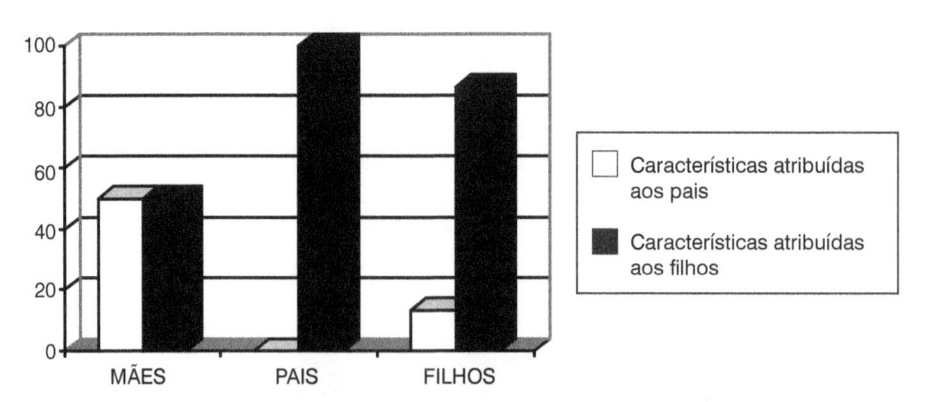

Figura 3.2 Motivos atribuídos pelas mães, pais e filhos aos conflitos entre pai-filho.

Os dados demonstram que todos os pais pesquisados (100% da figura paterna) atribuem às características dos filhos os motivos pelo conflito entre pai-filho. Isso denota uma visão parcial do pai, que parece se eximir da responsabilidade sobre sua contribuição para a existência do conflito. Já as mães consideram que os motivos são atribuídos de forma igualitária entre o pai e o filho, compreendendo a responsabilidade de ambos nas causas atribuídas. A maioria dos filhos (86,7%) sente-se responsável pelos motivos das desavenças na relação pai-filho.

A Figura 3.3 apresenta os motivos atribuídos pelas mães, pais e filhos aos conflitos na díade mãe-filho.

Nos conflitos entre mãe-filho, as mães atribuem aos filhos os motivos que originaram os conflitos (100% da figura materna acreditam que as características ou demandas dos filhos foram responsáveis pelo conflito). No entanto, o pai atribui uma parcela às características das mães (45,4%) e outra a dos filhos, tendo uma visão mais igualitária sobre isso. Os filhos também atribuem a si a responsabilidade (66,6%). Uma menina de 6 anos relatou o motivo de apanhar da mãe: "– Ela (mãe) bate todos os dias, quando a gente tá com fome e só tem três bolachas pra comer". Percebe-se que a criança atribui a si o motivo do abuso físico, pois o fato de bater está associado a sua fome e ao seu pedido de comida.

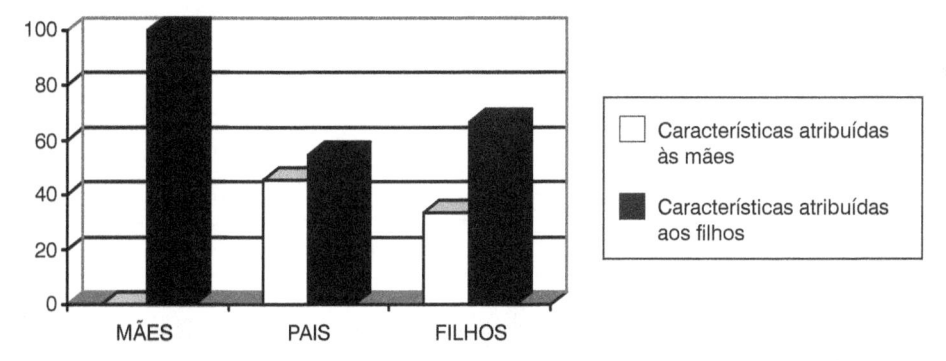

Figura 3.3 Motivos atribuídos pelas mães, pais e filhos aos conflitos mãe-filho.

Nos conflitos ocorridos nas díades pai-filho e mãe-filho, os filhos são responsabilizados pelos mesmos. O fato dos filhos serem vistos como causadores ou motivadores de conflitos pode estar associado a dois fatores preponderantes. O primeiro diz respeito ao comportamento desafiador da criança e do adolescente, que enfrenta a autoridade dos pais, as regras estabelecidas (organização da casa, p ex.) e os limites impostos. Esse comportamento é, de certa forma, esperado no desenvolvimento, pois auxilia na busca de autonomia da criança e em seu processo de socialização, ao conhecer as fronteiras interpessoais e, de autoconhecimento, ao impor sua vontade. O segundo aspecto está relacionado à falta de habilidade dos pais e à precariedade de recursos ou estratégias destes para lidar com os desafios advindos do desenvolvimento dos filhos. O risco de incidência de maus-tratos está em justificar o comportamento desafiante do filho como negativo e, ao mesmo tempo, esses pais não perceberem sua incompetência no gerenciamento desse comportamento. Assim, a vítima é culpada pelo sistema e, de tal forma, que assume essa culpa. Haskett e colaboradores (2003) relataram que mães abusivas fisicamente atribuem intenção hostil ao comportamento da criança, o que pode ser compreendido como um comportamento intencional. Além disso, pais com alto potencial para o abuso físico demonstram um déficit na empatia disposicional. A empatia disposicional está relacionada à capacidade de se preocupar e de sentir ansiedade ou desconforto frente às experiências negativas dos outros. Portanto pais abusivos expressam menos compaixão, solidariedade e preocupação e mais sentimentos de ansiedade e desconforto frente a experiências negativas de outros, incluindo seus próprios filhos (Perez-Albeniz, 2003).

A Figura 3.4 apresenta os motivos atribuídos pelas mães, pais e filhos aos conflitos entre os irmãos. Estes são delegados aos objetos disputados e aos sentimentos de inveja, raiva, ciúmes.

Em relação ao conflito fraternal, os motivos mais citados são competição, implicância ou provocação e o irmão mexer ou pegar os objetos do outro sem autorização. Para as mães, 62,5% das brigas entre irmãos são ocasionadas pela competição, na qual as crianças disputam objetos. Já para 37,5% dos pais e 40% dos filhos, o motivo mais citado foi provocação e implicância entre os irmãos. As brigas entre irmãos podem estar relacionadas à competição entre pares.

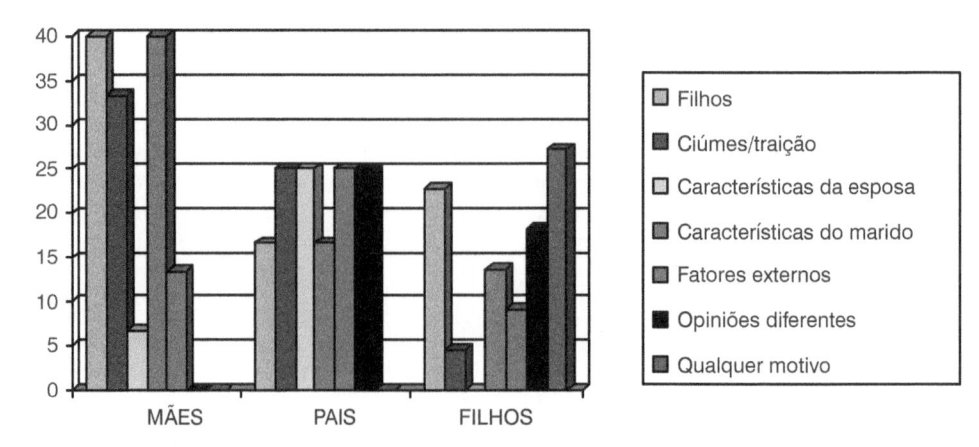

A Figura 3.5 apresenta os motivos atribuídos pelas mães, pais e filhos aos conflitos conjugais. São citados pelos membros familiares como motivos atribuídos às brigas: os filhos, ciúmes e traição, características das esposas e características dos maridos, fatores externos e opiniões diferentes ou divergentes. Também aparece a categoria "qualquer motivo", que não especifica o motivo, mas demonstra a falta de tolerância na relação.

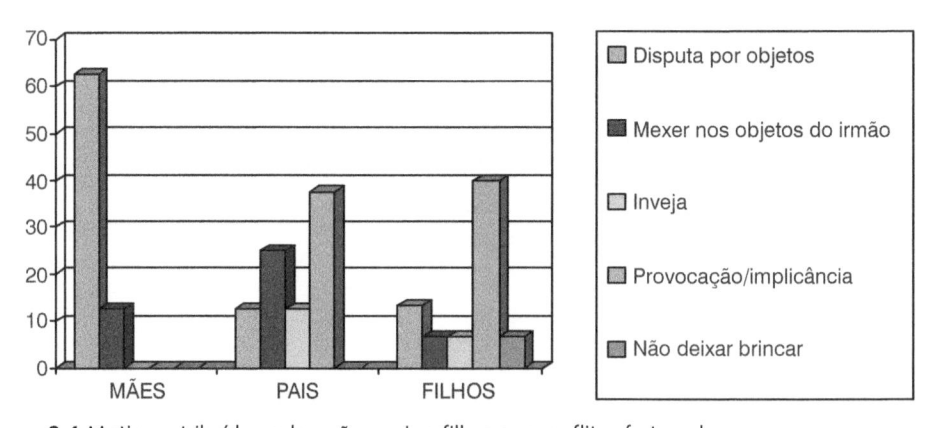

Figura 3.4 Motivos atribuídos pelas mães, pais e filhos aos conflitos fraternal.

Figura 3.5. Motivos atribuídos pelas mães, pais e filhos aos conflitos conjugais.

As brigas do casal ocorrem, principalmente, pela divergência na educação dos filhos. O casal alega que o motivo das discussões é para impedir que o companheiro(a) agrida as crianças e adolescentes. Uma mãe relata, por exemplo: "– Eu tento defender os meus filhos, porque eu não quero que ele bata, aí, eu bato nele". Também ocorrem pelas opiniões diferentes, pelas situações que provocam ciúmes e pela existência de traição na relação conjugal. As características relacionadas à mulher e ao homem também foram atribuídas como motivos para as brigas. Na mulher, foram descritos os seguintes aspectos: não fazer as tarefas domésticas, não se submeter aos desejos do companheiro e gastar em demasia os recursos financeiros. As características dos homens envolvem mentir, ingerir bebidas alcoólicas, chegar tarde em casa, não realizar tarefas domésticas. Fatores externos às relações familiares foram citados nas entrevistas, como as dificuldades financeiras e interferências de parentes, principalmente a sogra. Outra situação descrita pelos familiares é que os conflitos ocorrem *por qualquer motivo*. Isso pode significar que não está evidente para eles o porquê das desavenças do casal ou que, muitas vezes, são provocadas por eventos insignificantes e cotidianos. Houve uma distribuição homogênea entre as categorias. As mães acreditam que os motivos mais frequentes para as brigas estão relacionados aos filhos (40%), ao marido (40%) e aos sentimentos de ciúmes de ambos (33,3%). Já os maridos, percebem que fatores externos (25%), opiniões diferentes (25%) e ciúmes (25%) podem estar associados aos motivos principais para as brigas. Os filhos, por sua vez, delegam qualquer motivo como propulsor de brigas (27,1%) e a eles próprios (22,7%). Nota-se que somente o pai atribui o motivo para desavenças as características da mãe (25%) – como não realizar as tarefas domésticas, não se submeter aos desejos do companheiro e gastar em demasia os recursos financeiros. O estudo de Deeke, Boing, Oliveira e Coelho realizado em Florinópolis em 2009 corrobora com esses achados. Parece que o pai atribui como características da mãe a reprodução do estereotipo do papel feminino em nossa sociedade. Observa-se que o casal tende a delegar ao outro companheiro a responsabilidade sobre as causas dos conflitos. Assim, a pessoa assume o papel de vítima e o outro, torna-se o algoz. Ao assumir o papel de vítima, a pessoa se exime da responsabilidade sobre uma mudança de comportamento e de sua contribuição para a manutenção da violência no sistema familiar.

Qual a frequência dos conflitos?

A Figura 3.6 apresenta a frequência (múltiplas) em que o conflito existe nas díades das famílias pesquisadas. A frequência de conflitos diários é alta. Também há conflitos ocorridos semanalmente, isto é, uma ou duas na semana. O conflito de frequência esporádica revela acontecimentos mensais ou em alguns episódios no ano.

Na visão dos membros das famílias, a maioria dos conflitos ocorre diária ou semanalmente (uma ou mais vezes na semana). O conflito pai-filho é percebido pelos membros familiares como semanal, principalmente pelos filhos. A mãe não percebe que a frequência seja alta na díade pai-filho, como os demais membros. Provavelmente isso ocorra por não estar envolvida no conflito. Observa-se que, no conflito mãe-filho, os filhos percebem que sempre existe o conflito, seja diário ou semanal, o que difere da percepção de seus pais. Isso pode ser compreendido como um fator de risco, à medida que alguns conflitos podem ser banalizados pelos pais e incorporados como uma rotina, por exemplo: exigir que os filhos os obedeçam. Parece que o mesmo ocorre nos conflitos entre irmãos. A maioria das crianças e dos adolescentes não percebe como diários, já seus pais revelam sua alta frequência. O conflito conjugal aparece mais como semanal ou esporádico do que os demais conflitos.

Conflito pai-filho

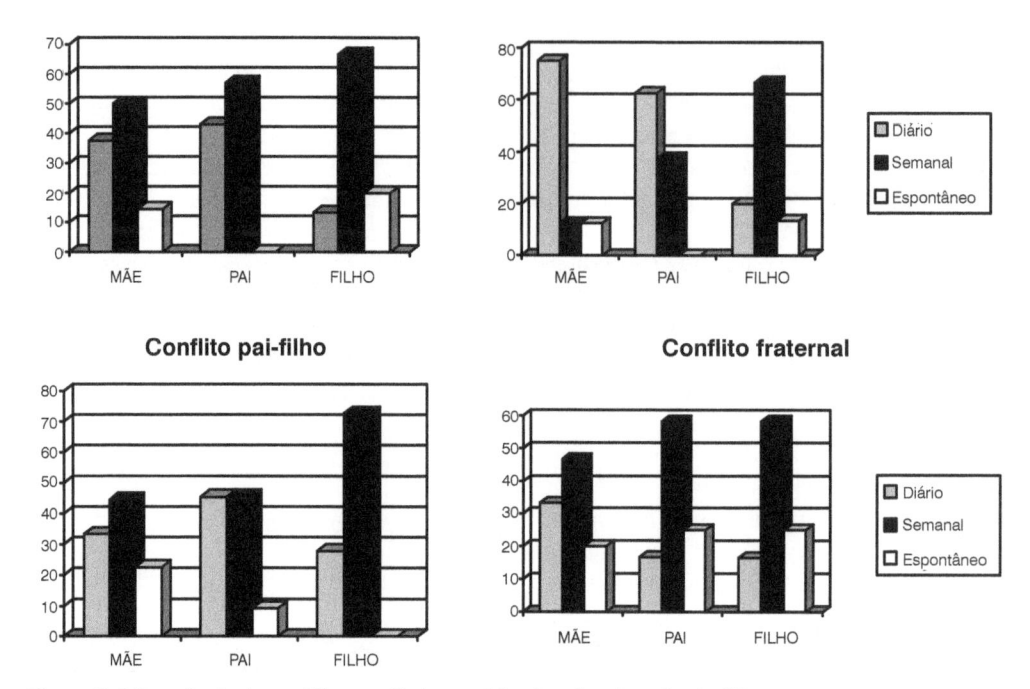

Conflito fraternal

Figura 3.6 Frequência do conflito por díade na visão da mãe, do pai e do filho.

Qual a severidade do conflito?

A severidade dos conflitos envolve o tipo de agressão, as partes do corpo mais afetadas e os materiais utilizados para a agressão. O tipo de conflito está relacionado às agressões corporais ou verbais. As agressões corporais se referem ao uso de violência física, que provoca lesões no organismo. As verbais são identificadas pelo uso de palavras de menos-valia, que provocam humilhação ou terrorismo. Geralmente as agressões verbais são realizadas com um tom de voz alto (berros e gritos). Observa-se que as agressões corporais sempre são acompanhadas pelas verbais. Nos conflitos entre pai e filhos, 100% das mães que responderam haver tal conflito, alegam que este é corporal. A maioria dos pais (71,4%) e dos filhos (86,6%) revelou que quando há conflito este é corporal. Nos conflitos entre mãe-filho há uma predominância do corporal, sendo que a mãe tende a percebê-lo mais frequentemente do que o pai e os filhos. Os conflitos que envolvem irmãos são vistos pelo pai, em sua maioria (75%), como verbais. Isto pode ocorrer porque os pais não se envolvem na resolução dos conflitos entre irmãos, como as mães. A Figura 3.7 apresenta o tipo de agressão, corporal ou verbal.

As partes do corpo atingidas pela violência e mencionadas pelos participantes são: cabeça, cabelos, rosto (boca, olhos, nariz, faces), braços, mãos, abdômen, nádegas, pernas e joelhos. As mais citadas são nádegas, rosto e pernas. As crianças, principalmente, mencionam mais nádegas e "qualquer lugar do corpo". O fato de citarem qualquer lugar do corpo pode indicar o risco de lesões graves e indiscriminadas a que estão expostas. Outra questão alarmante são as agressões na cabeça, no rosto e no abdômen, regiões sensíveis do corpo humano e que podem levar a hemorragias e, como consequência, ao óbito. De acordo com Loiselle (2002), as partes do corpo mais afetadas pelo abuso físico e diagnosticadas por

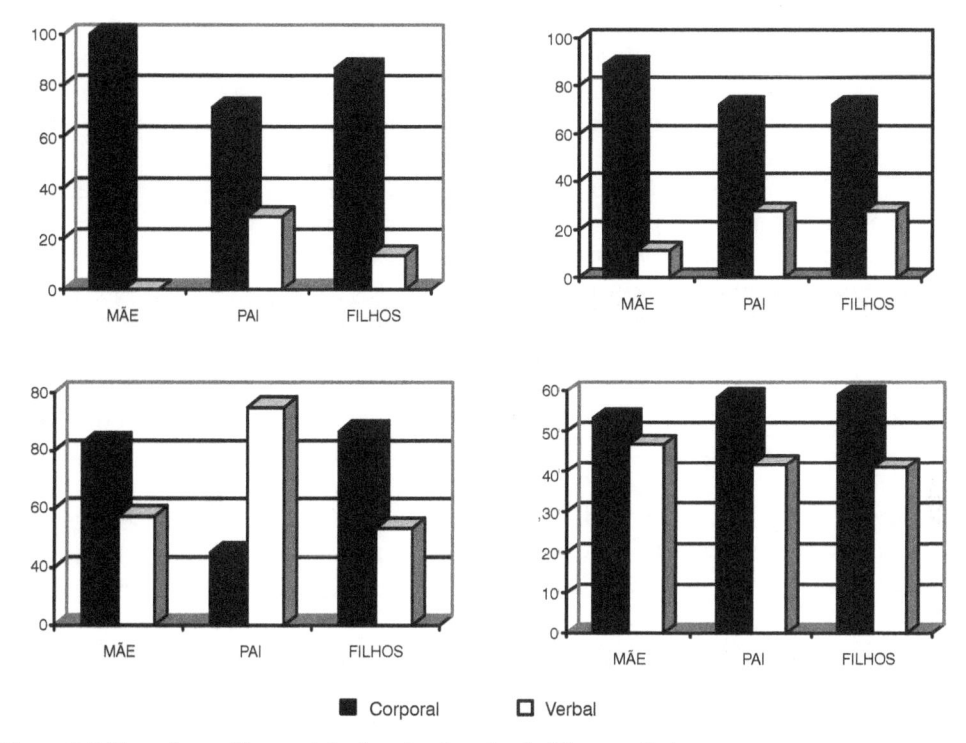

Figura 3.7 Tipos de conflito na visão da mãe, do pai e do filho por díades.

exames clínicos são: pele (através de machucados, queimaduras, cortes), ossos (através de fraturas), lesões na cabeça, intra-abdominal e na boca.

Os materiais utilizados para realizar os atos agressivos são variados. Em geral foram mencionadas partes do corpo humano, como mão (palmada e soco), pé (pontapé) e cabeça (cabeçada). A incidência maior é o uso da mão, cerca de 60% dos respondentes a citaram. Também foram mencionados objetos indiscriminados e específicos, como madeira (vara, sarrafo, pedaço de pau, mastro de bandeira), pessoais (sapatos, chinelos, cinta), cortantes (faca, facão), de uso doméstico e decorativo (vasos, copos, bibelôs, mesa, cadeira), além de ferro, tijolo e água quente.

Observa-se que, de acordo com os membros familiares entrevistados, a severidade é associada ao tipo de instrumento utilizado e as partes do corpo atingidas. Por exemplo: o uso as mãos na agressão pode variar entre puxar cabelos, beliscões, tapas e socos. A visão sobre a violência se torna atenuada, de acordo com a análise conjunta dessas duas variáveis, como no depoimento do menino de 10 anos sobre o comportamento do padrasto: "– Bate com a mão. Ele não bate de pau, chinelo. Só que ele não bate tão forte. Ele não bate nem na cara!". Portanto, a severidade parece estar amenizada pelo instrumental e pela parte do corpo atingida. Nesse caso, o padrasto tem denúncia no Conselho Tutelar por espancar essa criança. O fato de a criança perceber e aceitar a violência sofrida de forma amena é um fator que auxilia na banalização e naturalização da violência, pois segundo ele poderia ser pior (chinelo no rosto). E se torna um risco para a perpetuação da violência à medida que é aceito culturalmente. O mesmo ocorre na afirmativa de um pai: "– Se precisar dar, eu deixo ela (a mãe) dar uns tapas neles" ou uma mãe recriminado o comportamento do marido: "– A gente pode dar umas palmadinhas, mas não soco que nem ele dá". Na percepção da maioria dos entrevistados, bater com a mão é comum e eles possuem uma percepção de que não machuca. Em segundo lugar, aparecem objetos diferentes citados entre os envolvidos. As mães comentam sobre varas, pedaços de pau, sarrafo e os pais, sapatos e chinelos. O pai justifica o uso de chinelo: "– Eu dou até de chinelo, acho que chinelo deve doer mais, né?".

Os filhos, por sua vez, revelam o uso da cinta, que é pouco citada pelo casal. Objetos variados também são mencionados pelos envolvidos nos conflitos, como: mesas, cadeiras, bibelôs, copos e vasos, por exemplo. O uso do chinelo/sapato, da mão ou de objetos pode ocorrer pela proximidade e disponibilidade que os mesmos estão para o agressor, pois os pais calçam chinelos ou sapatos e os retiram do pé para bater. Os objetos são escolhidos aleatoriamente e são em sua maioria jogados na vítima. Já no uso da cinta ou da vara há intencionalidade, pois o agressor reserva um local para guardá-los e os pega para cometer o ato agressivo. Nas agressões entre irmãos predomina socos e pontapés, enquanto nas agressões conjugais todos os instrumentos são utilizados, como no depoimento de um marido: "– Nós nos pegamos, ela levou sete pontos. Ela atirou uma panela e eu dei um soco na testa dela" ou de uma esposa: "– Nesta última briga, ele conseguiu me bater de facão. Eu desafiei ele, e ele me deu. Ficou um roxo e um corte".

Como resolver o conflito?

Na percepção das mães, dos pais e dos filhos, a mãe é a pessoa que mais está presente na resolução dos conflitos, intervindo de alguma forma, seja na busca de alternativas ou na imposição de limites. A mãe tem sido descrita como uma figura importante para a criança e com a qual ela possa contar em momentos de perigo (Hoppe, 1998). O pai percebe que também tem um papel importante e atribui a si, de forma igualitária à mãe, a responsabilidade pela resolução dos problemas.

Os desfechos dos conflitos são variados conforme a díade envolvida. Entre pai-filho, por exemplo, são encontradas as seguintes estratégias: punição corporal, punição restritiva, interferência da mãe, restrição do diálogo e mudança no comportamento dos filhos (choram e obedecem). Nos conflitos entre mãe-filho, aparecem as seguintes atitudes: punição corporal, punição restritiva, interferência do pai, restrição do diálogo, mãe pede desculpas e mudança no comportamento dos filhos (escutam e obedecem). Nota-se que a diferença principal entre as díades parentais está na atitude de sensibilização de algumas mães que, ao se arrependerem pela atitude agressiva, buscam se redimir com pedido de desculpas. Nas brigas entre os irmãos, as resoluções encontradas pelos pais são: colocar de castigo, separar as crianças e interferência da mãe ou do pai (grita, ameaça ou bate). Nos conflitos conjugais foram citadas pelos respondentes três estratégias. Na primeira, o casal faz as pazes através do diálogo e estabelece a fase da "lua-de-mel" ou apaziguamento. Nessa fase, o casal busca a conciliação após um período de hostilidade acarretado pelo acúmulo de tensão, decorrentes de episódios intensos de agressões verbais e corporais (Deeke, Boing, Oliveira e Coelho, 2009; Glachan, 1990). Na segunda estratégia, um dos cônjuges sai do ambiente, retornando após algumas horas, e o casal não restabelece o diálogo. A terceira estratégia envolve a interferência de terceiros, como os filhos ou de órgãos externos (delegacia, polícia, vizinhos), que buscam romper com o episódio de violência.

CONSIDERAÇÕES FINAIS

A violência existente na família atinge todos seus membros, é severa e frequente em suas manifestações. Os desenvolvimentos físico, emocional, social e moral das pessoas que compõem essas famílias podem estar comprometidos frente às agressões às quais estão expostas. As resoluções adotadas são ineficazes no rompimento desse padrão abusivo estabelecido nas interações. Assim, parece que nesses ambientes não há reciprocidade e equilíbrio de poder em prol da pessoa em desenvolvimento. Aparecem vínculos frágeis e ameaçados constantemente de ruptura. As crianças estão mais vulneráveis a essas agressões, sejam como vítimas ou testemunha, por não conseguirem se defender desse sistema ameaçador e por aprenderem essa forma de interação. Assim, podem reproduzir a violência em outros contextos e perpetuá-la em seus relacionamentos. Os adultos não conseguem restabelecer outras formas de interações e, assim, se tornam algozes e vítimas da sua própria violência.

Segundo Barbosa e Pegoraro (2008), as consequências do abuso físico podem ser percebidas no próprio corpo da criança, através dos impactos mais imediatos e mais facilmente identificados, como os que deixam marcas visíveis, principalmente na pele ou no sistema ósseo. Ou em nível psicológico, que são consequências geralmente de médio e longo prazos e de identificação mais difícil, mas que afetam o desenvolvimento socioemocional, comportamental e cognitivo.

Sugere-se a continuidade de pesquisas na área da violência familiar, principalmente nas interações conjugais e parentais. Essas pesquisas servirão para promover estratégias de intervenção adequadas a amenizar estes conflitos existentes e, assim, educar as pessoas para desenvolverem relações mais saudáveis e gratificantes.

REFERÊNCIAS

Ackerman, N. (1986). *Diagnóstico e tratamento das relações familiares*. Porto Alegre: Artmed.

Barbosa, P., & Pegoraro, R. (2008). Violência doméstica e psicologia hospitalar: Possibilidades de atuação diante da mãe que agride. *Saúde Social, 17*(3), 77-89.

Bardin, L. (1977). *Análise de conteúdo*. Lisboa: Edições 70.

Belsky, J. (1993). Etiology of child maltreatment: A developmental-ecological analyses. *Psychology Bulletin, 114*(3), 413-434.

Brasil. (1990). *Lei nº 8069, de 13 de julho de 1990: Estatuto da Criança e do Adolescente*. Acessado em 23 jul, 2011, em http://www.planalto.gov.br/ccivil_03/Leis/ L8069.htm.

Cecconello, A., De Antoni, C., & Koller, S. H. (2003). Práticas educativas, estilos parentais e abuso físico no contexto familiar. *Psicologia em Estudo, 8*, 45-54.

Conselho Federal de Psicologia. (2000). *Resolução CFP nº 016/2000, de 20 de dezembro de 2000*. Brasília: CFP.

De Antoni, C., & Koller, S. H. (2000). Vulnerabilidade e resiliência familiar: Um estudo com adolescentes que sofreram maus tratos intrafamiliares. *Psico, 31*(1), 39-66.

De Antoni, C., Barone, L. R., & Koller, S. H. (2007). Indicadores de risco e de proteção em famílias fisicamente abusivas. *Psicologia: Teoria e Pesquisa, 23*(2), 125-132.

De Antoni, C., Teodoro, M., & Koller, S. H. (2009). Coesão e hierarquia em famílias com história de abuso físico. *Universitas Psychologica, 8*, 399-412.

Deeke, A. F., Boing, W., Oliveira, F. de, & Coelho, E. (2009). A dinâmica da violência doméstica: Uma análise a partir dos discursos da mulher agredida e de seu parceiro. *Saúde Social, 18*(2), 248-258.

Gehring, T. (1993). *Family System Test – FAST: Manual*. Germany: Hogrefe & Huber.

Glachan, M. (1990). Power: A dimension of family abuse. *Early Child Developmental and Care, 60*, 1-10.

Haskett, M., Scott, S. S., Grant, R., Ward, C., & Robinson, C. (2003). Child-related cognitions and affective functioning of physical abuse and comparison parents. *Child Abuse and Neglect, 27*, 663-686.

Hoppe, M. W. (1998). *Redes de apoio social e afetivo de crianças expostas à situação de risco*. Dissertação de mestrado não publicada, Universidade Federal do Rio Grande do Sul, Porto Alegre, Brasil.

Kashani, J. H., & Allan, W. D. (1998). *The impact of family violence on children and adolescents*. Thousand Oaks: Sage.

Koller, S. H., & De Antoni, C. (2004). Violência intrafamiliar: Uma visão ecológica. In S. H. Koller (Ed.), *Ecologia do desenvolvimento humano: Pesquisa e intervenção no Brasil* (pp. 293-310). São Paulo: Casa do Psicólogo.

Loiselle, J. (2002). Physical abuse. In A. Giardino, & E. Giardino (Eds.), *Recognition of child abuse for the mandated report* (pp. 1-21). St. Louis: G. W. Medical.

Oates, R. K., Ryan, M., & Booth, S. M. (2000). Child physical abuse. In R. Ammerman, & M. Hersen (Eds.), *Case studies in family violence* (pp. 133-176). New York: Plenum.

Pelcovitz, D., Kaplan, S., Ellenberg, A., Labruna, V., Salzinger, S., Mandel, F., et al. (2000). Adolescent physical abuse: Age at time of abuse and adolescent perception of family functioning. *Journal of Family Violence, 15*(4), 375-389.

Perez-Albeniz, P. (2003). Dispositional empathy in high and low-risk parents for child physical abuse. *Child Abuse and Neglect, 27,* 769-780.

4

Desvendando segredos
padrões e dinâmicas familiares no abuso sexual infantil

Samara Silva dos Santos, Cátula Pelisoli e Débora Dalbosco Dell'Aglio

Mesmo que se tenha cada vez mais notícia das diferentes manifestações de violência contra crianças e adolescentes, ainda causa espanto, angústia e horror quando se trata de abuso sexual, especialmente quando esses maus-tratos acontecem dentro de uma família. A família é uma instituição caracterizada como "sagrada" pela Religião e como "a base da sociedade" pelo Direito (Brasil, Constituição Federal, 1998). Esses conceitos, por mais que se tenha avançado em termos de ciência e por mais que se tome conhecimento de inúmeras situações e casos que contrariem essas atribuições, continuam a existir em nossos padrões e ideais. Para a Psicologia, a família é uma instituição social, investida de muitas funções e que estabelece relações de intercâmbio, cooperação e conflito (Giberti, 2005). Essas relações, portanto, podem se estabelecer tanto promovendo o desenvolvimento saudável, quanto desencadeando desajustes, violências e psicopatologias. Trata-se de um sistema de relações que inclui pessoas ligadas por parentesco e/ou que se sentem pertencentes a um determinado contexto (De Antoni e Koller, 2002). A família propicia o desenvolvimento psíquico e a aprendizagem da interação social a partir da transmissão de valores éticos, estéticos, religiosos e culturais (Osório, 1997). Entretanto, é nas famílias onde ocorre a maior parte dos casos de abusos sexuais, apesar das proibições biológicas e culturais ao incesto. Esses abusos são mais frequentemente perpetrados por pais e padrastos (Araújo, 2002; Faleiros, 2003; Habigzang, Koller, Azevedo e Machado, 2005) e apresentam um potencial muito elevado para importantes prejuízos para suas vítimas (Amazarray e Koller, 1998; Borges e Dell'Aglio, 2008; Nurcombe, 2000).

Na literatura internacional, há muitos estudos investigando as características e dinâmicas familiares (Brendler, Silver, Haber e Sargent, 1994; Furniss, 1993/2002). No Brasil, embora existam poucas investigações, tem sido percebido um interesse crescente nesse tema (Araújo, 2002; Habigzang e Caminha, 2004). Mas, será que há um perfil de família em que ocorrem os abusos? O que querem os pesquisadores dessa área ao investigar essas variáveis? Segundo Sanderson (2005) não são as famílias que abusam de crianças, mas sim os indivíduos. Por isso, esse fenômeno pode ocorrer em qualquer família e não somente naquelas consideradas "desestruturadas". É importante, então, não estigmatizar as famílias que apresentam as características encontradas nas publicações sobre abuso, porque se sabe que ele ocorre em todas as configurações familiares. Deve-se lembrar que podem existir famílias que apresentam a maioria dos fatores de risco e nas quais o abuso não ocorre e, por outro lado, famílias onde esses fatores não são encontrados, mas há o abuso. Como diz Bringiotti (2005), para cada família deve ser feito um diagnóstico que oriente as ações a serem seguidas, pois cada caso é um caso e a variedade de situações faz o diagnóstico imprescindível: pode haver uma família pobre e não negligente e também pode haver uma família rica e negligente.

Assim, este capítulo abordará padrões e dinâmicas familiares nos casos de abuso sexual infantil. Relacionamentos, conflitos, coesão e hierarquia, multigeracionalidade, segredos e ameaças fazem parte do rol de temas relacionados ao abuso sexual e permitirão ao leitor conhecer um pouco mais dessa complexa trama que envolve tantas crianças, adolescentes e famílias, de todas as idades, classes sociais e culturas, em todo o mundo.

ESPECIFICIDADES DO ABUSO SEXUAL INTRAFAMILIAR: DINÂMICAS FAMILIARES E PADRÕES DE INTERAÇÃO ABUSIVA

O abuso sexual praticado contra crianças e adolescentes se caracteriza por ações de conteúdo sexualizado impostas às vítimas e tem tido uma prevalência relativamente constante ao longo do tempo (Pereda, Guilera, Forns e Gómez-Benito, 2009). Pode ser um abuso sexual extrafamiliar, quando envolve pessoas estranhas ao núcleo familiar, ou intrafamiliar, quando é perpetrado por alguém com laços significativos com a vítima, sejam consanguíneos ou afetivos (Forward e Buck, 1989; Habigzang e Caminha, 2004). Na prática, o abusador pode não ser um parente próximo da vítima, mas pela sua relação de proximidade, é assim considerado. São os casos em que "padrinhos", vizinhos ou outros investem por muito tempo em uma relação não apenas com a criança, mas com a família inteira, obtendo a confiança de todos os membros e dificultando, depois do abuso, a revelação por parte da criança, que tem consciência do quanto essa pessoa é respeitada e querida pela família. Esses casos são considerados intrafamiliares, porque os padrões de relacionamento estabelecidos entre a família e o abusador são caracterizados por laços estreitos e, principalmente, porque há uma quebra da confiança que repercute negativamente na criança-vítima e em sua família. Por outro lado, há aqueles perpetrados por pais e padrastos, que parecem ser a maior parte dos abusos intrafamiliares, conforme encontrado nas estatísticas recentes (Habigzang, Koller, Azevedo e Machado, 2005). Esses agressores são aqueles que têm um acesso facilitado à criança e que permanecem boa parte do tempo sozinhos com a vítima.

A relação de poder é um fator característico das relações abusivas, na qual o perpetrador faz uso de uma vantagem que pode ser de diferentes ordens, como econômica, cronológica ou física, para tirar proveito de uma situação e obter prazer sexual a partir de uma vítima que não apresenta condições psicológicas nem físicas para tal prática. As vítimas são seduzidas e envolvidas nessas ações. Essa relação, que no caso do abuso sexual é continuada, possibilita que o agressor se envolva gradativamente em práticas abusivas, que começam das formas mais sutis e chegam às mais violentas. Podem variar e envolver desde exposição a filmes pornográficos até um contato com intercurso sexual completo (Azevedo e Guerra, 1989; Furniss, 1993/2002; Sanderson, 2005).

Associada a essa questão do poder, outra característica importante na dinâmica da família abusiva é a falta de comunicação. Os membros não expressam livremente seus sentimentos, podendo utilizar outros padrões de comunicação como mentira, segredos, mensagens de duplo sentido e discurso confuso (Scodelario, 2002). O agressor se utiliza de um discurso sedutor, carregado de elogios e palavras carinhosas, que confundem os demais membros da família e as vítimas, fazendo-as acreditar que são especiais, gerando, portanto, falsas impressões a seu respeito. Como consequência, pode ser difícil para a vítima revelar e para a família acreditar. O abuso sexual é um sintoma de disfunção familiar (Furniss, 1993/2002), uma doença ou distorção relacional (Pfeiffer e Salvagni, 2005). Entretanto, não se pode deixar de responsabilizar o agressor, entendendo a dinâmica do incesto.

Fatores de risco encontrados por Fleming, Mullen e Bammer (1996) para abuso sexual intrafamiliar foram um ambiente caracterizado por abuso físico, isolamento emocional, sem que a criança tenha em quem confiar, não ter adultos solidários e ter pai alcoolista. A presença de violência e conflitos em níveis extremos no ambiente doméstico acabam por isolar a família, contribuindo para o segredo e a vergonha.

Algumas diferenças entre abuso intra e extrafamiliar foram identificadas a partir da análise de mais de mil casos de arquivos policiais do Canadá (Fischer e Mcdonald, 1998). Quando o abuso acontece dentro da família, a vítima tende a ter uma idade de início mais precoce, o abuso tem longa duração, níveis mais elevados de intrusão, maiores danos físicos e emocionais às vítimas, menor uso de força verbal ou física e maior uso de instruções para que a criança não conte sobre o abuso. Com relação aos maiores danos à vítima, Fassler e colaboradores (2005) também encontraram que a natureza da relação do abusador com a vítima repercute em maior sofrimento, depressão, baixa autoestima e pior ajustamento social, ou seja, no abuso incestuoso, mais dramáticas são as consequências para a vítima. Para Kristensen (1996), a sintomatologia da criança aumenta na medida da proximidade da relação vítima/abusador.

Em famílias incestuosas, o segredo é um princípio organizador dos relacionamentos familiares (Schatzow e Herman, 1989). Esse fator tem um papel central nessas famílias e é mantido pelas crianças como resultado de intimidação ou vergonha. O segredo isola a criança das outras pessoas e muitas vezes é mantido até a vida adulta. Em recente estudo, Paine e Hansen (2001) afirmaram que é comum a não revelação ou revelações muito proteladas. O papel de cuidador e o vínculo anterior de confiança que caracteriza a relação abusador/vítima contribuem para a manutenção do segredo (Habigzang e Koller, 2006), intimidando a criança pelo afeto que ela julga existir.

Alguns fatores que contribuem para a manutenção do segredo são a dificuldade de obter prova forense e evidência médica, a necessidade de acusação verbal por parte da criança, o medo de não ser acreditada, as ameaças sofridas e a ansiedade em relação às consequências da revelação, bem como a minimização dos *inputs* sensoriais por parte do abusador, que mantém o ambiente escuro, evita o contato visual e ritualiza o abuso, dando a ele um caráter dissociativo (Furniss, 1993/2002). Para a criança, o segredo toma proporções mágicas e monstruosas, causando desamparo, estigma, isolamento, intimidação e culpa (Habigzang e Caminha, 2004). O segredo é mantido pela criança a um alto preço, que coloca em risco seu desenvolvimento psicossocial, bem-estar, qualidade de vida e segurança. As ameaças sofridas geralmente versam sobre a vida ou a integridade física da própria criança ou de pessoas próximas e queridas e a vítima, ao tentar proteger a si mesma e a seus familiares, acaba por ser submetida a mais e mais situações abusivas, até que o ciclo se rompa com a revelação. Quando a vítima consegue romper a barreira do segredo e revela a situação abusiva, geralmente, o faz a alguém de confiança (Jensen e et al., 2005). Pode revelar à mãe ou a algum outro familiar, como irmã, tia, avó e madrinha. Em situações de abuso sexual intrafamiliar, o momento da revelação é delicado, pois a família pode enfrentar ou abafar a situação.

O rompimento do ciclo abusivo, com a revelação, infelizmente, não ocorre em todos os casos. Dentre os possíveis desfechos negativos da revelação, estão a possibilidade de a criança ser desacreditada ou até mesmo de ser acreditada e continuar exposta ao agressor, seja por negligência dos familiares que não abusam, mas acreditam que "isso não irá acontecer novamente", seja porque a justiça decidiu pela absolvição do réu, por falta de argumentos concretos ou outros motivos incompreensíveis para quem atende essas vítimas. Para Bringiotti (2005), as concepções de família "sagrada" podem levar à negação de evidências do abuso e a ocorrência dessa forma de violência excede a capacidade de compreensão e aceitação.

Em algumas situações, pode ocorrer a retratação. Ou seja, a vítima faz a revelação, mas volta atrás em suas afirmações. A retratação é um fenômeno ainda pouco estudado dentro do contexto do abuso sexual intrafamiliar (Castro, 2002). O fato de a criança ou adolescente vítima desfazer as alegações de abuso sexual pode estar associado à tentativa de restaurar a família, de fazer com que as relações voltem a ser como antes da revelação ou, ainda, à reparação de uma mentira. A vítima pode não suportar a pressão dos membros da família que muitas vezes as culpam pelas mudanças na rotina ou no sistema familiar. Geralmente, quando ocorre uma retratação, levanta-se a hipótese de uma revelação falso-positiva. Para os familiares, a retratação prova que a vítima estava mentindo. Para a vítima, retratação coloca-a duplamente em risco (Jonker e Swanzen, 2007), pois pode ficar vulnerável a novas experiências de abuso e/ou sem crédito perante a família se, porventura, fizer novas revelações.

O isolamento e o clima de segredo dificultam que profissionais ou pessoas da rede de apoio se aproximem dessas famílias, mas quando há a possibilidade de conhecê-las melhor se verificam histórias de vida carregadas de sofrimento, marcadas por ciclos de violência (emocional, física e social) entre as diferentes gerações. Em nossa cultura, é comum que os pais utilizem práticas punitivas para educar seus filhos. Entretanto, sabe-se que a família que faz uso de práticas educativas violentas apresenta um clima afetivo pobre e dificuldade de expressar ideias e sentimentos (Silva e Hutz, 2002). A violência presente no cotidiano acaba por degradar a qualidade dos relacionamentos entre as pessoas (Araújo, 2002; Sternberg et al., 2005), tornando-as mais distantes afetivamente. A violência familiar afeta negativamente o apego dos filhos para com os pais (Sternberg et al., 2005) e as vítimas de abuso costumam relatar níveis mais altos de conflitos em suas famílias (Cecil e Matson, 2001; Fassler et al., 2005). A coesão, entendida como a proximidade emocional (Ghering, 1993), tem sido identificada como deficiente em famílias com problemas psicossociais, e vítimas de abuso têm relatado menor coesão entre membros de sua família (Fassler et al., 2005).

Nos casos de abuso sexual pode ser observada uma inversão da hierarquia familiar, na qual o pai passa a ser marido, e a filha passa a ser esposa (Cohen, 2000; Furniss, 1993/2002; Pfeiffer e Salvagni, 2005). Nessas relações, há uma estrutura de poder assimétrica (Morales e Schramm, 2002), cujo agressor se encontra em uma posição de vantagem e se aproveita dessa condição para progredir no ciclo abusivo. Em estudos com o instrumento Family System Test, de Ghering (1993), as famílias têm demonstrado uma baixa coesão e, em alguns casos, coalizões transgeracionais, que significam uma maior coesão entre membros de diferentes gerações do que da mesma geração (Pelisoli e Dell'Aglio, 2008). Em casos de abuso sexual intrafamiliar, se torna mais comum a apresentação de maior coesão entre pai/filha(o) e mãe/filha(o) do que entre pai-mãe.

Famílias incestuosas de adolescentes coreanas apresentaram altos níveis de problemas como transtornos psicóticos, depressão, alcoolismo, criminalidade (Kim, 2005). As adolescentes coreanas que foram vítimas do abuso perceberam suas famílias como menos saudáveis e mais disfuncionais e expressavam padrões psicológicos mal-adaptativos e problemáticos (Kim, 2005). No estudo de caso realizado por Pelisoli, Teodoro e Dell'Aglio (2007), a família investigada apresentou um padrão de funcionamento instável e desequilibrado, com baixos níveis de afetividade e altos níveis de conflito, baixa proximidade entre membros da família e alto poder de uns membros sobre outros. No estudo de Bal e colaboradores (2004), adolescentes vítimas de abuso intrafamiliar não reportaram mais sintomas do que as vítimas de abuso extrafamiliar, mas a falta de coesão na família foi um fator contribuinte para problemas internalizantes relacionados ao trauma.

Fassler e colaboradores (2005) perceberam que quando há coesão numa família, os resultados negativos do abuso tendem a ser minimizados. Algumas características familiares fazem a mediação das consequências do abuso, ou seja, famílias coesas e expressivas tendem a diminuir o impacto do abuso, mesmo que este seja severo. Trata-se, portanto, de fatores que devem ser objeto de atenção e intervenção pelos profissionais e serviços que atendem esse público. Os danos psicológicos em crianças vítimas de abuso sexual estão relacionados a fatores intrínsecos à criança, fatores extrínsecos, envolvendo sua rede de apoio social e afetiva e fatores da própria violência (Habigzang e Koller, 2006). A rede de apoio inclui sistemas e pessoas que fazem parte da vida da criança, a forma de enfrentamento da situação por parte dessas pessoas e suas reações diante da revelação da violência. Ou seja, não são somente as características da criança que influenciam as consequências do abuso, mas a forma como a família se coloca nessa situação. Quanto maior for a credibilidade e o apoio recebido pela família, menores parecem ser as consequências adversas do evento traumático. Fatores precedentes e subsequentes ao abuso também se mostram associados com as consequências, como o funcionamento familiar anterior e o grau de suporte do cuidador não abusivo diante da revelação, além do fato de ter que dar testemunho sobre o abuso (Nurcombe, 2000). O apego entre adolescentes e seus pais pode mudar, adaptando-se a mudanças na qualidade da relação e do nível de violência (Sternberg et al., 2005). Isso significa que, apesar de experiências precoces negativas, experiências positivas posteriores podem trazer benefícios substanciais no nível relacional e psicossocial dessas vítimas. Esses estudos demonstram, então, que algumas características do relacionamento familiar, como afetividade, coesão, expressividade, podem minimizar o impacto do abuso sexual para as vítimas (Fassler et al., 2005; Leifer, Kilbane e Grossman, 2001; Pelisoli, 2008; Pintello e Zuravin, 2001).

Outro importante conceito que deve ser levado em consideração no estudo da dinâmica do abuso sexual intrafamiliar é o de multigeracionalidade, que se refere à transmissão intergeracional da violência (Caminha, 2000; Sugar, 1992). Trata-se de um padrão de comportamento que é aprendido na infância e reproduzido no presente numa forma de reedição do passado (Gomes et al., 2002). Podem ser histórias e experiências de vida que se repetem e atravessam gerações. Em algumas famílias, a violência passa a ser vista como natural e esperada (Narvaz e Koller, 2004).

As experiências de violência podem abranger, além do abuso sexual, o abuso físico, emocional, assim como negligência e abandono (Newcomb e Locke, 2001). Segundo um estudo realizado com mães, que assim como suas filhas foram vítimas de abuso sexual na infância ou adolescência, Santos e Dell'Aglio (2007) verificaram outra forma de violência que ficou evidente: a do abandono emocional. A percepção dessas participantes sobre os cuidados recebidos em suas famílias de origem, na infância ou adolescência, foi marcada pela precária disponibilidade afetiva de suas mães em promover suporte emocional nas situações estressoras vivenciadas, assim como o uso de punição física como prática educativa. Embora essas mães procurem ajuda e denunciem o relato de abuso sexual de suas filhas, essas vivências anteriores de abuso de alguma forma podem interferir no modo de se mostrarem disponíveis afetivamente e de oferecer suporte emocional a suas filhas em momentos de estresse (Santos e Dell'Aglio, 2007). O fato de uma pessoa experienciar alguma forma de violência durante a infância ou adolescência não significa necessariamente que reproduzirá comportamento semelhante em seus relacionamentos futuros. Entretanto, por serem experiências de vida marcantes, para Gomide e Padilha (2009) isso pode ocorrer devido a um mecanismo de repetição intergeracional de comportamentos de exposição ao risco.

Recentemente, Widom, Czaja e Dutton (2008) realizaram um estudo longitudinal que fortaleceu a hipótese da multigeracionalidade: a partir de dados de 892 sujeitos comparados a controles, foi identificado que a vitimização física ou sexual na infância, ou ainda a negligência, associa-se a um risco aumentado de novas experiências de violência no decorrer da vida. O processo de identificação de um jovem molestado com seu agressor pode ser um primeiro passo para a manutenção de um ciclo de violência (Sugar, 1992). Investigando a história da infância de abusadores sexuais, se encontra uma alta probabilidade de vitimização sexual, e essa probabilidade é ainda maior do que no caso de estupradores. Simons, Wurtele e Durham (2008) encontraram que 73% dos abusadores sexuais relataram terem sido vítimas em sua própria infância e 65% expostos a material pornográfico precocemente. Por sua vez, os estupradores, relataram uma infância mais exposta à violência física. Assim, as "experiências de violência retroalimentam a produção de mais violência, numa espiral de difícil ruptura" (Galheigo, 2008, p. 183)

A reprodução desse padrão de relacionamento pode ocorrer em muitas gerações, sem que alguém questione ou procure alterá-lo. Um relacionamento familiar intergeracional conflituoso pode aumentar a vulnerabilidade da criança vítima de abuso sexual e dificultar ações de apoio e proteção (Leifer et al., 2001). Na dinâmica dessas famílias, é possível identificar dificuldades com relação ao abuso de poder e à falta de limites entre as gerações, ocasionando indiscriminação de papéis (Scodelario, 2002). Portanto, nessas famílias, é importante trabalhar a questão dos papéis e suas responsabilidades.

IDENTIFICANDO PERSONAGENS: A MÃE, O ABUSADOR E A VÍTIMA

Para compreender melhor o contexto familiar onde essas situações de violência ocorrem, é necessário ampliar o olhar e estendê-lo a cada membro, pelo menos, aos personagens principais dessa história: a mãe, o pai e/ou abusador e a criança ou adolescente vítima. Até recentemente, as mães de crianças e adolescentes vítimas de abuso sexual intrafamiliar eram frequentemente descritas apenas como cúmplices silenciosas (Forward e Buck, 1989), ou seja, tinham conhecimento do que acontecia com suas crianças e consentiam, sendo, portanto, coniventes. Estudos mais recentes continuam explorando a falha das mães em proteger suas crianças, visto que é um aspecto relevante que subsidia importantes encaminhamentos (Malloy e Lyon, 2006), mas também, por outro lado, a capacidade de enfrentar essa situação, realizando a notificação, e de oferecer apoio a suas crianças nesse momento de crise (Elliot e Carnes, 2001; Leifer et al., 2001; Paredes, Leifer e Kilbane, 2001; Pintello e Zuravin, 2001). Nem todas as mães são cúmplices dos abusos de seus filhos ou filhas. Há mães que se demonstram perplexas e confusas ao tomarem conhecimento do abuso, afirmando que nunca haviam desconfiado. O que faz com que uma mãe permita que seu filho ou filha seja abusado e o que faz com que uma mãe não consiga perceber tais abusos? Essas questões permeiam o imaginário social. O fato é que para respondê-las é necessária uma visão sobre o fenômeno do abuso sexual que integre desde aspectos individuais, como características das pessoas envolvidas, suas experiências anteriores até aspectos sociais, como as relações com a comunidade e o contexto social onde estão inseridas (Santos e Dell'Aglio, 2009). Ao resgatar a trajetória de vida dessas mulheres e mães, alguns estudos destacaram histórias de violência, abandono e negligência (Amendola, 2004; Farinati, Biazus e Leite, 1993), sendo também frequente o relato de abuso sexual na própria infância ou adolescência (Hiebert-Murphy, 1998; Narvaz e Koller, 2005; Oates e et al., 1998; Santos e Dell'Aglio, 2007). A respeito das características individuais, de personalidade, de mães de vítimas de abuso sexual, Amendola (2004) destacou: dependência emocional e/ou financeira do companheiro. Considerando tais experiências e as características de personalidade, muitas vezes algumas dessas mulheres se veem em relações ou casamentos que reproduzem as interações de violência vividas na infância ou adolescência (Araújo, 2002). Nessa perspectiva, a violência passa a ser transmitida de geração em geração, por meio das relações afetivas, das estratégias educativas ou de outros mecanismos que se naturalizam no sistema familiar (Narvaz e Koller, 2004).

A revelação do abuso de suas crianças é um momento delicado para essas mães. Sentem-se confusas, desamparadas, com vergonha e culpa (Narvaz, 2005), sem saber o que pensar e em quem acreditar. Ao tomar conhecimento do abuso, podem manifestar intenso sofrimento e, inclusive, psicopatologias, como: depressão, ansiedade, transtorno de estresse pós-traumático, entre outras (Green, Coupe, Fernandez e Stevens, 1995; Silva e Hutz, 2002; Steel et al., 2004). É nesse momento que essas mães têm a possibilidade de romper com esse ciclo de violência, quando notificam, buscam ajuda ou alguma orientação.

Quando a mãe se torna mais uma pessoa a guardar o segredo do abuso, não é apenas o desenvolvimento de sua filha ou filhos que pode estar em risco, mas da própria família. Uma das justificativas apontadas pelas mães, ao serem questionadas sobre os motivos de não terem notificado a situação de abuso sexual, diz respeito ao medo de perder a família. Além disso, pode estar ocorrendo a utilização de mecanismos de defesa, como a negação, para se proteger de conflitos internos, pois terá que escolher quem protegerá: a criança-vítima ou o companheiro-abusador (Scodelario, 2002). Essas mães, sem a ajuda de profissionais capacitados, dificilmente conseguem perceber que o perigo está justamente ligado à manutenção do segredo e à perpetuação da violência dentro do sistema familiar.

Assim como a figura materna, o abusador ou o suspeito de ter cometido o abuso sexual é outro personagem dessa história. Geralmente, as crianças são alertadas para que não se aproximem ou aceitem presentes de estranhos, principalmente na ausência de um de seus pais ou cuidadores. Mas, e quando a violência ocorre dentro de casa? O abuso sexual ocorre em uma frequência maior dentro de casa, envolvendo pessoas próximas das crianças. Entretanto, dificilmente há um alerta para essa possibilidade porque, culturalmente, existe a ideia de que os abusadores sexuais são pessoas hostis, agressivas, que rodeiam escolas e parques para atacar as crianças. Segundo Sanderson (2005), os abusadores sexuais são confiáveis e apresentam um espectro de comportamentos esperados socialmente, portanto, não se comportam de maneira suspeita na presença de outras pessoas, apenas frente à vítima. O estudo de Moura e Koller (2008) demonstrou que os abusadores sexuais distinguem o que é certo e o que é errado com relação às crianças e, quando avaliados, exibem respostas segundo o que é socialmente esperado. Isso fortalece a importância de que os profissionais devem desmistificar o "monstro" do abusador sexual, presente em nosso imaginário, e torná-lo mais próximo do real, possibilitando assim uma maior conscientização e maiores chances de prevenção. Os abusadores sexuais podem ser adultos do sexo masculino, mas também adolescentes e, em uma frequência menor, mulheres, embora a maioria dos casos seja realmente praticada por homens adultos (Sanderson, 2005).

O abusador dificilmente reconhece e assume sua responsabilidade, apesar de compreender que está cometendo um crime, pois racionaliza seu comportamento, convencendo-se de que não fez nada de errado (Serafim et al., 2009). Pode, portanto, apresentar distorções cognitivas com relação a sua compreensão de criança, percebendo-as como seres sexuais capazes de manifestarem seus desejos sexuais. No estudo de Moura e Koller (2008), foi observado que, em cinco casos de abusadores sexuais, apenas um admitiu plenamente o abuso, mesmo que estivessem todos enfrentando processos judiciais e com claras evidências de que o crime realmente havia sido cometido. Para Serafim e colaboradores (2009), o abusador sexual de crianças convence a si mesmo de que a criança quer se relacionar sexualmente com ele e, com essa justificativa, planejam e premeditam suas ações. Quando se encontram em contextos de avaliação, apresentam capacidade de distinguir o que é "certo" e o que é "errado" em relação às crianças, adequando-se ao que é socialmente aceitável e evidenciando a característica de manipulação (Moura e Koller, 2008).

Os pedófilos são frequentemente descritos como imaturos emocionalmente e com dificuldades de se relacionarem sexualmente com mulheres (Marsden, 2009). Os autores destes atos violentos apresentam uma grande dificuldade de perceber as necessidades e sentimentos das pessoas com quem convivem, e, quando confrontados, podem argumentar e negar que tenham praticado qualquer ato que possa prejudicar alguém de sua família ou de suas relações mais próximas; ou assumir a prática da violência, mas justificando que foi provocado e a culpa não é sua (Scodelario, 2002).

Algumas psicopatologias dos adultos parecem colocar as crianças em risco para sofrerem maus-tratos. Depressão, mania, esquizofrenia, personalidade antissocial, alcoolismo e parafilias estão entre os principais problemas relacionados ao cometimento de abuso sexual (Moura, 2007). Há, na literatura internacional, diversos estudos que exploram a temática dos agressores sexuais de crianças, enfocando características e, principalmente, as psicopatologias associadas (Furniss, 1993/2002; Sanderson, 2005; Smith e Saunders, 1995). Dentre as possíveis explicações e hipóteses diagnósticas levantadas, pode-se destacar a pedofilia e o transtorno de personalidade antissocial (Marsden, 2009; Moura e Koller, 2008). O uso de álcool e outras drogas, a presença de conflito conjugal e de vitimização na infância do próprio abusador são também outros fatores associados ao abuso sexual infantil (Williams e Finkelhor, 1990, citados em Sanderson, 2005). A pedofilia é um transtorno psiquiátrico classificado no grupo das parafilias e que envolve fantasias sexuais com crianças de uma determinada faixa etária (APA, 2002). Essas fantasias podem ficar apenas na imaginação do indivíduo sem, no entanto, se envolver concretamente em atividades sexuais. Segundo o Manual Diagnóstico e Estatístico de Transtornos Mentais – DSM-IV-TR, é mais comum a pedofilia com atração sexual pelo sexo feminino do que pelo sexo masculino ou por ambos os sexos. Muitos pedófilos não apresentam sofrimento, pela natureza egossintônica do transtorno. Alguns desenvolvem técnicas para acessar a criança, como casar com uma mulher que tenha filhos, ganhar confiança da mãe ou traficar crianças com outros indivíduos pedófilos (APA, 2002). Uma classificação dos abusadores intrafamiliares é apresentada na Tabela 4.1 (Williams e Finkelhor, 1990, em Sanderson, 2005).

Tabela 4.1 Tipologia de abusadores intrafamiliares

Tipo	Prevalência	Característica do interesse sexual
Os sexualmente preocupados	26%	Interesse sexual obsessivo, às vezes desde o nascimento
Os que regridem à adolescência	33%	Tornam-se interessados pela filha quando esta entra na puberdade
Os que buscam um instrumento de autossatisfação	20%	Não eram sexualmente interessados pela filha e pensavam em outra pessoa durante a prática abusiva
Os emocionalmente dependentes	10%	A motivação é mais afetiva do que sexual, com a busca por um relacionamento íntimo, proximidade e companhia
Os vingativos raivosos	10%	Abusam por raiva, com tendência a cometer mais violência física

Fonte: Estudo de Williams e Finkelhor (1990, em Sanderson, 2005).

De fato, o abusador é um personagem tão importante na compreensão da dinâmica das situações abusivas, quanto a figura materna e a própria criança-vítima. Aos profissionais que diretamente lidam com essas situações cabe relembrar a importância de evitar rotulações *a priori*, que podem dificultar o trabalho terapêutico, principalmente em casos nos quais o pai ou o padrasto são suspeitos.

A vítima de abuso, por sua vez, principal personagem dessa trama, sofre o rompimento de uma relação de afeto e confiança, tem sua integridade física e psicológica ameaçada e se encontra em uma situação em que apresenta sentimentos de culpa, medo, raiva, vergonha (Furniss, 1993/2002; Habigzang e Caminha, 2004). A vítima sente medo do próximo episódio abusivo e medo de que o abusador concretize suas ameaças, que geralmente envolvem outros membros da família, como a mãe e os irmãos. Sente raiva do agressor e, com isso, apresenta comportamentos agressivos, seja contra os outros ou contra si mesma. Sente vergonha e culpa, por não conseguir contar e assim permanecer sendo violentada (Berliner e Conte, 1995). Meninas vítimas de abuso sexual podem apresentar uma baixa autocongruência e baixa autoestima, ou seja, elas não são aquilo que gostariam de ser e podem ter suas vidas modificadas e suas famílias reconfiguradas (Pelisoli et al., 2007). Quando as vítimas revelam o abuso sofrido, enfrentando os medos e os riscos que correm ao fazer isso, sentem-se, de alguma forma, aliviadas do peso do segredo. Podem encontrar pela frente credibilidade e proteção, mas também podem se deparar com descaso.

Além disso, uma série de psicopatologias pode ser desencadeada por uma situação abusiva. A principal delas é o transtorno de estresse pós-traumático, que envolve revivência do trauma, reatividade fisiológica e estratégias de esquiva (APA, 2002). Entretanto, outros transtornos de ansiedade também são comuns, assim como alterações de humor, como a depressão. Em se tratando de consequências de longo prazo, alguns autores apontam que a maioria das pessoas que apresentam personalidade *borderline* foram sexualmente abusadas na infância, o que indica que esse evento é um grande fator de risco para o desenvolvimento dessa patologia (Green et al., 1995; Linehan, 2009; Oates et al., 1998; Steel et al., 2004).

Outras consequências da vitimização sexual têm sido apontadas em estudos. Alterações estruturais e funcionais de áreas cerebrais relacionadas ao estresse foram identificadas em pesquisas que relacionaram o abuso sexual a transtorno de estresse pós-traumático e prejuízos cognitivos (Borges e Dell'Aglio, 2008). Os resultados indicaram que algumas áreas afetadas podem prejudicar o desempenho neuropsicológico das vítimas, a longo prazo. Memória, atenção, aprendizagem verbal, construção visual e funções executivas são funções neuropsicológicas que têm demonstrado ser prejudicadas em decorrência de eventos traumáticos, como o abuso sexual. A experiência de abuso sexual foi identificada com um fator de risco para o desenvolvimento de consequências emocionais e cognitivas, principalmente quando associadas ao transtorno de estresse póstraumático (Borges e Dell'Aglio, 2008).

Além desses principais personagens envolvidos na dinâmica do abuso sexual, outros membros da família também participam da situação e podem assumir papéis, especialmente o de apoio. É importante destacar o papel que os irmãos têm tido. Pouco se tem falado sobre esse assunto, mas os irmãos podem fazer a diferença muito importante, quando exercem apoio e proteção, com afeto e sem julgamentos. É o que se percebe no caso estudado por Pelisoli (2008), quando aborda a história de uma menina que sofreu um abuso crônico perpetrado pelo pai, mas que manteve seus laços com os irmãos, com alto nível de afeto entre eles. Sejam os irmãos, mães, pais, avós ou outros cuidadores, o importante é destacar que as relações afetivas desempenham um papel fundamental na proteção e apoio às vítimas. A adaptação dessas vítimas, sua saúde e qualidade de vida podem ser favorecidas por processos de resiliência, que são acionados por conexões positivas entre as pessoas (Poletto e Koller, 2008).

CONCLUSÕES

Este capítulo procurou discutir padrões familiares em situações de abuso sexual infantil, explorando aspectos específicos da dinâmica do abuso, que envolvem, preponderantemente, relacionamentos, segredos e ameaças. Os padrões familiares nas situações de abuso sexual são complexos, mas parece haver algumas características comuns a muitos casos encontrados na literatura. Baixa coesão, altos níveis de conflito entre os membros, principalmente entre o casal parental e baixos níveis de afetividade são alguns dos fatores mais abordados nas investigações que têm o abuso sexual intrafamiliar como tema. Fatores mais individuais têm sido relacionados a características de personalidade, psicopatologia do abusador (pedofilia e transtorno de personalidade antissocial) e da própria mãe (depressão, transtorno de personalidade dependente), abuso de álcool e de outras drogas, história anterior de abuso na infância da mãe ou do abusador, entre outros aspectos envolvidos (Amendola, 2004; Araújo, 2002; Marsden, 2009; Moura e Koller, 2008).

Um aspecto que tem contribuído para minimizar o impacto do abuso nas vítimas e também potencializar sua proteção diz respeito ao apoio materno (Elliot e Carnes, 2001; Pintello e Zuravin, 2001) e de outros familiares. Malloy e Lyon (2006) salientam que mesmo quando a família consegue apoiar e proteger a vítima é necessário um acompanhamento, já que tanto o apoio quanto a proteção são aspectos que sofrem influência de vários fatores (pressão de outros familiares, p. ex.,), apresentando, portanto, uma qualidade muito dinâmica. Nesse sentido, enfatiza-se a necessidade dessas famílias serem acompanhadas, assistidas e orientadas, não apenas no momento em que o segredo vem à tona, mas ao longo de todo o período no qual a família precisa administrar as repercussões do enfrentamento do abuso sexual intrafamiliar.

Na família, o crime do abuso é praticado, em geral, sem testemunhas (Ribeiro, Ferriani e Reis, 2004). Entretanto, a dificuldade para que sejam obtidas provas materiais do abuso não deve ser um motivo pelo qual não sejam estabelecidas intervenções diretivas, principalmente no sentido de proteção da vítima. O silêncio delas pode permanecer, mas o silêncio da sociedade frente às práticas sexualmente abusivas contra crianças e adolescentes deve ser combatido imediatamente, interrompendo ciclos abusivos que muitas vezes se arrastam por anos.

Lippert, Favre, Alexander e Cross (2008) identificaram que muitas crianças foram encaminhadas para terapia após episódio de abuso sexual, mas que poucas efetivamente receberam tratamento. Essa informação agrega ainda maior relevância à necessidade de um trabalho que leve a um maior número de pessoas atendidas e a um aperfeiçoamento das técnicas de avaliação e tratamento nesses casos, além da prevenção a esse tipo de violência. Intervenções como visitas domiciliares, treino de pais e outras alternativas de prevenção do abuso estão se mostrando efetivas em diminuir os fatores de risco para maus-tratos contra crianças e adolescentes (Mikton e Butchart, 2009). Trabalhos de educação sexual e trabalhos de conscientização como, por exemplo, capacitação de professores para identificação precoce de abuso sexual, realização de grupos com meninas para discutir sobre a importância de se estabelecer relações igualitárias e não abusivas, também são formas eficazes de intervir preventivamente. O tratamento de agressores é outra possibilidade e necessidade, na medida em que pode contribuir na diminuição da reincidência. Assim, entende-se que são necessárias mais pesquisas que apontem fatores de risco para o abuso sexual e a violência, subsidiando a proposição de estratégias preventivas, que diminuam o risco e/ou minimizem o impacto para as vítimas.

Ressalta-se novamente a importância de não considerarmos as características familiares citadas como fatores determinantes para a ocorrência do abuso. Não se pode simplificar a esse ponto um fenômeno que é multicausal e tem na complexidade a sua característica principal. A partir da definição ampla de abuso sexual, proposta pela World Health Organization (WHO) (2003), é necessário considerar que não se trata de um evento isolado, resumido ao episódio relatado pela vítima, mas sim de uma trama com início e meio, mas com um final indefi-nido, imprevisível e algumas vezes trágico. As intervenções nesse âmbito, tanto da Psicologia quanto de outras disciplinas da Saúde, Serviço Social, Educação e Justiça têm por característica atuar nesse "meio" e "fim", ou seja, quando a criança ou adolescente já está sendo vitimizado há um tempo considerável e significativamente prejudicial, quando sintomas e sinais já estão estabelecidos e já configuram danos importantes. Dessa forma, chama-se a atenção para a necessidade de atuação dos profissionais dessas diferentes áreas no "início" dessa história, com propostas de prevenção e identificação precoce das situações de violência. Assim, o trabalho de promoção de saúde, por meio da educação sexual já na infância, e de uma conscientização da sociedade quanto à problemática do abuso sexual, também se faz necessário. Mudar o rumo dessa história significa mudar o destino de crianças e adolescentes, minimizando os prejuízos da violência com cuidado e atenção profissional, fortalecendo as relações familiares protetivas e não abusivas e prevenindo consequências de longo prazo.

REFERÊNCIAS

Amazarray, M. R., & Koller, S. H. (1998). Alguns aspectos observados no desenvolvimento de crianças vítimas de abuso sexual. *Revista de Psicologia Reflexão e Crítica, 11*(3), 546-555.

Amendola, M. F. (2004). Mães que choram: Avaliação psicodiagnóstica de mães de crianças vítimas de abuso sexual. In M. C. C. A. Prado (Ed.), *O mosaico da violência: A perversão na vida cotidiana* (pp. 103-169). São Paulo: Vetor.

American Psychiatric Association. (2002). *Diagnostic and statistical manual of mental disorders* (4. ed.). Washington: APA.

Araújo, M. F. (2002). Violência e abuso sexual na família. *Psicologia em Estudo, 7*(2), 3-11.

Azevedo, M. A., & Guerra, V. N. A. (1989). *Crianças vitimizadas: A síndrome do pequeno poder*. São Paulo: IGLU.

Bal, S., De Bourdeaudhuij, I., Crombez, G., & Van Oost, P. (2004). Differences in trauma symptoms and family functioning in intra and extrafamilial sexually abused adolescents. *Journal of Interpersonal Violence, 19*(1), 108-23.

Berliner, L., & Conte, J. R. (1995). The effects of disclosure and intervention on sexually abused children. *Child Abuse & Neglect, 19*(3), 371-384.

Borges, J. L., & Dell'Aglio, D. D. (2008). Relações entre abuso sexual na infância, transtorno de estresse pós-traumático (TEPT) e prejuízos cognitivos. *Psicologia em Estudo, 13*(2), 371-379.

Brasil. (1998). *Constituição da República Federativa do Brasil: Promulgada em 5 de outubro de 1988.* Brasília: Senado.

Brendler, J., Silver, M., Haber, M., & Sargent, J. (1994). *Doença mental, caos e violência: Terapia com famílias à beira da ruptura.* Porto Alegre: Artmed.

Bringiotti, M. I. (2005). Las famílias em "situación de riesgo" en los casos de violência familiar y maltrato infantil. *Texto Contexto Enfermagem, 15*(Esp.), 78-85.

Caminha, R. M. (2000). A violência e seus danos à criança e ao adolescente. In Amencar/Unicef (Ed.), *Violência doméstica* (pp. 43-60). Brasília: UNICEF.

Castro, J. C. (2002). El abuso sexual infantil en el ámbito intrafamiliar: La escena familiar desconocida e oculta. In Ministerio de Justicia, Ministerio de Trabajo y Asuntos Sociales, Centro de Estudios Jurídicos de la Administración de Justicia, & Instituto de la Mujer (Ed.), *Estudios sobre violencia familiar y agresiones sexuales* (pp. 663-707). Buenos Aires: Ministerio de Justicia, Ministerio de Trabajo y Asuntos Sociales, Centro de Estudios Jurídicos de la Administración de Justicia, Instituto de la Mujer.

Cecil, H., & Matson, S. C. (2001). Psychological functioning and family discord among African American adolescent females with and without a history of childhood sexual abuse. *Child Abuse & Neglect, 25*, 973-988

Cohen, C. (2000). O incesto. In M. A. Azevedo, & V. N. A. Guerra (Eds.), *Infância e violência doméstica: Fronteiras do conhecimento* (3. ed., pp. 211-225). São Paulo: Cortez.

De Antoni, C., & Koller, S. H. (2002). Violência doméstica e comunitária. In M. L. J. Contini, S. H. Koller, & M. N. S. Barros (Eds.), *Adolescência & psicologia: Concepções, práticas e reflexões críticas* (pp. 85-91). Rio de Janeiro: Conselho Federal de Psicologia.

Elliot, A. N., & Carnes, C. N. (2001). Reactions of nonoffending parents to the sexual abuse of their child: A review of the literature. *Child Maltreatment, 6*(4), 314-331.

Faleiros, E. (2003). *Abuso sexual contra crianças e adolescentes: Os (des)caminhos da denúncia.* Brasília: Presidência da República, Secretaria Especial dos Direitos Humanos.

Farinati, F., Biazus D. B., & Leite, M. B. (1993). *Pediatria social: A criança maltratada.* Rio de Janeiro: Medsi.

Fassler, I. R., Amodeo, M., Griffin, M. L., Clay, C. M., & Ellis, M. A. (2005). Predicting long-term outcomes for women sexually abused in childhood: Contributions of abuse severity versus family environment. *Child Abuse & Neglect, 29*, 269-284.

Fischer, D. G., & McDonald, W. L. (1998). Characteristics of intrafamilial and extrafamilial child sexual abuse. *Child Abuse & Neglect, 22*(9), 915-929.

Fleming, J., Mullen, P., & Bammer, G. (1996). A study of potential risk factors for sexual abuse in childhood. *Child Abuse & Neglect, 21*(1), 49-58.

Forward, S., & Buck, C. (1989). *A traição da inocência: O incesto e sua devastação.* Rio de Janeiro: Rocco.

Furniss, T. (2002). *Abuso sexual da criança: Uma abordagem multidisciplinar: Manejo, terapia e intervenção legal integrados.* Porto Alegre: Artmed. (Trabalho original publicado em 1993).

Galheigo, S. M. (2008). Apontamentos para se pensar ações de prevenção à violência pelo Setor Saúde. *Saúde Sociedade São Paulo, 17*(3), 181-189.

Gehring, T. M. (1993). *Family System Test (FAST).* Seattle: Hogrefe & Huber.

Giberti, E. (2005). *La família, a pesar de todo.* Buenos Aires: Centro de Publicaciones Educativas y Material Didactico.

Gomes, R., Deslandes, S. F., Veiga, M. M., Bhering, C., & Santos, J. F. C. (2002). Por que as crianças são maltratadas? Explicações para a prática de maus-tratos infantis na literatura. *Cadernos de Saúde Pública, 18*, 707-714.

Gomide, P. I. C., & Padilha M. G. S. (2009). Destituição do poder familiar e prisão do agressor em um caso de abuso sexual intrafamiliar. In L. C. A. Williams, & E. A. C. Araújo (Eds.), *Prevenção do abuso sexual infantil: Um enfoque interdisciplinar* (pp. 98-111). Curitiba: Juruá.

Green, A. H., Coupe, P., Fernandez, R., & Stevens, B. (1995). Incest revisited: Delayed pos-traumatic stress disorder in mothers following the sexual abuse of their children. *Child Abuse & Neglect, 19*(10), 1275-1282.

Habigzang, L. F., & Caminha, R. M. (2004). *Abuso sexual contra crianças e adolescentes: Conceituação e intervenção clínica*. São Paulo: Casa do Psicólogo.

Habigzang, L. F., & Koller, S. H. (2006). Terapia cognitivo-comportamental e promoção de resiliência para crianças e adolescentes vítimas de violência sexual intrafamiliar. In D. D. Dell'Aglio, S. H. Koller, & M. A. M. Yunes (Eds.), *Resiliência e psicologia positiva: Interfaces do risco à proteção* (pp. 233-258). São Paulo: Casa do Psicólogo.

Habigzang, L. F., Koller, S. H., Azevedo, G. A., & Machado, P. X. (2005). Abuso sexual infantil e dinâmica familiar: Aspectos observados em processos jurídicos. *Psicologia: Teoria e Pesquisa, 21*(3), 341-348.

Hiebert-Murphy, D. (1998). Emotional distress among mothers whose children have been sexually abused: The role of a history of child sexual abuse, social support, and coping. *Child Abuse & Neglect, 22*(5), 423-435.

Jensen, T. K., Gulbrandsen, W., Mossige, S., Reichelt, S., & Tjersland, O. A. (2005). Reporting possible sexual abuse: A qualitative study on children's perspectives and the context for disclosure. *Child, Abuse & Neglect, 29*, 1395-1413.

Jonker, G., & Swanzen, R. (2007). Serviços de intermediação para crianças-testemunhas que depõem em tribunais criminais da África do Sul. *Revista Internacional de Direitos Humanos, 6*(4), 94-119.

Kim, H. S. (2005). Incestuous experience among Korean adolescents: Prevalence, family problems, perceived family dynamics, and psychological characteristics. *Public Health Nursing, 22*(6), 472-482.

Kristensen, C. H. (1996). *Abuso sexual em meninos*. Dissertação de mestrado não publicada, Universidade Federal do Rio Grande do Sul, Porto Alegre, Brasil.

Leifer, M., Kilbane, T., & Grossman, G. (2001). A three-generational study comparing the families of supportive and unsupportive mothers of sexually abused children. *Child Maltreatment, 6*(4), 353-364.

Linehan, M. (2009). Terapia comportamental dialética para transtorno da personalidade *borderline*. In D. Barlow (Ed.), *Manual clínico dos transtornos psicológicos* (4. ed., pp. 366-421). Porto Alegre: Artmed.

Lippert, T., Favre, T., Alexander, C., & Cross, T. P. (2008). Families who begin *versus* decline therapy for children who are sexually abused. *Child Abuse & Neglect, 32*, 859-868.

Malloy, L. C., & Lyon, T. D. (2006). Caregiver support and child sexual abuse: Why does it matter? *Journal of Child Sexual Abuse, 15*(4), 97-103.

Marsden, V. F. M. G. (2009). Pedofilia, transtorno bipolar e dependência de álcool e opióides. *Jornal Brasileiro de Psiquiatria, 58*(2), 119-121.

Mikton, C., & Butchart, A. (2009). Child maltreatment prevention: A systematic review of reviews. *Bull World Health Organ, 87*(5), 353-361.

Morales, A. E., & Schramm, F. R. (2002). A moralidade do abuso sexual intrafamiliar em menores. *Ciência e Saúde Coletiva, 7*(2), 265-273.

Moura, A. S. (2007). *A criança na perspectiva do abusador sexual*. Dissertação de mestrado não publicada, Universidade Federal do Rio Grande do Sul, Porto Alegre, Brasil.

Moura, A. S., & Koller, S. H. (2008). A criança na visão de homens acusados de abuso sexual: Um estudo sobre distorções cognitivas. *Psico USF, 13*(1), 85-94.

Narvaz, M. G. (2005). *Submissão e resistência: Explodindo o discurso patriarcal da dominação feminina*. Dissertação de mestrado não publicada, Universidade Federal do Rio Grande do Sul, Porto Alegre, Brasil.

Narvaz, M. G., & Koller, S. H. (2004). Famílias, gênero e violências: Desvelando as tramas da transmissão transgeracional da violência de gênero. In M. N. Strey, M. P. R. de Azambuja, & F. P. Jaeger (Eds.), *Violência, gênero e políticas públicas* (pp. 149-176). Porto Alegre: PUCRS.

Narvaz, M. G., & Koller, S. H. (2005). Reflexões sobre o atendimento de meninas e mulheres vítimas de violência. *Novas Abordagens em Direitos Humanos: Enfrentamento à Violência, 1*(1), 34-42.

Newcomb, M. D., & Locke, T. F. (2001). Intergenerational cycle of maltreatment: A popular concept obscured by methodological limitations. *Child Abuse & Neglect, 25*(9), 1219-1240.

Nurcombe, B. (2000). Child sexual abuse I: Psychopathology. *Australian and New Zealand Journal of Psychiatry, 34*(1), 85-91.

Oates, R. K., Tebbutt, J., Swanston, H., Lynch, D., & O'Toole, B. (1998). Prior childhood sexual abuse in mothers of sexually abuse children. *Child Abuse & Neglect, 22*(11), 1113-1118.

Osório, L. C. (1997). A família como grupo primordial. In D. E. Zimerman, & L. C. Osório (Eds.), *Como trabalhamos com grupos* (pp. 49-58). Porto Alegre: Artmed.

Paine, M. L., & Hansen, D. J. (2001). Factors influencing children to self-disclose sexual abuse. *Clinical Psychology Review, 22*(2), 271-295.

Paredes, M., Leifer, M., & Kilbane, T. (2001). Maternal variables related to sexually abused children's functioning. *Child Abuse & Neglect, 25*, 1159-1176.

Pelisoli, C. (2008). *Entre o público e o privado: Abuso sexual, família e rede de atendimento.* Dissertação de mestrado não publicada, Universidade Federal do Rio Grande do Sul, Porto Alegre, Brasil.

Pelisoli, C., & Dell'Aglio, D. D. (2008). Do segredo à possibilidade de reparação: Um estudo de caso sobre relacionamentos familiares no abuso sexual. *Contextos Clínicos, 1*(2), 49-60.

Pelisoli, C., Teodoro, M. L., & Dell'Aglio, D. D. (2007). A percepção de família em vítimas de abuso sexual intrafamiliar: Estudo de caso. *Arquivos Brasileiros de Psicologia, 59*, 256-269.

Pereda, N., Guilera, G., Forns, M., & Gómez-Benito, J. (2009). The international epidemiology of child sexual abuse: A continuation of Finkelhor (1994). *Child Abuse & Neglect, 33*, 331-342.

Pfeiffer, L., & Salvagni, E. P. (2005). Visão atual do abuso sexual na infância e adolescência. *Jornal de Pediatria, 81*(Supl. 5), 197-204.

Pintello, D., & Zuravin, S. (2001). Intrafamilial child sexual abuse: Predictors of postdisclosure maternal belief and protective action. *Child Maltreatment, 6*(4), 344-352.

Poletto, M., & Koller, S. H. (2008). Contextos ecológicos: Promotores de resiliência, risco e proteção. *Estudos de Psicologia Campinas, 25*(3), 405-416.

Ribeiro, M. A., Ferriani, M. G. C., & Reis, J. N. (2004). Violência sexual contra crianças e adolescentes: Características relativas à vitimização nas relações familiares. *Cadernos de Saúde Pública, 20*(2), 456-464.

Sanderson, C. (2005). *Abuso sexual em crianças: Fortalecendo pais e professores para proteger crianças contra abusos sexuais e pedofilia.* São Paulo: MBooks.

Santos, S. S., & Dell'Aglio, D. D. (2007). Multigeracionalidade da violência: Um estudo sobre mães de meninas vítimas de abuso sexual. In M. L. P. Leal, M. F. P. Leal, & R. M. C. Libório (Eds.), *Tráfico de pessoas e violência sexual* (pp. 191-211). Brasília: Violes/Ser/Universidade de Brasília.

Santos, S. S., & Dell'Aglio, D. D. (2009). Revelação do abuso sexual infantil: Reações maternas. *Psicologia: Teoria e Pesquisa, 25*(1), 85-92.

Schatzow, E., & Herman, J. L. (1989). Breaking secrecy: Adult survivors disclose to their families. *Psychiatric Clinics of North America, 12*(2), 337-349.

Scodelario, A. S. (2002). A família abusiva. In D. C. A. Ferrari, & T. C. C. Vecina (Eds.), *O fim do silêncio na violência familiar: Teoria e prática* (pp. 95-106). São Paulo: Agora.

Serafim, A. P., Saffi, F., Rigonatti, S. P., Casoy, I., & Barros, D. M. (2009). Perfil psicológico e comportamental de agressores sexuais de crianças. *Revista de Psicologia Clínica, 36*(3), 105-111.

Silva, D. F. M., & Hutz, C. S. (2002). Abuso infantil e comportamento delinqüente na adolescência: Prevenção e intervenção. In C. H. Hutz (Ed.), *Situações de risco e vulnerabilidade na infância e na adolescência: Aspectos teóricos e estratégias de intervenção* (pp. 151-186). São Paulo: Casa do Psicólogo.

Simons, D. A., Wurtele, S. K., & Durham, R. L. (2008). Developmental experiences of child sexual abusers and rapists. *Child Abuse & Neglect, 32*, 549-560.

Smith, D. W., & Saunders, B. E. (1995). Personality characteristics of father/perpetrators and non offending mothers in incest families: Individual and dyadic analyses. *Child Abuse & Neglect, 19*(5), 607-617.

Steel, J., Sanna, L., Hammond, B., Whipple, J., & Cross, H. (2004). Psychological sequelae of childhood sexual abuse: Abuse-related characteristics, coping strategies, and attributional style. *Child Abuse & Neglect, 28*(7), 785-801.

Sternberg, K. J., Lamb, M. E., Guterman, E., Abbott, C. B., & Dawud-Noursi, S. (2005). Adolescents' perceptions of attachments to their mothers and fathers in families with histories of domestic violence: A longitudinal perspective. *Child Abuse & Neglect, 29*, 853-869.

Sugar, M. (1992). Abuso sexual de crianças e adolescentes. In M. Sugar (Ed.), *Adolescência atípica e sexualidade* (pp. 177-186). Porto Alegre: Artmed.

Widom, C. S., Czaja, S. J., & Dutton, M. A. (2008). Childhood victimization and lifetime revictimization. *Child Abuse & Neglect, 32*, 785-796.

World Health Organization. (2003). *Guidelines for medico-legal care of victims of sexual violence.* Geneva: WHO.

5

Análise das percepções que meninas vítimas de violência sexual têm sobre si, os outros e o futuro
tríade cognitiva

Roberta Hatzenberger, Luísa F. Habigzang e Silvia H. Koller

Este estudo teve como objetivo analisar a percepção que meninas vítimas de abuso sexual manifestam sobre si, os outros e o futuro (tríade cognitiva), e fornecer subsídios para identificar possíveis distorções cognitivas apresentadas por essas meninas. A identificação de distorções cognitivas é um importante passo para a formulação de uma intervenção psicológica eficaz, uma vez que pensamentos disfuncionais contribuem para o desencadeamento e a manutenção de sintomas psicológicos.

DEFINIÇÃO DE ABUSO SEXUAL

O abuso sexual é reconhecido atualmente como um relevante problema social e de saúde pública (Amazarray e Koller, 1998), devido aos altos índices de incidência e às sérias consequências para o desenvolvimento cognitivo, afetivo e social da vítima e de sua família (Habigzang e Caminha, 2004; Polanczyk et al., 2003). O abuso sexual contra crianças e adolescentes pode ser definido como o envolvimento de uma criança em atividade sexual que ela não compreende totalmente, impossibilitando-a de fornecer seu consentimento, pois não tem consciência plena do ato para poder consenti-lo. O abuso sexual se configura como uma relação que viola as regras e tabus da sociedade. Crianças podem ser abusadas sexualmente por adultos e outras crianças que estão (por virtude da idade ou estágio de desenvolvimento) em uma posição de responsabilidade, confiança ou poder sobre a vítima (OMS, 1999). Incorporados a esta definição se encontram todos os tipos de encontros sexuais e comportamentais que abrangem aliciamento sexual, linguagem ou gestos sexualmente sugestivos, uso de pornografia, voyerismo, exibicionismo, carícias, masturbação e penetração com dedos ou pênis (Sanderson, 2005). O perpetrador, por meio dos abusos contra a criança, usa o poder que tem sobre ela e, ao fazê-lo, usa-a como mero meio para seus próprios fins, infringindo, portanto, o direito à autonomia da criança (Ferreira e Schramm, 2000).

A prevalência do abuso sexual na população geral foi foco de um estudo realizado pela Organização Mundial da Saúde (1999). Os resultados apontaram que, aproximadamente 20% das mulheres e 5 a 10% dos homens sofreram abuso sexual na infância. Além disso, em todo o mundo, as taxas de prevalência de intercurso sexual forçado e outras formas de violência sexual que envolvem toques entre adolescentes com idade inferior a 18 anos é de 73 milhões (ou 7%) entre os meninos e 150 milhões (ou 14%) entre as meninas (OMS, 1999). Estimativas demonstraram que uma em cada quatro meninas e um em cada seis meninos experimentam alguma forma de abuso sexual durante a infância (Sanderson, 2005). Um levantamento realizado pelo United States Department of Health and Human Services, descrito por Hetzel-Riggin, Brausch e Montgomery (2007) constatou que, aproximadamente, 84.398 crianças nos Estados Unidos foram vítimas de abuso sexual no ano de 2004. O abuso sexual é um fenômeno universal, que atinge todas as idades, classes sociais, gênero e culturas (Pfeiffer e Salvagni, 2005). Apesar de esses dados serem relevantes, apenas 10% dos casos são relatados ou chegam ao sistema judiciário criminal, o que significa que o conhecimento sobre o fenômeno é limitado e fundamentado apenas naqueles casos que são denunciados (Sanderson, 2005).

CONSEQUÊNCIAS PARA O DESENVOLVIMENTO

O abuso sexual pode ser considerado um sério problema de saúde pública, pois implica um grande impacto físico e emocional às pessoas que a ele são expostas (Amazarray e Koller,1998; Polanczyk et al., 2003). O impacto do abuso sexual está relacionado a fatores intrínsecos à criança, tais como características pessoais, história de vida, temperamento e à presença de fatores de risco e de proteção extrínsecos à criança, tais como os recursos sociais, funcionamento familiar, recursos emocionais dos cuidadores e recursos financeiros, incluindo acesso ao tratamento (Habigzang, Azevedo, Koller e Machado, 2006). A interação desses fatores intrínsecos e extrínsecos pode minimizar ou potencializar os efeitos negativos dessa experiência. O conceito de resiliência possibilita explicar a variabilidade de efeitos do abuso no desenvolvimento das vítimas. A resiliência é compreendida como a capacidade humana de superar adversidades, resultante da interação permanente e do jogo de forças entre os fatores de risco e proteção (Moraes e Koller, 2004). Além disso, os diferentes efeitos do abuso sexual nas crianças e adolescentes podem ser compreendidos pelos seguintes fatores: idade da criança na época do abuso sexual; duração e frequência; grau de violência ou ameaça; diferença de idade entre a pessoa que cometeu o abuso e a vítima; proximidade da relação entre abusador e vítima; ausência de figuras parentais protetoras e o grau de segredo e de ameaças contra a criança; reação dos outros; dissolução da família depois da revelação; criança se responsabilizando pela interação sexual; perpetrador negando que o abuso aconteceu; considerados agravantes para o desenvolvimento de reações negativas à experiência de abuso sexual (Furniss, 1993; Kaplan, Sadock e Grebb, 1997; Sanderson, 2005).

Nenhum sintoma psiquiátrico específico resulta universalmente do abuso sexual (Kaplan, Sadock e Grebb, 1997), porém, as crianças e adolescentes vítimas de abuso sexual têm um maior risco de desenvolver problemas interpessoais e psicológicos que outros da mesma idade que não tenham sofrido esses abusos (Duarte e Arboleda, 2005). As consequências do abuso sexual podem ser devastadoras e perpétuas (Ferreira e Schramm, 2000). Além disso, o abuso sexual pode ser associado a vários problemas a curto e a longo prazo (Habigzang e Caminha, 2004; Day et al., 2003).

O abuso sexual contra crianças e adolescentes pode afetar todos os aspectos da vida, como, por exemplo, os aspectos psicológicos, físicos, comportamentais, acadêmicos, sexuais e interpessoais (Day et al., 2003).

As consequências físicas variam de pequenas cicatrizes, traumas físicos na região genital, doenças sexualmente transmissíveis, até danos cerebrais permanentes e morte (Ferreira e Schramm, 2000). As sequelas psicológicas incluem baixa autoestima até desordens psíquicas severas (Ferreira e Schramm, 2000), como, por exemplo, níveis significativamente aumentados de depressão, combinados com sentimentos de vergonha e culpa, ansiedade social, distúrbios de conduta, abuso de substâncias, distúrbios alimentares, transtorno do pânico, transtorno de estresse pós-traumático (TEPT) e transtorno dissociativo (Hetzel-Riggin, Brausch e Montgomery, 2007; Kaplan, Sadock e Grebb, 1997). Além disso, também podem ser observados sintomas de déficit de atenção, hipervigilância e distúrbios de aprendizado (Sanderson, 2005). O abuso sexual também afeta o comportamento social das vítimas, incluindo dificuldades de relacionamento com colegas até comportamentos suicidas e criminosos, e comportamento sexual indiscriminado (Amazarray e Koller, 1998; Ferreira e Schramm, 2000; Hetzel-Riggin, Brausch e Montgomery, 2007). As crianças que sofrem abuso sexual, em geral, perdem a autoconfiança e se tornam desconfiadas em relação aos outros, o que contribui para sua dificuldade de relacionamento com os pares (Kaplan, Sadock e Grebb, 1997).

As consequências de experiências sexualmente abusivas podem comprometer o desenvolvimento humano, principalmente a saúde psicológica das vítimas. As crenças e os significados que a criança e o adolescente constroem a partir da experiência abusiva demonstram ter grande impacto para o desenvolvimento de psicopatologias (Cohen e Mannarino, 2002).

TRÍADE COGNITIVA

A Terapia Cognitiva (TC), criada a partir da teoria descrita por Beck, na década de 1960, se baseia na premissa de que a inter-relação entre cognição, emoção e comportamento está implicada no funcionamento normal do ser humano e, em especial, na psicopatologia. Um evento comum do cotidiano pode gerar diferentes formas de sentir e agir em diferentes pessoas, mas não é o evento em si que gera as emoções ou os comportamentos, mas sim o que é interpretado sobre o evento. Portanto, pode-se afirmar que as emoções e os comportamentos são influenciados pelos pensamentos sobre as situações (Beck, 1997).

O processamento de informações é hierarquicamente organizado em três níveis de cognição: pensamentos automáticos, pressupostos subjacentes (crenças subjacentes) e crenças nucleares ou esquemas. Os pensamentos automáticos se caracterizam por refletirem as explicações ou previsões que acompanham eventos e que representam o conteúdo cognitivo. Esse tipo de pensamento tende a ser relativamente acessível e de fácil identificação. As crenças nucleares ou esquemas representam as crenças organizadoras centrais ou as estruturas de significado pessoal. São as ideias e os conceitos mais enraizados e fundamentais acerca de nós mesmos, das pessoas e do futuro. Essas crenças são incondicionais, isto é, independentemente da situação que se apresente para o indivíduo, ele irá pensar do mesmo modo consoante com as suas crenças. Os pressupostos subjacentes se configuram em sentenças explicativas que envolvem condições de valor, como por exemplo, "se não entender algo de forma completa e perfeita, então, sou burro" (Beck, Rush, Shaw e Emery, 1997). Em função de alguma circunstância específica, essas crenças podem gerar avaliações rígidas e absolutistas, criando um sentido distorcido das situações e, por isso, são consideradas disfuncionais (Abreu, 2004). Baseando-se nesses pressupostos, a psicopatologia resulta de significados e percepções desadaptativos construídos em relação ao *self*, ao contexto ambiental (experiência com os outros) e ao futuro (objetivos), que formam a tríade cognitiva. Cada síndrome clínica tem significados desadaptativos característicos associados com os componentes da tríade cognitiva. Por exemplo, no transtorno depressivo, todos os três elementos são interpretados negativamente. No transtorno de ansiedade, o *self* é visto como inadequado, o contexto é considerado como perigoso e o futuro parece incerto. Assim, percebe-se que todos os significados que são atribuídos aos eventos vivenciados estão relacionados dessa maneira à tríade cognitiva (Beck e Alford, 2000).

As vítimas de violência sexual possuem um modo particular de pensamento e de compreensão do abuso (Sanderson, 2005). As distorções cognitivas mais comumente associadas às vítimas de violência sexual são: *tudo ou nada*, na qual a criança se vê como não tendo absolutamente nenhum valor; *supergeneralização*, que se refere à crença de que, por ter sido abusada por um homem, todos os outros homens também são abusadores; *rotulação inadequada*, ou seja, autoimagem negativa; filtragem mental, na qual existe uma desqualificação do positivo, onde qualquer atributo ou qualidade positiva são desconsiderados; *conclusões precipitadas* ou inferência arbitrária baseadas em nenhuma evidência real; *minimização* referente aos efeitos devastadores do abuso a fim de se proteger do impacto real que ele tem ou maximização pelo aumento dos erros e deficiências para além da proporção; *racionalização emocional* que se refere à crença de que é responsável pelo abuso porque se sente mal sobre não ter dito não; *eu deveria* se refere ao fato da vítima acreditar que deveria ter dito não ao abusador e, com isso, o problema estaria resolvido; e, por fim, a *personalização*, na qual a vítima assume a responsabilidade pelo abuso sexual (Sanderson, 2005).

As percepções acerca de si, dos outros e do futuro têm um importante papel no desenvolvimento e na manutenção das psicopatologias. Com isso, torna-se evidente a relevância de mapear e analisar a tríade cognitiva de meninas vítimas de violência sexual. A identificação de crenças distorcidas é fundamental para o planejamento de intervenções psicológicas eficazes que atuem na redução de sintomas psicopatológicos e na melhora da qualidade de vida das vítimas.

MÉTODO

Delineamento

Foi realizada uma análise exploratória descritiva sobre as percepções que as meninas vítimas de violência sexual têm sobre si, sobre os outros e sobre o futuro, com base na aplicação de uma tarefa escrita.

Participantes

O estudo foi realizado com uma amostra de 24 meninas, com idade entre 9 e 16 anos, que foram submetidas a pelo menos um episódio de abuso sexual. O nível socioeconômico das meninas era baixo, definido pelo local de residência e renda familiar. Todas as participantes estavam frequentando a escola pública na época da pesquisa.

Instrumentos

- Entrevista inicial semiestruturada: essa entrevista teve como objetivos estabelecer um vínculo terapêutico com a menina encaminhada para a avaliação e coletar o relato em relação ao abuso sexual, mapeando a frequência e a dinâmica dos episódios abusivos. Nessa entrevista foram explorados assuntos amplos de interesse da adolescente, o motivo pelo qual ela estava participando da entrevista e também questões abertas para obter informações acerca do abuso sexual. Esse procedimento foi baseado na entrevista publicada pelo The Metropolitan Toronto Special Committee on Child Abuse (1995), traduzida para o português e adaptada por Kristensen (1996). Ao final, explorou-se sentimentos em re-

lação à revelação, acolhendo a menina e colocando-se à disposição.
- Ficha de mapeamento da Tríade Cognitiva*: instrumento no qual as meninas registraram por escrito seus pensamentos e percepções relacionados à visão que tem de si, dos outros e do futuro. Essa ficha foi desenvolvida como dispositivo terapêutico e utilizada durante as primeiras sessões de grupoterapia, na etapa de psicoeducação. Na sessão em que a ficha foi entregue às participantes foi solicitado a elas que escrevessem tudo o que lhes vinha à cabeça sobre si mesmas, tudo o que elas pensavam sobre as pessoas e todos os seus pensamentos em relação ao seu futuro (Habigzang et al., 2006).

Procedimentos

O projeto desse estudo foi submetido e aprovado pelo Comitê de Ética da Universidade Federal do Rio Grande do Sul (UFRGS). Todas as participantes e seus responsáveis assinaram o Termo de Consentimento Livre e Esclarecido. A seleção das participantes ocorreu por meio de encaminhamentos realizados pelo Programa Sentinela e pelo Conselho Tutelar. As meninas encaminhadas foram convidadas para um encontro inicial, no qual foram consultadas quanto à participação na pesquisa e aplicada a entrevista semiestruturada. Em seguida, as participantes foram encaminhadas para grupoterapia cognitivo-comportamental para meninas vítimas de abuso sexual (Habigzang et al., 2006). As 16 sessões da grupoterapia tiveram atividades semanais semiestruturadas, com duração de uma hora e trinta minutos. A grupoterapia é dividida em três fases: a primeira fase se caracteriza por promover a psicoeducação quanto ao modelo cognitivo-comportamental e quanto ao abuso sexual; a segunda fase contém técnicas de reestruturação cognitiva e treino de inoculação do estresse; e na terceira fase são vistas técnicas de prevenção à recaída e construção de estratégias de autoproteção.

A sessão na qual foi entregue às meninas a ficha para o mapeamento da Tríade Cognitiva faz parte das sessões iniciais da grupoterapia (primeira fase). Nessa sessão foi realizada a psicoeducação quanto ao modelo cognitivo-comportamental, trazendo a noção de pensamento como toda ideia, imagem ou lembrança "que passa pela cabeça". As meninas foram convidadas a brincar de "detetives de seus pensamentos". Foi solicitado que cada uma identificasse as percepções e pensamentos que possuem sobre si mesmas, sobre os outros e sobre o futuro (tríade cognitiva). Essa tarefa foi dividida em três partes. Ao finalizar a primeira parte (o que elas pensam sobre si mesmas), cada menina foi convidada a ler o seu relato. O mesmo procedimento foi realizado na segunda e terceira parte. Dessa forma, as terapeutas puderam identificar possíveis distorções cognitivas e discuti-las no grupo. Todas as integrantes dessa pesquisa participaram de todo o processo grupoterápico.

RESULTADOS

Os resultados estão divididos em dois tópicos: análise dos dados obtidos através da entrevista inicial semiestruturada e descrição do conteúdo das fichas para mapeamento da tríade cognitiva.

Entrevista

Na entrevista inicial semiestruturada, os dados referentes à situação abusiva vivenciados pelas participantes se tornaram mais claros, contribuindo para uma melhor compreensão da dinâmica dos abusos. Todas as 24 meninas que participaram da pesquisa relataram fatos relevantes sobre as situações de abuso sexual, demonstrando, com isso, o

---
* O modelo da ficha de mapeamento da Tríade Cognitiva pode ser requerido às autoras, através do e-mail robertahatzen@gmail.com.

estabelecimento de um vínculo de confiança com as entrevistadoras.

Segundo informações das participantes, o abuso sexual teve início quando as meninas apresentavam entre 5 e 13 anos. Nove meninas tinham entre 5 e 8 anos, 10 meninas tinham entre 9 e 11 anos e cinco tinham entre 12 e 13 anos quando foram abusadas pela primeira vez. Na entrevista também se identificou que os abusadores das meninas foram: pais (5 casos), padrastos (4 casos), vizinhos (3 casos), tios (3 casos), amigos da família (2 casos), avôs (2 casos), e irmão (1 caso). Quatro participantes relataram a presença de mais de um agressor: uma menina foi abusada por um amigo e por seu padrasto, outra por seu irmão e por um menino do abrigo, uma pelo pai e cunhado e outra pelo padrasto e cunhado. Em um total de 24 meninas, 16 delas sofreram abuso sexual intrafamiliar (66,7%), cinco meninas sofreram abuso extrafamiliar (20,8%) e três meninas apresentaram os dois tipos de abuso sexual (12,5%).

O número de episódios de violência sexual também foi avaliado: 18 meninas (75%) sofreram mais de um episódio de violência e seis meninas (25%) foram expostas a um episódio de violência sexual. Esses episódios de violência sexual cometidos contra as meninas se caracterizaram por apresentarem contato físico sem penetração em 15 casos (62,5%). Um caso (4,2%) apresentou abuso sexual sem contato físico e oito meninas (33,3%) relataram terem sido estupradas.

Após a denúncia do abuso sexual, sete meninas (29,2%) foram abrigadas, uma (4,2%) foi residir com outro familiar e 16 meninas (66,7%) permaneceram em suas residências. O afastamento de algumas meninas de suas residências serviu como uma medida de proteção, baseada na lei presente no Estatuto da Criança e do Adolescente (Brasil, 1990). A permanência das meninas em casa dependeu do afastamento dos agressores.

Tríade cognitiva

A percepção que as meninas vítimas de abuso sexual têm sobre si, os outros e o futuro (tríade cognitiva) foi analisada a partir de uma descrição detalhada do conteúdo dos registros das participantes.

Nas percepções e pensamentos das meninas relacionados à *visão de si* foram observadas descrições baseadas em características psicológicas e atributos físicos. Cinco meninas (20,8%) apontaram características psicológicas positivas para descrever a percepção que têm de si. Um exemplo disso aparece no seguinte trecho: "Eu me acho legal, eu me acho feliz!". Uma participante (4,2%) apontou características físicas e psicológicas de forma positiva no momento de sua descrição. Ela escreveu que "eu me sinto uma menina legal com as minhas melhores amigas, elas me dizem que eu sou mais bonita do que elas, eu sou feliz com elas porque eu não só tenho amigas como tenho amigos também. Eu me sinto uma princesa com elas, como se eu fosse estar no paraíso das maravilhas".

Três meninas (12,5%) registraram características psicológicas negativas. Por exemplo: "Penso que sou uma chata, retardada, ignorante, uma besta". E uma das meninas (4,2%) considerou suas características físicas e psicológicas de maneira negativa. "eu me acho gorda, chata, feia e me olho no espelho e pareço um pássaro gordo com a barriga branca e preta".

Onze meninas (45,8%) se caracterizaram tanto de forma positiva quanto negativa no que se referia a fatores psicológicos. Exemplos: (1) "Eu me vejo como uma pessoa feliz e com saúde, às vezes estressada, conversadeira. Eu me vejo mais ou menos legal. Eu me acho inteligente pelo que sou. Eu me acho dorminhoca e às vezes preguiçosa". (2) "eu me acho burra, um pouco chata e também, às vezes, sou bastante mal-humorada. Porém, às vezes, sou uma boa moça". E três meninas (12,5%) avaliaram suas características físicas e psicológicas de forma ambivalente, tanto positiva, quanto negativamente. Exemplos: (1) "Eu sou muito braba e também sou briguenta. Eu sou ciumenta. Penso que sou bonita. Acho que sou culpada por estar morando em um abrigo. Eu sou emburrada e também respondona. Sou amiga, carinhosa, legal, brincalhona. Eu sou muito importante". (2) "Eu me acho extrovertida, feia, esperta e muito legal. Eu me acho bonita quando ganho roupa nova". (3) "Eu sou um pouco nojenta. Às vezes ranzinza, quando alguém grita mais alto eu não consigo me controlar. Gosto de me sentir bonita e também com roupa de marca. Odeio gente que começa a brincar de dar tapinha e adoro minha vida, de tudo que eu quero a hora que eu quero e às vezes eu fico com os guris escondido do meu pai. Adoro me maquiar e odeio ter amigos que não têm roupa bonita".

O tópico da tríade cognitiva que descreve a *visão dos outros* foi descrita conforme as meninas que participaram da pesquisa percebiam as pessoas que as cercam e as demais pessoas que fazem parte da sociedade. Segundo elas, existem pessoas em quem se pode confiar, porém também existem pessoas nas quais não se pode confiar. As meninas ainda levaram em consideração o caráter das pessoas, como por exemplo, pessoas que são queridas/ pessoas que fazem o mal.

Duas meninas (8,3%) definiram os outros a partir da confiabilidade. A primeira delas percebe os outros tanto confiáveis quanto não merecedores de sua confiança: "confio na família, nos amigos e mais ou menos não confio nas pessoas estranhas". A outra menina percebe os outros como pessoas confiáveis: "Eu acredito nas pessoas, eu acredito nas coordenadoras do meu grupo".

Dezessete meninas (70,1%) avaliaram os outros com base em seu caráter. Desse total, duas avaliaram os outros como pessoas de caráter ruim, duas avaliaram as pessoas como possuidoras de um bom caráter e 13 avaliaram os outros de uma maneira mista. Pode-se verificar, por meio dos relatos descritos a seguir, que (1) uma menina avaliou as pessoas basicamente como possuidoras de um caráter ruim, a (2) seguinte avaliou o caráter das pessoas de forma positiva e a (3) última descreveu as pessoas como tendo caráter positivo e negativo. (1) "As pessoas são idiotas, inimigas e burras." (2) "As pessoas são legais comigo e com a minha família. Não posso falar mal das pessoas porque elas são legais comigo." (3) "Existem muitos tipos de pessoas: pessoas falsas, ignorantes, sem caráter, mal educadas. Mas também, existem aquelas que são educadas, verdadeiras, amigas, simpáticas e batalhadoras".

Cinco meninas (20,8%) definiram as pessoas a partir da confiança e caráter. Os três relatos seguintes exemplificam isso: (1) "Eu acho 90% das pessoas chatas e que não têm nada para fazer. 10% das pessoas são tri legais e 80% dos homens são cachorros e não se pode confiar". (2) "Às vezes eu vejo as pessoas nas ruas, dormindo nas praças, eu sei que essas pessoas estão passando dificuldades para comer e eu confio nas pessoas, eu não gosto que uma pessoa fale mal de mim e eu confio nas minhas amigas e mais ou menos confio nas pessoas estranhas e eu sei que a professora é muito chata e nojenta e eu confio em mim mesma." (3) "Eu vejo que as pessoas às vezes podem ser legais, mas não são. Em algumas pessoas podemos confiar e em outras não, como aquelas pessoas que não conhecemos, ou até mesmo que a gente conhece. Algumas pessoas são legais, carinhosas, alegres e gentil comigo, como as minhas amigas."

O último tópico que compõe a tríade cognitiva é a *visão do futuro*. Nesse item, ficaram evidentes as preocupações que as meninas apresentam em relação à família, aos estudos, ao emprego e a um futuro relacionamento amoroso. Analisando o conteúdo dos relatos das participantes, pode-se perceber que elas apresentam um forte desejo de constituírem uma família, procuram terminar os seus estudos e algumas delas pensam em cursar ensino superior. Elas também mencionaram a possibilidade de conseguir um bom emprego e um casamento feliz, com alguém especial.

A visão que as meninas apresentaram sobre a família e sobre os estudos demonstraram apenas aspectos positivos. O emprego foi visto por 15 participantes (62,5%) como algo que será positivo e uma (4,2%) como podendo ter aspectos positivos e negativos. Sete meninas (29,2%) acreditam que seus relacionamentos amorosos serão positivos, porém uma delas (4,2%) tem dúvida quanto a isso, pois percebe tanto aspectos positivos, quanto negativos. Nenhuma das meninas avaliou seu futuro apenas de forma negativa. A seguir está descrito alguns exemplos de uma visão positiva de futuro: (1) "Eu vou casar e ter filhos, ter minha casa própria. Quero ser médica e estudar em uma universidade". (2) "Eu vejo meu futuro cheio de surpresas, surpresas boas, acredito eu, mas a gente não vive só de coisas boas, às vezes sempre vem algo ruim. Eu desejo ter um marido legal, ter filhos, ter um emprego que eu goste e ser feliz." (3) "No futuro eu espero ser feliz, ter um bom emprego, já ter começado minha carreira como cantora, quero ver minha família feliz, não quero casar, mas quero ter minha própria casa e quero que seja "xarope", e quando eu completar 18 anos já quero comprar meu carro. Ah, e quero ter um namorado com olhos verdes ou azuis." (4) "Eu me vejo no futuro eu grande, com um emprego fixo e, se der, ajudando quem precisa. No meu futuro eu me vejo formada, com os estudos terminados e já tendo a minha casa com a família que eu construir."

DISCUSSÃO

Os dados obtidos pela entrevista inicial semiestruturada revelaram que o presente estudo teve resultados semelhantes aos encontrados na literatura consultada em relação à dinâmica do abuso sexual. O início do abuso em idade precoce, relatado na maioria dos casos e o envolvimento das meninas em mais de um episódio de abuso sexual, que envolveu contatos físicos sem estupro são dados comumente apontados pela literatura (Furniss, 1993; Habigzang e Caminha; 2004). Outro fator que está em consonância com dados presentes na literatura é o grau de proximidade existente entre os abusadores e as vítimas (Amazarray e Koller, 1998). O abuso sexual intrafamiliar apareceu como a principal forma de interação vítima – abusador entre as participantes. Estes são dados importantes, pois todos estão associados a uma maior incidência de consequências negativas às vítimas do abuso sexual (Amazarray e Koller, 1998).

A descrição detalhada realizada nos registros que as meninas forneceram ao instrumento para o mapeamento da tríade cognitiva demonstrou que a maioria delas possui uma visão ambivalente de si mesmas, ou seja, elas percebem em si tanto aspectos positivos, quanto negativos. Algumas distorções cognitivas ficaram evidentes na visão que as meninas apresentaram sobre si, como por exemplo, se ver como não tendo nenhum valor, sem qualidades ou qualquer outro atributo positivo, valorização excessiva dos erros cometidos e de suas deficiências para além da proporção e culpabilização pelo abuso. Essas evidências estão de acordo com a literatura que aponta uma maneira particular de vítimas de violência sexual se perceberem (Sanderson, 2005). Além disso, esses dados revelaram também indícios da presença de uma baixa autoestima, comumente presente entre meninas vítimas de violência sexual (Duarte e Arboleda, 2004). Porém, apesar desses achados, algumas meninas demonstraram uma visão positiva a seu respeito. Isso pode ser explicado pela presença de fatores de proteção intrínsecos e extrínsecos na vida dessas meninas (Moraes e Koller, 2004).

Em relação à visão que elas possuem sobre os outros, o resultado foi mais diversificado, mas o que predominou foi a avaliação dos outros baseada no caráter, sendo ele bom ou ruim. Conforme a literatura, as crianças sexualmente abusadas, em geral, perdem a autoconfiança e se tornam desconfiadas em relação aos outros, o que contribui para sua dificuldade de relacionamento com os pares (Kaplan, Sadock e Grebb, 1997; Duarte e Arboleda, 2004). Esse dado se evidenciou no relato das meninas, à medida que elas demonstraram não confiar em pessoas estranhas e também de julgar os outros em uma lógica "tudo ou nada" a partir de seu caráter, ou seja, as pessoas ou são totalmente boas ou totalmente más. Também se evidenciou a visão dos outros em termos de confiança. O fato de terem sido vítimas de abuso sexual por pessoas com as quais possuíam laços de confiança dificulta a construção de novos vínculos de confiança, que são percebidos como risco à integridade física e emocional.

Já a visão que as meninas apresentaram em relação ao futuro foi expressa de forma positiva. As meninas, apesar de terem vivenciado um evento negativo, demonstraram desejo e objetivos de superação de tal evento, envolvendo planos de uma família sem violência, da conquista de bens materiais por meio do estudo e trabalho e o desejo de uma relação amorosa positiva.

Os dados analisados nesta pesquisa de mapeamento da tríade cognitiva foram obtidos na primeira fase da grupoterapia cognitivo-comportamental. Ao longo do processo grupoterápico, as crenças disfuncionais identificadas foram abordadas e trabalhadas por meio de técnicas de reestruturação cognitiva, treino de inoculação do estresse, prevenção a recaída e construção de estratégias de autoproteção que tiveram como objetivos a formulação de pensamentos alternativos e mais funcionais acerca de si e dos outros. O conhecimento sobre as percepções que as meninas têm de si, dos outros e do futuro (tríade cognitiva) é fundamental para o planejamento de intervenções cognitivo-comportamentais eficazes focadas na reestruturação de crenças disfuncionais, visto que as mesmas apresentam um papel de importante destaque no desenvolvimento de psicopatologias.

CONSIDERAÇÕES FINAIS

A violência sexual contra crianças e adolescentes constitui-se como um fenômeno complexo, que apresenta altos índices de incidência e que pode ocasionar sérias alterações cognitivas, comportamentais e emocionais na vítima. As principais sequelas apresentadas por essas crianças e adolescentes incluem baixa autoestima (Ferreira e Schramm, 2000), níveis significativamente aumentados de depressão, combinados com sentimentos de vergonha e culpa, ansiedade social, transtorno de estresse pós-traumático (TEPT) e transtorno dissociativo (Hetzel-Riggin, Brausch e Montgomery, 2007; Kaplan, Sadock e Grebb, 1997). O abuso sexual também afeta o comportamento das vítimas, incluindo dificuldades de relacionamento com colegas (Amazarray e Koller, 1998; Hetzel-Riggin, Brausch e Montgomery, 2007; Ferreira e Schramm, 2000). Além disso, elas também podem apresentar a perda da autoconfiança e se tornarem desconfiadas em relação aos outros (Kaplan, Sadock e Grebb, 1997). Esses efeitos negativos estão em grande parte associados com distorções cognitivas que as vítimas constroem a partir da experiência do abuso sobre si, os outros e o futuro (tríade cognitiva).

Os resultados obtidos nesse estudo corroboram, em grande parte, com a literatura consultada. A maior parte das meninas que participaram da pesquisa apresentou crenças distorcidas sobre si mesmas, além de demonstrarem uma baixa autoestima e também sentimentos de desconfiança em relação aos outros. Porém, algumas delas apresentaram uma visão positiva em relação à tríade cognitiva. Os resultados alcançados com essa pesquisa demonstram a importância de se trabalhar com reestruturação cognitiva na prática clínica. Além disso, o uso adequado de técnicas e o planejamento de intervenções psicológicas podem se tornar ferramentas eficazes na redução de sintomas psicopatológicos e na melhora da qualidade de vida das vítimas de violência sexual (Duarte e Arboleda, 2004).

Algumas limitações metodológicas foram encontradas durante o desenvolvimento e análise dos dados. O instrumento que avaliou a tríade cognitiva obteve as respostas por escrito e isso poderia ter limitado a exploração de aspectos mais detalhados sobre as percepções das meninas, se comparado a uma coleta oral de informações. Outro tópico importante é o pequeno número de meninas que participaram da pesquisa. Esta análise deve ser vista como um esforço preliminar de um estudo que deve contar com um número maior de participantes, pois os resultados alcançados nesta pesquisa não devem ser generalizados.

REFERÊNCIAS

Abreu, C. N. (2004). Introdução as terapias cognitivas. In C. N. Abreu, & H. J. Guilhardi (Eds.), *Terapia comportamental e cognitivo-comportamental: Práticas clínicas* (pp. 277-285). São Paulo: Roca.

Amazarray, M. R., & Koller, S. H. (1998). Alguns aspectos observados no desenvolvimento de crianças vítimas de abuso sexual. *Psicologia Reflexão e Crítica, 11*(3), 546-555.

Beck, A., & Alford, B. A. (2000). *O poder integrador da terapia cognitiva*. Porto Alegre: Artmed. (Original publicado em 1997).

Beck, A. T., Rush, A. J., Shaw, B. F., & Emery, G. (1997). *Terapia cognitiva da depressão*. Porto Alegre: Artmed.

Beck, J. (1997). *Terapia cognitiva: Teoria e prática*. Porto Alegre: Artmed. (Original publicado em 1995).

Brasil. (1990). *Lei nº 8069, de 13 de julho de 1990: Estatuto da Criança e do Adolescente*. Acessado em 23 jul, 2011, em http://www.planalto.gov.br/ccivil_03/Leis/ L8069.htm.

Brito, R. C., & Koller, S. H. (1999). Redes de apoio social e afetivo e desenvolvimento. In A. Carvalho (Ed.), *O mundo social da criança: Natureza e cultura em ação* (pp. 115-130). São Paulo: Casa do Psicólogo.

Cohen, J. A., & Mannarino, A. P. (2002). Addressing attributions in treating abused children. *Child Maltreatment, 7*(1), 81-84.

Day, V. P., Telles, L. E. B., Zoratto, P. H., Azambuja, M. R. F., Machado, D. A., Silveira, M. B., et al. (2003). Violência doméstica e suas diferentes manifestações. *Revista de Psiquiatria, 25*, 9-21.

Duarte, J. C., & Arboleda, M. R. C. (2004). Sintomatologia, avaliação e tratamento do abuso sexual infantil. In V. Caballo (Ed.), *Manual de psicologia clínica infantil e do adolescente: Transtornos gerais* (pp. 293-321). São Paulo: Santos.

Ferreira, A., & Schramm, E. F. (2000). Implicações éticas da violência doméstica contra a criança para profissionais de saúde. *Revista de Saúde Pública, 34*(6), 659-665.

Furniss, T. (1993). *Abuso sexual da criança: Uma abordagem multidisciplinar*. Porto Alegre: Artmed.

Habigzang, L. F. (2006). *Avaliação e intervenção psicológica para meninas vítimas de abuso sexual intrafamiliar*. Dissertação de mestrado não publicada, Universidade Federal do Rio Grande do Sul, Porto Alegre, Brasil.

Habigzang, L. F., & Caminha, R. M. (2004). *Abuso sexual contra crianças e adolescentes: Conceituação e intervenção clínica*. São Paulo: Casa do Psicólogo.

Habigzang, L. F., Azevedo, G. A., Koller, S., & Machado, P. X. (2006). Fatores de risco e de proteção na rede de atendimento a crianças e adolescentes vítimas de violência sexual. *Psicologia Reflexão e Crítica, 19*(3), 379-386.

Habigzang, L. F., Hatzenberger, R., Dala Corte, F., Stroeher, F., & Koller, S. K. (2006). Grupoterapia cognitivo-comportamental para meninas vítimas de abuso sexual: Descrição de um modelo de intervenção. *Psicologia Clínica, 18*(2), 163-182.

Hetzel-Riggin, M. D., Brausch, A. M., & Montgomery, B. S. (2007). A meta-analytic investigation of therapy modality outcomes for sexually abused children and adolescents: An exploratory study. *Child Abuse & Neglect, 31*, 125-141.

Kaplan, H. I., Sadock, B. J., & Grebb, J. A. (1997). *Compêndio de psiquiatria: Ciências do comportamento e psiquiatria clínica* (7. ed.). Porto Alegre: Artmed. (Original publicado em 1994).

Kristensen, C. H. (1996). *Abuso sexual em meninos*. Dissertação de mestrado não publicada, Universidade Federal do Rio Grande do Sul, Porto Alegre, Brasil.

Moraes, N. A., & Koller, S. H. (2004). Abordagem ecológica do desenvolvimento humano, psicologia positiva e resiliência: Ênfase na saúde. In S. Koller (Ed.), *Ecologia do desenvolvimento humano: Pesquisa e intervenção no Brasil* (pp. 91-107). São Paulo: Casa do Psicólogo.

Pfeiffer, L., & Salvagni, E. P. (2005). Visão atual do abuso sexual na infância e adolescência. *Jornal de Pediatria, 81*(5), 197-204.

Polanczyk, G. V., Zavaschi, M. L., Benetti, S., Zenker, R., & Gammerman, P. W. (2003). Violência sexual e sua prevalência em adolescentes de Porto Alegre, Brasil. *Revista de Saúde Pública, 37*(1), 8-14.

Sanderson, C. (2005). *Abuso sexual em crianças: Fortalecendo pais e professores para proteger crianças de abusos sexuais*. São Paulo: M. Books do Brasil.

The Metropolitan Toronto Special Committee on Child Abuse. (1995). *Child sexual abuse protocol* (3rd. ed.). Toronto: The Metropolitan Toronto Special Committee on Child Abuse.

World Health Organization. (1999). *Child maltreatment*. Acessado em 18 nov, 2007, em http://www.who.int/topics/child_abuse/en/.

6

Violência na adolescência e formação da autoestima

Simone Gonçalves de Assis, Joviana Quintes Avanci, Cosme Marcelo Furtado Passos da Silva e Raquel de V. C. de Oliveira

Neste capítulo discutiremos um tema que há anos perpassa os estudos realizados no Centro Latino Americano de Estudos de Violência e Saúde Jorge Careli: a relação da violência na formação da autoestima de adolescentes. Inicialmente se buscou compreender como o sentimento do adolescente em relação a si mesmo estava relacionado ou poderia ser afetado por experiências violentas vividas em casa e fora dela. Dentre muitas das conclusões, se destaca o forte valor da autoestima na co-ocorrência de uma série de problemas em psiquiatria, no desempenho escolar e no funcionamento social de crianças e adolescentes, sendo, em especial na adolescência, a maior preditora de problemas atuais e futuros (Biro et al., 2006).

Estudos recentes têm investido muito nessa direção – o papel da autoestima como fator desencadeador e fortemente associado a uma série de problemas sociais e de saúde, como abuso de drogas, gravidez na adolescência, delinquência, suicídio, depressão e prostituição (Ethier et al., 2006; Shrier et al., 2001). Destaca-se também o valor da autoestima como fator protetor, tendo uma comunicação direta com intervenção em promoção da saúde e prevenção de agravos na infância e adolescência (Assis, Pesce, Avanci, 2006). Por essas razões, pelo valor científico e, principalmente, pela rica discussão que o tema da autoestima traz ao campo da saúde pública, o objetivo deste capítulo é identificar os fatores que se relacionam aos diferentes níveis da autoestima de adolescentes, com especial atenção às experiências de violência. Mais especificamente, busca-se: (1) compreender a relação da autoestima com as características sociodemográficas e aspectos individuais dos adolescentes e de suas famílias, seus relacionamentos e comportamentos de risco (uso de drogas e envolvimento com atitudes transgressoras das normas sociais); e (2) identificar os fatores que mais explicam a aquisição da baixa autoestima em adolescentes.

CONCEITUANDO A AUTOESTIMA: BREVE CENÁRIO CIENTÍFICO

Depois de mais de um século de estudos sobre a autoestima, muitas perspectivas teóricas têm descrito a sua origem e o seu desenvolvimento. Nesse período, o debate se inicia pelo uso de distintas terminologias sobre o mesmo constructo e avança, com ainda mais discussão, em sua conceituação. Alguns teóricos que se destacam no estudo da formação da autoestima são Coopersmith (1967), Rosenberg (1989), Mruk (1995) e, mais recentemente, Harter (2003).

Além da própria dificuldade de explicar o que é autoestima, já que se trata de um tema essencialmente subjetivo e *impuro* (Mruk, 1995), o uso popularizado do tema tem colaborado para o seu debate sob um viés menos científico, o que poderia tornar seu estudo menos rigoroso. Assim, muitas são as ideias acerca do que seja a autoestima. Todavia, os estudiosos concordam que a sua dimensão central é o conceito de si mesmo, com a existência de dois componentes básicos: o valor por si e a competência nas atividades (Mruk, 1995).

Coopersmith (1967, p. 4-5) define a autoestima como "avaliação que o indivíduo faz e comumente mantém em relação a si mesmo: expressa uma atitude de aprovação ou desaprovação, e indica a extensão que o indivíduo acredita ser capaz, significante, com sucesso e valioso".

Existem diferentes vertentes em relação ao caráter dimensional da autoestima. Alguns autores consideram-na de uma forma mais global, definindo-a exclusivamente pelos sentimentos e emoções relacionados à avaliação de si mesmo (Campbell e Lavallee, 1993). Outros propõem que a autoestima consiste tanto da dimensão cognitiva quanto da emocional (Coopersmith, 1967). E, outros, ainda, supõem uma tríade na estrutura da autoestima: a percepção de si relacionada à competência e habilidade, o valor dado a visão de si e a atribuição do autovalor a partir das normas sociais estabelecidas (Smelser, 1989). Um estudo de revisão revelou que a autoestima global é mais prevalente do que se estudada em suas facetas (Baldwin e Hoffmann, 2002).

Outro atributo que complexifica o entendimento da autoestima é a discussão em torno do seu caráter de traço (que reflete estabilidade no decorrer da vida) ou de estado (que é mais volátil às situações e eventos da vida), o que está diretamente relacionado ao poder de intervenção da saúde e dos programas sociais para o seu incremento. Não existe consenso na literatura a esse respeito. O que é consensual é que, durante a adolescência, a autoestima tende a ser mais susceptível à mudança, podendo ser também mais baixa; mas, a tendência é que fique mais estável a partir de então (Goodson et al., 2006). Em uma revisão de 18.000 artigos, concluiu-se que a autoestima pode mudar em um nível individual, o que não se reflete em uma análise populacional (Baldwin e Hoffmann, 2002).

A autoestima se dá por um processo dinâmico[1] e contínuo, sendo estabelecida e estruturada desde a infância. Essa ideia é importante porque abre brechas para a intervenção (Assis e Avanci, 2003).

VIOLÊNCIA E OUTROS FATORES RELACIONADOS À FORMAÇÃO DA AUTOESTIMA

Independente do debate acerca das questões conceituais da autoestima é inquestionável que o componente social, adquirido e experimentado no contexto relacional e da cultura, é fundamental para o seu desenvolvimento (Rosenberg, 1989). As interações na família, na escola, com os amigos e na comunidade influem e são determinantes na formação da autoestima. Nesse amplo cenário social, as normas sociais também têm um papel de peso, já que são a partir delas que a pessoa avalia seu comportamento e suas experiências de sucesso e de fracasso. Desse modo, o processo de aquisição da autoestima tem grande contribuição das relações de poder com os grupos da sociedade (Callero, 2003).

De forma geral, os fatores determinantes para o desenvolvimento da autoestima, são: a percepção do valor que os outros atribuem à pessoa, expresso em afeto, elogios e atenção; a experiência com sucessos ou fracassos; a definição individual de sucesso e fracasso; e a forma de reagir às críticas (Coopersmith, 1967). Nesse sentido, as experiências familiares e sociais são o molde para as opiniões que a criança e o adolescente formam sobre si, o que embasa os valores atribuídos a si mesmo (Huebner, 1997). Quando essas experiências vêm acompanhadas de críticas excessivas, humilhações e depreciações, provavelmente a opinião e o valor que atribuirá a si serão coerentes com essas vivências negativas.

É nesse cenário que a violência pode impactar a formação da autoestima, seja ela do tipo física, psicológica ou sexual. A dominação de crianças e adolescentes, a ridicularização, a humilhação, a rejeição, a punição severa ou o abuso sexual tendem a resultar em baixa autoestima. Sob tais condições, há menor contato com o afeto e o sucesso, podendo ocasionar submissão e passividade (podendo mudar para o oposto de agressividade e dominação). A percepção de que suas famílias são conflituosas também tende a afetar a visão de si negativa (Reynolds et al., 2001).

Estudos demonstram a relação entre alguns fatores familiares, individuais e sociais à formação da autoestima. Na família, filhos mais velhos tendem a desenvolver autoestima mais elevada, especialmente os meninos, assim como naquelas em que há relacionamento entre pais e filhos baseado no respeito e diálogo e com pais com nível de escolaridade mais elevado. Pais que exercem profissões/ocupações mais autoritárias ou violentas, como, por exemplo, aqueles nas Forças Armadas ou policiais também tenderiam a ter atitudes mais rígidas e violentas com seus filhos, refletindo-se na autoestima (Rosenberg, 1989; Mruk, 1995).

Dentre os fatores individuais, há debates não consensuais sobre a relação da autoestima com o *status* socioeconômico e com as características étnico-raciais. Embora a discriminação étnico-racial, econômica e também a religiosa tenda a impactar negativamente a autoestima, a forte identificação com o grupo de referência exerce proteção. Ou seja, os critérios de sucesso, as aspirações valorizadas no seu grupo próximo e de filiação parecem influir mais na formação da autoestima do que os que existem em grupos que não convive. No entanto, quando grupos discriminados interagem frequentemente com os mais valorizados pela sociedade, a autoestima, no primeiro grupo, tende a ser mais baixa, devido ao menor suporte e apoio social desse grupo (Mruk, 1995). Em relação ao gênero, é consensual a sua relação na formação da autoestima, mas, a ideia principal é que, nas meninas, o sentimento por si está mais relacionado à percepção de valor, aceitação ou rejeição de si; enquanto nos meninos, a autoestima está mais associada ao sentimento de competência. Isso corrobora com os padrões sexistas da sociedade (Mruk, 1995).

Já em relação aos atributos mais pessoais, existe a relação negativa da autoestima com o afeto. Pessoas com autoestima elevada tendem a ter mais autoconfiança, a ter uma visão positiva mais constante sobre sua competência e seu valor, a ser mais independentes e autônomas, a valorizar mais os elogios que lhes são atribuídos do que as críticas, a assumir papel ativo em grupos sociais, a expressar o que pensam com mais clareza e a ter um bom desempenho acadêmico. A maior efetividade para lidar com várias tarefas e desafios da vida, a facilidade para se adaptar às situações e para percebê-las mais realistamente, minimizando os fatores de estresse, explica a forte relação da autoestima com a resiliência, entendida, em linhas gerais, pela capacidade de superar as adversidades da vida (Tavares, 2001; Marriel et al., 2006). Em suma, crianças e adolescentes com negativa visão de si mesmos podem, provavelmente, ser considerados em desvantagem em relação aos seus colegas com autoestima mais elevada.

OPÇÕES METODOLÓGICAS

No ano de 2002, foi realizado um inquérito epidemiológico com estudantes dos dois últimos anos do Ensino Fundamental e dois primeiros do Ensino Médio de escolas públicas e particulares de um município do Rio de Janeiro/Brasil, São Gonçalo. A amostra foi constituída por 1686 alunos (938 meninas e 747 meninos), em 38 escolas, distribuídos nas faixas etárias, tal que 50,3% têm de 11 a 14 anos e 40,7% de 15 a 19 anos (Assis e Avanci, 2003). A pesquisa foi aprovada pelo Comitê de Ética em Pesquisa da Escola Nacional de Saúde Pública/Fundação Oswaldo Cruz, protocolo n° 05/02.

O município de São Gonçalo é o décimo sexto maior do país em termos populacionais, com uma população estimada para 2009 de 991.377 habitantes, vivendo em área urbanizada (DATASUS, 2009). No entanto, o município encontra-se na 1.012ª colocação nacional no que se refere ao índice de Desenvolvimento Humano (referente ao ano de 2000, Fundação CIDE, 2009) e na 23ª posição no ranking estadual para o mesmo ano (Fundação CIDE, 2009).

A autoestima dos adolescentes foi mensurada por meio da escala de Rosenberg (1989), composta por 10 itens designados a avaliar globalmente a atitude positiva ou negativa de si mesmo (Avanci et al., 2007). As questões englobam as seguintes situações: se os jovens se sentem satisfeitos consigo mesmos; se possuem várias boas qualidades; se às vezes sentem que não prestam para nada; se não têm muito do que se orgulhar de si próprios; se sentem que são um fracasso e inúteis; se desejariam ser uma pessoa de valor, ter mais respeito por si e ter uma atitude positiva em relação a si próprio; se são capazes de fazer coisas tão bem quanto os outros. As opções de respostas possíveis foram ordenadas (concordo totalmente, concordo, discordo, discordo totalmente) e somadas e posteriormente separadas em tercis, consolidando três gradientes de intensidade: autoestima elevada (32,3% do total de adolescentes), moderada (27%) e baixa (40,7%). A escala foi adaptada transculturalmente para o português (Avanci et al., 2007), com alfa de Cronbach de 0,68 e outros resultados psicométricos satisfatórios (Ho et al, 1995; Assis e Avanci, 2003).

As violências vivenciadas pelos jovens foram avaliadas por meio de diferentes formas de mensuração: a) **violência entre irmãos e entre os pais,** mensurados por brigas a ponto de se machucarem, xingarem ou humilharem uns aos outros (alfa 0,83); b) **violência física menor e severa praticada por pai e mãe contra os filhos** pelo menos uma vez na vida aferida pela escala Conflict Tatics Scales (Straus, 1979). A violência física menor inclui atos como jogar objetos, empurrar, dar tapas ou bofetadas na criança; e a severa se refere a chutar, morder ou dar murros, espancar, ameaçar ou efetivamente usar arma ou faca (alfa de Cronbach de 0,90); c) escala de **violência psicológica** (Pitzner e Drummond, 1997) que afere experiências vividas pelo jovem, em que uma pessoa significativa diminuiu suas qualidades, capacidades, desejos e emoções, ou cobrou-o excessivamente. A presença/ausência de violência psicológica teve como ponto de corte a mediana observada em relação aos 18 itens que compõem a escala (alfa de Cronbach de 0,93); d) itens da escala Child Abuse and Trauma (Sanders e Becker-Lausen, 1995), que diagnosticam a **violência sexual** vivenciada no âmbito familiar: testemunho de maus-tratos sexuais sofridos por algum membro da família; medo de sofrer maus-tratos sexuais de um dos pais quando este esteve sob o efeito de álcool ou drogas; envolvimento em atividade sexual com os pais (alfa de Cronbach de 0,86); e) **violência vivida na escola e na localidade** (Kahn et al., 1999), como humilhação, ameaça, agressão, objetos pessoais danificados, convivência com pessoas que carregam armas brancas ou de fogo, furtos ou roubos (alfa 0,7); f) **jovem transgressor** (Kahn et al.,

1999), em que o próprio jovem reporta: se falsificou assinatura em documentos, se danificou objetos, se agrediu fortemente alguém, se humilhou pessoas, se se envolveu em brigas, se já portou arma de fogo e branca, se furtou e roubou algum objeto (alfa de Cronbach igual a 0,7).

Algumas informações **sociodemográficas** dos adolescentes relevantes ao estudo foram: sexo; faixa etária (10-14 e 15-19 anos); estrato socioeconômico (Associação Brasileira de Estudos Populacionais); religião; e escolaridade do pai e da mãe.

Dentre os atributos **individuais** dos adolescentes estudados foi obtido: aceitação corporal (*gostar do próprio corpo do jeito que é*); resiliência (*se considerar uma pessoa capaz de superar as dificuldades para realizar os sonhos*); autoconfiança e determinação (*achar que vai conseguir terminar os estudos e defender ideias e opiniões*); competência acadêmica (*notas finais em matemática e atraso escolar superior a um ano*); e uso de substâncias (*tomar bebida alcoólica até se embriagar ou sentir-se bêbado ou fumar no último ano*).

Em relação aos ambientes de convivência do adolescente, foram avaliadas a **estrutura familiar** (*pais juntos, separados, pais adotivos, sem ambos os pais*) e o **relacionamento na família** (*com pai, mãe e irmãos; diálogo e respeito na família; convivência familiar, compreensão e aceitação; expectativas excessivas, negligência; desejo de abandonar a família*) e **na escola** (*colegas e professores*).

Apoio social também foi avaliado por meio da existência de apoio emocional (*existência de pessoas que escutam o jovem quando precisa conversar; em quem possa confiar para falar de si e dos problemas, preocupações e medos mais íntimos e que compreenda seus problemas; alguém com quem possa relaxar*) (Chor et al., 2001).

A análise dos dados foi inicialmente realizada pelo cruzamento de todas as questões apresentadas com a variável autoestima (teste qui-quadrado de Pearson, $p<0,05$). Apenas cinco variáveis testadas não alcançaram essa significância estatística, mas foram mantidas no modelo pela sua importância: sexo ($p=0,429$), escolaridade do pai ($p=0,077$), estrato social ($p=0,830$), violência na localidade ($p=0,143$) e embriaguez ($p=0,064$).

Visando entender quais variáveis afetam significativamente a autoestima e a importância da violência, nesse contexto foi utilizado o Modelo Logístico Ordinal[2], primeiro com modelos individuais (avaliando a relação entre cada variável e a autoestima), obtendo-se 16 modelos[3] significativos, dentre os 30 investigados (Wald, $p<0,05$). Após esses modelos individuais, ajustamos um modelo saturado com todas as 30 variáveis explicativas (Wald, $p<0,05$).

A etapa seguinte consistiu em um modelo alternativo composto pelas variáveis com coeficientes significativos no modelo saturado e/ou nos modelos individuais, ou seja, correspondendo a um modelo inicial de 16 variáveis, já que todos aqueles significantes no modelo saturado já o são nos modelos individuais.

A partir da configuração final com três variáveis com p-valor Wald $<0,05$, partiu-se aos modelos com interações, não se encontrando nenhuma interação significativa Os resultados do modelo final são apresentados por Odds Ratio fornecidas na regressão logística que, para o caso ordinal, pode ser interpre tada como a razão das chances de estar na categoria elevada/média autoestima contra estar na baixa autoestima, expressando se aquela "característica" age como um fator protetor à promoção de autoestima (Gould, 2000).

CARACTERÍSTICAS DOS ADOLESCENTES SEGUNDO O NÍVEL DE AUTOESTIMA

Na Tabela 6.1, observa-se a relação entre autoestima e características sociodemográficas dos adolescentes pesquisados. Não há distinção em relação ao sexo, o estrato social e a religião. Porém, quanto a faixa etária, se nota que há mais adolescentes com baixa autoestima na faixa dos 10 aos 14 anos, em contraposição aos de elevada média e autoestima que predominam entre aqueles com 15 aos 19 anos. Isso parece justificável, uma vez que a fase inicial da adolescência pode denotar mais adaptação e instabilidade do que a fase mais avançada. Em um estudo realizado nos Estados Unidos, Harter (1999) também verificou um acentuado declínio da autoestima no início da adolescência, seguido por um aumento consistente a partir de então, o que também é explicado pela transição do ensino fundamental ao médio, com maiores exigências acadêmicas e sociais.

Em relação à escolaridade materna, foi observado que há mais mães analfabetas ou com primeiro grau incompleto entre os adolescentes com baixa autoestima (36,1%), bem como mais mães com curso superior entre adolescentes com elevada autoestima (23,9%). Sobre isso, já é consenso que mães com maior escolaridade tendem a ter uma postura mais compreensiva com os filhos, com maior habilidade para estimulá-los e maior conhecimento sobre as fases do desenvolvimento, o que pode facilitar muito o relacionamento e incrementar a autoestima (Assis e Avanci, 2003). A escolaridade do pai, por sua vez, não mostrou associação com a autoestima dos filhos.

Tabela 6.1 Associações entre autoestima e características sociodemográficas dos adolescentes (Teste qui-quadrado de Pearson).

Características sociodemográficas		Autoestima (%)			p-valor
		Baixa	Média	Elevada	
Sexo (N=1583)	Feminino	57,8	55,4	54,0	0,429
	Masculino	42,2	44,6	46,0	
Faixa Etária (N=1557)	10 a 14 anos	54,3	46,9	47,5	0,024
	15 a 19 anos	45,7	53,1	52,5	
Estrato social agregado (N=1146)	A e B	54,2	54,5	56,2	0,830
	C, D e E	45,8	45,5	43,8	
Religião (N=1238)	Cristãos sem especificação	7,1	8,2	9,9	0,100
	Protestante/Pentecostal	32,5	33,8	39,0	
	Espírita	1,4	3,4	2,7	
	Católicos	56,6	51,8	46,3	
	Outros	2,4	2,7	2,2	
Escolaridade do pai (N=1172)	Analfabeto ou 1º Grau Incompleto	30,1	25,6	24,9	0,504
	1º Grau Completo	9,1	10,7	9,2	
	2º Grau Incompleto ou Completo	36,4	40,8	38,7	
	Superior Incompleto ou Completo	24,5	23,0	27,2	
Escolaridade da mãe (N=1343)	Analfabeto ou 1º Grau Incompleto	36,1	32,5	27,0	0,008
	1º Grau Completo	11,3	12,8	10,0	
	2º Grau Incompleto ou Completo	36,3	38,2	39,2	
	Superior Incompleto ou Completo	16,3	16,5	23,9	

A Tabela 6.2 apresenta algumas características individuais dos adolescentes segundo o seu nível de autoestima. Quanto à satisfação pessoal do adolescente, identificou-se que aqueles com baixa autoestima predominam entre os que gostam pouco do seu corpo (47%). O inverso também ocorre, ou seja, os adolescentes com elevada autoestima se destacam entre os que gostam muito do seu corpo (52,1%). Nessa fase da vida, os atributos relacionados à autoestima têm a beleza física como aspecto principal, em especial nas meninas. Todas as outras características vêm depois (Cole e Cole, 2004).

Menos adolescentes com baixa autoestima (89,3%) e mais com elevada autoestima (96,6%) respondem que conseguiriam terminar os estudos, o que reflete aspectos da autoconfiança. Outra questão a esse respeito é a capacidade de defender as ideias e opiniões. Menos adolescentes com baixa autoestima afirmam sempre se imporem nesse sentido (36,6%), valor que cresce entre os com média (47%) e elevada autoestima (57,9%), o que também coaduna com o perfil dos respectivos grupos.

Tabela 6.2 Associações entre autoestima e características individuais dos adolescentes (Teste qui-quadrado de Pearson).

Características individuais		Autoestima (%)			p-valor
		Baixa	Média	Elevada	
Gostar do corpo (N=1572)	Muito	31,8	46,6	52,1	<0,001
	Pouco	47,0	45,7	42,4	
	Não	21,2	7,7	5,5	
Terminar os estudos (N=1545)	Sim	89,3	94,7	96,6	<0,001
	Talvez	9,2	5,1	3,0	
	Não	1,4	0,2	0,4	
Defender ideias e opiniões (N=1583)	Sempre	36,6	47,0	57,9	<0,001
	Muitas vezes	39,9	38,3	37,8	
	Poucas vezes/nunca	23,4	14,7	4,3	
Se achar capaz de superar dificuldades para realizar os sonhos (N=1391)	Sim	92,4	98,2	99,4	<0,001
	Não	7,6	1,8	0,6	
Desempenho em matemática (N=1584)	Ótimo ou bom	56,8	64,6	71,0	<0,001
	Regular ou fraco	43,2	35,4	29,0	
Distorção série/idade (N=1557)	Certo	65,2	62,3	71,2	0,059
	Atrasado um ano	20,8	21,9	17,7	
	Atrasado + de um ano	14,0	15,8	11,1	
Beber até ficar embriagado no último ano? (N=1563)	Sim	19,8	18,6	16,2	0,288
	Não	80,2	81,4	83,8	
Fumar cigarros no último ano? (N=1564)	Sim	15,3	12,0	10,5	0,046
	Não	84,7	88,0	89,5	

Quanto à investigação da resiliência, verificou-se que adolescentes com variados níveis de autoestima se acham capazes de superar dificuldades para realizar os seus sonhos. Todavia, é importante notar a diferença na quantificação das respostas negativas, 7,6% dos adolescentes com baixa autoestima, 1,8% dos com média autoestima e somente 0,6% dos com elevada autoestima não se sentem capazes de superar as dificuldades, o que vai ao encontro da existência de relação entre os constructos (Assis, Pesce e Avanci, 2006).

O melhor desempenho escolar em matemática foi mais referido pelos adolescentes com elevada autoestima (71%), decrescendo entre os com média (64,6%) e baixa autoestima (56,8%). Outro aspecto de competência escolar avaliado foi distorção série/idade, que não apresentou relação com autoestima em nível de 5%, porém com dados muito próximos a tal limite, sinalizando no sentido da maior competência associada à mais elevada autoestima.

Não foi constatada a associação entre uso de bebida alcoólica e nível de autoestima do adolescente. Resultado oposto ocorre quanto ao consumo de cigarros, que se eleva à medida que esta decresce. Veselska e colaboradores (2009) também encontraram relação entre o hábito de fumar e baixa autoestima, especialmente entre os meninos. Esses autores explicam essa relação por intermédio das características de gênero: meninas com baixa autoestima tendem a desenvolver mais problemas de comportamentos internalizantes (ansiedade e depressão, por exemplo) do que os meninos, enquanto eles apresentam mais problemas externalizantes, como a agressividade, o comportamento violento e outros comportamentos de risco à saúde, entre os quais o consumo de cigarros está fortemente associado.

Na Tabela 6.3 está descrita a associação entre nível de autoestima e atributos familiares e escolares. Quanto à estrutura familiar do adolescente, verificou-se que há distribuição similar entre viver com pai e mãe, independente do nível de autoestima. Todavia, mais adolescentes com baixa autoestima vivem em arranjos variados: com um dos pais e padrasto/madrasta, sem pai e mãe e só com o pai. Dentre os adolescentes com elevada autoestima, o único arranjo familiar que se destaca é viver só com a mãe, o que, por um lado, surpreende, já que essas mães tendem a estar mais sobrecarregadas em suas funções, o que poderia reverter negativamente em seus filhos. No entanto, destacam-se dois pontos, um é o efeito positivo de viver em uma família na qual só existe a presença da mãe, que, com menos conflito, pode ser mais protetora; e outro é a ansiedade gerada pelos novos relacionamentos amorosos dos pais com novos parceiros. Além disso, outros aspectos precisam também ser refletidos na relação entre autoestima e estrutura familiar, como: a idade da mãe e do filho no momento da ruptura com o parceiro, o motivo da separação do casal e o curso da família mesmo em uma configuração tida como mais vulnerável (Assis, Pesce e Avanci, 2006).

Na mesma linha de raciocínio, foi constatado que no relacionamento do adolescente com seus pais e irmãos há clara associação: 44,7% dos de baixa autoestima possuem um relacionamento familiar ruim, percentual que decresce para 34% dentre os com média autoestima e 21% dos com elevada autoestima. Resultado oposto é observado para o bom relacionamento familiar.

O relacionamento com colegas apresentou em todas as categorias da variável autoestima um bom grau de relacionamento (Tabela 6.3). Contudo, foi identificado que menos adolescentes de baixa autoestima apresentam um bom relacionamento (87,8%) se comparados aos com elevada autoestima (94,9%), indicando que quanto mais elevado o nível de autoestima, maior é a capacidade do adolescente se integrar ao grupo. Também no que se refere ao relacionamento do estudante com seu professor destacou-se que quanto mais baixa é a autoestima do adolescente, mais difíceis são as relações existentes. Sabe-se que adolescentes com mais baixa autoestima hesitam quanto à sua autoconfiança, o que interfere muito no seu relacionamento com as pessoas. Com os amigos, esse sentimento pode ser ainda mais frágil, em função da importância do grupo de pares nessa fase da vida.

No que se refere ao apoio social avaliado, especificamente, em sua dimensão emocional (contar com pessoas em quem confia, conversa e com quem relaxa), foi observada frequência crescente de apoio social elevado: 16,5% dos alunos com baixa , 22,7% dos com média e 31,6% dos com elevada autoestima. Situação oposta ocorre dentre os que referem precário apoio emocional. Também é consensual que adolescentes com autoestima mais alta

Tabela 6.3 Associações entre autoestima e atributos familiares, escolares e apoio social dos adolescentes entrevistados (Teste qui-quadrado de Pearson).

Características relacionais		Autoestima (%)			p-valor
		Baixa	Média	Elevada	
Estrutura Familiar (N=1569)	Pai e mãe	67,0	65,6	67,5	0,018
	Pai e madrasta	1,7	1,2	1,0	
	Mãe e padrasto	8,9	11,1	6,5	
	Sem pai e sem mãe	5,2	4,3	4,7	
	Pai	1,7	3,6	0,8	
	Mãe	15,5	14,2	19,5	
Relacionamento familiar (N=1065)	Ruim	44,7	34,0	21,0	<0,001
	Regular	36,8	36,6	35,0	
	Bom	18,5	29,4	44,0	
Relacionamento com colega (N=1574)	Bom	87,8	92,3	94,9	<0,001
	Regular	11,4	7,7	4,9	
	Ruim	0,8	0,0	0,2	
Relacionamento com professores (N=1557)	Bom	63,1	72,0	78,5	<0,001
	Regular	34,3	26,5	20,9	
	Ruim	2,5	1,4	0,6	
Apoio emocional (N=1547)	Elevado	16,5	22,7	31,6	<0,001
	Moderado	40,9	37,6	43,3	
	Precário	42,7	39,7	25,0	

tendem a conseguir expressar melhor como se sentem e pensam, tendo mais clareza do que necessitam. Além disso, tendem a ver menos um pedido de ajuda como fragilidade pessoal, mas como necessidade momentânea que os fortalece (Assis e Avanci, 2003).

VIOLÊNCIA E AUTOESTIMA

Na Tabela 6.4 estão apresentadas as relações existentes entre a vivência de várias formas de violência e a autoestima. Com exceção da transgressão praticada pelo adolescente, todas as demais formas de vitimização por violências mostram um gradiente decrescente entre os adolescentes com baixa, média e elevada autoestima.

Os resultados confirmam o grave dano da violência para o desenvolvimento da criança e do adolescente. No entanto, o impacto da violência de forma contextual aponta três aspectos principais que influenciam negativamente na autoestima: o sentimento de insegurança gerado pelas situações violentas, a relação hierárquica e de poder embutida nas relações violentas e a frustração e menos valia que pode decorrer da violência, em especial da psicológica. Outro aspecto que chama atenção é a constante relação entre violência e autoestima de forma contínua, o que pode significar que a violência impacta de modo diferente segundo a forma gradativa com que o adolescente se percebe.

Quanto ao comportamento transgressor, embora os resultados não comprovem a associação com o nível de autoestima ($p=0,073$), muitos estudos têm discutido a sua relação com a autoestima, especialmente indagando se a elevada ou a baixa autoestima estaria relacionada aos comportamentos agressivos e violentos. Os resultados à essa pergunta são con-

Tabela 6.4 Associações entre autoestima e violências vivenciadas pelos adolescentes entrevistados (Teste qui-quadrado de Pearson).

Violências		Autoestima (%)			p-valor
		Baixa	Média	Elevada	
Violência entre irmãos (N=1584)	Não	28,1	33,3	42,9	<0,001
	Sim	71,9	66,7	57,1	
Violência entre pais (N=1584)	Não	55,0	60,8	65,4	0,001
	Sim	45,0	39,2	34,6	
Violência menor praticada pelo pai (N=1395)	Não	59,3	70,1	68,5	0,001
	Sim	40,7	29,9	31,5	
Violência menor praticada pela mãe (N=1524)	Não	39,5	49,0	51,9	<0,001
	Sim	60,5	51,0	48,1	
Violência severa praticada pelo pai (N=1403)	Não	79,2	86,7	85,1	0,004
	Sim	20,8	13,3	14,9	
Violência severa praticada pela mãe (N=1568)	Não	66,4	72,1	80,1	<0,001
	Sim	33,6	27,9	19,9	
Violência psicológica (N=1372)	Baixa	20,9	33,8	40,6	<0,001
	Média	31,4	35,7	36,4	
	Alta	47,7	30,5	23,1	
Violência sexual (N=1563)	Não	79,8	85,6	90,9	<0,001
	Sim	20,2	14,4	9,1	
Violência na escola (N=1435)	Baixa	38,2	46,6	48,6	<0,001
	Média	29,2	26,0	29,9	
	Alta	32,6	27,5	21,4	
Violência na localidade (N=1444)	Baixa	45,1	48,1	55,8	0,015
	Média	25,8	24,1	20,4	
	Alta	29,1	27,8	23,8	
Jovem transgressor (N=1540)	Baixa	51,2	55,0	57,5	0,073
	Média	24,0	23,7	24,8	
	Alta	24,8	21,3	17,8	

traditórios e essa indagação continua sem resposta definitiva (Ostrowsky, 2010; Papadakaki et al., 2009).

Uma revisão de literatura entre os anos de 1986 e 2006 conclui que a maior parte dos estudos sugere a relação entre baixa autoestima e comportamento violento em diversos contextos, o que é explicado pelo sentimento de poder e de independência que tal comportamento proporcionaria (Walker e Bright, 2009). Em outra linha de pensamento, é a elevada autoestima que estaria relacionada à violência, com o conceito de narcisismo como elo central, entendido, em linhas gerais, como o senso de superioridade. Taylor, Davis-Kean e Malanchuk (2007, p. 131) demarcaram a diferença entre narcisismo e elevada autoestima e explicaram: uma pessoa com autoestima alta pensa que ele ou ela é bom; uma pessoa narcísica pensa que ele ou ela é a melhor. Indivíduos que pontuam alto nas escalas de narcisismo tendem a pontuar elevado nas medidas de autoestima, contudo o reverso não é necessariamente verdade.

ATRIBUTOS QUE MAIS EXPLICAM A AUTOESTIMA DO ADOLESCENTE

A Tabela 6.5 mostra que, ao analisar em conjunto todas as variáveis apresentadas nas tabelas anteriores pelo modelo de regressão logística ordinal, apenas três delas se mostram mais relevantes para explicar o nível de autoestima dos adolescentes: a capacidade de resiliência, a autoconfiança e a violência entre irmãos.

Os adolescentes que superam dificuldades são 35 vezes mais prováveis de apresentarem autoestima elevada/moderada do que aqueles que não superam dificuldades. Também aqueles que sempre defendem suas ideias e opiniões apresentam maiores níveis de autoestima do que aqueles que nunca as defendem (OR=12,29). Nota-se que ao reduzir a frequência com que um adolescente defende suas ideias e opiniões, menor a chance de apresentar autoestima elevada/moderada, se comparado aos que nunca defendem suas ideias e opiniões.

Apesar de não surpreender, os resultados destacam o valor desses dois atributos individuais na formação da autoestima, principalmente quando se observa que outros aspectos, também importantes, se mostram menos relevantes. Isso vale para pensar em estratégias de promoção da saúde, onde, quando se pensa no trabalho com autoestima, os atributos de autoconfiança e da capacidade de resiliência são concomitantes. Além disso, alerta também para o enfoque, desde cedo, no incremento desses atributos.

Chama atenção a permanência da violência entre os irmãos no modelo final, em detrimento de tantas outras formas de violência investigadas: adolescentes com autoestima elevada/moderada têm chances 2,57 vezes maiores de não vivenciar essa forma de violência, em comparação aos estudantes com baixa autoestima. Uma das hipóteses levantadas é que essa violência pode ser uma síntese de muitas outras formas de violência existentes na família, especialmente pelo seu caráter essencialmente banal. Outro aspecto é que, pela similaridade da idade, a violência entre os irmãos pode estar muito relacionada ao relacionamento com os pares, inclusive com os parceiros amorosos, relações muito importantes na fase da adolescência e muito capazes de afetar a autoestima. E, destaca-se, principalmente, que a violência entre os irmãos pode encobrir

Tabela 6.5 Razões de chance no modelo logístico ordinal final por autoestima (n=1172)

Efeitos	Odds-ratio	Intervalo de confiança (95%)
Capacidade superar dificuldades (resiliência)		
Sim	35,09	8,82 – 139,52
Não	1,00	-
Defender ideias e opiniões (autoconfiança)		
Sempre	12,29	2,58 – 58,50
Muitas vezes	3,49	1,89 – 6,45
Poucas vezes	1,76	1,08 – 2,85
Nunca	1,00	-
Violência entre irmãos		
Ausência	2,57	1,53 – 4,33
Presença	1,00	-

Nota: Intercepto 1 – elevada *versus* baixa autoestima: 0,15 (IC=0,08-0,25);
Intercepto 2 – moderada/elevada *versus* baixa autoestima: 0,63 (IC=0,37-1,06)

um tratamento desigual dos pais com os filhos, o que está diretamente ligado ao afeto e a atenção diferenciada direcionada a eles (Caffaro e Conn-Caffaro, 2005).

Mas, se sabe pouco sobre o tema da violência entre os irmãos no nosso país. Por sua presença ser esperada no relacionamento entre irmãos, recebe pouca atenção de pais e profissionais. Sabe-se, no entanto, que a violência entre os irmãos é continuidade de um modelo de relacionamento familiar. Nessas situações, os pais, muitas vezes, discordam em como resolver a disputa entre os irmãos e esses tendem a rejeitar a autoridade dos pais. O sexo dos filhos, a idade entre eles, o período puerpural e as famílias com casamentos refeitos são alguns dos aspectos relacionados à violência no contexto fraterno (Caffaro e Conn-Caffaro, 2005; Finkelhor, Turner e Ormrod, 2006).

CONSIDERAÇÕES FINAIS

Destaca-se que o desenho do estudo que originou este capítulo não permite fazer inferências causais. Com os resultados obtidos, reforça-se a importância de se investir na aquisição de autoconfiança e da capacidade de superação de dificuldades desde a mais tenra infância. Essas características se mostram um solo fértil para uma elevada autoestima.

O inestimável valor da família na formação da autoestima é outro aspecto a ser enfatizado. É fundamental que a criança ou o adolescente se sinta amado, aceito, ouvido e tratado com respeito e afeto em sua família. Dar limites e oferecer uma disciplina equilibrada e justa a todos os filhos pode ajudar a interação pais-filhos e entre os irmãos.

Quanto à violência, não há dúvida do efeito nefasto das diferentes formas de violência (e dos distintos arranjos que elas fazem entre si) sobre a saúde de crianças e adolescentes, embora ainda engatinhemos metodologicamente na capacidade de mensuração de um atributo tão complexo como a violência. Por fim, aponta-se a necessidade da atenção e de desnaturalização da violência entre os irmãos.

NOTAS

1 Por um sistema dinâmico entende-se que, mesmo sofrendo interferências, a autoestima se mantém estável, da mesma forma que pode ser suficientemente adaptativa para responder a diversidade de situações que são confrontadas todo o tempo (Mruk, 1995).
2 Modelagem realizada no *software* SUDAAN 8.0. Esse modelo logístico cumulativo (também chamado modelo de chances proporcionais) foi escolhido em função da medida de autoestima possuir graus de intensidade (baixa, moderada e elevada autoestima). Leva em consideração o efeito do plano amostral nas estimativas das variâncias dos coeficientes. Esse tipo de modelo gera k-1 interceptos que vão acumulando os valores das categorias (Research Triangle Institute, 2001).
3 Variáveis com p<0,05 pelo teste de Wald: a) violências: entre irmãos, entre pais, psicológica, sexual, na escola, na localidade, jovem transgressor; b) individuais: desempenho em matemática, gostar do corpo, ser capaz de superar dificuldades, terminar os estudos, relacionamento com amigos e professores, bebida alcoólica, defender ideias e opiniões; c) apoio emocional. Nenhuma característica familiar (exceto a violência nesse âmbito) e sociodemográfica se mostrou associada à autoestima do adolescente.

REFERÊNCIAS

Assis, S. G., & Avanci, J. Q. (2003). *Labirinto de espelhos: A formação da autoestima na infância e adolescência*. Rio de Janeiro: Fiocruz.

Assis, S. G., Pesce, R. P., & Avanci, J. Q. (2006). *Resiliência: Enfatizando a proteção na adolescência*. Porto Alegre: Artmed.

Associação Brasileira de Estudos Populacionais. (2005). *Critério de classificação econômica Brasil*. Belo Horizonte: ABEP. Acessado em 25 ago, 2011, em http://www.abep.org.

Avanci, J. Q., Assis, S. G., Santos, N. C., & Oliveira, R. V. C. (2007). Adaptação transcultural de escala de autoestima para adolescentes. *Psicologia Reflexão e Crítica*, 20, 397-405.

Baldwin, S. A., & Hoffmann, J. P. (2002). The dynamics of self-esteem: A growth-curve analysis. *Journal of Youth and Adolescence, 31,* 101-113.

Biro, F., Striegel-Moore, R. H., Franko, D. L., Padgett, J., & Bean, J. (2006). Self-esteem in adolescent females. *Journal of Adolescent Health, 39,* 501-507.

Branden, N. (2000). *Autoestima: Como aprender a gostar de si mesmo.* São Paulo: Saraiva.

Brasil. Ministério da Saúde. Departamento de Informática do SUS. (c2008). *Informações de saúde.* Brasília: DATASUS. Acessado em 25 ago, 2011, em http://tabnet.datasus.gov.br/cgi/deftohtm.exe?ibge/cnv/popbr.def.

Caffaro, J. V., & Conn-Caffaro, A. (2005). Treating sibling abuse families. *Aggression and Violent Behavior, 10,* 604-623.

Callero, P. L. (2003). The sociology of the self. *Annual review of sociology, 29,* 115-133.

Campbell, J. D., & Lavallee, L. F. (1993). Who am I? The role of self-concept confusion in understanding the behavior of people with low self esteem. In R. Baumeister (Ed.), *Self esteem: The puzzle of low self-regard* (pp. 3-20). New York: Plenum Express.

Chor, D., Faerstein, E., Alves, M. G. M., & Lopes C. S. (2001). Medidas de rede e apoio social no Estudo Pró-Saúde: Pré-testes e estudo piloto. *Cadernos de Saúde Pública, 17,* 887-896.

Cochran, W. G. (1963). *Sampling techniques.* New York: Wiley.

Cole, M., & Cole, S. (2004). *O desenvolvimento da criança e do adolescente.* Porto Alegre: Artmed.

Coopersmith, S. (1967). *The antecedents of self-esteem.* San Francisco: Freeman.

Ethier, K. A., Kershaw, T. S., Lewis, J. B., Milan, S., Niccolai, L. M., & Ickovics, J. (2006). Self-esteem, emotional distress and sexual behavior among adolescent females: Inter-relationships and temporal effects. *Journal of Adolescent Health, 38*(3), 268-274.

Finkelhor, D., Turner, H., & Ormrod, R. (2006). Kid's stuff: The nature and impact of peer and sibling violence on younger and older children. *Child Abuse & Neglect, 30,* 1401-1421.

Fundação Centro de Informações e Dados/Cide. (2009). *Índice de Desenvolvimento Humano.* Rio de Janeiro. *Governo do Estado do Rio de Janeiro.*

Goodson, P., Buhi, E., & Dunsmore, S. C. (2006). Self-esteem and adolescent sexual behavior, attitudes, and intentions: a systematic review. *Journal of Adolescent Health, 38,* 310-319.

Gould, W. (2000). Sg124: Interpreting logistic regression in all this forms. *Stata Technical Bulletin, 53,* 19-29.

Harter, S. (1999). *The construction of the self: A developmental perspective.* New York: Guilford.

Harter, S. (2003). The development of self-representations during childhood and adolescence. In M. R. Leary, & J. P. Tangney (Eds.), *Handbook of self and identity* (pp. 610-642). New York: Guilford.

Ho, C. S., Lempers, J. D., & Clark-Lempers, D. S. (1995). Effects of economic hardship on adolescent self-esteem: A family mediation model. *Adolescence, 30*(117), 117-131.

Huebner, E. S. (1997). Best practices in assessment and intervention with children with low self-esteem. In A. Thomas, & J. Grimes (Eds.), *Best practices in school psychology* (pp. 831-839). Washington: Association of School Psychologists.

Kahn, T., Bermergui, C., Yamada, E., Cardoso, F. C., Fernandes, F., Zacchi, J. M., et al. (1999). *O dia a dia nas escolas (violências auto-assumidas).* São Paulo: Instituto Latino Americano das Nações Unidas para a Prevenção do Delito e Tratamento do Delinqüente, Instituto Sou da Paz.

Marriel, L. C., Assis, S. G., Avanci, J. Q., & Oliveira, R. V. C. (2006). Violência escolar e autoestima de adolescentes. *Cadernos de pesquisa, 36*(127), 35-50.

Mruk, C. (1995). *Self-Esteem: Research, theory, and practice.* New York: Springer.

Ostrowsky, M. K. (2010). Are violent people more likely to have low self-esteem or high self-esteem? *Aggression and Violent Behavior, 15,* 69-75.

Papadakaki, M., Tzamalouka, G. S., Chatzifotiou, S., & Chatzifotiou, F. (2009). Seeking for risk factors of intimate partner violence in a greek national sample: The role of self esteem. *Journal of Interpersonal Violence, 24,* 732-750.

Pitzner, J. K., & Drummond, P. D. (1997). The reliability and validity of empirically scaled measures of psychological/verbal control and physical/sexual abuse: Relationship between current negative mood and a history of abuse independent of other negative life events. *Journal of Psychosomatic Research, 2,* 125-142.

Research Triangle Institute. (2001). *SUDAAN User's Manual, Release 8.0.* Research Triangle Park: Research Triangle Institute.

Reynolds, M. W., Wallace, J., Hill, T. F., Weist, M. D., & Nabors, L. (2001). The relationship between gender, depression, and self-esteem in children who have witnessed domestic violence. *Child Abuse & Neglect, 25,* 1201-1206.

Rosenberg, M. (1989). *Society and the adolescent self-image.* Middletown: Wesleyan University.

Sanders, B., & Becker-Lausen, E. (1995). The measurement of psychological maltreatment: Early data on the child abuse and trauma scale. *Child Abuse & Neglect, 19*(3), 315-323.

Shrier, L. A., Harris, S. K., Sternebrg, M., & Beardslee, W. R. (2001). Associations of depression, self-esteem, and substance use with sexual risk among adolescents. *Preventive Medicine, 33,* 179-189.

Smelser, N. J. (1989). Self-esteem and social problems: an introduction. In A. M. Mecca, N. J. Smelser, & J. Vasconcellos (Eds.), *The social importance of self esteem* (pp. 1-23). Berkeley: University of California.

Straus, M. A. (1979). Measuring intrafamiliar conflict and violence. The conflict tactics (CT) scales. *Journal of Marriage and the Family, 41,* 75-88.

Tavares, J. (2001). *Resiliência e educação.* São Paulo: Cortez.

Taylor, L. D., Davis-Kean, P., & Malanchuk, O. (2007). Self-esteem, academic self-concept and aggression at school. *Aggressive Behavior, 33,* 130-136.

Veselska, Z., Geckova, A. M., Orosova, O., Gaidosova, B., Dijik, J. P., & Reijneveld, S. A. (2009). Self-esteem and resilience: The connection with risky behavior among adolescents. *Addictive Behavior, 34,* 287-291.

Walker, J. S., & Bright, J. A. (2009). False inflated self-esteem and violence: A systematic review and cognitive model. *The Journal of Forensic Psychiatry and Psychology, 20,* 1-32.

7

Exposição ao abuso sexual infantil e suas repercussões neuropsicobiológicas

Jeane Lessinger Borges e Débora Dalbosco Dell'Aglio

Este capítulo tem como objetivo descrever as consequências do abuso sexual, destacando as repercussões neurobiológicas e neuropsicológicas do transtorno de estresse pós-traumático (TEPT) para o desenvolvimento infantil. A traumatologia do desenvolvimento foi adotada como referencial teórico. O capítulo revisa ainda os principais resultados encontrados em amostras de mulheres e de crianças vítimas de abuso sexual, principalmente no que se refere aos achados controversos sobre a redução do hipocampo e sobre os déficits de memória nestas duas populações. Por fim, sugere-se a necessidade de intervenções precoces à criança vitimada, na tentativa de evitar a cronificação das alterações emocionais, comportamentais e cognitivas, possibilitando um melhor ajustamento psicológico. Espera-se que, ao final deste capítulo, o leitor possa ter uma visão ampla das consequências do abuso sexual infantil (ASI) para o desenvolvimento, por meio de um modelo teórico que contemple as alterações estruturais, funcionais e neuropsicológicas das regiões cerebrais envolvidas nas respostas neurobiológicas do estresse. Busca-se ainda que o leitor possa compreender o efeito dessas alterações na etiologia dos transtornos psiquiátricos associados ao ASI, como por exemplo, o TEPT.

CONSEQUÊNCIAS DO ABUSO SEXUAL PARA O DESENVOLVIMENTO INFANTIL

A ocorrência de ASI tem sido associada à manifestação de uma heterogeneidade de alterações emocionais, comportamentais, sociais e cognitivas (Briere e Elliot, 2003; Kendall-Tackett, Williams e Finkellor, 1993; Tyler, 2002). Crianças e adolescentes vítimas podem apresentar desde dificuldade de concentração, sentimento de medo e desamparo, choro frequente, embotamento afetivo, irritabilidade, pesadelos, comportamento sexualizado, isolamento social, queixas psicossomáticas até quadros psicopatológicos severos (Borges e Dell'Aglio, 2008; Kendall-Tackett, Williams e Finkellor, 1993; Tyler, 2002). Problemas externalizantes, internalizantes e de ajustamento social são comumente observados em crianças vítimas de ASI (Bolger e Patterson, 2003). Entre os quadros psicopatológicos, transtorno de estresse pós-traumático (TEPT), transtorno de estresse agudo, dissociação, transtornos de ansiedade, transtornos de humor, transtorno de déficit de atenção/hiperatividade (TDAH), transtornos alimentares, enurese e encoprese têm sido considerados como mais prevalentes nessa população (Briere e Elliott, 2003; MacMillan et al., 2001; Paolucci, Genius e Violato, 2001; Tyler, 2002). Alta prevalência de ansiedade, de transtornos de humor, TEPT e do transtorno de personalidade *borderline* também foi encontrada em mulheres que sofreram abuso sexual na infância (MacMillan et al., 2001; Zavaschi et al., 2006), indicando que as consequências do ASI podem persistir ao longo da adolescência e da vida adulta.

Particularmente, o TEPT tem sido a psicopatologia mais associada aos casos de crianças (Ackerman, Newton, McPherson, Jones e Dykman, 1998; Ruggiero, McLeer e Dixon, 2000) e de mulheres abusadas sexualmente (Kessler et al., e1995). O diagnóstico de TEPT é realizado após a pessoa vivenciar, testemunhar ou ter sido confrontada com um ou mais eventos traumáticos (Critério A1) e reagir com intenso medo, pavor ou comportamento de esquiva (Critério A2). O TEPT é um transtorno de ansiedade, caracterizado pela presença de três categorias de sintomas: (a) reexperiência intrusiva (Critério B); (b) evitação e entorpecimento (Critério C); e (c) excitabilidade fisiológica aumentada (Critério D; APA, 2002). Os sintomas devem estar presentes por um período superior a um mês (Critério E), após a exposição ao evento traumático, e estar interferindo e provocando prejuízos no funcionamento cognitivo, emocional, social e acadêmico das vítimas (Critério F). Atualmente, diversos autores têm problematizado o uso dos critérios diagnósticos do TEPT, propostos pelo DSM-IV, para a avaliação clínica desse transtorno na infância (Dyregrov e Yule, 2006; Kaminer, Seedat e Stein, 2005). Tal discussão se justifica pelo uso dos critérios do TEPT em adultos para a avaliação diagnóstica de crianças e adolescentes, devido às características desenvolvimentais diferentes, que influenciam a resposta emocional e comportamental ao trauma e como se caracteriza o quadro clínico do TEPT nessa etapa do desenvolvimento.

A prevalência do TEPT em crianças e adolescentes vítimas de ASI pode variar entre 20 a 70% dos casos (Nurcombe, 2000), sendo que meninas tendem a desenvolver mais sintomas de TEPT do que os meninos, em torno de 35% e 20% dos casos, respectivamente (Ackerman et al., 1998). No Brasil, recentemente, dois estudos clínicos com meninas vítimas de abuso sexual encontraram elevada prevalência do TEPT entre as vítimas, 62,5% e 70%, respectivamente (Borges e Dell'Aglio, 2008; Habigzang, 2006). Nesses estudos foram utilizados dois instrumentos clínicos diferentes. O primeiro utilizou a versão brasileira da *K-SADS-PL* (Brasil, 2003), que inclui um módulo de perguntas referentes à avaliação clínica do TEPT. No segundo foi adotada uma versão adaptada da Entrevista Clínica Estruturada para o DSM-IV (SCID-TEPT; Del Ben et al., 2001). Em ambos os estudos, a faixa etária das meninas foi semelhante, variando entre 7 e 16 anos. Apesar da diferença dos instrumentos, os resultados foram também semelhantes, corroborando estudos internacionais que indicam uma alta manifestação do TEPT em crianças vítimas de ASI (Collin-Vézina e Hébert, 2005; Ruggiero et al., 2000).

Pesquisas indicam alta prevalência de comorbidade psiquiátrica nos casos de TEPT na infância. Entre os quadros comórbidos mais frequentes estão: TDAH, transtorno de ansiedade de separação, transtorno de ansiedade generalizada, psicose, ideação suicida, transtorno de humor e sintomas de dissociação (Famularo, Fenton, Kinscherff e Augustyn, 1996; Pynoos, 1992). Os estudos ressaltam alta prevalência de depressão (Conway, Mendelson, Giannopoulos, Csank e e Holm, 2004; Walrath et. al., 2003; Zuravin e Fontanella, 1999), bem como alta comorbidade entre TEPT e depressão em vítimas de abuso sexual (Breslau, Davis, Peterson e Schultz, 2000; Runyon, Faust e Orvaschel, 2002).

Ao considerar esses aspectos, de uma variedade de sequelas associadas ao abuso sexual, busca-se compreendê-las a partir do Modelo Multifacetado do Trauma (Kendall-Tackett et al., 1993), que sugere que não há uma síndrome específica do ASI, mas sim uma heterogeneidade de sintomas e psicopatologias. A interação das variáveis individuais da criança, da família e da rede de apoio social pode aumentar ou minimizar a vulnerabilidade para o desenvolvimento dessas sequelas. Nesse sentido, múltiplos fatores são considerados mediadores do impacto das consequências do ASI no desenvolvimento infantil, os quais podem estar relacionados à etiologia, à manutenção e resposta dos transtornos emocionais e ao processo de adaptação a situações estressoras (Masten e Garmezy, 1985). Variáveis do abuso (idade do início, duração, frequência, severidade, tipo, proximidade afetiva com o abusador), reações familiares após a revelação, percepções e atribuições desenvolvidas pela vítima frente ao evento traumático, o uso de estratégias de *coping*, a presença de história de doença mental anterior ao ASI, e a exposição a múltiplos eventos estressores ou à sobreposição de riscos pessoais e ambientais têm sido citados com fatores mediadores do ASI (Lynskey e Fergusson, 1997; Place, Reynolds, Cousins e O'Neill, 2002; Steel et al. 2004). Particularmente, pesquisas apontam que o suporte materno pode ser um importante fator de proteção para o bem-estar psicológico das crianças vítimas de abuso sexual (DiLillo e Damashek, 2003; Pintello e Zuravin, 2001). Nesse sentido, as reações maternas que envolvem alguma forma de acolhimento ao escutar o relato do abuso e atitudes de proteção podem contribuir para minimizar o impacto negativo da experiência de abuso sexual nas crianças (Santos e Dell'Aglio, 2009).

Em relação às variáveis do ASI, não há um consenso na literatura sobre quais características do abuso contribuem para o desenvolvimento dos sintomas. Crianças com maior sintomatologia no pós-trauma tinham abusador mais próximo (isto é, abuso sexual intrafamiliar), alta frequência e longa duração dos episódios de abuso, ASI associado ao uso de força e ao abuso sexual com penetração (Kendall-Tackett et al., 1993). A presença de segredo foi um fator de risco para o desenvolvimento de depressão e ansiedade em crianças vítimas de ASI (Ackerman et al., 1998), e proximidade com abusador, duração e severidade do ASI foram positivamente correlacionadas com mais sentimentos de culpa (Quas, Goodman e Jones, 2003). Em contrapartida, variáveis como gênero, nível socioeconômico, tipo de abuso, idade de início, relação afetiva com o abusador e a frequência do abuso não foram consideradas mediadoras dos efeitos do ASI (Paolucci et al., 2001). Especificamente, em relação ao desenvolvimento de TEPT, se por um lado, maior frequência e duração do ASI e idade de início tardia contribuíram para maior severidade do TEPT (Ruggiero et al., 2000), por outro lado, idade de início do abuso e a severidade não foram fatores capazes de predizer o desenvolvimento de TEPT (Ackerman et al., 1998). O abuso sexual envolvendo penetração foi considerado um preditor de elevados sintomas de TEPT, embora abuso sexual intrafamiliar e longa duração não terem sido apontados como preditores (Collin-Vézina e Hébert, 2005). Nesse sentido, os dados não são conclusivos sobre a direção das características específicas do abuso na sintomatologia do TEPT.

O MODELO DA TRAUMATOLOGIA DO DESENVOLVIMENTO

As consequências da exposição a eventos estressores durante a infância, incluindo os casos de maus-tratos (dentre eles, o abuso sexual), têm sido recentemente investigadas a partir de um modelo teórico denominado de traumatologia do desenvolvimento (De Bellis, 2001; 2005). Esse novo campo de investigação busca compreender o impacto dos eventos adversos sobre o neurodesenvolvimento, apontando alterações psiquiátricas e psicobiológicas. Sintetiza o conhecimento provindo das pesquisas na área da psicopatologia desenvolvimental, das neurociências do desenvolvimento e sobre as relações entre estresse e trauma.

O papel do contexto do desenvolvimento é crucial dentro dessa perspectiva teórica, uma vez que as experiências iniciais na infância influenciarão a regulação dos sistemas neurobiológicos de respostas ao estresse e o desenvolvimento cerebral (De Bellis, 2005). Nesse sentido, um contexto desenvolvimental caracterizado pela presença de abuso sexual e negligência e, sendo esses maus-tratos de longa duração e ocorridos durante os períodos críticos para o desenvolvimento cerebral, podem estar associados a alterações estruturais e funcionais das regiões cerebrais envolvidas nas respostas neurobiológicas do estresse. Nesse modelo, é considerada a capacidade de neuroplasticidade, que se evidencia por meio das alterações estruturais e funcionais cerebrais, tanto ao longo do próprio desenvolvimento quanto após uma lesão neuronal, e que têm por objetivo final buscar uma organização adaptativa (Kaas e Jain, 2003). Dessa forma, sugere-se que as alterações neuropsicobiológicas observadas em crianças vítimas de ASI podem ser compreendidas como uma resposta de adaptação ao trauma infantil (Perry, 1997; Post et al., 1998). Isto é, os processos de maturação e organização cerebral se moldam conforme os estímulos do ambiente.

Múltiplos sistemas de neurotransmissores e o eixo neuroendócrino são ativados frente ao estresse agudo e crônico. Os sistemas neurobiológicos do estresse ativados nessas circunstâncias incluem o sistema nervoso central, o sistema nervoso periférico, o sistema neuroendócrino e o sistema imunológico, e, em particular, a ativação do complexo *locus ceruleus*-noradrenalina-sistema nervoso simpático e do eixo hipotálamo-hipófise-adrenal (HHA) (De Bellis, 2001; Yehuda, 2001). Pesquisas suportam evidências de hiperfunção deste eixo relacionada ao estresse, bem como disfunção dos níveis de cortisol (De Bellis, 2005; Nemeroff, 2004). Em crianças vítimas de maus-tratos e que desenvolveram TEPT foram observadas altas concentrações de catecolaminas e cortisol, correlacionadas positivamente com a duração do trauma e a severidade dos sintomas de TEPT (De Bellis, Baum, Birmaher et al., 1999). Nesse sentido, o TEPT pode ser considerado uma resposta crônica e desadaptativa, devido à hiperativação do sistema nervoso simpático (Kristensen, Parente e Kaszniak, 2006). Tais achados, associados às alterações descritas a seguir (referente às alterações estruturais e funcionais do cérebro), que são relacionados à exposição crônica à violência, podem ser consideradas exemplos da capacidade de plasticidade cerebral. Esses aspectos são, então, considerados objetos de estudos da traumatologia do desenvolvimento.

ABUSO SEXUAL NA INFÂNCIA, TEPT E PREJUÍZOS COGNITIVOS

O processamento emocional e cognitivo das respostas de medo e, consequentemente, das psicopatologias associadas a situações traumáticas, como, por exemplo, o TEPT, envolve a ativação da amígdala, do hipocampo, do córtex pré-frontal (CPF), do lobo temporal inferior, do giro cingulado anterior e do eixo HHA (Pine, 2003). Atualmente, os sintomas do TEPT têm sido compreendidos a partir das alterações estruturais e funcionais dessas regiões cerebrais envolvidas nas respostas neurobiológicas do estresse (Bremner, 1999; Elzinga e Bremner, 2002). O hipocampo desempenha um papel importante na amnésia do trauma, no baixo desempenho da memória declarativa e na fragmentação da memória traumática. Em relação à amígdala, a consolidação das memórias traumáticas, de longa duração, e o condicionamento do medo estão associados a sua regulação. O CPF estaria envolvido nas falhas na inibição emocional, nos déficits na atenção e na memória de trabalho, bem como na presença das memórias intrusivas do TEPT (Elzinga e Bremner, 2002). O giro cingulado anterior é uma região importante para a integração dos comportamentos afetivos, entre outras funções, pois compõe o sistema límbico, juntamente, com a formação hipocampal, o giro para-hipacampal, a amígdala, o fórnix, a área septal, os corpos mamilares e o tálamo anterior (Swanson e Stein, 2003).

Pesquisas de neuroimagem têm apontado a presença de alterações estruturais e funcionais junto a amostras de indivíduos expostos a diversos eventos traumáticos e com alta prevalência de TEPT, como veteranos de guerra, sobreviventes do Holocausto, mulheres vítimas de estupro e crianças maltratadas (Horner e Hamner, 2002; Koso e Hansen, 2006; Kristensen et al., 2006). De um modo geral, os resultados indicam alterações em estruturas encefálicas como o hipocampo, o hipotálamo, a amígdala, o córtex pré-frontal (CPF), o giro cingulado anterior e o corpo caloso (Glaser, 2000; Grassi-Oliveira, Ashy e Stein, 2008; Horner e Hamner, 2002). Além disso, também há evidências de prejuízos associados ao funcionamento dessas áreas em indivíduos com TEPT (Horner e Hamner, 2002; Kristensen et al., 2006).

Pesquisas empíricas sobre a avaliação neuropsicológica do TEPT apontam prejuízos no funcionamento cognitivo envolvendo a aprendizagem verbal, a memória, a atenção e em funções executivas (Beckham, Crawford e Feldman, 1998; Koso e Hansen, 2006; Kristensen e Borges, 2004; Moradi et al., 1999; Vasterling et al., 2002; Yehuda, Golier, Halligan e Harvey, 2004). Apesar de se observar a presença de achados neuropsicológicos uniformes em diferentes pesquisas sobre os prejuízos cognitivos do TEPT (Horner e Hamner, 2002), existem alguns resultados controversos. Por exemplo, não foi encontrada diferença significativa no desempenho de tarefas de atenção, memória e aprendizagem verbal em veteranos de guerra, com e sem TEPT (Neylan et al., 2004), nem correlação entre redução do volume do hipocampo e prejuízos na memória declarativa. Nesse sentido, alguns aspectos associados a essas alterações funcionais do TEPT permanecem pouco claros.

A Tabela 7.1 apresenta pesquisas empíricas referentes aos prejuízos neurobiológicos do TEPT com crianças e adolescentes vítimas de ASI (e outros maus-tratos). De um modo geral, observa-se a presença de alterações estruturais envolvendo redução do volume intracranial, do volume cerebral, do corpo caloso, do CPF e aumento dos ventrículos direito e esquerdo e do giro cingulado. Ainda foi observada assimetria do volume frontal. Apenas um estudo encontrou redução do hipocampo e da amígdala entre crianças e adolescentes com TEPT (Carrion et al., 2001).

Ressalta-se, ainda, a presença de algumas variáveis de risco às alterações estruturais cerebrais associadas ao TEPT observadas nos estudos revisados com crianças e adolescentes vítimas de maus-tratos (incluindo o ASI). Em dois estudos foi encontrada diferença de gênero, sendo os meninos mais vulneráveis aos efeitos do estresse sobre o desenvolvimento cerebral (De Bellis et al., 1999; De Bellis et al., 2002). Além disso, em ambos estudos, foram observadas algumas correlações entre as variáveis do trauma e as sequelas estruturais encontradas: a) correlação positiva entre a redução do volume intracranial cerebral e a idade de início do abuso; b) correlação negativa entre a redução do volume intracranial e do corpo caloso e a duração dos maus-tratos; e c) correlação positiva entre os sintomas de TEPT e de dissociação e a alteração no tamanho do ventrículo lateral. Contudo, observa-se que as correlações encontradas podem ser consideradas fracas, sendo iguais ou menores do que 0,42.

Tabela 7.1 Síntese dos estudos empíricos sobre os prejuízos neurobiológicos TEPT em crianças e adolescentes vítimas de ASI

Autores/Ano	Amostra	Método	Resultados
De Bellis, Keshavan, Clark et al. (1999)	44 vítimas de maus-tratos/TEPT 61 grupo controle (GC)	Avaliação clínica psiquiátrica, avaliação neuropsicológica e MRI	Grupo maltratadas/TEPT com menor volume intracranial que GC (7,0 a 8,0%); menor volume cerebral; menor volume do CPF; redução da massa cinzenta cerebral e do CPF; redução da massa branca cortical; redução da amígdala e respectiva massa cinzenta; redução do lobo temporal direito e esquerdo e redução do corpo caloso total e regiões 4, 5, 6 e 7. Ventrículo lateral total, esquerdo e direito maiores e maior concentração de fluido cérebro-espinhal no CPF.
Carrion et al. (2001)	24 com TEPT 24 grupo controle (GC)	Avaliação clínica psiquiátrica e MIR	Grupo com TEPT com volume cerebral total menor e volume de substância cinzenta menor que GC. Volume médio do hipocampo 8,5% menor e volume da amígdala 5,1% menor. Diferença significativa na simetria do lobo frontal, sugerindo uma atenuação da assimetria do volume frontal em crianças com TEPT.
De Bellis, Keshavan, Frustaci et al. (2002)	43 vítimas de maus-tratos/TEPT 61 grupo controle (GC)	Avaliação clínica psiquiátrica e MIR	Giro cingulado temporal superior (STG) mais largo em crianças maltratadas com TEPT que GC. Volume de substância cinzenta no STG maior e volume de substância branca menor no grupo de maus-tratos/TEPT. Maior assimetria do lado direito na substância cinza no volume STG total e no volume STG posterior.
De Bellis, Keshavan, Shifflett et al. (2002)	28 vítimas de maus-tratos/TEPT 66 grupo controle (GC)	Avaliação clínica psiquiátrica e MIR	Vítimas de maus-tratos/TEPT com redução do volume intracranial, cerebral, do CPF e do lobo temporal, bem como redução do corpo caloso. Volume de substância branca no CPF também menor; área médio sagital total do corpo caloso e sub-regiões 2, 4, 5, 6 e 7 menores; volume de fluido cérebro espinhal (CSF) no lobo frontal, ventrículos direito, esquerdo e ventrículo lateral total maiores do que GC.
Beers e De Bellis (2002)	14 vítimas maus-tratos/TEPT 15 grupo controle (GC)	Bateria neuropsicológica	Vítimas de maus-tratos/TEPT apresentaram déficits na atenção e em funções executivas.
Yasik et al. (2007)	29 vítimas de maus-tratos/TEPT 62 vítimas maus-tratos/sem TEPT 40 grupo controle (GC)	Avaliação clínica psicológica e avaliação neuropsicológica (WRAML)	Diferença no desempenho na memória verbal e aprendizagem entre o grupo maltratado/TEPT e GC. Não foi encontrada diferença entre o grupo maltratado/sem TEPT e GC na memória verbal, e nem diferença na memória visual entre os três grupos.
Borges e Dell'Aglio (2009)	12 vítimas de ASI 16 grupo controle (GC)	Avaliação clínica psicológica e avaliação neuropsicológica	Maior número de erros e maior amplitude de oscilação da atenção visual concentrada no grupo ASI.
Schoeman, Carey e Seedat (2009)	20 com TEPT 20 sem TEPT	Avaliação clínica psicológica avaliação neuropsicológica	Baixo desempenho em funções cognitivas (atenção, memória visual, memória visuoespacial e de funções executivas) no grupo com TEPT.

Nota. TEPT= Transtorno de estresse pós-traumático; MIR= Imageamento por ressonância magnética; CPF= córtex pré-frontal; WRAML= *Wide Range Assessment of Memory and Learning*; CDI= Inventário de Depressão Infantil.

Nas tarefas neuropsicológicas, crianças maltratadas com TEPT tendem a apresentar menor desempenho na atenção e em funções executivas. Em relação à memória, resultados controversos têm sido observados. Por exemplo, no estudo de Yasik e colaboradores (2007) foi encontrada diferença significativa na tarefa de memória verbal e aprendizagem entre o grupo de adolescentes maltratados/TEPT e o grupo controle. Esse é o primeiro estudo que observou prejuízo na memória verbal em crianças com TEPT, assemelhando-se aos resultados encontrados em adultos. No entanto, não houve diferença no desempenho da memória visual entre os grupos avaliados nesse estudo. No estudo de Schoeman, Carey e Seedat (2009) foi encontrado baixo desempenho na memória visuoespacial associado ao TEPT, mas não na memória verbal. Os estudos de Beers e De Bellis (2002) e Borges e Dell'Aglio (2009) não apontaram diferença no desempenho nas tarefas de memória verbal e aprendizagem verbal em crianças vítimas de maus-tratos e ASI, associados ao TEPT, quando comparadas ao grupo controle. Dessa forma, ainda permanecem pouco específicos os resultados dos prejuízos neuropsicológicos da memória e das alterações estruturais do hipocampo no público infanto-juvenil.

Nos estudos dos prejuízos neuropsicológicos do TEPT infantil, um maior número de eventos estressores experienciados pelas vítimas (Yasik et al., 2007) pode ser uma das variáveis que podem ajudar a explicar a diferença no desempenho nas tarefas cognitivas. Nesse sentido, considerando que crianças vítimas de ASI, em geral, são expostas a uma sobreposição de eventos traumáticos, uma maior cronificação dos sintomas do TEPT pode contribuir para uma hiperativação dos sistemas de respostas ao estresse. Contudo, algumas peculiaridades também foram observadas nos estudos revisados. Por exemplo, se por um lado, no estudo de Beers e De Bellis (2002) o número de sintomas de TEPT não foi correlacionado ao baixo desempenho nas tarefas de atenção e funções cognitivas, por outro lado, no estudo de Borges e Dell'Aglio (2009) houve uma correlação significativa entre o critério B (revivência) e o critério C (evitação e embotamento afetivo) do TEPT e maior número de erros na tarefa de atenção visual concentrada. Além disso, foi encontrada uma correlação significativa entre maior pontuação em instrumento de sintomas de depressão e o maior número de erros na tarefa de atenção visual concentrada (Borges e Dell'Aglio, 2009). Dessa forma, ainda há uma lacuna sobre a associação dos prejuízos cognitivos e a presença do TEPT e/ou de suas comorbidades. Ou seja, o TEPT isolado é o fator que contribui para o pior desempenho nas tarefas cognitivas? Ou se deve à presença de comorbidades psiquiátricas do TEPT? Ou ainda, ao trauma *per se*?

A Tabela 7.2 descreve os principais estudos empíricos sobre os prejuízos neurobiológicos do TEPT em mulheres vítimas de ASI na infância e que ainda apresentam este transtorno na vida adulta. Nessa revisão, estudos apontaram redução do volume do hipocampo (esquerdo e bilateral), sugerindo que essa alteração poderia estar associada aos sintomas crônicos do TEPT e de dissociação na vida adulta (Brenmer et al., 2003; Stein et al., 1997). Na mesma direção, falha na ativação do hipocampo esquerdo durante tarefa de memória verbal foi observada em um grupo de mulheres vítimas de ASI com TEPT (Bremner et al., 2003). No entanto, foram encontrados também achados controversos entre mulheres vítimas de ASI. Nesse sentido, apesar da presença de uma redução de 5% do volume do hipocampo esquerdo, esta não foi correlacionada a prejuízos na memória explícita (Stein et al., 1997). Em outro estudo, não houve diferença no desempenho na memória auditiva e visual e nem no volume do hipocampo em mulheres vítimas de ASI com TEPT, quando comparadas a mulheres abusadas sem TEPT e grupo controle (Pederson et al., 2004).

Tabela 7.2 Síntese dos estudos empíricos sobre os prejuízos neurobiológicos do TEPT em mulheres vítimas de ASI

Autores/ano	Amostra	Método	Resultados
Stein et al. (1997)	21 vítimas de ASI 21 grupo controle	MIR	Redução de 5% do volume do hipocampo esquerdo
Bremner et al. (2003)	10 vítimas de ASI com TEPT 12 vítimas de ASI sem TEPT 11 grupo controle	MIR e PET	Redução de 16 a 19% do volume do hipocampo em mulheres vítimas de ASI com TEPT. Baixo desempenho na tarefa de memória verbal no grupo ASI/TEPT se comparado aos demais grupos
Bremner et al. (2004)	18 vítimas de ASI com TEPT 10 vítimas de ASI sem TEPT 15 grupo controle	Avalição neuropsicológica (WMS)	Prejuízo na memória verbal declarativa
Pederson et al. (2004)	17 vítimas de ASI com TEPT 17 mulheres com ASI sem TEPT 17 grupo controle	Avaliação clínica Avaliação neuropsicológica (WMS e WPT) MIR	Não houve diferença no desempenho na memória auditiva e visual e nem no volume do hipocampo entre os grupos

Nota. TEPT = transtorno de estresse pós-traumático; MIR = imageamento por ressonância magnética; PET = tomografia por emissão de pósitrons; WMS = Wechsler Memory Scale; WPT = Wonderlic Personnel Test.

Em relação aos prejuízos neuropsicológicos, mulheres vítimas de ASI na infância e com TEPT na vida adulta apresentaram pior desempenho na memória verbal quando comparadas ao grupo vítima sem TEPT e ao grupo controle (Bremner et al., 2004). No entanto, não foi encontrada alteração na memória visual. Ainda, nesse estudo, houve correlação negativa entre os sintomas de intrusão, evitação e hiperexcitabilidade do TEPT e funcionamento da memória verbal declarativa, bem como entre a severidade do ASI e déficit da memória verbal declarativa. Em outro estudo revisado, com mulheres vítimas de violência doméstica por parte do companheiro, foi encontrada alta prevalência de TEPT, dissociação e depressão, apesar destes não estarem correlacionados ao baixo desempenho em funções executivas observado nessa amostra (Stein, Kennedy e Twamley, 2002). Não foi igualmente observada nenhuma correlação entre a severidade da violência e os déficits cognitivos. Nesse sentido, de forma semelhante ao encontrado na população infantil, ainda não está suficientemente clara a direção que os sintomas psiquiátricos e as características do trauma exercem sobre os prejuízos neuropsicológicos.

IMPLICAÇÕES E DIREÇÕES FUTURAS

De acordo com os estudos revisados, a exposição crônica na infância a situações traumáticas, como ASI, tem sido associada a graves sequelas, tanto a curto quanto a longo prazo. Considerando que a maioria dos casos de ASI são intrafamiliares (Araújo, 2002; Habigzang et al., 2005), este se torna ainda mais prejudicial à criança vitimada, pois envolve uma quebra de confiança com as figuras de cuidado, que, a princípio, deveriam promover segurança, conforto e bem-estar psicológico (De Antoni e Koller, 2002). Diante dessa constatação, a criança vítima permanece muitos anos presa ao silêncio e ao medo. Estudos têm apontado que é muito difícil para uma criança falar sobre um segredo, algo que é confuso e que gera grande estresse emocional (Jensen et al., 2005; Leventhal, 2000). Crianças podem não revelar o abuso por motivos como ameaças do abusador, por acreditarem que os adultos não confiarão em seus relatos e pelo medo das consequências da revelação na estrutura da família (Kellogg e Menard, 2003). Esses aspectos são importantes para a compreensão de que, em geral, o ASI é um evento crônico, podendo ficar em segredo por gerações (Araújo, 2002).

Ao considerar esses aspectos, o ASI pode então ser considerado um evento de estresse crônico para crianças e adolescentes. Conforme proposto por Cicchetti e Toth (2005), a exposição contínua aos maus-tratos na infância interfere negativamente no neurodesenvolvimento, sobretudo sob o domínio psicológico e sob o domínio neurobiológico. O TEPT, dentro da perspectiva da traumatologia do desenvolvimento, pode ser considerado uma resposta neuropsicobiológica desenvolvimental. Ou seja, como uma consequência da hiperativação das áreas cerebrais envolvidas nos sistemas neurobiológicos de resposta ao estresse, com o objetivo de uma maior adaptação a um contexto de desenvolvimento caracterizado pela exposição ao estresse crônico (Glaser, 2000; Perry, 1997).

Os estudos revisados neste capítulo apontaram, resumidamente, dois aspectos importantes: (1) são observadas diferenças no tipo de alteração estrutural do cérebro entre crianças e mulheres vítimas de abuso sexual, principalmente no que se refere aos prejuízos estruturais do hipocampo e à alteração do funcionamento da memória; e (2) as alterações neuropsicológicas observadas nas vítimas de ASI e com TEPT não podem ser exclusivamente associadas ao TEPT. Em relação ao primeiro aspecto, evidências mais robustas sobre as alterações do hipocampo são observadas nas amostras com mulheres vítimas de ASI, se comparadas às crianças. O hipocampo é particularmente sensível aos efeitos do estresse, sendo que estes podem persistir a longo prazo (Bremner e Vermetten, 2001). Atualmente, tem-se discutido que a atrofia do hipocampo pode se desenvolver mais próximo à vida adulta, não sendo algo esperado durante a infância (Woon e Hedges, 2008). Já na amostra de crianças e adolescentes, resultados homogêneos indicam alteração estrutural no volume intracranial, no volume cerebral, no corpo caloso e no CPF. Além disso, um pior desempenho na atenção e em funções executivas são também encontrados com maior frequência nas amostras de crianças vítimas de ASI e com TEPT, sendo essas funções cognitivas associadas ao funcionamento do CPF. Associação entre déficits no hipocampo e conexões com o CPF seriam os principais aspectos neuropsicobiológicos do TEPT (Bremner et al., 2004). Achados envolvendo prejuízos na atenção e em funções executivas poderiam justificar o porquê crianças maltratadas apresentam baixo desempenho escolar (Yasik et al., 2007). Crianças maltratadas e com TEPT frequentemente se mostram distraídas e agem por impulsividade, o que pode contribuir para um baixo desempenho na atenção sustentada (Beers e De Bellis, 2002).

Em relação ao segundo aspecto, os estudos revisados neste capítulo não são homogêneos ao associarem disfunção cognitiva e a presença do TEPT. Em dois estudos revisados a alta prevalência de TEPT não foi correlacionada ao baixo desempenho em funções executivas (Beers e De Bellis, 2002; Stein et al., 2002). Da mesma forma, as alterações cerebrais estruturais, observadas nas crianças, e suas possíveis associações as características do ASI também precisam ser mais bem investigadas, uma vez que as correlações encontradas ainda são de intensidade moderada a fraca. Outras variáveis podem ajudar a explicar a presença dessas alterações. Por exemplo, a atrofia do hipocampo é esperada ao longo do desenvolvimento cerebral, sendo esta uma característica normal. Nesse sentido, sugere-se que esta possa ser um fator de risco para o desenvolvimento do TEPT após a exposição ao evento traumático e não uma consequência do TEPT ou do trauma (Woon e Hedges, 2008). Outro ponto a ser destacado se refere à presença de comorbidade psiquiátrica relacionada ao TEPT. Pacientes com TEPT apresentam índices elevados de depressão, ansiedade generalizada, TDAH e abuso de substâncias (Briere e Elliot, 2003; MacMillan et al., 2001). A falta de controle dessa variável sob os resultados coloca em dúvida a generalização dos déficits cognitivos associados ao TEPT, indicando a necessidade de estudos com rigor metodológico para que resultados mais conclusivos possam ser obtidos.

Intervenções psicoterápicas precoces junto à criança vítima e sua família também precisam ser mais desenvolvidas e investigadas, tendo em vista indicadores de que podem potencializar processos de resiliência. Nesse sentido, assegurar que crianças vítimas tenham direito ao atendimento psicológico é de extrema importância, a fim de minimizar o impacto das consequências emocionais, comportamentais e cognitivas associadas à ocorrência do ASI. No entanto, um largo caminho ainda necessita ser percorrido, uma vez que muitas crianças vítimas ainda não têm acesso a esse tipo de serviço profissional ou enfrentam uma longa fila de espera para receber esse atendimento, além do pequeno número de profissionais capacitados e preparados para esse trabalho. Promover políticas públicas de proteção e fortalecimento das famílias, assegurar a interrupção da violência ainda na infância e desenvolver programas de prevenção e intervenção se tornam fundamentais para permitir que as crianças se desenvolvam em um contexto familiar e social acolhedor e protetivo, evitando a ocorrência de situações de violência e a cronificação das sequelas.

REFERÊNCIAS

Ackerman, P. T., Newton, J. E. O., McPherson, W. B., Jones, J. G., & Dykman, R. A. (1998). Prevalence of post traumatic stress disorder and other psychiatric diagnoses in three groups of abused children (sexual, physical, and both). *Child Abuse & Neglect, 22*(8), 759-774.

American Psychiatric Association. (2002). *Diagnostic and statistical manual of mental disorders* (4. ed.). Washington: APA.

Araújo, M. F. (2002). Violência e abuso sexual na família. *Psicologia em Estudo, 7*, 3-11.

Beckham, J. C., Crawford, A. L., & Feldman, M. E. (1998). Trail making test performance in Vietnam combat veterans with and without posttraumatic stress disorder. *Journal of Traumatic Stress, 11*(4), 811-819.

Beers, S. R., & De Bellis, M. D. (2002). Neuropsychological function in children with maltreatment-related posttraumatic stress disorder. *American Journal Psychiatry, 159*(3), 483-486.

Bolger, K. E., & Patterson, C. J. (2003). Sequelae of child maltreatment: Vulnerability and resilience. In S. S. Luthar (Ed.), *Resilience and vulnerability: Adaptation in the context of childhood adversities* (pp. 156-181). New York: Cambridge University.

Borges, J. L., & Dell'Aglio, D. D. (2008). Abuso sexual infantil: Indicadores de risco e consequências no desenvolvimento de crianças. *Interamerican Journal of Psychology, 42*(3), 528-536.

Borges, J. L., & Dell'Aglio, D. D. (2009). Funções cognitivas e transtorno de estresse pós-traumático (TEPT) em meninas vítimas de abuso sexual. *Aletheia, 29*(1), 88-102.

Brasil, H. H. A. (2003). *Desenvolvimento da versão brasileira da K-SADS-PL (Schedule for Affective Disorders and Schizophrenia for School Aged Children Present and Lifetime Version) e estudo de suas propriedades psicométricas*. Tese de doutorado não publicada, Universidade Federal de São Paulo, São Paulo, Brasil.

Bremner, J. D. (1999). Does stress damage the brain? *Biological Psychiatry, 45*(7), 797-805.

Bremner, J. D., & Vermetten, E. (2001). Stress and development: Behavioral and biological consequences. *Development and Psychopathology, 13*(3), 473-489.

Bremner, J. D., Vermetten, E., Afzal, N., & Wythilingam, M. (2004). Deficits in verbal declarative memory function in women with childhood sexual abuse-related posttraumatic stress disorder. *Journal of Nervous and Mental Disease, 192* (10), 643-649.

Bremner, J. D., Wythilingam, M., Vermetten, E., Southwick, S. M., McGlashan, T., Nazeer, A., et al. (2003). MRI and PET study of deficits in hippocampal structure and function in women with childhood sexual abuse and posttraumatic stress disorder. *American Journal of Psychiatry, 160*(5), 924-932.

Breslau, N., Davis, G. C., Peterson, E. L., & Schultz, L. R. (2000). A second look at comorbidity in victims of trauma: The posttraumatic stress disorder-major depression connection. *Biological Psychiatry, 48*(9), 902-909.

Briere, J., & Elliott, D. M. (2003). Prevalence and psychological sequelae of self-reported childhood physical and sexual abuse in a general population sample of men and women. *Child Abuse & Neglect, 27*(10), 1205-1222.

Carrion, V. G., Weems, C. F., Eliez, S., Patwardhan, A., Brown, W., Ray, R. D., et al. (2001). Attenuation of frontal asymmetry in pediatric posttraumatic stress disorder. *Biological Psychiatry, 50*(12), 943-951.

Ciccheti, D., & Toth, S. L. (2005). Child maltreatment. *Annual Review of Clinical Psychology, 1*, 409-438.

Collin-Vézina, D., & Hébert, M. (2005). Comparing dissociation and PTSD in sexually abused school-aged girls. *Journal of Nervous and Mental Disease, 193*(1), 47-52.

Conway, M., Mendelson, M., Giannopoulos, C., Csank, P. A. R., & Holm, S. L. (2004). Childhood and adult sexual abuse, rumination on sadness, and dysphoria. *Child Abuse & Neglect, 28*, 393-410.

De Antoni, C., & Koller, S. H. (2002). Violência doméstica e comunitária. In M. L. F. Contini, S. H. Koller, & M. N. S. Barros (Eds.), *Adolescência e psicologia: Concepções, práticas e reflexões críticas* (pp. 85-91). Rio de Janeiro: Conselho Federal de Psicologia.

De Bellis, M. D. (2001). Developmental traumatology: The psychobiological development of maltreated children and its implications for research, treatment, and policy. *Developmental and Psychopathology, 13*(3), 539-564.

De Bellis, M. D. (2005). The psychobiology of neglect. *Child Maltreatment, 10*(2), 150-172.

De Bellis, M. D., Baum, A. S., Birmaher, B., Keshavan, M. S., Eccard, C. H., Boring, A. M., et al. (1999). Developmental traumatology part I: Biological stress systems. *Biological Psychiatry, 45*(10), 1259-1270.

De Bellis, M. D., Keshavan, M. S., Clark, D. B., Casey, B. J., Giedd, J. N., Boring, A. M., et al. (1999). Developmental traumatology part II: Brain development. *Biological Psychiatry, 45*(10), 1271-1284.

De Bellis, M. D., Keshavan, M. S., Shifflett, H., Iyengar, S., Beers, S. R., Hall, J., et al. (2002). Brain structures in pediatric maltreatment-related posttraumatic stress disorder: A sociodemographically matched study. *Biological Psychiatry, 52*(11), 1066-1078.

Del Ben, C. M., Vilela, J. A., Crippa, J. A., Hallak, J. E., Labate, C. M., & Zuardi, A. W. (2001). Confiabilidade da entrevista estruturada para o DSM-IV - versão clínica traduzida para o português. *Revista Brasileira de Psiquiatria, 23*(3), 156-159.

DiLillo, D., & Damashek, A. (2003). Parenting characteristics of women reporting a history of childhood sexual abuse. *Child Maltreatment, 8*(4), 319-333.

Dyregrov, A., & Yule, W. (2006). A review of PTSD in children. *Child and Adolescent Mental Health, 11*(4), 176-184.

Elzinga, B. M., & Bremner, J. D. (2002). Are the neural substrates of memory the final common pathway in posttraumatic stress disorder (PTSD)? *Journal of Affective Disorders, 70*(1), 1-17.

Famularo, R., Fenton, T., Kinscherff, R., & Augustyn, M. (1996). Psychiatric comorbidity in childhood post traumatic stress disorder. *Child Abuse & Neglect, 20*(10), 953-961.

Glaser, D. (2000). Child abuse and neglect and the brain: A review. *Journal of Child Psychology and Psychiatry, 41*(1), 97-116.

Grassi-Oliveira, R., Ashy, M., & Stein, L. M. (2008). Psicologia dos maus-tratos na infância: Efeitos de peso alostático? *Revista Brasileira de Psiquiatria, 30*(1), 60-68.

Habigzang, L. F. (2006). *Avaliação e intervenção psicológica para meninas vítimas de abuso sexual intrafamiliar*. Dissertação de mestrado não publicada, Universidade Federal do Rio Grande do Sul, Porto Alegre, Brasil.

Habigzang, L. F., Koller, S. H., Azevedo, G. A., & Machado, P. X. (2005). Abuso sexual infantil e dinâmica familiar: Aspectos observados em processos jurídicos. *Psicologia: Teoria e Pesquisa, 21*(3), 341-348.

Horner, M. D., & Hamner, M. B. (2002). Neurocognitive functioning in posttraumatic stress disorder. *Neuropsychology Review, 12*(1), 15-30.

Jensen, T. K., Gulbrandsen, W., Mossige, S., Reichelt, S., & Tjersland, O. A. (2005). Reporting possible sexual abuse: A qualitative study on children's perspectives and the context for disclosure. *Child Abuse & Neglect, 29*, 1395-1413.

Kaas, J. H., & Jain, N. (2003). Plasticidade neural. In M. T. T. Wong-Riley (Ed.), *Segredos em neurociências: Respostas necessárias ao dia a dia em rounds, na clínica, em exames orais e escritos* (pp. 461-474). Porto Alegre: Artmed.

Kaminer, D., Seedat, S., & Stein, D. J. (2005). Post-traumatic stress disorder in children. *World Psychiatry, 4*(2), 121-125.

Kellogg, N. D., & Menard, S. W. (2003). Violence among family members of children and adolescents evaluated for sexual abuse. *Child Abuse & Neglect, 27*, 1367-1376.

Kendall-Tackett, K. A., Williams, L. M., & Finkellor, D. (1993). Impact of sexual abuse on children: A review and synthesis of recent empirical studies. *Psychological Bulletin, 113*(1), 164-180.

Kessler, R. C., Sonnega, A., Bromet, E., Hughes, M., & Nelson, C. (1995). Posttraumatic stress disorder in the national comorbidity survey. *Archives of General Psychiatry, 52*(12), 1048-1060.

Koso, M., & Hansen, S. (2006). Executive function and memory in posttraumatic stress disorder: A study of Bosnian war veterans. *European Psychiatry, 21*(3), 167-173.

Kristensen, C. H., & Borges, J. L. (2004). Neuropsychological impairment, juvenile delinquency, and posttraumatic stress disorder: An exploratory study. In *First International Congress on Neurosciences and Rehabilitation Annals* (pp. 15). Brasília: Sarah Network of Rehabilitation Hospital.

Kristensen, C. H., Parente, M. A. M. P., & Kaszniak, A. W. (2006). Transtorno de estresse pós-traumático e funções cognitivas. *Psico-USF, 11*(1), 17-23.

Leventhal, J. M. (2000). Thinking clearly about evaluations of suspected child abuse. *Clinical Child Psychology and Psychiatry, 5*, 139-147.

Lynskey, M. T., & Fergusson, D. M. (1997). Factors protecting against the development of adjustment difficulties in young adults exposed to childhood sexual abuse. *Child Abuse & Neglect, 21*(12), 1177-1190.

MacMillan, H. L., Fleming, J. E., Streiner, D. L., Lin, E., Boyle, M. H., Jamieson, E., et al. (2001). Childhood abuse and lifetime psychopathology in a community sample. *American Journal of Psychiatry, 158*(11), 1878-1883.

Masten, A. S., & Garmezy, N. (1985). Risk, vulnerability, and protective factors in developmental psychopathology. In B. B. Lahey, & D. E. Kazdin (Eds.), *Advances in clinical child psychology* (pp. 1-52). New York: Plenum.

Moradi, A. R., Doost, H. T., Taghavi, M. R., Yule, W., & Dalgleish, T. (1999). Everyday memory deficits in children and adolescents with PTSD: Performance on the rivermead behavioural memory test. *Journal of Child Psychology and Psychiatry, 40*(3), 357-361.

Nemeroff, C. B. (2004). Neurobiological consequences of childhood trauma. *Journal of Clinical Psychiatry, 65*(Supl. 1), 18-28.

Neylan, T. C., Lenoci, M., Rothlind, J., Metzler, T. J., Schuff, N., & Du, A., et al. (2004). Attention, learning, and memory in posttraumatic stress disorder. *Journal of Traumatic Stress, 17*(1), 41-46.

Nurcombe, B. (2000). Child sexual abuse I: Psychopathology. *Australian and New Zealand Journal of Psychiatry, 34*(1), 85-91.

Paolucci, E. O., Genuis, M. L., & Violato, C. (2001). A meta-analysis of the published research on the effects of child sexual abuse. *Journal of Psychology, 135*(1), 17-36.

Parslow, R. A., & Jorm, A. F. (2007). Pretrauma and posttrauma neurocognitive functioning and PTSD symptoms in a community sample of young adults. *American Journal of Psychiatry, 164*(3), 509-515.

Pederson, C. L., Maurer, S. H., Kaminski, P. L., Zander, K. A., Peters, C. M., Stokes-Crowe, L. A., et al. (2004). Hippocampal volume and memory performance in a community-based sample of women with posttraumatic stress disorder secondary to child abuse. *Journal of Traumatic Stress, 17*(1), 37-40.

Perry, B. D. (1997). Incubated in terror: Neurodevelopmental factors in the "cycle of violence". In J. D. Osofsky (Ed.), *Children in a violent society* (pp. 124-149). New York: Guilford.

Pine, D. S. (2003). Developmental psychobiology and response to threats: Relevance to trauma in children and adolescents. *Biological Psychiatry, 53*(9), 796-808.

Pintello, D., & Zuravin, S. (2001). Intrafamilial child sexual abuse: Predictors of postdisclosure maternal belief and protective action. *Child Maltreatment, 6*(4), 344-352.

Place, M., Reynolds, J., Cousins, A., & O'Neill, S. (2002). Developing a resilience package for vulnerable children. *Child and Adolescent Mental Health, 7,* 162-167.

Post, R. M., Weiss, S. R. B., Li, H., Smith, M. A., Zhang, L. X., Xing, G., et al. (1998). Neural plasticity and emotional memory. *Development and Psychopathology, 10*(4), 829-855.

Pynoos, R. S. (1992). Transtorno de estresse pós-traumático em crianças e adolescentes. In B. D. Garfinkel, G. A. Carlson, & E. B. Weller (Eds.), *Transtornos psiquiátricos na infância e adolescência* (pp. 53-65). Porto Alegre: Artmed.

Quas, J. A., Goodman, G. S., & Jones, D. P. H. (2003). Predictors of attributions of self-blame and internalizing behavior problems in sexually abused children. *Journal of Child Psychology and Psychiatry, 44*(5), 723-736.

Ruggiero, K. J., McLeer, S. V., & Dixon, J. F. (2000). Sexual abuse characteristics associated with survivor psychopathology. *Child Abuse & Neglect, 24*(7), 951- 964.

Runyon, M. K., Faust, J., & Orvaschel, H. (2002). Differential symptom pattern of posttraumatic stress disorder (PTSD) in maltreated children with and without concurrent depression. *Child Abuse & Neglect, 26*(1), 39-53.

Santos, S. S., & Dell'Aglio, D. D. (2009). Revelação do abuso sexual infantil: Reações maternas. *Psicologia: Teoria e Pesquisa, 25*(1), 85-92.

Schoeman, R., Carey, P., & Seedat, S. (2009). Trauma and posttraumatic stress disorder in South African adolescents: A case-control study of cognitive deficits. *Journal of Nervous and Mental Disease, 197*(4), 244-250.

Steel, J., Sanna, L., Hammond, B., Whipple, J., & Cross, H. (2004). Psychological sequelae of childhood sexual abuse: Abuse-related characteristics, coping strategies, and attributional style. *Child Abuse & Neglect, 28*(7), 785-801.

Stein, M. B., Kennedy, C. M., & Twamley, E. W. (2002). Neuropsychological function in female victims of intimate partner violence with and without posttraumatic stress disorder. *Biological Psychiatry, 52,* 1079-1088.

Stein, M. B., Koverola, C., Hanna, C., Torchia, M. G., & McClarty, B. (1997). Hippocampal volume in women victimized by childhood sexual abuse. *Psychological Medicine, 27*(4), 951-959.

Swanson, S. J., & Stein, E. A. (2003). O sistema límbico. In M. T. T. Wong-Riley (Ed.), *Segredos em neurociências: Respostas necessárias ao dia a dia em rounds, na clínica, em exames orais e escritos* (pp. 349-375). Porto Alegre: Artmed.

Tyler, K. A. (2002). Social and emotional outcomes of childhood sexual abuse: A review of recent research. *Aggression and Violent Behavior, 7*(6), 567-589.

Vasterling, J. J., Duke, L. M., Brailey, K., Constans, J. I., Allain, A. N., & Sutker, P. B. (2002). Attention, learning, and memory performances and intellectual resources in Vietnam veterans: PTSD and no disorder comparisons. *Neuropsychology, 16*(1), 5-14.

Vythilingam, M., Heim, C., Newport, J., Miller, A. H., Anderson, E., Bronen, R. et al. (2002). Childhood trauma associated with smaller hippocampal volume in women with major depression. *American Journal of Psychiatry, 159*(12), 2072-2080.

Walrath, C., Ybarra, M., Holden, E. W., Liao, Q., Santiago, R. & Leaf, P. (2003). Children with reported histories of sexual abuse: Utilizing multiple perspectives to understand clinical and psychosocial profiles. *Child Abuse & Neglect, 27,* 509-524.

Woon, F. L., & Hedges, D. W. (2008). Hippocampal and amygdala volumes in children and adults with childhood maltreatment-related posttraumatic stress disorder: a meta-analysis. *Hippocampus, 18*(8), 729-736.

Yasik, A. E., Saigh, P. A., Oberfield, R. A., & Halamandaris, P. V. (2007). Posttraumatic stress disorder: Memory and learning performance in children and adolescents. *Biological Psychiatry, 61,* 382-388.

Yehuda, R. (2001). Biology of posttraumatic stress disorder. *Journal of Clinical Psychiatry, 62*(Supl. 17), 41-46.

Yehuda, R., Golier, J. A., Halligan, S. L., & Harvey, P. D. (2004). Learning and memory in Holocaust survivors with posttraumatic stress disorder. *Biological Psychiatry, 55*(3), 291-295.

Zavaschi, M. S. L., Graeff, M. E., Menegassi, M. T., Mardini, V., Pires, D. W. S., Carvalho, R. H., et al. (2006). Adult mood disorders and childhood psychological trauma. *Revista Brasileira de Psiquiatria, 28*(3), 184-190.

Zuravin, S. J., & Fontanella, C. (1999). The relationship between child sexual abuse and major depression among low-income women: A function of growing up experiences? *Child Maltreatment, 4,* 3-12.

8

Abuso sexual contra meninos
uma revisão

*Jean Von Hohendorff, Paula Daniela Bavaresco,
Luísa F. Habigzang e Silvia H. Koller*

Este capítulo tem como objetivo apresentar questões relacionadas ao abuso sexual contra meninos. A revisão da literatura identificou características gerais das vítimas, dos perpetradores e do episódio abusivo. As repercussões do abuso, bem como a necessidade de tratamento psicológico às vítimas, são enfatizados. Por fim, é apresentado um caso clínico, no qual estão descritos aspectos sobre a avaliação e o tratamento psicológico.

Os estudos sobre a temática do abuso sexual evoluíram consideravelmente nos últimos anos, tendo como seu foco principal a violência cometida contra meninas. No início do século XX, havia poucas publicações sobre o assunto. Tal panorama se transformou ao ocorrer uma desvinculação do tema relacionado à questão moral (Landini, 2006).

A definição do abuso sexual compreende o envolvimento de uma criança ou adolescente em atividade sexual que essa não compreende totalmente, sendo incapaz de dar consentimento, ou para a qual a criança não está preparada devido ao seu estágio desenvolvimental, ou que viola leis ou tabus da sociedade (WHO, 1999). É definido ainda como todo e qualquer ato ou jogo sexual, seja ele em uma relação heterossexual ou homossexual, no qual os agressores estão em estágio de desenvolvimento psicossexual mais adiantado que a criança ou adolescente. Tal prática tem por finalidade estimular sexualmente a vítima ou utilizá-la para obtenção de satisfação sexual dos agressores. Evidencia-se através de práticas eróticas e sexuais impostas à criança ou ao adolescente pela violência física, ameaças ou indução de sua vontade. O abuso sexual pode variar desde atos nos quais não há o contato sexual (*voyerismo*, exibicionismo, produção de fotos), até diferentes tipos de ações que incluem contato sexual com ou sem penetração. Inclui ainda, situações de exploração sexual visando a lucros, tais como, a exploração sexual e a exposição à pornografia (Ministério da Saúde, 2002).

O abuso sexual também é compreendido como uma interação de dependência estrutural das vítimas com os agressores. O aspecto do poder exercido sobre a criança é o elemento fundamental para o entendimento de interação abusiva e não apenas a questão da diferença significativa de idade entre perpetrador e vítima. A impossibilidade do menino em compreender as atividades sexuais nas quais foi envolvido também deve ser considerada (Kristensen, 1996).

Diferentes aspectos têm sido enfatizados nas definições de abuso sexual: diferença de idade entre abusador e vítima, presença de coerção, reação da vítima, forma de contato físico (Holmes e Slap, 1998). A variabilidade de definições de abuso sexual pode ser compreendida pelas diversas formas que o abuso sexual pode apresentar. Interações com penetração, manipulação de genitais, sexo oral (Holmes e Slap, 1998; Kristensen, 1996), exibicionismo (Holmes e Slap, 1998) e exibição de revistas pornográficas (Kristensen, 1996) são descritos pela literatura como formas de abuso sexual mais comuns em meninos. As diferentes definições de abuso sexual resultam em oscilação na prevalência desse tipo de violência.

Os dados epidemiológicos sugerem que o abuso sexual é mais frequente em meninas do que em meninos. Estima-se que uma em cada quatro meninas e um em cada seis meninos experimentam alguma forma de abuso sexual na infância ou adolescência (Sanderson, 2005). A análise documental de casos de abuso sexual contra crianças e adolescentes, ajuizados na Promotoria da Infância e Juventude do Rio Grande do Sul, apontou uma menor incidência de casos de abuso sexual contra meninos. De um total de 71 expedientes, no período entre os anos de 1992 e 1998, 19,1% dos casos se referiram a meninos, enquanto 80,9% a meninas (Habigzang, Koller, Azevedo e Machado, 2005). Por meio de uma revisão sistemática da literatura que abrangeu 166 estudos em língua inglesa, foram encontrados índices de abuso sexual em meninos entre 2% a 76%. Os estudos consultados possuíam número mínimo de 20 participantes. A oscilação na prevalência é explicada com base nas diferentes definições de abuso existentes nos estudos consultados (Holmes e Slap, 1998).

A identificação de características da vítima e do perpetrador é útil para compreender a dinâmica do abuso sexual contra meninos e planejar intervenções preventivas e terapêuticas. No que se refere à vítima, características tais como: início do abuso anterior à puberdade, ou seja, na infância; meninos pardos ou negros; fatores familiares como residir somente com a mãe ou com nenhum dos pais; possuir pais separados ou recasados; pais abusadores de álcool ou com comportamentos criminais; e fatores socioeconômicos, como pertencimento a camadas sociais de níveis baixos, foram identificadas em meninos (Holmes e Slap, 1998; Kristensen, 1996). Meninos com menos de seis anos estariam mais expostos ao abuso intrafamiliar, enquanto àqueles acima de 12 anos o risco para abuso extrafamiliar seria aumentado (Holmes e Slap, 1998). No que tange às características dos abusadores, estes geralmente são do sexo masculino, heterossexuais (Holmes e Slap, 1998), conhecidos pela criança, principalmente parentes, com idade entre pré-adolescência e idade adulta (Kristensen, 1996).

Com relação ao local de ocorrência do abuso, um estudo com seis vítimas masculinas apontou que geralmente ocorre na própria casa da vítima ou em locais que esta frequenta, tais como escola, rua ou casa dos abusadores (Kristensen, 1996). Em revisão sistemática da literatura, no entanto, entre 54 e 89% dos abusos foram extrafamiliares e, destes, entre 21 e 40% os abusadores não eram pessoas conhecidas pelas vítimas (Holmes e Slap, 1998). Além disso, entre 46 e 93% foram de episódio único, sendo que os casos crônicos variaram entre 17 e 53% e tiveram a duração entre menos de seis meses a 48 meses (17 a 53%) (Holmes e Slap, 1998). A frequência, duração e as condições nas quais o abuso ocorre (com ou sem a presença de violência e/ou ameaças), além da idade da criança, grau de relacionamento com os abusadores e ausência de figuras parentais protetoras são importantes fatores mediadores do impacto do abuso para o desenvolvimento (Araújo, 2002; Furniss, 1993; Kristensen, 1996; Sanderson, 2005).

As repercussões do abuso sexual na vida de meninos e, também, em homens de idade adulta evidenciam a necessidade de maior atenção e planejamento de estratégias efetivas de tratamento (Gold et al., 1999). No que tange às consequências do abuso sexual, verificam-se reações de ansiedade, pensamentos invasivos, fuga e abandono do lar, problemas legais, tais como, pequenos furtos; problemas de autoimagem como desvalorização e autoimagem pobre; e dúvidas quanto à orientação sexual (Holmes e Slap, 1998; Kristensen, 1996).

O abuso sexual pode fazer os meninos se sentirem mais confusos quanto à sexualidade (Sanderson, 2005), uma vez que o episódio abusivo tende a acontecer em uma relação homossexual. Porém, não é considerado um comportamento definitivo homossexual da vítima ou do agressor (Pfeiffer e Salvagni, 2005).

A formação da identidade de gênero é compreendida como um processo complexo para meninos e homens em geral e pode ser ainda mais complexo em meninos e homens vítimas de abuso sexual (Tremblay e Turcotte, 2005). Homens costumam se questionar constantemente sobre sua masculinidade e sentem que precisam provar a si mesmos e aos outros que realmente são homens. Dessa forma, acabam por se guiar pelo estereótipo de masculinidade, ou seja, ser forte, ativo e estar no controle das situações. A situação abusiva perpetrada por um indivíduo do mesmo sexo coloca a vítima em uma situação de submissão e vulnerabilidade incompatível com características do estereótipo masculino. Além de vítima de um abuso sexual, o menino ou homem pode ter sua identidade de gênero afetada, acarretando dúvidas a esse respeito (Tremblay e Turcotte, 2005).

Um estudo que objetivou analisar a possível relação entre abuso sexual na infância e homossexualidade na idade adulta utilizou dados de uma pesquisa prospectiva de coorte (Wilson e Widom, 2010). A amostra incluiu crianças com idade inferior a 11 anos vítimas de abuso físico (n=85), abuso sexual (n=72) e negligência (n=429) com casos documentados durante os anos de 1967 a 1971. Foram realizados pareamentos com participantes sem histórico de violências (grupo controle, n=415). Aproximadamente aos 40 anos, 483 mulheres e 461 homens foram entrevistados sobre co-habitação romântica e parceiro/a sexual. Os dados revelaram que indivíduos com histórico de abuso sexual tinham significativamente (p≤.0,05) maior probabilidade de ter possuído algum/a parceiro/a do mesmo sexo do que o grupo controle. Apenas os homens com histórico de abuso sexual na infância, no entanto, apresentaram significativamente maior probabilidade de possuir parceiros do mesmo sexo (p≤.0,01) quando comparados ao grupo controle.

Além de dúvidas em relação à sexualidade, homens vítimas de abuso sexual tendem a apresentar mais sintomas externalizantes, tais como abuso de substâncias e comportamentos agressivos do que mulheres (Ullman e Filipas, 2005). Os sintomas de transtornos disruptivos são frequentes em meninos vítimas de abuso sexual. Estes englobam o transtorno de déficit de atenção/hiperatividade (TDAH), o desafiador-opositivo e o de conduta. Os sintomas mais comuns são déficits em funções cognitivas, como atenção e concentração (também presentes no transtorno do estresse pós-traumático – TEPT), furtos, fugas de casa, abuso de substâncias, mentiras, violação de regras e limites determinados por figuras de autoridade (Maniglio, 2009). Ao comparar adultos que passaram por abuso sexual na infância com adultos que não vivenciaram essa violência, um estudo longitudinal identificou que aqueles do primeiro grupo tiveram envolvimento significativamente maior em situações de agressões e atos criminosos do que os do segundo grupo. A partir desses resultados, o abuso sexual na infância é apontado como um fator de risco para o desenvolvimento de comportamentos delinquentes

(Swanston et al., 2003). Em outro estudo longitudinal, 442 meninos vítimas de maus-tratos foram acompanhados durante 26 anos e foram identificadas diferenças nos níveis de metabolização da enzima monoamina oxidase A (MAOA) entre os grupos de vítimas (Caspi et al., 2002). Meninos pertencentes ao grupo com menores níveis de MAOA apresentaram ao longo do desenvolvimento comportamentos de envolvimento em crimes violentos e traços de personalidade antissocial. Em contrapartida, o grupo com níveis elevados de MAOA vítimas de maus-tratos na infância, não desenvolveu comportamentos antissociais. Esses resultados podem explicar parcialmente porque nem todas as vítimas de violência, ao se tornarem adultas, vitimizam outras crianças ou adolescentes.

Há diversidade de alterações cognitivas, emocionais e comportamentais decorrentes do abuso sexual (Borges e Dell'Aglio, 2008), entre elas estigmatização; vergonha; revitimização ou abuso de pares; jogos sexuais envolvimento com brigas e agressividade; comportamentos infantilizados; enurese; desatenção; dificuldades para dormir; medos específicos (de escuro, de ficar sozinho); aumento de peso; preocupação com limpeza (Kristensen, 1996); problemas sexuais, tais como hipersexualidade e comportamentos sexuais de risco; além de problemas de relacionamento interpessoal. Além dos transtornos disruptivos, foram identificados em meninos vítimas de abuso sexual, quadros de estresse pós-traumático, somatização, paranoia, bulimia, depressão, suicídio, abuso de substância, personalidade antissocial e personalidade *borderline* (Holmes e Slap, 1998).

A relação entre ajustamento psicológico e tipo de abuso sexual foi investigada em vítimas masculinas (Collings, 1995). Dois grupos foram constituídos segundo o tipo de abuso: "sem contato" (pedidos sexuais e exibicionismo) e "com contato" (intercurso sexual, contato genital manual ou oral, toque ou beijo sexual) e foram comparados com um terceiro grupo dos que não sofreram abuso (grupo controle). Para a investigação de ajustamento psicológico foi utilizado um inventário de autorrelato acerca de sintomas de somatização; sintomas obsessivos-compulsivos; dificuldade interpessoal; depressão; ansiedade; hostilidade; ansiedade fóbica; ideação paranoide e psicose. Na comparação entre o grupo controle e o grupo "sem contato", apenas houve diferença significativa para dificuldades interpessoais, enquanto a comparação entre o grupo controle e o grupo "com contato" revelou diferença significativa para somatização e sintomas obsessivo-compulsivos, dificuldades interpessoais, depressão, ansiedade e hostilidade, ansiedade fóbica, ideação paranoide e psicose (Collings, 1995).

Ao investigar as percepções de homens adultos sobre suas experiências sexuais iniciais, estes foram identificados em três grupos distintos: autoidentificados como sobreviventes de abuso sexual; sem experiência de abuso sexual; e, por fim, sobreviventes de abuso, segundo definições preestabelecidas (presença de coerção, diferença de idade entre vítima e perpetradores maiores ou iguais a cinco anos). Os participantes que se identificaram como sobreviventes de abuso sexual revelaram níveis altos e significativos de estresse, duas vezes mais propensão de ter participado de psicoterapia do que o grupo identificado como sobrevivente de abuso segundo critérios preestabelecidos. Tais dados sugerem que a percepção da vítima sobre o abuso é um fator de mediação do impacto dessa experiência (Steever, Follete e Naugle, 2001).

As repercussões do abuso sexual não se limitam somente à vítima, uma vez que a família tende a experimentar sentimentos, como pânico frente à revelação do abuso, seguido de raiva, depressão, choro, além de dúvidas quanto à sexualidade do menino (Kristensen, 1996). Diante da complexidade do abuso sexual e da ansiedade mobilizada, torna-se frequente que famílias de vítimas desistam do atendimento (Araújo, 2002).

Meninos que foram abusados sexualmente não costumam falar sobre o assunto (Sanderson, 2005) esperando esquecer o ocorrido, proteger o perpetrador ou por temer as reações que a revelação pode causar (Holmes e Slap, 1998). Em estudo com seis meninos vítimas de abuso sexual, os motivos para a não revelação incluíram o medo da reação dos pais, medo de uma possível desestruturação familiar e o medo da reação dos abusadores (Kristensen, 1996). O estudo verificou, ainda, que a revelação do abuso não foi uma escolha das vítimas, sendo que esta ocorreu porque familiares e pessoas próximas descobriram por meio de comentários de vizinhos ou sinais apresentados pela criança (sangramento anal e comportamentos atípicos) (Kristensen, 1996).

Homens que sofreram abuso sexual infantil necessitam passar por tratamento focalizado em três sintomas: culpa, raiva e ansiedade. Questões de autoacusação estão em consonância com a fase inicial do abuso. Devido a isso, é necessário auxiliar as vítimas a entenderem a dinâmica da violência sofrida para ajudá-las a culpabilizar e responsabilizar os agressores pelo ocorrido. O objetivo de trabalhar com sentimentos de raiva e ansiedade se baseia em ajudar os indivíduos no desenvolvimento de estratégias funcionais para manejarem problemas emocionais, cognitivos e comportamentais relacionados ao abuso sexual sofrido (Romano e De Luca, 2005).

A terapia cognitivo-comportamental (TCC) tem sido eficaz na redução dos sintomas e alterações cognitivas e comportamentais de crianças abusadas sexualmente (Runyon e Kenny, 2002). Esse tipo de terapia utiliza métodos que proporcionam identificar e modificar pensamentos disfuncionais e auxiliam os pacientes na busca da resolução de problemas de forma mais eficiente. Com isso, as crenças disfuncionais relacionadas ao abuso vivenciado são analisadas e modificadas a partir da compreensão da dinâmica da violência (Glodich e Allen, 1998). Um estudo de metanálise realizado com pesquisas publicadas em língua inglesa, entre os anos de 1975 e 2004, identificou que a TCC foi eficaz para o sofrimento decorrente da violência sexual e problemas de autoconceito (Hetzel-Riggin, Brausch e Montgomery, 2007).

A TCC inclui técnicas de exposição, que buscam acionar, organizar e, consequentemente, reduzir memórias intrusivas relacionadas ao abuso (Glodich e Allen, 1998). A reestruturação das memórias traumáticas é fundamental, pois um dos transtornos recorrentes em vítimas de abuso sexual infantil é o transtorno de estresse pós-traumático (TEPT) (Cohen, 2003; Runyon e Kenny, 2002). A TCC para tratamento desses casos tem sido utilizada de forma eficiente (Cohen, Deblinger, Mannarino e Steer, 2004; Perrin, Smith e Yule, 2000).

Além do tratamento psicológico para as crianças vítimas de abuso sexual, se faz necessário realizar um trabalho com os cuidadores dessa criança. A família se constitui em um sistema significativo da rede de apoio social e afetiva e poderá contribuir para minimizar os impactos negativos da experiência de abuso sexual. O trabalho com os cuidadores deve focar na importância de acreditar no relato da criança e não responsabilizá-la pelo abuso, ter comportamentos protetivos, que incluem o afastamento dos agressores e notificação do caso aos órgãos competentes. Mais do que isso, deve ser oferecido apoio emocional genuíno.

Os recursos emocionais dos cuidadores podem contribuir ou não para a reestruturação das vítimas, diante de situações difíceis, já que a forma como percebem os eventos, determinará os comportamentos que irão seguir com suas crianças (Beck, 1997; Knapp e Rocha, 2003). Dependendo de como interpretam a situação de abuso, podem se comportar de forma protetiva ou abusiva. Achados evidenciam que o sofrimento emocional dos pais após a experiência abusiva de seus filhos influencia no desenvolvimento ou manutenção dos sintomas destes após o abuso (Cohen e Mannarino, 2000). O trabalho com os cuidadores é importante e necessário para estes auxiliarem no processo psicoterápico de suas crianças (Cohen e Mannarino, 1998). A seguir aspectos da dinâmica do abuso sexual e da intervenção psicoterapêutica são discutidos a partir da apresentação de um caso clínico.

CASO CLÍNICO

Descrição do caso

Marcos[*], 9 anos, estudante da 3ª série do ensino fundamental, foi encaminhado pelo Conselho Tutelar (CT) para avaliação e acompanhamento psicológico. A denúncia junto ao CT foi realizada pela avó, pois suspeitava que o menino estaria sendo vítima de abuso sexual. De acordo com informações relatadas no documento de encaminhamento de Marcos, o menino negava a ocorrência do abuso sexual. Nas ocasiões em que era questionado sobre o assunto, costumava chorar.

Marcos morava com a mãe, Gorete (31 anos), com o padrasto Paulo (24 anos), com o irmão Pedro (14 anos) e a irmã Mara (2 anos). Gorete trabalhava em uma empresa de serviços gerais e Paulo era metalúrgico. A família tinha dificuldades econômicas.

O menino foi fruto do segundo relacionamento de sua mãe. Gorete possuía um companheiro, do qual engravidou do primeiro filho (Pedro). Antes de Pedro nascer, Gorete se separou, tendo casado novamente. Nesse novo relacionamento, teve mais dois filhos (Ana, 13 anos e Marcos, 9 anos). A união do casal durou aproximadamente quatro anos. Após a separação, Ana e Marcos ficaram com o pai. Aos 7 anos, Marcos decidiu morar com a mãe por desejo próprio. Dizia não gostar de fazer o trabalho "de roça" (plantação e colheita de frutas e legumes – atividades do pai). Atualmente, seu pai biológico e sua irmã Ana moram em outra cidade e mantêm contatos esporádicos com ele. Gorete está casada com um terceiro companheiro, com o qual teve mais uma filha (Mara), e está grávida de seis meses.

A seguir é apresentado um genetograma para cada relacionamento de Gorete, objetivando ilustrar a situação familiar na qual Marcos se encontrava durante o tratamento.

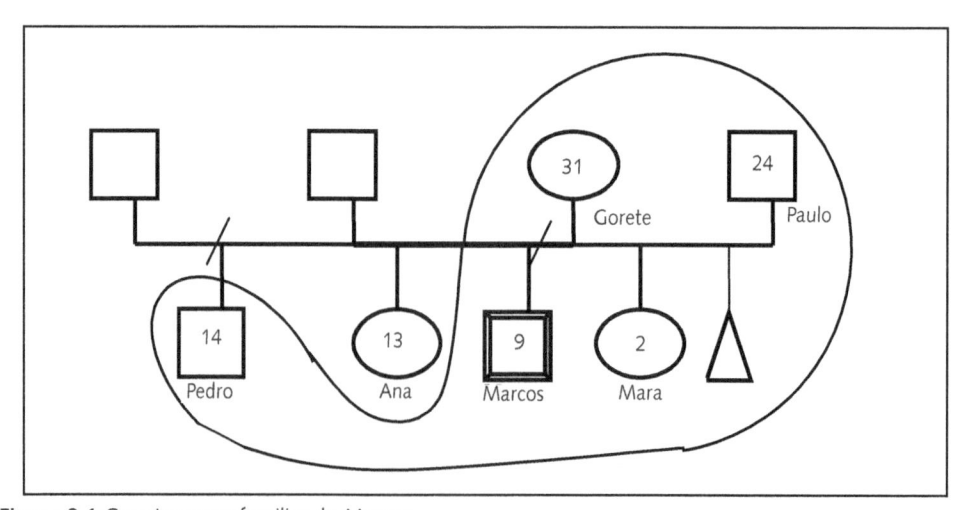

Figura 8.1 Genetograma familiar de Marcos.

---

[*] Nomes fictícios foram atribuídos para preservar a identidade das pessoas envolvidas no caso.

Marcos relatou ter sofrido abuso sexual aos 7 anos, perpetrado pelo primo (Miguel – 13 anos na época do abuso sexual). Seu irmão Pedro (9 anos) estava presente. Pedro foi quem contou à mãe sobre o abuso sexual de Marcos. De acordo com Gorete, Pedro relatou ter visto Miguel "comer" seu irmão. Quando soube, Gorete culpabilizou Marcos e o agrediu fisicamente por não ter contado o que tinha acontecido. Gorete afirmou ao psicólogo que percebia Marcos com trejeitos homossexuais e que o chamava de "bichinha" e "boiolinha", acrescentando que seu filho "havia gostado de ser abusado". Na época da revelação de Pedro, não foi realizada denúncia sobre o ocorrido, porque a família não quis se expor. Marcos e o primo foram afastados e não tiveram mais contato um com o outro.

A avó de Marcos residia em uma casa próxima à casa do menino e sempre teve um bom relacionamento com o seu neto. Suspeitava que Marcos estivesse sendo vítima de abuso novamente, pois tinha conhecimento do abuso sexual perpetrado por Miguel. A avó relatou que o menino gritava muito quando estava em casa com o irmão. Houve, então, a suspeita de revitimização. No entanto, Marcos negou estar sofrendo abusos sexuais e disse gritar por não querer ajudar nas tarefas domésticas de casa.

A mãe de Marcos se mostrou pouco colaborativa para o esclarecimento dos fatos e pouco empática com a situação do menino. Durante todo o processo de avaliação, Gorete se mostrou resistente em levar seu filho aos atendimentos e relatou posturas inadequadas no manejo com a situação. Além de usar apelidos depreciativos, Gorete mostrava dificuldades em manejar comportamentos não desejados do filho, quando costumava gritar e punir o menino com agressões físicas.

O rendimento escolar de Marcos era considerado bom. Ele relatou ter poucos amigos, pois havia ingressado na escola naquele ano. Marcos gostava de matemática e de jogar futebol.

AVALIAÇÃO DO CASO

A avaliação psicológica de Marcos foi realizada com base no modelo descrito por Habigzang e colaboradores (2008). A avaliação iniciou com uma entrevista que objetivou estabelecer um vínculo terapêutico com o menino, por meio da criação de um espaço seguro, diante de uma relação de confiança. Buscou-se também obter o relato de Marcos sobre o abuso sexual, assim como mapear a frequência e a dinâmica dos episódios abusivos. Inicialmente, Marcos relatou não saber o motivo de estar frequentando o serviço de Psicologia. Diante disso, foi dito ao menino que ele havia sido encaminhado pelo Conselho Tutelar devido a uma denúncia de abuso sexual. Marcos então contou que o primo Miguel teria abusado dele quando era menor, mas não trouxe detalhes sobre a situação. Foi investigada a possibilidade de abuso pelo irmão, e Marcos negou que Pedro estivesse abusando sexualmente dele. Nos encontros seguintes, foram aplicadas algumas escalas: 1) Escala de atribuições e percepções da criança (CAPS – Mannarino, Cohen e Berman, 1994); 2) Inventário de Depressão Infantil (CDI – Kovacs, 1992); 3) Escala de Estresse Infantil (ESI – Lipp e Lucarelli, 1998); 4) Inventário de Ansiedade Traço-Estado para crianças (IDATE-C – Biaggio e Spielberger, 1983); e 5) Entrevista estruturada com base no DSM-IV/SCID para avaliação de transtorno do estresse pós-traumático (adaptada por Habigzang, 2006). Os resultados apontaram que Marcos possuía percepções de culpa, não apresentava indicadores para depressão e estresse infantil. Marcos apresentou sintomas de ansiedade e evidenciava três sintomas de esquiva, dois sintomas de excitabilidade, além de ter relatado "lembrar pouco do abuso". Marcos não soube especificar o período de tempo no qual vinha experienciando os sintomas relatados.

Intervenção psicológica

A intervenção foi realizada com psicoterapia cognitivo-comportamental individual com frequência semanal (baseada no modelo de Habigzang et al, 2009) para Marcos e psicoeducação e orientação para a mãe do menino. A seguir são apresentadas as principais intervenções realizadas com Marcos e sua mãe.

Psicoeducação e orientação à mãe

As sessões com a mãe do menino focalizaram a psicoeducação sobre o abuso sexual e possíveis consequências. Também teve como objetivo orientar Gorete quanto ao seu papel de cuidadora, do impacto de sua reação frente à descoberta do abuso e no desenvolvimento de estratégias de manejo, evitando punições físicas, para lidar com situações cotidianas relacionadas ao filho. Na ocasião da revelação do abuso, Gorete surrou seu filho, pois acreditava que "ele deveria ter contado o que aconteceu" a ela. Além disso, ela afirmava que Marcos havia gostado do abuso, uma vez que não o relatou. Foi discutido com Gorete a dinâmica do abuso sexual e os sentimentos de vergonha e medo que dificultam a revelação do abuso pela criança (Furniss, 1993; Habigzang, 2006). Com relação aos apelidos depreciativos pelos quais a mãe chamava seu filho, foi feita uma combinação referente ao não uso destes, e Gorete compreendeu que estava contribuindo com sentimentos de estigmatização vivenciados pelo filho.

Gorete possuía crenças distorcidas acerca da violência que Marcos sofrera, acreditando que esse episódio havia definido a sexualidade do menino. Aspectos da dinâmica do abuso referentes a essa crença de Gorete foram trabalhados. Foi explicado à mãe que uma criança poderia experienciar prazer durante o abuso sexual devido à excitação que pode ser provocada pela estimulação de determinadas partes do corpo, mas que isso não significa que tenha consentido e gostado de ser vitimizada. As ameaças e barganhas comumente presentes no abuso sexual foram discutidas, sendo enfatizado o temor e a ambivalência da vítima frente à revelação. A diferença de idade e de entendimento sobre a situação abusiva entre Marcos e seu primo foi salientada. A importância do acompanhamento psicológico de Marcos foi trabalhada através da discussão sobre o que o abuso sexual pode acarretar à vítima (transtornos psicopatológicos, prejuízos escolares e sociais, etc.) tendo em vista a resistência da mãe frente ao tratamento. Foi necessário auxílio do Conselho Tutelar para que Gorete continuasse com o acompanhamento psicológico de seu filho.

O manejo inadequado frente a comportamentos indesejados de Marcos foi realizado por meio de orientações a Gorete. Marcos havia quebrado a cama de sua mãe, além de tomar iogurtes e colocar água nos potes, negando tais comportamentos. O menino se recusava a cooperar com atividades em sua casa (p. ex., arrumar a cama, secar a louça), gritando quando alguém o mandava realizar tais atividades. Na ocorrência desses comportamentos, Gorete costumava gritar com o filho, além de bater nele. Ela afirmou que tais comportamentos "começaram depois que Marcos começou a ser atendido". Gorete relatou não ser fisicamente afetuosa com os filhos, dizendo que "quase nunca abraçava e beijava os filhos". De acordo com ela, "os filhos tinham tudo o que precisavam: casa, roupa, comida e escola".

Inicialmente, a relação de afeto entre Gorete e seu filho foi enfatizada pelo terapeuta. Orientações quanto à reciprocidade na busca de afeto por Marcos foram discutidas, salientando que uma criança necessita se sentir amada pelos seus cuidadores. A infância de Gorete foi relembrada, sendo que esta afirmou que sua mãe "não costumava dar carinho" a ela. Gorete afirmou que "sentia falta disso".

Para o manejo dos comportamentos indesejados de Marcos, foi dito à mãe que uma criança tinha em seus pais modelos de comportamento. Assim, ao gritar e bater no filho, Gorete poderia estar lhe ensinando essas estratégias para enfrentar situações-problema. A mãe foi orientada a conversar com o filho de forma firme, olhando em seus olhos e lhe dizendo a consequência de seu comportamento. Quando necessário, Gorete foi instruída a colocá-lo de castigo, dizendo ao menino o motivo deste e sua duração. O castigo era estipulado pela mãe conforme a situação. Geralmente o menino era privado de televisão ou tinha que permanecer em seu quarto sozinho.

Além disso, a necessidade de reforçar os comportamentos adequados de Marcos foi enfatizada. Um esquema de reforço por economia de fichas foi estipulado em parceria com a mãe para o cumprimento das atividades diárias relacionadas aos cuidados com a casa (arrumar a cama, secar a louça, etc.). Em parceria com Marcos, Gorete construiu um painel no qual escreveu as atividades que o menino deveria cumprir diariamente. No final de cada dia, a mãe verificava a execução dessas tarefas e atribuía uma estrela a Marcos, caso as tarefas estivessem cumpridas. No final da semana, Marcos trocava suas estrelas por passeios. Tal técnica foi seguida por aproximadamente duas semanas. Após, Gorete não atribuía estrelas a Marcos, porém, continuava verificando diariamente o cumprimento das atividades e, nos finais de semana, o menino podia passear com os pais ou ir até a casa de familiares.

Gorete passou a administrar de forma assertiva os comportamentos indesejáveis de Marcos, sendo que estes diminuíram consideravelmente. O menino passou a cumprir com suas atividades diárias. Gorete se mostrou mais colaborativa com o processo psicoterapêutico do filho após o trabalho sobre a dinâmica do abuso sexual. Assim, é possível inferir que o acesso às informações sobre o abuso sexual possibilitou que Gorete flexibilizasse suas crenças e modificasse sua atitude perante seu filho.

Intervenção com Marcos

Diante dos resultados da avaliação realizada, a intervenção com o menino foi focada na reestruturação da memória traumática acerca do episódio abusivo, bem como nas repercussões cognitivas e comportamentais deste. Nos primeiros atendimentos, Marcos mencionou não querer falar sobre o abuso sexual, dizendo que isso era passado e não deveria ser lembrado. Nos momentos em que o assunto foi abordado, o menino baixava a cabeça e enchia os olhos de lágrimas, o que evidenciava o sofrimento relacionado ao abuso. O terapeuta explicou a Marcos que falar sobre o abuso era algo importante para que ele pudesse aprender a lidar com as lembranças e com as emoções relacionadas a esse evento de sua vida. Nesses primeiros encontros, a ludoterapia foi utilizada para fortalecer o vínculo de Marcos com o terapeuta. Foi combinado que poderia relatar os fatos que lembrava, à medida que se sentisse à vontade e confiante para contar. O objetivo era expor gradativamente o menino às memórias do abuso sexual e, assim, poder compreender o que ocorreu, dar novos sentidos à interpretação do abuso, aprender a lidar com as emoções relacionadas e reorganizar os fragmentos da memória traumática. O registro de pensamentos acerca do episódio abusivo foi solicitado ao menino, porém ele não aderiu à técnica. Verificou-se resistência de Marcos para abordar o abuso e as sessões iniciais focalizaram em sua dificuldade para lidar com as provocações do irmão e problemas de relacionamento com a mãe. A formação do vínculo terapêutico foi dificultada pelas faltas do menino aos atendimentos. Gorete comunicou por telefone que não traria mais o menino para atendimento. Após a insistência com a mãe para retomar os atendimentos, a situação foi comunicada ao Conselho Tutelar, que solicitou à mãe que retomasse o acompanhamento psicológico.

Nos atendimentos nos quais o episódio do abuso foi conversado, Marcos afirmou não lembrar detalhes do que ocorreu. Porém, ao falar sobre a situação abusiva, relatava que sentia arrepios, vontade de chorar e dor na barriga. Em uma das sessões, Marcos conseguiu relatar que seu irmão estava presente na situação do abuso sexual e que seu primo tirou suas calças. O desenho do episódio do abuso foi um recurso que facilitou a expressão verbal de Marcos. Durante duas sessões, Marcos desenhou três meninos (ele mesmo, seu irmão e seu primo) lado a lado. A ilustração é apresentada a seguir.

Figura 8.2 Desenho sobre o episódio abusivo.

Após realizar o desenho, o terapeuta e Marcos conversaram sobre sua produção, buscando compreender o que ele estava expressando.

Terapeuta (T): *No dia em que o abuso sexual aconteceu estava chovendo ou tinha sol, Marcos?*
Marcos (M): *Tinha sol.*
T: *Ok... E onde vocês estavam neste dia?*
M: *Em casa.*
T: *Tu estavas sozinho?*
M: *Não, meu irmão e meu primo também estavam.*
T: *E o que tu estavas fazendo?*
M: *Eu estava olhando TV na sala.*
T: *E ali no desenho, onde vocês estão?*
M: *No quarto.*
T: *Como tu foste até o quarto? Eles te levaram?*
M: *Eles pediram e eu fui.*
T: *E o que aconteceu depois?*
M: *(Marcos se mantém em silêncio).*
T: *Eles mexeram no teu corpo?*
M: *Sim.*
T: *Em que parte?*
M: *Tudo.*
T: *Em tudo... Tu podes me explicar melhor?*
M: *(Silêncio).*

Diante do silêncio de Marcos ao ser questionado sobre o que havia acontecido durante o abuso sexual, foram oferecidos bonecos para que o menino pudesse utilizá-los em seu relato.

T: *Marcos, vamos fazer o seguinte: vou pegar esses bonecos e com a ajuda deles tu me mostras o que aconteceu. Façamos de conta que eles são teu primo, tu e o teu irmão. Vocês estão no quarto e eles estão passando a mão em ti* como tu me falaste. O que aconteceu depois?*
M: *Não lembro.*
T: *O que tu fez enquanto eles passavam a mão?*
M: *Tentei fugir.*
T: *Como?*
M: *Sair correndo.*
T: *E como foi isso?*
M: *Eu tentei sair, mas eles disseram que, se eu corresse, eles iriam me bater.*
T: *E o que eles fizeram?*
M: *(Silêncio).*
T: *Não fizeram mais nada?*
M: *Fizeram. Mas eu não lembro.*

Com a finalidade de elucidar o abuso sexual de Marcos, bem como compreender a presença do irmão, Pedro foi chamado com o consentimento de Marcos. Pedro relatou que Miguel costumava levar Marcos para o quarto e tirava a roupa do menino. Pedro relatou que ficava na sala, onde escutava seu irmão relutar ao que ocorria. De acordo com Pedro, ele não buscava intervir por medo do primo, que o ameaçava. Segundo Pedro, tal episódio ocorreu duas vezes. O mesmo informou que nunca participou com o primo dos abusos contra Marcos. Pedro autorizou que se falasse a respeito dessas informações com Marcos.

As informações relatadas por Pedro foram compartilhadas com Marcos. O menino confirmou. Após a vinda do irmão, Marcos conseguiu trazer mais detalhes do abuso para o terapeuta. Em uma sessão, Marcos utilizou três lápis de cor (cada um representando um dos meninos – Marcos, Pedro e Miguel). De acordo com Marcos, os lápis mostravam que seu primo e ele estavam deitados, lado a lado, nus na cama. O lápis que representava seu irmão foi mantido distante dos outros dois.

A reestruturação da memória traumática teve sequência com a comparação da memória com um jogo de quebra-cabeças. O terapeuta explicou a Marcos que a memória do abuso é como um quebra-cabeça, no qual as peças começam misturadas, sem se encaixar, e que aos poucos essas peças vão se unindo e formam imagens com sentido. Marcos afirmou novamente que seu primo Miguel havia abusado dele e que seu irmão, embora estivesse no local, não havia participado do episódio. Mais uma vez Marcos disse não lembrar outros detalhes acerca do ocorrido. Assim, foi decidido finalizar o trabalho com a memória traumática de Marcos, considerando que o menino relatou aquilo que conseguiu acerca do fato.

As repercussões do abuso sexual de Marcos foram discutidas com o menino. Marcos foi questionado acerca do que sentia sobre o que tinha experienciado com o primo. O menino relatou que sentia vergonha e culpa do que aconteceu. Através da técnica cognitiva da descoberta guiada, foram realizadas perguntas que auxiliaram Marcos a perceber que não teve culpa pelo abuso. Inicialmente o terapeuta perguntou qual era a explicação de Marcos para esse sentimento de culpa. Marcos informou que se sentia culpado "porque não tinha falado do abuso para a mãe". Diante disso, o terapeuta questionou o motivo, e ele respondeu que "era porque tinha medo que seu primo batesse nele". Assim, o menino foi questionado sobre a idade de Miguel, sua força física e o modo como o abuso ocorreu. Marcos, então, percebeu que a responsabilidade pelo abuso sexual foi de seu primo, pois este era mais velho e possuía maior força física, o que o intimidou. Além disso, Marcos pôde se dar

---
* O menino havia relatado que seu irmão e primo haviam passado a mão em seu corpo.

conta de que o abuso sexual ocorreu contra sua vontade e que se sentiu ameaçado pelo primo e, portanto, não contou sobre o abuso à mãe. Por fim, Marcos construiu um desenho no qual escreveu os motivos pelos quais ele não era o culpado pelo abuso sexual ocorrido. O desenho foi utilizado como um cartão de enfrentamento para as situações nas quais Marcos poderia se sentir culpado.

Figura 8.3 Cartão de enfrentamento.

Marcos também relatou sentir vergonha por ser chamado de "viadinho". Na sua opinião, tal apelido poderia ter relação com o abuso sexual, por isso, o significado foi discutido com o menino. Marcos definiu como: "homem que se acha mulher". O terapeuta buscou avaliar se Marcos possuía a crença de que o fato de ter sido abusado sexualmente o tornava um. Marcos disse que não, pois isso dependeria da vontade de cada pessoa. Além disso, mencionou que ele não quis que o abuso acontecesse. Também foi explicado ao menino que o abuso sexual pode ser perpetrado por homens e mulheres. No caso de Marcos, o fato de outro menino ter abusado sexualmente dele não significava que ele merecesse essa denominação, ou seja, que sentisse atração por homens. Marcos disse, ainda, que já gostou de uma menina, pois "era a mais bonita da escola". O terapeuta perguntou se a mãe continuava usando apelidos para se referir a ele, o que não foi confirmado por ele.

As expectativas de Marcos em relação ao futuro foram abordadas. Marcos relatou que pretendia "ser bombeiro, ter um carro e morar sozinho". Disse que "depois de algum tempo, gostaria de ter uma mulher e filhos". No tocante às possíveis repercussões do abuso em seu futuro, Marcos relatou que "isso não vai mudar meu futuro, já passou e eu estou melhor".

Para a finalização do acompanhamento psicológico, as orientações dadas a Gorete foram retomadas com o intuito de verificar a incorporação destas em seu repertório comportamental. As discussões sobre culpa e vergonha, bem como as conclusões que Marcos chegou acerca desses sentimentos, foram, novamente abordadas com o menino com a finalidade de verificar a reestruturação de tais percepções e sentimentos. As possíveis mudanças percebidas pelo menino ao final do acompanhamento psicológico foram trabalhadas solicitando que Marcos fizesse um desenho (Figura 8.4). Marcos abordou o relacionamento com seu irmão alegando que se sentia feliz, pois havia aprendido a lidar com o irmão e que as brigas diminuíram, bem como as provocações do irmão.

Também foi realizada uma avaliação sobre as percepções de Marcos com relação ao abuso antes e depois do tratamento. Inicialmente, Marcos disse não lembrar sobre como se sentia antes do acompanhamento psicológico. Porém, no decorrer da discussão, os sentimentos de vergonha e culpa foram relatados e, juntamente com o psicólogo, foram anotados em uma folha na qual também foram descritas as mudanças (Figura 8.4).

Figura 8.4 Mudanças com a intervenção.

O Estatuto da Criança e do Adolescente (ECA – Brasil, 1990) foi trabalhado utilizando o vídeo "Estatuto do Futuro" (Ceccon e Bloch, 1997) para que Marcos conhecesse seus diretos previstos em lei. As últimas sessões com o menino tiveram como objetivo simular situações de risco e a construção de estratégias para evitar possíveis revitimizações. As estratégias de autoproteção foram ensaiadas por meio de *role-play*. A aproximação de estranhos, a possível presença do primo, telefones e locais onde solicitar ajuda foram ensaiados. Por fim, Marcos escolheu um adulto-referência a quem poderá recorrer caso necessite auxílio.

CONSIDERAÇÕES FINAIS

O abuso sexual em meninos representa um fenômeno complexo e de difícil manejo para todos os envolvidos, ou seja, para a criança, para a família e, também, para os profissionais responsáveis. Diante da ampla

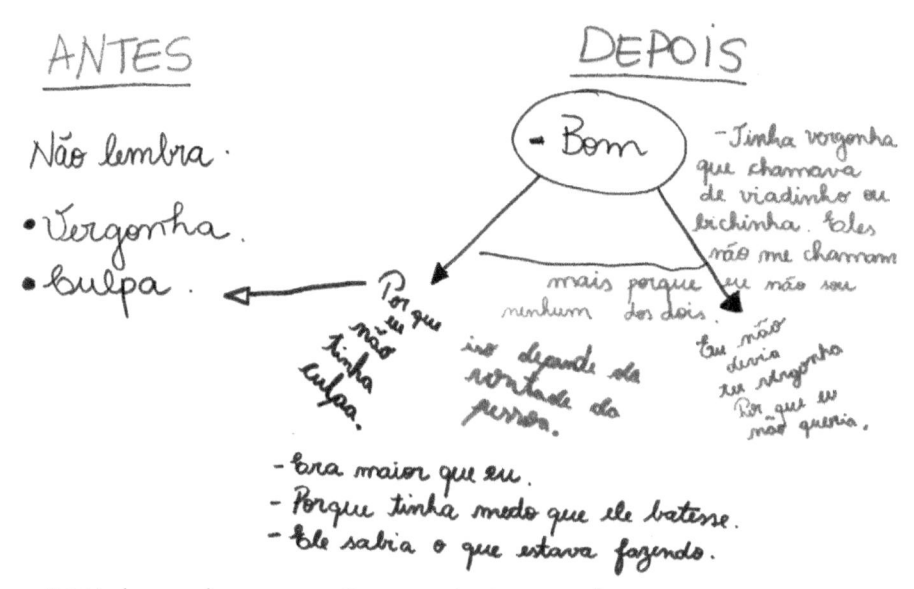

Figura 8.5 Mudanças sobre as percepções acerca do abuso sexual.

variedade de fatores envolvidos no abuso sexual, bem como da dificuldade em lidar com esse acontecimento, cabe aos profissionais que atendem tal público estarem preparados e capacitados para o enfrentamento de impasses e dificuldades no acompanhamento desses casos.

Esse caso evidenciou vários aspectos apontados pela literatura, que aborda o abuso sexual em meninos: dificuldade em falar sobre o episódio abusivo (Sanderson, 2005); sentimentos de culpa (Romano e De Luca, 2005, 2006) e vergonha em decorrência do abuso; dúvidas quanto à sexualidade; e medo da reação do abusador perante a revelação. Também, foi possível evidenciar o medo de como a revelação ocorreria, ou seja, pela descoberta do abuso sexual por familiares ou pessoas próximas (Kristensen, 1996).

A abordagem cognitivo-comportamental no tratamento de Marcos mostrou ser efetiva na reestruturação de cognições que ele possuía acerca do episódio abusivo, uma vez que conseguiu falar sobre o abuso e perceber que não teve culpa pela violência, flexibilizando crenças de autoculpabilização e estigmatização (vergonha). O trabalho com a mãe do menino também se mostrou importante, tendo em vista a mudança ocorrida no manejo com o filho, bem como a reestruturação de suas crenças sobre o abuso sexual e o papel desempenhado pelo filho. Tais resultados obtidos com a intervenção se somam a diversos estudos que apontaram a efetividade da TCC no tratamento de crianças e adolescentes vítimas de abuso sexual, na redução de sintomas de transtorno do estresse pós-traumático, depressão, ansiedade e crenças e percepções distorcidas em relação a violência sofrida (Cohen, Berliner e Mannarino, 2000; Cohen, Deblinger, Mannarino e Steer, 2004; Cohen, Mannarino e Knudsen, 2005; Habigzang et al., 2009; Hetzel-Riggin, Brausch e Montgomery, 2007; Perrin, Smith e Yule, 2000; Runyon e Kenny, 2002). No trabalho realizado com Marcos, foi possível reestruturar sua percepção sobre o abuso sexual sofrido, além de flexibilizar crenças de autoculpabilização e estigmatização (vergonha).

REFERÊNCIAS

Araújo, M. F. (2002). Violência e abuso sexual na família. *Psicologia em Estudo, 7,* 3-11.

Beck, J. S. (1997). *Terapia cognitiva: Teoria e prática.* Porto Alegre: Artmed.

Biaggio, A., & Spielberger, C. D. (1983). *Inventário de ansiedade traço-estado-Idate-C Manual.* Rio de Janeiro: CEPA.

Borges, J. L., & Dell'Aglio, D. D. (2008). Relações entre abuso sexual na infância, transtorno de estresse pós-traumático (TEPT) e prejuízos cognitivos. *Psicologia em Estudo, 13*(2), 371-379.

Brasil. Ministério da Saúde. (2002). *Notificação de maus-tratos contra crianças e adolescentes pelos profissionais de saúde: Um passo a mais na cidadania em saúde.* Brasília: Secretaria de Assistência à Saúde.

Ceccon, C., & Bloch, S. (1997). *Estatuto do Futuro* [vídeo]. Porto Alegre: CECIP, Artmed.

Caspi, A., McClay, J., Moffitt, T., Mill, J., Martin, J., Craig, I., et al. (2002). Evidence that the cycle of violence in maltreated children depends on genotype. *Science, 297,* 851-854.

Cohen, J. A. (2003). Treating acute posttraumatic reactions in children and adolescents. *Society of Biological Psychiatry, 53,* 827-833.

Cohen, J. A., & Mannarino, A. P. (1998). Factors that mediate treatment outcome of sexually abused preschool children: Six- and 12-month follow-up. *Journal of the American Academy of Child & Adolescent Psychiatry, 37,* 44-51.

Cohen, J. A., & Mannarino, A. P. (2000). Predictors of treatment outcome in sexually abused children. *Child Abuse & Neglect, 24*(7), 983-994.

Cohen, J. A., Berliner, L., & Mannarino, A. P. (2000). Treating traumatized children: A research review and synthesis. *Trauma Violence, 1*(1), 29-46.

Cohen, J. A., Deblinger, E., & Mannarino, A. P. (2004). Trauma-focused cognitive-behavioral therapy for sexually abused children. *Psychiatric Times, 21*(10).

Cohen, J. A., Deblinger, E., Mannarino, A. P., & Steer, R. A. (2004). A multisite, randomized controlled trial for children with sexual abuse–related PTSD symptoms. *Journal American Academy of Child and Adolescent Psychiatry, 43*(4), 393-402.

Cohen, J. A., Mannarino, A. P., & Knudsen, K. (2005). Treating sexually abused children: One year follow-up of a randomized controlled trial. *Child Abuse & Neglect, 29,* 135-145.

Collings, S. J. (1995). The long-term effects of contact and noncontact forms of child sexual abuse in a sample of university men. *Child Abuse & Neglect, 19,* 1-6.

Furniss, T. (1993). *Abuso sexual da criança: Uma abordagem multidisciplinar.* Porto Alegre: Artmed.

Glodich, A. M., & Allen, J. G. (1998). Adolescents exposed to violence and abuse: A review of the group therapy literature with an emphasis on preventing trauma reenactment. *Journal of Child and Adolescent Group Therapy, 8*(3), 135-154.

Gold, S. N., Lucenko B. A., Elhai, J. D., Swingle, J. M., & Sellers, A. H. (1999). A comparison of psychological/psychiatric symptomatology of women and men sexually abused as children. *Child Abuse & Neglect, 23*(7), 683-692.

Habigzang, L. F. (2006). *Avaliação e intervenção clínica para meninas vítimas de abuso sexual intrafamiliar.* Dissertação de mestrado não publicada, Universidade Federal do Rio Grande do Sul, Porto Alegre, Brasil.

Habigzang, L. F., Dala Corte, F., Stroeher, F., Hatzenberger, R., & Koller, S. H. (2008). Avaliação do efeito de um modelo de intervenção psicológica para meninas vítimas de abuso sexual. *Psicologia Teoria e Pesquisa, 24,* 67-76.

Habigzang, L. F., Koller, S. H., Azevedo, G. A., & Machado, P. X. (2005). Abuso sexual infantil e dinâmica familiar: Aspectos observados em processos jurídicos. *Psicologia: Teoria e Pesquisa, 21*(3), 341-348.

Habigzang, L. F., Koller, S. H., Hatzenberger, R., Stroeher, F., Cunha, R. C., & Ramos, M. (2008). Entrevista clínica com crianças e adolescentes vítimas de abuso sexual. *Estudos em Psicologia, 13*(3), 285-292.

Habigzang, L. F., Stroeher, F. H., Hatzenberger, R., Cunha, R. C., Ramos, M. S., & Koller, S. H. (2009). Grupoterapia cognitivo-comportamental para crianças e adolescentes vítimas de abuso sexual. *Revista de Saúde Pública, 43*(1), 70-78.

Hetzel-Riggin, M., Brausch, A. M., & Montgomery, B. S. (2007). A meta-analytic investigation of therapy modality outcomes for sexually abused children and adolescents: An exploratory study. *Child Abuse & Neglect, 31,* 125-141.

Holmes, W. C., & Slap G. B. (1998). Sexual abuse of boys: definition, prevalence, correlates, sequelae and manegement. *Journal of American Medical Association, 180,* 1855-1862.

Knapp, P., & Rocha, D. B. (2003). Conceituação cognitiva: Modelo de Beck. In R. M. Caminha, R. Wainer, M. Oliveira, & N. M. Piccoloto (Eds.), *Psicologias cognitivo-comportamentais: Teoria e prática* (pp. 39-45). São Paulo: Casa do Psicólogo.

Kovacs, M. (1992). *Children's depression inventory manual*. Los Angeles: Western Psychological Services.

Kristensen, C. H. (1996). *Abuso sexual em meninos*. Dissertação de mestrado não publicada, Universidade Federal do Rio Grande do Sul, Porto Alegre, Brasil.

Landini, T. S. (2006). Violência sexual contra crianças na mídia impressa: gênero e geração. *Cadernos Pagu, 26*, 225-252.

Lipp, M. E., & Lucarelli, M. D. M. (1998). *Escala de stress infantil – ESI: Manual*. São Paulo: Casa do Psicólogo.

Maniglio, R. (2009). The impact of child sexual abuse on health: A systematic review of reviews. *Clinical Psychology Review, 29*, 647-657.

Mannarino, A. P., Cohen, J. A., & Berman, S. R. (1994). The children's attributions and perceptions scale: A new measure of sexual abuse-related factors. *Journal of Clinical Child Psychology, 23*(2), 204-211.

Perrin, S., Smith, P., & Yule, W. (2000). Practitioner review: The assessment and treatment of posttraumatic stress disorder in children and adolescents. *The Journal of Child Psychology and Psychiatry, 41*(3), 277-289.

Pfeiffer, L., & Salvagni, E. P. (2005). Visão atual do abuso sexual na infância e adolescência. *Jornal de Pediatria, 81*(5), 197-204.

Romano, E., & De Luca, R. V. (2005). An individual treatment programme for sexually abused adult males: Description and preliminary findings. *Child Abuse Review, 14*, 40-56.

Romano, E., & De Luca, R. V. (2006). Evaluation of a treatment program for sexually abused adult males. *Journal of Family Violence, 21*(1), 75-88.

Runyon, M. K., & Kenny, M. C. (2002). Relationship of attributional style, depression, and posttrauma distress among children who suffered physical or sexual abuse. *Child Maltreatment, 7*(3), 254-264.

Sanderson, C. (2005). *Abuso sexual em crianças: Fortalecendo pais e professores para proteger crianças de abusos sexuais*. São Paulo: M. Books do Brasil.

Steever, E. E., Follete, V. M., & Naugle, A. E. (2001). The correlates of male adults' perceptions of their early sexual experiences. *Journal of Traumatic Stress, 14*, 189-204.

Swanston, H. Y., Parkinson, P. N., O'Toole, B. I., Plunkett, A. M., Shrimpton, S., & Oates, R. K. (2003). Juvenile crime, aggression and delinquency after sexual abuse. *British Journal of Criminology, 43*, 729-749.

Tremblay, G., & Turcotte, P. (2005). Gender identity construction and sexual orientation in sexually abused males. *International Journal of Men's Health, 4*(2), 131-147.

Ullman, S. E., & Filipas, H. H. (2005). Gender differences in social reactions to abuse disclosures, post-abuse coping, and PTSD of child sexual abuse survivors. *Child Abuse & Neglect, 29*, 767-782.

Wilson, H. W., & Widom, C. S. (2010). Does physical abuse, sexual abuse, or neglect in childhood increase the likelihood of same-sex sexual relationships and cohabitation? A prospective 30-year follow-up. *Archives of Sexual Behavior, 39*, 63-74.

World Health Organization. (1999). *Child maltreatment*. Geneva: WHO. Acessado em 25 nov, 2009, em http://www.who.int/topics/child_abuse/en/.

9

Adolescentes que abusam sexualmente de crianças ou de outros adolescentes*

Fernanda Bianchini e Clarissa De Antoni

A problemática do adolescente em conflito com a lei é tratada de maneira diferenciada pela sociedade, que parece se mobilizar mais facilmente quando se trata de defender vítimas de possíveis agressores (Volpi, 2001). No entanto, quando o agressor e a vítima estão no mesmo estágio de desenvolvimento biopsicossocial, há poucos estudos e debates sobre esse fenômeno, principalmente em relação a atos abusivos sexuais. Este capítulo visa, portanto, apresenta os resultados levantados a partir dos dados registrados na Delegacia para o Adolescente Infrator (DPAI), que está vinculada ao Departamento Estadual da Criança e do Adolescente (DECA), em Porto Alegre, Rio Grande do Sul. Dados estes, referentes ao abuso se-xual cometido por adolescentes contra crianças e outros adolescentes, tendo como foco central o perfil dos mesmos.

O ADOLESCENTE CONSIDERADO INFRATOR

Segundo a Organização Mundial da Saúde (OMS, 2002), adolescente é o indivíduo que se encontra entre os 10 e 20 anos, enquanto o Estatuto da Criança e do Adolescente (ECA) (Brasil, 1990) estabelece como faixa etária a idade dos 12 aos 18 anos. Independentemente da idade, essa fase é caracterizada por um período do desenvolvimento humano em que se estabelece, de forma mais definida, a identidade, os padrões de comportamento e o estilo de vida. É nessa fase que surgem as dúvidas e os questionamentos, há necessidade de autoafirmação e de conhecer o novo, desejo de usufruir a liberdade dos adultos, o afastamento da família por parte do adolescente e o estreitamento dos laços com os pares (Fierro, 1995).

---

* Este capítulo é parte da monografia da primeira autora apresentada no Curso de Especialização em Psicologia Clínica – Ênfase em Saúde Comunitária/ UFRGS – sob orientação da segunda autora.

Junqueira (2000) define adolescência como um período carregado de crenças sobre a capacidade de transformação, ou pelo menos de questionamento da sociedade, no qual o jovem explora, verifica e experimenta inúmeras situações antes do comprometimento com a vida responsável do adulto. Transborda de energia e sonhos, caracterizando uma mistura de coragem e medo contido. Para Osório (1992), a adolescência é uma fase que se caracteriza por transformações psicológicas e sociais que acompanham o processo biológico da puberdade, entendendo-se que esses fenômenos não devem ser estudados separadamente.

A adolescência, assim como outras fases do desenvolvimento, se caracteriza a todo o momento pela polaridade entre perdas e ganhos, lutos e aprendizagens, medos e novas experiências. Pode ser considerado um período de profundas "crises" e mudanças biopsicossociais com alterações físicas nas dimensões corporais. Entretanto, para alguns adolescentes essa fase é considerada apenas transitória, porém para outros tende a ser caracterizada por problemas psicossociais (Rodriguez, 2005).

Os problemas psicológicos e comportamentais da adolescência podem ser caracterizados em três grandes grupos: abuso de substâncias; problemas de internalização relacionados aos transtornos de humor e de ansiedade; e problemas de externalização ligados à manifestação da agressividade, impulsividade e de comportamentos delinquentes. A delinquência é considerada o mais comum dos problemas de externalização (Hutz e Silva, 2002; Pacheco et al., 2005).

A delinquência juvenil tem sido considerada um transtorno psicossocial do desenvolvimento, que deve ser entendido pela sua complexidade, sendo decorrente de variáveis biológicas, comportamentais e cognitivas do indivíduo; e contextuais como características familiares, sociais e experiências de vida negativas (Laranjeira, 2007). De acordo com Toledo (2006), a delinquência juvenil resultaria, principalmente, da interação de fatores de ordem socioeconômica e institucionais – família e escola – envolvendo também as relações de pares ou iguais e as condições para o desenvolvimento da personalidade dos jovens.

Dentre as características dos adolescentes em conflito com a lei, a literatura tem apontado: violação persistente de normas e regras sociais, impulsividade, comportamento sob controle das consequências imediatas, repertório deficitário de resolução de problemas, déficits de socialização, baixo rendimento acadêmico, fracasso e evasão escolar, envolvimento em brigas e associação com pares desviantes (Padovani et al., 2007). Toledo (2006) aponta como fatores de risco para a delinquência em meninas: história de abuso sexual e físico; conflito parental; uso de drogas; gravidez e dificuldade acadêmica. Em outro estudo feito por Garret (2000) na Flórida e igualmente trazido por Toledo (2006), pontuou também como fatores de risco para o envolvimento com a delinquência a evasão escolar, atividade sexual promíscua e o pertencimento a determinados grupos com funcionamento característico de gangues.

A literatura psicológica, tanto nacional como estrangeira, se refere a esse fenômeno com vários termos que são utilizados de modo intercambiável: delinquência juvenil, distúrbio de conduta, distúrbio de comportamento, comportamento antissocial, criminalidade juvenil e problema de comportamento, mas na área jurídica o mesmo é utilizado como infração (Hutz e Silva, 2002). De acordo com o Código Penal Brasileiro, (Decreto-Lei n. 2.848 de 07/12/1940), adolescente infrator é aquele que pratica algum ato considerado infracional, correspondente a crime ou contravenções, incluindo como ato infracional o abuso sexual.

DEFINIÇÕES DE ABUSO SEXUAL E DE ADOLESCENTES ABUSADORES

O abuso sexual ganhou espaço nas pesquisas e estudos há aproximadamente três décadas, tendo como fato propulsor o contexto cultural de proteção aos direitos da mulher e da criança (Kempe e Kempe, 1996). Atualmente, os estudos científicos ressaltam os danos ocasionados pelo abuso sexual e apontam prejuízos para o desenvolvimento psicológico e social da vítima e de seus familiares (Gonçalves e Ferreira, 2002; Habigzang e Caminha, 2004; Osofsky, 1995).

Maia e Williams (2005) citam as possíveis consequências do abuso sexual. A curto prazo podem aparecer: comportamento sexualizado, ansiedade, depressão, queixas somáticas, agressão, comportamentos regressivos (enurese, encoprese, birras, choros), comportamentos autolesivos, problemas escolares, entre outros. Já a longo prazo pode surgir: ansiedade, depressão, problemas com relacionamento sexual, prostituição, promiscuidade, abuso de substâncias, entre outros. Os meninos que foram abusados podem apresentar em um curto prazo confusão sobre a identidade sexual, possibilidade de reprodução da experiência de vitimização e tentativas inapropriadas para reafirmar a masculinidade. A longo prazo pode acarretar o uso abusivo de substâncias lícitas e ilícitas, disfunções sexuais e dificuldades nos relacionamentos interpessoais (Furniss, 1993; Kristensen, 1996; Pinto Jr., 2003).

A violência ou abuso sexual na infância ou adolescência se configura como a situação em que a criança/adolescente é usada para satisfação sexual de um adulto ou adolescente mais velho, incluindo desde a prática de carícias, manipulação da genitália, mama e ânus, até o ato sexual propriamente dito, com ou sem penetração genital (Pfeiffer e Salvagni, 2005). A Organização Mundial de Saúde (OMS, 2002) define abuso sexual como o envolvimento de crianças e adolescentes, dependentes e imaturos, quanto ao seu desenvolvimento, em atividades sexuais que não têm condições de compreender plenamente e para as quais são incapazes de dar o consentimento informado, ou que violam as regras sociais e os papéis familiares.

O abuso sexual infantil é frequentemente praticado sem o uso da força física e não deixa marcas visíveis, o que dificulta a sua comprovação, principalmente quando se trata de crianças pequenas (Araújo, 2002). O abuso sexual também inclui situações nas quais não há contato físico, tais como o *voyeurismo*, assédio e exibicionismo. Essas interações sexuais são impostas às crianças ou adolescentes pela violência física, ameaças ou indução da sua vontade (Habigzang e Caminha, 2004). A maioria dos abusos sexuais contra crianças e adolescentes é cometida por pessoas próximas, como vizinhos e parentes, acontecendo muitas vezes próximo ou dentro da casa da vítima (Habigzang, Azevedo, Koller e Machado, 2006).

O abuso sexual incestuoso pode ser caracterizado quando um dos membros possui vínculo parental pelo qual lhe é proibido o matrimônio; ou quando a relação envolve laços de parentesco, afinidade ou responsabilidade, sob o aspecto moral ou legal. Nessa relação, pode-se incluir padrinho, padrasto, irmão, tutor (Kristensen, 1996).

Mas o que pensar sobre o adolescente perpetrador do abuso sexual? Sanderson (2005) afirma que adolescentes que abusam de crianças que são do sexo feminino atuam como babás e se engajam nessa atividade pela curiosidade sexual e pela possibilidade de experimentação com crianças mais novas. Os abusadores do sexo masculino têm preferência por crianças de um determinado sexo e apresentam um comportamento abusivo mais invasivo, como a penetração anal.

De acordo com Davis e Leitenberg (1987) quando o abuso sexual é cometido por adolescentes, há uma grande propensão de ser considerado como um ato insignificante de experimentação sexual. Portanto, quando se observa que, nos Estados Unidos, 56% dos casos relatados de abuso sexual contra crianças são perpetrados por pessoas com menos de 18 anos. Kristensen (1996) repensa a ideia do que seja experimentação sexual. Em aproximadamente dois terços dos abusos cometidos por adolescentes, as vítimas são crianças mais jovens e, em sua maioria, são parentes ou pessoas conhecidas dos abusadores.

O abuso sexual de crianças mais jovens por irmãos mais velhos pode ser visto, segundo Furniss (1993), como os últimos estando em uma posição de autoridade quase parental, sendo esse tipo de abuso compreendido de maneira semelhante ao abuso cometido por parte dos pais e de figuras paternas. Por outro lado, quando o abuso ocorre entre irmãos com idades próximas, pode ser considerado a "síndrome de João e Maria", uma vez que fica complicado utilizar nessa situação a denominação de vítima e de abusador, já que não existe dependência estrutural ou relação de autoridade. Nesses casos, ocorre uma equiparação entre relacionamento emocional e relacionamento sexual, no qual as crianças tentam se suprir mutuamente por meio da excitação sexual como substituta de carinho.

Sanderson (2005) cita um ciclo típico dos abusadores adolescentes, em que este começa tocando a criança por cima da roupa, se houver resistência ele para e volta a tentar mais tarde. Ao tocar a criança por cima da roupa, ele espera e passa para uma intimidade maior, a masturbação mútua que pode continuar por um período até que a ejaculação aconteça. Não há muitas conversas nesses encontros, e o abusador procura descobrir se a criança ou algum amigo fez isso antes. O adolescente também adverte a criança para guardar esse segredo. A atividade sexual pode evoluir para o sexo oral mútuo, podendo passar para o sexo anal e ao coito, primeiramente na criança e, posteriormente, no abusador. No caso do abuso ser revelado, a criança ou adolescente que praticou o abuso racionaliza seu comportamento como exploração sexual consensual e experimentação.

Alguns sinais de advertência de comportamento sexual abusivo ou prejudicial de crianças ou adolescentes são: procura a companhia de crianças mais novas e passa mais tempo na companhia delas, tendo pouco interesse em conviver com pessoas de sua idade; insiste em passar o tempo sozinho com uma criança, sem interrupção; oferece-se regularmente para tomar conta de crianças sem receber por isso ou para levá-las em saídas noturnas; leva crianças mais novas para lugares "secretos" ou esconderijos; brinca com elas de jogos "especiais" ("de médico") incomuns para sua idade; tem interesse exagerado no desenvolvimento sexual da criança ou do adolescente; trata uma determinada criança como sua predileta, tornando-a "especial" em comparação às outras – isso pode incluir um irmão ou irmã mais novos; diz que não quer ficar sozinho com uma criança; vê pornografia infantil na internet ou em outro lugar; mostra os genitais para crianças mais novas; força outro adolescente ou criança a fazer sexo (Sanderson, 2005).

O DECA E OS ADOLESCENTES INFRATORES

A Delegacia para o Adolescente Infrator (DPAI) se tornou parte da estrutura do Departamento Estadual da Criança e Adolescente (DECA) em 1997, através do Decreto nº 41.049/01. O objetivo desta é apurar atos infracionais, ou seja, condutas descritas como delitos pela legislação penal, cometidas por adolescentes (pessoa entre 12 e 18 anos incompletos), seja a adultos, adolescentes ou crianças. O DPAI é dividido entre 1ª e 2ª Delegacia de Polícia, sendo que a 1° Delegacia atende as ocorrências do Centro e Zona Sul e a 2ª atende Zona Leste e Zona Norte de Porto Alegre. A apuração do ato infracional cometido pelo adolescente tem seu embasamento nos artigos nº 179 a 190 do Estatuto da Criança e do Adolescente – ECA (Brasil, 1990), nos quais consta em linhas gerais desde a apreensão do adolescente considerado infrator, seu encaminhamento ao Ministério Público, a oitiva deste, de seus responsáveis e testemunhas, a defesa até a sentença.

Quando o adolescente infrator é denunciado no DPAI, o mesmo será chamado a prestar esclarecimentos sobre o que está sendo acusado. É aberto um boletim de ocorrência circunstanciado, já por parte da vítima. Esse procedimento ocorre dessa forma para que haja o encurtamento do trâmite do procedimento apuratório perante a autoridade policial.

Ao constatar a participação ou a prática de ato infracional pelo adolescente, a autoridade policial encaminhará ao Ministério Público o relatório de suas investigações e a documentação pertinente (ECA, art.177, Brasil, 1990). Esse procedimento tem o intuito de submeter o adolescente à mínima atividade policial, pois a autoridade sequer deverá ouvi-lo, o que competirá a um representante do Ministério Público. Recebido o boletim de ocorrência ou relatório policial, o representante do Ministério Público requisitará os antecedentes do adolescente ao cartório judicial, que aproveitará para fazer a autuação.

Feita a autuação, e recebido os antecedentes do adolescente, o representante do Ministério Público ouvirá o adolescente informalmente, como diz o art. 179 (ECA, Brasil, 1990). Se possível, ouvirá, também, os pais ou responsáveis, a vítima e as testemunhas. Após, o representante do Ministério Público tomará uma das decisões previstas no art. 180 do mesmo estatuto: arquivamento, remissão ou representação.

Ocorrerá arquivamento se não houver prova da existência do fato; não constituir o fato ato infracional; estar provada a inexistência do fato e não existir prova de ter o adolescente concorrido para o ato infracional (ECA, art. 189, Brasil, 1990). Não havendo arquivamento, poderá haver a remissão (perdão). Nesse caso, o representante do Ministério Público, impõe a medida na qual considera adequada ou, mesmo, deixa de proceder através de representação. A remissão poderá ser total ou parcial. Esta não implica necessariamente o reconhecimento de responsabilidade, mas pode incluir a aplicação de uma medida socioeducativa (obrigação de reparar o dano; prestação de serviços à comunidade; liberdade assistida; inserção em regime de semiliberdade; internação em estabelecimento educacional), exceto a colocação em regime de semiliberdade e a internação.

Promovido o arquivamento dos autos ou concedida a remissão pelo representante do Ministério Público, mediante termo fundamentado, que conterá o resumo dos fatos, os autos serão conclusos à autoridade judiciária para homologação. Após a homologação do arquivamento ou da remissão, a autoridade judiciária determinará, conforme o caso, o cumprimento da medida. Se houver discordância por parte da autoridade judiciária, a mesma fará remessa dos autos ao Procurador-Geral de Justiça, mediante despacho fundamentado, e este oferecerá representação, designando outro membro do Ministério Público para apresentá-la, ou ratificará o arquivamento ou a remissão, que só então estará a autoridade judiciária obrigada a homologar.

Depois de ser definida a situação jurídica, com concessão de remissão judicial como forma de suspensão ou extinção do processo, com ou sem aplicação de medida socioeducativa (art. 188), o adolescente é entrevistado pela equipe técnica para encaminhamento ao Programa Municipal de Execução de Medidas em Meio Aberto (PEMSE), em Porto Alegre/RS. Este programa faz parte das políticas públicas de implementação do ECA, estando vinculado à Coordenação da Rede Básica. O mesmo comporta aspectos de natureza coercitiva e educativa no sentido de proteção integral com oportunidade de acesso à formação e informação. O PEMSE atende os adolescentes que recebem medidas socioeducativas em meio aberto, de Prestação de Serviço à Comunidade (PSC) e Liberdade Assistida (LA), que se constituem em medidas alternativas à internação.

A Prestação de Serviço à Comunidade constitui uma medida com forte apelo comunitário e educativo, cumprida pelo adolescente, em jornada de trabalho gratuito não superior a 8 horas e por um período não superior a 24 semanas, cumpridas em instituições governamentais e não governamentais, que oferecem vagas conforme sua estrutura. Na medida de Liberdade Assistida, os adolescentes são acompanhados sistematicamente por um técnico no período correspondente a no mínimo seis meses.

A razão fundamental a ser pensada para a criação de um sistema de atendimento a adolescentes infratores diferente do sistema penal destinado a adultos se deve ao fato de que o adolescente é uma pessoa em peculiar condição de desenvolvimento (Oliveira, 2000). Sendo assim, as medidas socioeducativas seriam importantes para que os adolescentes que desempenham atitudes ilícitas não venham a tornar estas traços constitutivos de personalidade.

Frente a essa realidade, o objetivo desse estudo foi realizar uma pesquisa documental sobre os adolescentes infratores que cometeram atos abusivos de cunho sexual contra crianças ou outros adolescentes. E, assim traçar o perfil sociodemográfico desses adolescentes, de suas vítimas e do abuso cometido.

MÉTODO

Foi realizado um estudo documental, a partir da coleta de dados de material de arquivo, de janeiro a dezembro do ano de 2006, junto à 1ª e 2ª DPAI. O procedimento foi autorizado pelos respectivos delegados das duas unidades. Foi elaborado previamente um protocolo no qual consta critérios para análise do perfil do adolescente abusador e da vítima, como sexo e idade, tanto da vítima como do adolescente infrator, local onde ocorreu o ato infracional e a tipificação do agressor. Foram analisados 36 casos que estavam arquivados, com 36 abusadores e 36 vítimas.

RESULTADOS E DISCUSSÃO

De acordo com os dados obtidos nos arquivos e seguindo o protocolo elaborado, foram levantadas informações que permitiram a caracterização da vítima, do adolescente infrator e sobre o local onde ocorreu o abuso sexual. Não foi possível realizar o levantamento sobre a forma como o abuso foi perpetrado por falta de informações plausíveis nos autos sobre o mesmo. O cruzamento desses dados foi realizado com a utilização do sistema SPSS. A seguir serão apresentados esses dados.

CARACTERIZAÇÃO DA VÍTIMA

Em relação ao perfil da vítima foram observados o sexo e a idade das mesmas. De acordo com o levantamento dos dados, 54,8% das vítimas eram do sexo masculino e 45,2% do sexo feminino. Esse dado chama a atenção, pois difere dos resultados obtidos em outros estudos, nos quais a maioria das vítimas é do sexo feminino (Araújo, 2002; Pfeiffer e Salvagni, 2005). Prado (2006) afirma que existem poucos estudos que focalizam os efeitos do abuso sexual em meninos, sendo que a maioria está dirigida às vítimas do sexo feminino. O baixo número de vítimas do sexo masculino pode estar relacionado ao fato de que muitos não revelam o abuso, pois temem não serem acreditados e, assim, seriam vítimas silenciadas por medo de expor sua masculinidade, de expor seus sentimentos de medo e vulnerabilidade (Prado, 2006). Em relação à faixa etária, 73,8% das vítimas possuem menos de 10 anos, isto é, crianças.

CARACTERIZAÇÃO DO ADOLESCENTE INFRATOR

Em relação ao perfil do adolescente infrator, todos eram do sexo masculino. No levantamento dos dados referentes à faixa etária dos agressores e das vítimas, os agressores foram divididos em duas faixas etárias, menores e maiores de 14 anos. Já as vítimas foram categorizadas em quatro faixas etárias: 3-6, 7-10, 11-14 e 15-17 anos.

A Figura 9.2 faz referência à proporção de vítimas em cada faixa etária e os agressores com mais de 14 anos.

A partir desses resultados, observou-se na Figura 9.1, que dentre as vítimas na faixa de 3-6 anos e 7-10, mais de 80% dos agressores eram menores de 14 anos. Quando analisada as vítimas com mais de 10 anos, se constatou que o número de agressores com menos de 14 anos decresceu significativamente. Já na Figura 9.2, foi verificado o efeito contrário, ou seja, um número maior de agressores acima de 14 anos com vítimas acima de 10 anos. Para Sanderson (2005) o abuso sexual perpetrado por crianças mais velhas, pode ser facilitado pela relação de poder, ou seja, a criança mais velha pode dominar a mais nova por meio da intimidação e de comportamento ameaçador para garantir obediência e sigilo. Essa ameaça pode até ser vista, na presença dos pais, como uma rivalidade normal entre irmãos, mas quando os pais não estiverem presentes a mais velha poderá seduzir sexualmente a menor. O medo sentido pela criança menor pode ser tão grande que a mesma poderá ser incapaz de revelar o abuso sexual para os pais, sofrendo-o durante anos. Essas crianças mais velhas também podem usar sua idade, seu poder ou seu *status* para abusar de crianças fora da família. O grupo de adolescentes abusadores de alto risco está

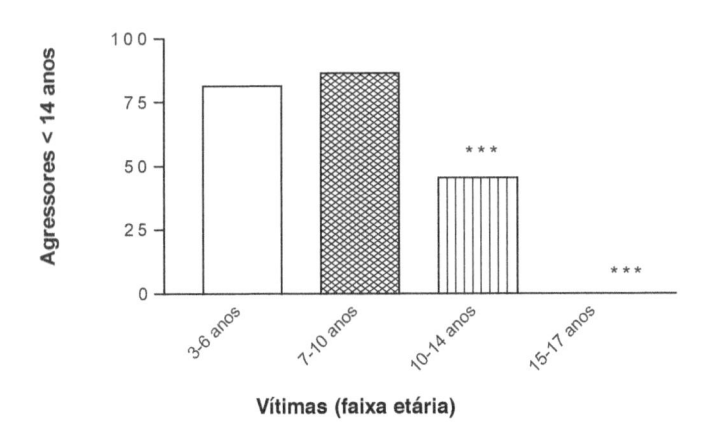

Figura 9.1 Relação entre agressores menores de 14 anos e a idade da vítima (n=36), p*** > 0,0001.

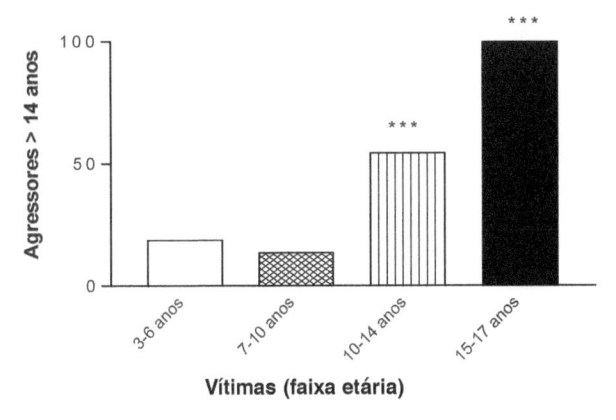

Figura 9.2. Agressores maiores de 14 anos e idade da vítima (n=36).

na faixa dos 15 e 16 anos (Sanderson, 2005). Os atos abusivos desse grupo apresentam o mesmo espectro do abuso sexual praticado por adultos, caracterizando-se por penetração forçada na vagina e no ânus com dedos e objetos, assim como coito oral, anal e vaginal.

Outro aspecto investigado foi a relação que o abusador tinha com a vítima. O mesmo foi relatado como conhecido ou identificável nos 36 casos. A tipificação desses agressores em relação às vítimas de 3-6 anos é apresentada na Figura 9.3.

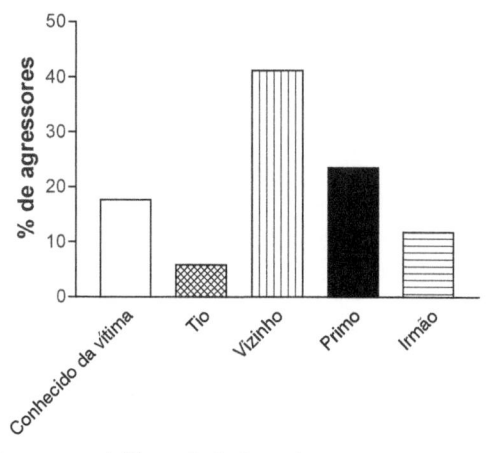

Figura 9.3 Tipificação do agressor (vítimas de 3-6 anos).

Pode-se perceber que quase metade (41,20%) do total dos agressores de crianças de 3 a 6 anos é formada por vizinhos da vítima. Os primos das vítimas também aparecem com um número expressivo, cerca de 23,50%. O restante dos agressores se divide em conhecidos da vítima, irmãos e tios.

Em relação à tipificação do agressor de crianças entre 7-10 anos, a Figura 9.4 mostra claramente que os vizinhos das vítimas representam quase metade (40,90%) de todos os agressores. Os colegas de escola também representam um número considerável de agressores, somando 27,30% dos casos.

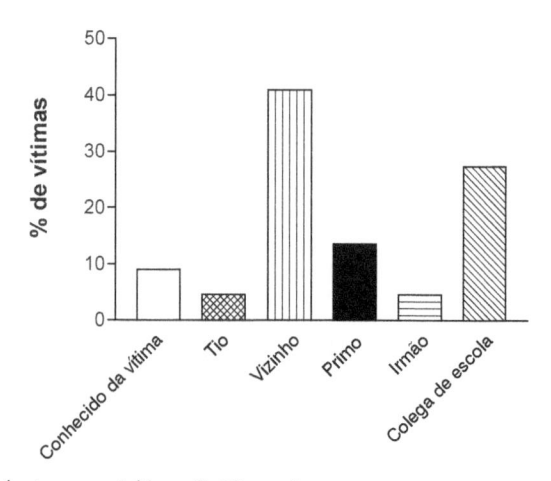

Figura 9.4 Tipificação do Agressor (vítimas 7-10 anos).

Na Figura 9.5 observa-se que 40% dos agressores de vítimas na faixa de 11 a 14 anos são conhecidos da família. Outro tipo de agressor que representa uma parcela grande dos casos é o vizinho, assim como nas faixas etárias de 3-6 anos (Figura 9.4) e 7-10 anos (Figura 9.5), aparece com proporções acima dos 30%. Os colegas de escola representam uma parcela de 20% dos casos, sendo o restante primos das vítimas.

Na faixa etária de 15 a 17 anos, os agressores se dividem em conhecidos da família e vizinhos, com 50% dos casos para cada tipo de agressor. Novamente, as características de serem conhecidos da família ou vizinhos representam números consideráveis de casos, assim como já apresentado nas faixas etárias anteriormente citadas.

Observando-se os dados sobre a tipificação do abusador, constata-se que a maioria dos abusos foi cometido por crianças ou adolescentes que eram conhecidas das vítimas, sendo vizinhos e primos os principais vínculos entre agressor-vítima. Resultado este que aparece em outros estudos que também salientam o agressor como um membro da família ou alguém de confiança da vítima (Habigzang, Azevedo, Koller e Machado, 2006; Aded, Dalcin e Cavalcanti, 2007).

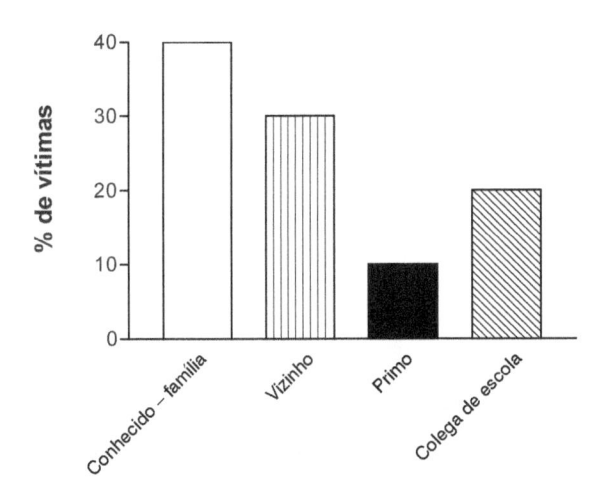

Figura 9.5 Tipificação do Agressor (vítimas 11-14 anos).

CARACTERIZAÇÃO DO ABUSO

Em relação ao local onde ocorreu o abuso se pode observar que os registros estudados não fornecem elementos específicos para identificar o local do ato infracional. No entanto, foi possível identificar que mais de 75% das vítimas na faixa etária de 3-6 anos, sofreram o abuso na própria casa, sendo que o restante dos casos aconteceu na rua. Em relação à faixa etária de 7-10, pode-se observar que a casa da vítima foi o local onde ocorreu a maior taxa de agressões, cerca de 47,60%. Na faixa etária 7-10 anos, outro local que se observa como de risco é a escola, identificado em 28,50% nos casos. O restante dos casos se dividiu entre a rua e a casa do agressor.

O local da agressão em jovens de 11-14 anos foi semelhante às outras faixas etárias, isto é, a casa da vítima foi o local com maior número de casos, representando mais de 60% do total de agressões. Apareceram também a escola e a casa do agressor. Na faixa de 15-18, 50% dos casos ocorreram na casa do agressor. O restante dos casos se concentrou na casa da vítima, semelhante as outras faixas etárias (p. ex., dos 11-14 anos).

Conclui-se em relação ao local do ato infracional, que a maioria das vítimas se encontrava em sua residência e outra parcela significativa na escola. Dados parecidos foram obtidos por Habigzang e colaboradores (2005), que identificaram 66,7% para o abuso sexual cometido na residência da vítima, e Lopes e colaboradores (2004), que obtiveram 34,3% para a mesma variável.

CONSIDERAÇÕES FINAIS

Este estudo possibilitou conhecer melhor o perfil dos adolescentes que abusam sexualmente de crianças e/ou adolescentes e de suas vítimas, denunciados na Delegacia para o Adolescente Infrator (DPAI). Observa-se que o abuso sexual perpetrado por adolescentes é um fenômeno complexo, que envolve questões sociais, psicológicas e jurídicas. Uma vez que esse indivíduo está em processo de formação, e devido a isso, requer uma atenção especial do Estado, em seu papel socioeducacional e regulador, como de toda a sociedade.

Dessa forma, é importante que se criem programas de prevenção e intervenções específicas de proteção a possíveis vítimas e de tratamento aos agressores, levando em conta sua fase de desenvolvimento. Os programas de prevenção modelo devem atingir diferentes faixas etárias e possibilitar a reflexão sobre medidas de proteção que a criança ou adolescente deve tomar frente a uma situação de risco. As intervenções com adolescentes agressores por sua vez devem promover uma conscientização e uma mudança comportamental. Não apenas se basear em medidas coercitivas, punitivas ou permissivas.

Por fim, percebe-se que ainda há muitas questões que podem ser exploradas quanto à temática do adolescente infrator, mais especificamente em relação ao abuso sexual. Com base nos resultados desse trabalho sugere-se a realização de novos estudos, tanto quantitativos como qualitativos, que possam aprofundar e auxiliar na compreensão desse fenômeno e assim, contribuir para o planejamento de políticas públicas e programas para adolescentes infratores.

REFERÊNCIAS

Aded, N. L. O., Dalcin, B. L. G. S., & Cavalcanti, M. T. (2007). Estudo da incidência de abuso sexual contra crianças no Rio de Janeiro, Brasil. *Caderno Saúde Pública, 2*(8), 1971-1975.

Almonte, C., Insunza, C., & Ruiz, C. (2002). Abuso sexual en niños y adolescentes de ambos sexos. *Revista Chilena Neuro-Psiquiatria, 40*(1), 22-30.

Araújo, M. F. (2002). Violência e abuso sexual na família. *Psicologia em Estudo, 7*(2), 3-11.

Azambuja, M. R. F. (2006). Violência sexual intrafamiliar: É possível proteger a criança? *Revista Virtual Textos & Contextos, 5*, 1-19.

Azevedo, M. A., & Guerra, V. N. A. (1989). *Crianças vitimizadas: A síndrome do pequeno poder*. São Paulo: IGLU.

Brasil. (1940). *Decreto-Lei nº 2.848, de 7 de dezembro de 1940: Código Penal*. Acessado em 25 ago, 2011, em http://www.planalto.gov.br/ccivil_03/decreto-lei/Del2848.htm.

Brasil. (1990). *Lei nº 8069, de 13 de julho de 1990: Estatuto da Criança e do Adolescente*. Acessado em 23 jul, 2011, em http://www.planalto.gov.br/ccivil_03/Leis/ L8069.htm.

Davis, G. E., & Leitenberg, H. (1987). Adolescent sex offenders. *Psychological Bulletin, 101*, 417-427.

Fierro, A. (1995). Desenvolvimento da personalidade na adolescência. In C. Coll, J. Palaccios, & A. Marchesi (Eds.), *Desenvolvimento psicológico e educação: Psicologia evolutiva* (pp. 288-305). Porto Alegre: Artmed.

Furniss, T. (1993). *Abuso sexual da criança: Uma abordagem multidisciplinar, manejo, terapia e intervenção legal integrados*. Porto Alegre: Artmed.

Gonçalves, H. S., & Ferreira, A. L. (2002). A notificação da violência intrafamiliar contra crianças e adolescentes por profissionais da saúde. *Caderno de Saúde Pública, 18*(1), 315-319.

Habigzang, L. F., & Caminha, R. M. (2004). *Abuso sexual contra crianças e adolescentes: Conceituação e intervenção clínica*. São Paulo: Casa do Psicólogo.

Habigzang, L. F., Azevedo, G. A., Koller, S. H., & Machado, P. X. (2006). Fatores de risco e de proteção na rede de atendimento a crianças e adolescentes vítimas de violência sexual. *Psicologia: Reflexão & Crítica, 19*(3), 379-386.

Habigzang, L. F., Koller, S. H., Azevedo, G. A., & Machado, P. X. (2005). Abuso sexual infantil e dinâmica familiar: Aspectos observados em processos jurídicos. *Psicologia: Teoria e Pesquisa, 21*(3), 341-348.

Hutz, C. S., & Silva, D. F. M. (2002). Abuso infantil e comportamento delinquente na adolescência: prevenção e intervenção. In C. S. Hutz (Ed.), *Situações de risco e vulnerabilidade na infância e na adolescência: Aspectos teóricos e estratégias de intervenção* (pp. 151-185) São Paulo: Casa do Psicólogo.

Junqueira, M. H. R. (2000). *Formação de identidade e gravidez precoce*. Dissertação de mestrado não publicada, Universidade de São Paulo, São Paulo, Brasil.

Kempe, R. S., & Kempe, C. H. (1996). *Niños maltratados*. Madrid: Morata.

Kristensen, C. H. (1996). *Abuso sexual em meninos*. Dissertação de mestrado não publicada, Universidade Federal do Rio Grande do Sul, Porto Alegre, Brasil.

Laranjeira, C. A. (2007). A análise psicossocial do jovem delinquente: Uma revisão da literatura. *Psicologia em Estudo, 12*(2), 221-227.

Lopes, I. M. R. S., Gomes, K. R. O., Silva, B. B., Deus, M. C. B., & Borba, D. C. (2004). Caracterização da violência sexual em mulheres atendidas no projeto Maria-Maria em Teresina-PI. *Revista Brasileira Ginecologia e Obstetrícia, 26*(2), 111-116.

Maia, J. M. S., & Williams, L. C. A. (2005). Fatores de risco e fatores de proteção ao desenvolvimento infantil: Uma revisão de área. *Temas em Psicologia, 13*(2), 91-103.

Oliveira, E. R. (2000). Dez anos do Estatuto da Criança e do Adolescente: Observações sobre a política de atendimento a jovens em conflito com a lei no Estado do Rio de Janeiro. In L. M. T. Brito (Ed.), *Jovens em conflito com a lei* (pp. 11-26). Rio de Janeiro: UERJ.

Organização Mundial de Saúde. (2002). *Relatório mundial de violência e saúde*. Genebra: OMS.

Osofsky, J. D. (1995). The effects of exposure to violence on young children. *American Psychologist, 50*(9), 782-788.

Osorio, L. C. (1992). *Adolescente hoje*. Porto Alegre: Artmed.

Pacheco, J., Alvarenga, P., Reppold, C., Piccinini, C. A., & Hutz, C. S. (2005). Estabilidade do comportamento anti-social na transição da infância para a adolescência: Uma perspectiva desenvolvimentista. *Psicologia: Reflexão & Crítica, 18*(1), 55-61.

Padovani, R. C., Williams, L. C. A., & Schelini, P. W. (2007). Análise do desempenho do repertório de resolução de problemas sociais em adolescentes em conflito com a lei. *Anais de Eventos da UFSCar, 3*, 1621.

Pfeiffer, L., & Salvagni, E. P. (2005). Visão atual do abuso sexual na infância e adolescência. *Jornal de Pediatria, 81*(5), 1-8.

Pinto Junior, A. A. (2003). *Violência sexual doméstica contra meninos: Um estudo fenomenológico*. Tese de doutorado não publicada, Universidade de São Paulo, São Paulo, Brasil.

Prado, S. F. (2006). *Dimensão da violência sexual contra meninos sob a ótica de gênero: Um estudo exploratório*. Dissertação de mestrado não publicada, Universidade de Brasília, Brasília, Brasil.

Rodriguez, C. F. (2005). *O que os jovens têm a dizer sobre a adolescência e o tema da morte?* Dissertação de mestrado não publicada, Universidade de São Paulo, São Paulo, Brasil.

Sanderson, C. (2005). *Abuso sexual em crianças*. São Paulo: Books do Brasil.

Toledo, G. W. (2006). *A delinquência juvenil no estado de São Paulo: Características, evolução e tendências observadas entre os anos de 1950, 1960, 1979, 1985, 1995, 2000, 2001 e 2002*. Dissertação de mestrado não publicada, Universidade de São Paulo, São Paulo, Brasil.

Volpi, M. (2001). *Sem liberdade, sem direitos: A privação da liberdade na percepção do adolescente*. São Paulo: Cortez.

Parte II

Violência em outros contextos

10

Assédio moral e violência psicológica
riscos sutis no processo de inserção dos jovens no mercado de trabalho

Mayte Raya Amazarray e Silvia H. Koller

A dimensão do trabalho é central na constituição da subjetividade e na construção da identidade. Nesse sentido, a inserção dos adolescentes e jovens no mundo do trabalho deve ser um assunto da maior relevância, tendo em vista que as primeiras experiências laborais são decisivas para o desenvolvimento da identidade de *ser trabalhador(a)* e delineiam, em grande medida, a trajetória profissional futura (Codo, 1996; Sarriera, Silva, Kabbas e Lopes, 2001).

O ingresso no mercado de trabalho pode se dar de diferentes formas. Muitas vezes, concretiza-se mediante contratos enquanto adolescentes aprendizes, programas de estágios ou de primeiro emprego. Entretanto, existem, ainda, outros modos de inserção laboral, como situações de trabalho informal, muitas delas na continuidade de uma história de trabalho infantil. As diversas possibilidades de entrada no mercado de trabalho assumem particularidades de acordo com o contexto socioeconômico, cultural e político em que os jovens estão inseridos. As características desse contexto estarão relacionadas ao acesso a trabalhos mais ou menos qualificados, em ambientes laborais mais ou menos protegidos e em diferentes graus de respeito às condições de desenvolvimento físico, psicológico, moral e social dos jovens.

As dificuldades de inserção laboral e as condições precárias de trabalho e emprego na juventude estão relacionadas, portanto, a um contexto mais amplo de violação de direitos e de exposição a diferentes formas de violência. Essa problemática é notadamente relevante para os jovens de camadas populares, os quais se caracterizam, segundo Romanelli (1997), por se concentrarem nos centros urbanos e, em geral, possuírem condições precárias de moradia e de acesso a serviços de educação e saúde, além de renda familiar reduzida.

Os jovens, em geral, constituem um segmento da população especialmente vulnerável ao desemprego e à precarização do trabalho, conforme reconhecido pela própria Organização Internacional do Trabalho – OIT (Costanzi, 2009). No Brasil, o desemprego atingia 3,9 milhões de jovens entre 15 e 24 anos, em 2006, conforme estudo coordenado pela OIT (Costanzi, 2009). A taxa de desemprego dos jovens (17,8%) era superior a dos adultos (5,6%) e havia aumentado em relação a um estudo anterior, de 1992, em que o índice de desocupação era de 11,9%.

Além das dificuldades relativas à inserção propriamente dita no mercado de trabalho, existem aspectos importantes no que diz respeito à qualidade dos postos de trabalho conquistados pelos adolescentes e jovens. Quando conseguem ingressar efetivamente no mercado de trabalho, nem sempre se deparam com ambientes laborais seguros e favoráveis ao seu desenvolvimento. Assim, algumas experiências de trabalho são marcadas pela violência explícita, como é o caso de crianças e adolescentes em situação de exploração sexual, tráfico de drogas, trabalho em lixões, etc. Nessas circunstâncias, a violência no trabalho é simultaneamente física, psicológica, moral, social e pode ser concretamente constatada. Essas experiências são descritas pela OIT como algumas dentre as piores formas de trabalho infanto-juvenil, sendo alvo de campanhas de erradicação e de políticas públicas assistenciais (Amazarray, Thomé, Poletto e Koller, 2007).

Existem outras situações, no entanto, nas quais a exploração da mão de obra infanto-juvenil não se dá de forma tão visível, mas que reservam potenciais de dano igualmente preocupantes. Trata-se dos casos em que se observa a exposição à violência psicológica e ao assédio moral nas relações laborais; um risco sutil e, muitas vezes, invisível, porém reconhecidamente presente no mundo do trabalho contemporâneo nacional e internacional – conforme apontam o relatório da Organização Internacional do Trabalho (Chappell e Di Martino, 2006) e estudos atuais de revisão sobre o tema (Freitas, Heloani e Barreto, 2008).

Nesse sentido, tanto as dificuldades de inserção laboral dos jovens como sua posição em situações laborais precárias configuram um dos principais componentes negativos da condição de vulnerabilidade na juventude. Assim, a violência psicológica e o assédio moral no trabalho, enquanto fatores de risco importantes do contexto laboral merecem a atenção de pesquisadores e atores sociais voltados à erradicação e prevenção da violência na juventude.

VIOLÊNCIA PSICOLÓGICA NO TRABALHO

A violência psicológica no trabalho se caracteriza como uma forma sutil de agressão, que, em geral, se institui de modo insidioso e invisível nas relações de trabalho e compreende uma diversidade de comportamentos, entre os quais: pressões psicológicas, coações, humilhações, intimidações, ameaças, atitudes rudes e agressivas, comportamentos hostis, violações de direitos e assédio psicológico (Chappell e Di Martino, 2006; OIT, 1998). Essas manifestações também podem vir acompanhadas de agressões físicas e de assédio sexual.

Ainda, de acordo com Soboll (2008), a violência psicológica no trabalho pode ser descrita como uma transgressão às regras que garantem a harmonia e o convívio social no contexto laboral. Em geral, origina-se em uma relação de imposição, com o uso do poder e com a utilização de instrumentos coercitivos para a concretização dos atos abusivos. Tais comportamentos podem implicar prejuízo à saúde física e psíquica, bem como alterações no desenvolvimento pessoal e social (Chappel e Di Martino, 2006; Soboll, 2008).

A partir dessa definição, podem-se visualizar alguns aspectos do cotidiano laboral dos jovens que merecem atenção, na medida em que se caracterizam por exposição a situações ou comportamentos típicos de violência psicológica no trabalho. Por exemplo, diferentes estudos (Campos e Francischini, 2003; Oliveira e Robazzi, 2001; Sarriera et al., 2001; Thomé, 2009), constataram que, em geral, os empregos dos jovens se caracterizam por precariedade e descumprimento de leis trabalhistas – fato que se inclui na categoria de violação de direitos, uma das espécies de violência psicológica no trabalho. Esse tipo de condição laboral contribui para que os jovens se orientem em direção a experiências profissionais desvinculadas de sentido e em formas de trabalho degradantes, alienadoras e desprovidas de reais oportunidades de aprendizagem.

Outros exemplos que representam o fenômeno da violência psicológica no trabalho entre os jovens são as exigências psicológicas e de responsabilidade elevadas, incompatíveis com o seu estágio de desenvolvimento. No estudo de Oliveira, Fischer, Amaral, Teixeira e Sá (2005), os adolescentes relataram "muita responsabilidade", sobrecarga de trabalho e, especialmente, exigências psicossociais geradoras de estresse. De modo semelhante, Fischer e colaboradores (2005) encontraram demandas psicológicas elevadas, como baixo controle sobre as tarefas e alto volume de atividades. Nesse estudo, tais condições de trabalho se mostraram associadas com maiores riscos de acidentes, redução do sono, maiores jornadas de trabalho e menos horas de estudo e lazer. Essas são algumas situações que podem e devem ser vistas sob a perspectiva da violência no trabalho.

Em geral, as organizações de trabalho ressaltam a necessidade de os jovens se manterem dóceis, obedientes e dispostos para o trabalho, o que se insere em uma lógica de dominação e submissão (Oliveira e Robazzi, 2001). Esse tipo de relação, comumente, é obtida a partir da exploração da mão de obra e mediante o uso de técnicas sutis de manipulação psicológica no trabalho. O próprio contexto de desemprego e de precarização do trabalho, somados ao processo de desenvolvimento dos jovens, os coloca em situação de insegurança, medo e menor poder nas relações laborais. Os jovens, comumente, possuem menos conhecimentos sobre seus direitos enquanto cidadãos e trabalhadores; participam com menor frequência de entidades sindicais e de classe.

Além disso, em geral, os jovens possuem menor poder de barganha do que os trabalhadores mais velhos, por várias razões, entre elas o fato de estar a menos tempo na organização, possuírem menor familiaridade com o próprio trabalho e ocuparem postos de menor *status* hierárquico. Consequentemente, os comportamentos de submissão a condições inseguras e violentas de trabalho acabam por maximizar a condição de vulnerabilidade. Um dado concreto a esse respeito se refere fato de que os adolescentes com menor autoridade de decisão acabam trabalhando mais horas do que os adolescentes que possuem cargos ou funções de maior autonomia no trabalho (Fisher et al., 2005).

A submissão à lógica empresarial também foi apontada em um estudo realizado com adolescentes aprendizes, no qual os participantes citaram a necessidade de *"saber se pôr no seu lugar de empregado"*, enquanto uma questão de hierarquia e obediência (Amazarray, Thomé, Souza, Poletto e Koller, 2009). Mesmo em um contexto de trabalho protegido, os adolescentes relataram situações de reprodução do modelo social vigente na organização do trabalho. Embora isso não constitua, por si só e necessariamente, uma situação de violência psicológica no trabalho, denota o posicionamento não crítico desses jovens e a reprodução passiva de modelos impostos pela empresa. Isso os coloca, por sua vez, em um estado de especial vulnerabilidade para sofrer eventos de violência psicológica no trabalho, seja na vivência laboral atual ou em futuras experiências de trabalho.

Ressalte-se que essa lógica de submissão foi encontrada entre adolescentes que exerciam sua primeira experiência laboral e que o faziam em um contexto de trabalho protegido (Amazarray et al., 2009). A necessidade de sujeição às leis do mercado de trabalho também foi citada por Asmus e colaboradores (2005), os quais afirmaram que os jovens aprendem rapidamente a exigência de tal condição para garantir o sustento.

Nardi e Yates (2005) também verificaram a incorporação do discurso gerencial e a constituição de uma lógica individualista em um estudo com jovens empregados nos setores tecnológico (informática, *internet* e telecomunicações) e bancário. Assim, esses estudos, dentre outros, vêm demonstrando que a lógica empresarial, organizadora do mercado de trabalho, influencia a formação da identidade dos jovens trabalhadores desde as suas primeiras incursões laborais, mesmo em setores da economia e em contextos laborais supostamente mais seguros e protegidos. Não se pode perder de vista, ainda, aquelas experiências laborais que se dão à margem do mercado de trabalho formal e do amparo da legislação, e que, frequentemente, se associam aos jovens das camadas populares, perpetuando a realidade socioeconômica de suas famílias de origem.

O estudo de Thomé (2009), com cerca de cinco mil jovens brasileiros trabalhadores e não trabalhadores de classes populares, demonstrou associação entre trabalho e variáveis sobre saúde, qualidade de vida e violência. Nessa pesquisa, identificou-se necessidade superior de utilização de serviços de saúde por parte dos jovens que trabalhavam em relação aos que não trabalhavam, assim como maior uso de drogas lícitas e ilícitas, maior número de repetências e menor frequência escolar. Outro dado interessante foi a maior exposição à violência doméstica e na comunidade entre os jovens trabalhadores. Esses dados refletem realidades complexas e devem ser analisados com cautela. Entretanto, sinalizam que a atividade laboral, na juventude, pode ser fonte de vulnerabilidade, associada ou não a outros riscos presentes em outros contextos de vida dos jovens (família, escola, comunidade, etc).

Assim, o panorama do trabalho, para boa parte da juventude brasileira, não é necessariamente caracterizado por ambientes seguros e promotores de saúde – ainda que possa sê-lo, em um contexto de trabalho decente e digno, como preconizado pela OIT (Amazarray et al., 2007; Costanzi, 2009). Diante desse cenário, a atenção às situações de violência psicológica no trabalho se faz imprescindível, posto que o abuso emocional nas relações de trabalho pode ser devastador sobre a saúde e a construção da identidade desses jovens.

ASSÉDIO MORAL NO TRABALHO

Outra situação que merece especial vigilância é o assédio moral no trabalho, que se constitui em uma forma extrema e específica de violência psicológica. Diferencia-se desta pelo caráter processual e pela repetição e duração prolongada dos comportamentos. Dessa forma, situações pontuais e não repetitivas são consideradas atos de violência e não de assédio moral no trabalho. Embora o conceito de assédio moral varie segundo o país ou o autor, há certo consenso nas definições em relação ao caráter contínuo e sistemático dos comportamentos, processualidade (caráter gradativo), assim como aos danos físicos, psíquicos e morais causados às vítimas (Einarsen, 2000; Leymann, 1996; Schatzmam, Gosdall, Soboll e Eberle, 2009). A degradação do ambiente laboral também faz parte do fenômeno, já que, além das vítimas diretas, constatam-se implicações entre os trabalhadores que testemunham a violência, podendo ser causa de insatisfação e desmotivação no trabalho. Assim, os jovens podem ser tanto vítimas diretas do assédio moral, como indiretas, presenciando eventos que ocorrem junto a seus colegas ou chefias de trabalho.

O assédio moral no trabalho pode ser de natureza vertical descendente, que é o tipo mais frequente, ou seja, quando a violência parte da direção ou de um superior hierárquico; ou vertical ascendente, em que a violência é praticada pelo grupo de trabalhadores contra um superior, sendo a espécie mais rara. Existe, ainda, o assédio horizontal, no qual a violência é praticada por um ou mais colegas do mesmo nível hierárquico. Esse tipo de assédio se assemelha ao *bullying*, fenômeno descrito entre crianças e adolescentes. A classificação em assédio vertical e horizontal, entretanto, pode levar a algumas análises equivocadas ou superficiais. Por exemplo, no assédio moral vertical descendente, a ação não precisa ser deflagrada necessariamente por um superior hierárquico, mas ele pode contar com a cumplicidade dos colegas de trabalho da vítima e, através destes, a violência é desencadeada. Há uma tendência de o grupo se identificar com o agressor, creditando à vítima a responsabilidade pelos maus-tratos (Einarsen, 2000; Hirigoyen, 2002). A cumplicidade dos colegas também pode ser conquistada de forma explícita, sendo aliciados pelo agressor. Por receio ou interesse, os colegas tendem a se aliar àquele, na expectativa de que essa cumplicidade funcione como garantia de uma não agressão futura (Heloani, 2004). Além disso, o próprio assédio moral horizontal pode ser fomentado por uma gestão que estimula a competitividade e a rivalidade entre os colegas.

A relação de poder ou força estabelecida entre agressores e vítimas durante o processo vem a ser um importante elemento. O assédio visa cercar e dominar o outro, a fim de impor sujeição (Barreto, 2003). Assim, o desequilíbrio de poder entre a vítima e o agressor é um aspecto central na definição do assédio moral (Einarsen, 2000; Leymann, 1996). Na assimetria de poder, a parte agressora possui mais recursos, apoios ou posição superior, que podem advir da hierarquia, da força física, da antiguidade, da força do grupo, da popularidade e/ou do nível hierárquico. A própria dificuldade de a vítima se defender da agressão pode ser compreendida tanto como uma consequência direta das relações de poder entre as partes, quanto como uma consequência indireta do processo de violência instaurado (Einarsen, 2000).

A impossibilidade de reação da vítima também guarda íntima relação com o medo (de perder o emprego ou *status*, de não retornar ao mercado de trabalho, de ser humilhado), com a competitividade e com a falta de solidariedade no ambiente laboral. Assim, as dificuldades de defesa daqueles que sofrem o assédio moral devem ser compreendidas a partir de aspectos sociais (relações de poder), físicos (poder físico), econômicos (dependência econômica, mercado de trabalho) e psicológicos (autoestima da vítima, personalidade dependente, gerência carismática, entre outros) (Einarsen, 2000; Heloani, 2005).

A partir da compreensão do assédio moral enquanto uma relação assimétrica e com essa complexa dinâmica envolvida, não é de se estranhar que a população juvenil seja uma das mais vulneráveis a esse tipo de violência. Os jovens estão propensos ao assédio moral, à medida que tendem a ocupar posições de menor poder, seja nas organizações ou nas relações de trabalho informais. Portanto, existe uma tendência de possuírem menores condições de defesa diante das situações abusivas. Além do mais, uma visão pouco crítica do mundo e de si próprios pode contribuir para que os mais jovens sequer percebam sua exposição a eventos dessa natureza.

É próprio da "guerra" psicológica no trabalho agregar dois fenômenos: além do abuso de poder, comumente mascarado, encontra-se a manipulação perversa, que se instala de forma insidiosa e quase imperceptível (Hirigoyen, 2002). Em razão disso, é comum que, quando a vítima de fato perceba a situação como ofensiva, o processo destrutivo já tenha se estabelecido. Silenciosamente, a manipulação perversa se propaga, os ataques se intensificam e a vítima é posta em situação de inferioridade. O efeito destruidor da violência resulta da repetição de agressões aparentemente inofensivas, mas contínuas. Cada detalhe, considerado isoladamente, parece insignificante, mas o conjunto e a repetição das agressões sutis tornam o fenômeno destruidor (Heloani, 2005; Hirigoyen, 2002). Leymann (1996) sustenta que o processo do assédio moral comumente evolui para a expulsão da(s) vítima(s) do ambiente de trabalho.

Algumas técnicas frequentemente utilizadas para assediar os trabalhadores são a recusa de comunicação direta, a indução ao erro, a desqualificação do seu trabalho, o isolamento e a vexação (Guedes, 2004; Hirigoyen, 2002). De acordo com Leymann (1996), os comportamentos constitutivos do assédio moral no trabalho podem ser divididos em cinco categorias: 1. atitudes destinadas a impedir que a vítima se expresse; 2. atitudes destinadas a isolá-la; 3. atitudes destinadas a desconsiderar a vítima em relação a seus colegas, 4. desacreditá-la em seu trabalho e 5. comprometer a sua saúde.

Na caracterização do assédio moral, é importante identificar duas formas de expressão do fenômeno: o assédio moral interpessoal e o assédio moral organizacional. O primeiro é definido como um processo contínuo de hostilidade ou isolamento, direcionado a alvos específicos, com o intuito de prejudicar esses trabalhadores (Schatzmam et al., 2009). O assédio organizacional, por sua vez, também é um processo contínuo de hostilidades, porém institucionalizado como estratégia de gestão. Nessa modalidade, gestores, individual ou coletivamente, intensificam estruturas e mecanismos organizacionais que abusam ou até mesmo exploram os trabalhadores (Einarsen, Hoel, Zapf e Cooper, 2003; Schatzmam et al., 2009). O objetivo imediato do assédio moral organizacional é o aumento da produtividade, a diminuição de custos, o reforço da disciplina ou a exclusão de trabalhadores indesejados pelas organizações. Nesses casos, todos os trabalhadores são alvo das práticas abusivas ou um determinado grupo, a partir de um perfil, como acidentados do trabalho, por exemplo.

A identificação do assédio moral organizacional pressupõe uma análise das condições de trabalho e dos mecanismos de gestão de pessoal nos espaços organizacionais. A organização contemporânea do trabalho e os valores que a acompanham são terreno fértil para que a lógica da violência e da agressividade pautem as relações sociais no trabalho (Heloani, 2004; Soboll, 2008).

Na tentativa de explicar o fenômeno do assédio moral, identificam-se três modelos comumente apontados na literatura (Einarsen, 2000; Glaso, Matthiesen, Birkeland e Einarsen, 2007): a) explicação com base na personalidade de vítimas e assediadores; b) explicação com base nas características inerentes às relações interpessoais e c) explicação com base nas características do contexto laboral e social. Segundo a compreensão baseada na personalidade de vítimas e assediadores, há uma íntima relação entre características individuais e assédio moral. Estudos nessa perspectiva têm identificado os agressores como perversos e autoritários, enquanto as vítimas costumam ser descritas como indivíduos com baixa autoestima, falta de competências sociais, instabilidade emocional, ansiedade e depressão. Diversos autores (Einarsen, 2000; Heloani, 2005; Leymann, 1996; Soboll, 2008) referem necessidade de cautela quanto a essas explicações, pelo risco de culpabilização dos indivíduos de um fenômeno que, na realidade, possui causas mais amplas.

De acordo com o modelo baseado nas características próprias das relações interpessoais, o assédio moral é concebido enquanto resultado de conflitos nas interações cotidianas das organizações (Einarsen, 2000). O assédio resultaria de processos competitivos visando afirmar uma posição na hierarquia social. Einarsen (2000) aponta que essa perspectiva representa uma visão darwinista e pessimista das relações sociais, uma vez que todos os conflitos terminariam em assédio. Por outro lado, segundo Leymann (1996), conflitos interpessoais mal-resolvidos podem levar ao assédio moral, em longo prazo, se não forem tomadas estratégias gerenciais de resolução dos mesmos.

Por fim, o modelo baseado nas características do contexto laboral e social tem recebido significativa atenção por parte de diversos pesquisadores, em diferentes países, parecendo haver certo consenso do papel dos fatores organizacionais e psicossociais enquanto principais determinantes do fenômeno (Barreto, 2003; Freitas, Heloani e Barreto, 2008; Leymann, 1996; Soboll, 2008). De acordo com essa perspectiva, o assédio moral é considerado um risco psicossocial do trabalho de especial gravidade e está relacionado com diversos elementos da organização laboral.

Nesse sentido, a flexibilização do trabalho e a reestruturação produtiva são apontados como estando na origem do aumento do assédio moral no trabalho (Barreto, 2003; Chappell e Di Martino, 2006; Guedes, 2004; Hirigoyen, 2002). Alguns fatores apontados são a competitividade, a ausência de ética empresarial, a escassa cultura de prevenção de riscos, a valorização de um padrão único de comportamento, a diminuição dos postos de trabalho e dos espaços de representação dos trabalhadores, a corrosão do caráter, o individualismo exacerbado e a imposição de metas inatingíveis, com exigência de *performances* baseadas na excelência. A competitividade e a precarização tendem a neutralizar ações coletivas, incitando o silêncio e o "cada um por si". Até mesmo quando o assédio moral é dirigido a um único indivíduo, ele cumpre a função estratégica voltada para o controle do coletivo de trabalhadores (Soboll, 2008). Heloani (2005) refere que, nesse contexto, a hipercompetitividade estimula efetivamente a instrumentalização do outro, de modo que a violência se torna uma resposta a um sistema desumano.

Não há, portanto, um perfil psicológico das vítimas de assédio moral no trabalho, e sim uma conjunção de diversos fatores que propiciam o seu desenvolvimento. A manifestação do assédio moral no trabalho se inscreve em uma dimensão maior da divisão social do processo de trabalho, na qual determinados segmentos da população ocupam setores de menor qualificação, em níveis hierarquicamente inferiores e mais expostos a determinados riscos ocupacionais. Neste contexto, os jovens podem ser considerados parte desse segmento populacional vulnerável ao assédio moral, em razão do alto desemprego e das situações de trabalho precarizado nessa faixa etária.

Além disso, outros fatores têm sido comumente identificados entre as vítimas de assédio moral no trabalho. São eles: a imposição de alguma limitação para a produção, o desvio do perfil desejado pela empresa, trabalhadores com estabilidade no emprego (acidentados do trabalho, representantes sindicais) e segmentos socialmente discriminados, como mulheres, negros, homossexuais, doentes e portadores de deficiência (Barreto, 2003; Guedes, 2004; Hirigoyen, 2002). Nesse sentido, é importante dedicar atenção a possíveis situações em que se observem riscos simultâneos e sobrepostos, maximizando a vulnerabilidade dos jovens diante do assédio. Por exemplo, ser jovem e deficiente, ou jovem, mulher e negra, etc.

Em um estudo recente com trabalhadores entre 18 e 61 anos, constatou-se que o assédio moral no trabalho esteve relacionado com menos idade (Amazarray, 2010). Participaram 598 bancários de Porto Alegre, que responderam ao Questionário de Atos Negativos – medida internacionalmente utilizada no estudo do assédio moral. O instrumento permite a medida objetiva e subjetiva do fenômeno. A média de idade dos trabalhadores identificados objetivamente como vítimas de assédio moral frequente (praticado diária ou semanalmente) foi quase três anos inferior aos que não estiveram nessa condição. Ainda, em relação à variável assédio moral percebido (situação em que o participante se identifica como vítima da violência), verificou-se que os participantes no assédio percebido eventual tiveram média de idade inferior daqueles que não se perceberam como vítimas de assédio moral no trabalho.

Dessa forma, o assédio moral, tanto objetivo como subjetivo, foi mais frequente para aqueles com menos idade. Portanto, a faixa etária dos trabalhadores parece ser um elemento importante para se compreender esse processo no contexto de trabalho. Leymann

(1996) não identificou diferenças significativas entre as faixas etárias. Entretanto, Trijueque e Gómez (2009) observaram maior frequência na faixa etária de 31 a 50 anos, ao passo que Piñuel e Oñate (2002) encontraram maior prevalência nos trabalhadores abaixo de 30 anos. Einarsen (2000), em estudo de revisão, citou que trabalhadores mais jovens estão expostos ao assédio com maior frequência do que seus colegas de mais idade – tal como apontaram os resultados do estudo citado (Amazarray, 2010).

Os trabalhadores mais jovens, por estarem a menos tempo no mercado de trabalho e almejarem ascender na carreira, tendem a interpretar as práticas de assédio como comportamentos a serem tolerados, o que se modificaria à medida que envelhecem. Esses dados são apoiados pelos resultados sobre o tempo de trabalho no banco, em que aqueles com menos período de empresa foram mais assediados (Amazarray, 2010). Além disso, há uma tendência de os mais jovens ocupem cargos hierarquicamente inferiores, potencialmente mais vulneráveis aos abusos de poder.

Por outro lado, também tem sido interessante observar que esses trabalhadores mais jovens se veem com poucas ou com nenhuma alternativa de defesa diante das práticas de assédio moral, já que no assédio percebido eles também predominaram. Assim, embora os trabalhadores mais jovens tenham suas construções identitárias inseridas na lógica da gestão da excelência, que prioriza a competitividade e a superação de desafios "a qualquer custo" (Chanlat, 1996), eles reconheceram os atos negativos a que foram expostos como práticas de assédio moral. Nesse sentido, é compreensível que a necessidade de sujeição às leis do mercado de trabalho influencie os mais jovens no trabalho, que em seguida incorporam as exigências laborais para garantir seu lugar nesse mundo do trabalho (Asmus et al., 2005) – especialmente no contexto de precarização das relações laborais, no qual os jovens constituem um dos grupos mais vulneráveis (Câmara, Sarriera e Pizzinato, 2004). Por outro lado, como sugere o estudo de Amazarray (2010), a submissão às leis do mercado, ainda que tolerada pelos mais jovens, tem sido entendida por eles como uma forma de violência. Essa dinâmica pode assumir efeitos prejudiciais no desenvolvimento desses trabalhadores, que se percebem atrelados a uma situação de afronta a sua dignidade, porém sem meios de defesa.

As repercussões do assédio moral no trabalho sobre a saúde são diversas, tanto do ponto de vista físico como psíquico. O estudo de Barreto (2003) identificou, entre os principais sintomas, crises de choro, dores generalizadas, palpitações, tremores, insônia ou sonolência excessiva, depressão, alcoolismo, diminuição da libido, ideia ou tentativa de suicídio e distúrbios digestivos. Outros autores (Hirigoyen, 2002; Leymann, 1996; Mathiesen e Einarsen, 2004; Mikkelsen e Einarsen, 2001) também apontaram os efeitos fisiológicos e psicológicos do assédio, advindos do estresse e da ansiedade, além dos danos que atingem a vida familiar e social, especialmente quando a situação se prolonga. O estudo de Mikkelsen e Einarsen (2001) chamou a atenção para o fato de que a exposição a comportamentos de assédio moral no trabalho, mesmo que eventuais, parece trazer à tona uma variabilidade de sintomas de estresse entre as vítimas.

Ademais, o fenômeno pode ter como consequências a desestruturação psicológica, a perda de identidade, o sentimento de inferioridade e o comprometimento das relações afetivas no trabalho e na família (Barreto, 2003; Hirigoyen, 2002). Com o passar dos meses, as vítimas apresentam uma desestabilização psíquica, que pode evoluir do estresse pós-traumático até uma sensação de vergonha recorrente ou mesmo modificações duradouras da personalidade.

A magnitude dos efeitos do assédio moral na saúde dos trabalhadores é tema de Saúde Pública (Chapell e Di Martino, 2006). No caso dos jovens, as possíveis consequências assumem a peculiaridade de atingir indivíduos que ainda estão em processo de desenvolvimento psicossocial e de construção da identidade. Nesse sentido, os problemas de saúde e o sofrimento psíquico decorrentes da violência e do assédio moral podem ser de extrema gravidade, incapacitando precocemente os jovens trabalhadores, ou marcando negativamente suas identidades profissionais.

CONSIDERAÇÕES FINAIS

Uma perspectiva ecológica (Bronfenbrenner, 1979/1996) da violência psicológica e do assédio moral no trabalho deve considerar a interação de variáveis individuais e contextuais, em diferentes níveis. Nesse sentido, os diferentes modelos explicativos da violência e do assédio moral se complementam. Assim, embora as características da organização do trabalho sejam uma condição necessária para a existência do assédio, as variáveis pessoais têm sido vistas como moduladores da intensidade e da vivência do fenômeno (Einarsen, 2000; Glaso et al., 2007). O apoio social, dentro e fora do ambiente de trabalho, também tem sido considerado um importante mediador entre o assédio moral e as consequências na saúde das vítimas (Einarsen, 2000). Dessa forma, o apoio social pode favorecer o desenvolvimento saudável, apesar da exposição à violência.

Nesse sentido, os programas de acompanhamento psicossocial junto a jovens trabalhadores podem funcionar como importantes fatores de proteção diante do risco de violência psicológica e assédio moral no trabalho. Tais intervenções podem promover um espaço de reflexão que desenvolva o posicionamento crítico desses jovens. Ao se inserirem no mundo do trabalho, a postura questionadora favorecerá que não perpetuem práticas de desrespeito às leis trabalhistas e de afronta a sua dignidade. Da mesma forma, uma sensibilização para essas questões propiciará que os jovens trabalhadores tomem sua atividade como formadora constante de sua própria identidade como sujeitos e cidadãos.

REFERÊNCIAS

Amazarray, M. R. (2010). *Violência psicológica e assédio moral no trabalho enquanto expressões de estratégias de gestão*. Tese de doutorado não publicada, Universidade Federal do Rio Grande do Sul, Porto Alegre, Brasil.

Amazarray, M. R., Thomé, L. D., Poletto, M., & Koller, S. (2009). Aprendiz *versus* trabalhador: Adolescentes em processo de aprendizagem. *Psicologia: Teoria e Pesquisa, 25*(3), 393-402.

Amazarray, M., Thomé, L., Poletto, M., & Koller, S. (2007). Perspectivas acerca do trabalho infantojuvenil: Ideologias, subjetividade e saúde do trabalhador. *Revista Laboreal, 3*(2), 22-28.

Asmus, C. I. R. F., Raymundo, C. M. R., Barker, S. L., Pepe, C. C. C. A., & Ruzany, M. H. (2005). Atenção integral à saúde de adolescentes em situação de trabalho: Lições aprendidas. *Ciência & Saúde Coletiva, 10*, 953-960.

Barreto, M. M. S. (2003). *Violência, saúde e trabalho: Uma jornada de humilhações*. São Paulo: EDUC.

Bronfenbrenner, U. (1996). *A ecologia do desenvolvimento humano: Experimentos naturais e planejados*. Porto Alegre: Artmed. (Publicado originalmente em 1979).

Câmara, S. G., Sarriera, J. C., & Pizzinato, A. (2004). Que portas se abrem no mercado de trabalho para os jovens em tempos de mudança? In J. C. Sarriera, K. B. Rocha, & A. Pizzinato (Eds.), *Desafios do mundo do trabalho* (pp. 73-114). Porto Alegre: EDIPUCRS.

Campos, H. R., & Francischini, R. (2003). Trabalho infantil produtivo e desenvolvimento humano. *Psicologia em Estudo, 8*(1, especial), 119-129.

Chanlat, J-F. (1996). Modos de gestão, saúde e segurança no trabalho. In E. Davel, & J. Vasconcelos (Eds.), *"Recursos" humanos e subjetividade* (pp. 208-229). Petrópolis: Vozes.

Chappell, D., & Di Martino, V. (2006). *Violence at work* (3rd ed.). Geneva: ILO.

Codo, W. (1996). Precisamos de trabalho, não de força de trabalho. In W. Codo (Ed.), *Por uma psicologia do trabalho: Ensaios recolhidos* (pp. 61-74). São Paulo: Casa do Psicólogo.

Costanzi, R. N. (2009). *Trabalho decente e juventude no Brasil*. Brasília: Organização Internacional do Trabalho. Retrieved in September, 2011, http://www.oitbrasil.org.br/sites/default/files/topic/youth_employment/pub/trabalho_decente_juventude_brasil_252.pdf.

Einarsen, S. (2000). Harassment and bullying at work: A review of the Scandinavian approach. *Aggression and violent behavior*, 5(4), 379-401.

Einarsen, S., Hoel, H., Zapf, D., & Cooper, C. L. (2003). The concept of bullying at work. In S. Einarsen, H. Hoel, D. Zapf, & C. L. Cooper (Eds.), *Bullying and emotional abuse in the workplace* (pp. 3-30). London: Taylor & Francis.

Fischer, F. M., Oliveira, D. C., Nagai, R., Teixeira, L. R., Junior, M. L., Latorre, M. R. D. O., et al. (2005). Job control, job demands, social support at work and health among adolescent workers. *Revista de Saúde Pública*, 39, 245-253.

Freitas, M. E., Heloani, R., & Barreto, M. (2008). *Assédio moral no trabalho*. São Paulo: Cengage Learning.

Glaso, L., Matthiesen, S. B., Birkeland, N., & Einarsen, S. (2007). Do targets of workplace bullying portray a general victim personality profile? *Scandinavian Journal of Psychology*, 48(4), 313-319.

Guedes, M. N. (2004). *Terror psicológico no trabalho* (2nd ed.). São Paulo: LTr.

Heloani, J. R. (2004). Assédio moral: Um ensaio sobre a expropriação da dignidade no trabalho. *RAE Eletrônica*, 3(1), 1-8. Acessado em 25 ago, 2011, em http://www.scielo.br/pdf/raeel/v3n1/v3n1a12.pdf.

Heloani, J. R. (2005). Assédio moral: A dignidade violada. *Aletheia*, 22, 101-108.

Hirigoyen, M. F. (2002). *Mal-estar no trabalho: Redefinindo o assédio moral*. Rio de Janeiro: Bertrand Brasil.

Leymann, H. (1996). The content and development of mobbing at work. *European Journal of Work and Organizational Psychology*, 5(2), 165-184.

Matthiesen, S. B., & Einarsen, S. (2004). Psychiatric distress and symptoms of PTSD among victims of bullying at work. *British Journal of Guidance and Counseling*, 32(3), 335-356.

Mikkelsen, E. G., & Einarsen, S. (2001). Bullying in danish work-life: Prevalence and health correlates. *European Journal of Work and Organizational Psychology*, 10(4), 393-413.

Nardi, H. C., & Yates, D. B. (2005). Transformações contemporâneas do trabalho e processos de subjetivação: Os jovens face à nova economia e à economia solidária. *Estudos de Psicologia*, 10, 95-103.

Oliveira, B. R. G., & Robazzi, M. L. C. C. (2001). O trabalho na vida dos adolescentes: Alguns fatores determinantes para o trabalho precoce. *Revista Latino-americana de Enfermagem*, 9, 83-89.

Oliveira, D. C., Fischer, F. M., Amaral, M. A., Teixeira, M. C. T. V., & Sá, C. P. (2005). A positividade e a negatividade do trabalho nas representações sociais de adolescentes. *Psicologia: Reflexão & Crítica*, 18, 125-133.

Organização Internacional do Trabalho (2005). *A OIT e o trabalho dos jovens*. Genebra: OIT. Retrieved in February, 2009, from http://www.oitbrasil.org.br/prgatv/_prg_emp/emp_form_jov.php.

Organización Internacional del Trabajo (1998). Cuando el trabajo resulta peligroso: Golpes, esputos, lenguaje soez, daños: La violencia en el trabajo se globaliza. *Revista de la OIT: Trabajo*, 26, 6-9.

Piñuel, I., & Oñate, A. (2002). La incidencia del mobbing o acoso psicológico en el trabajo en España. Resultados del Barómetro Cisneros II sobre violencia en el entorno laboral. *Lan Harramanak. Revista de Relaciones Laborales*, 7, 35-62.

Romanelli, G. (1997). Famílias de classes populares: Socialização e identidade masculina. *Cadernos de Pesquisa Nep*, 1(2), 25-34.

Sarriera, J. C., Silva, M. A., Kabbas, C. P., & Lopes, V. B. (2001). Formação da identidade ocupacional em adolescentes. *Estudos em Psicologia*, 6(1), 27-32.

Schatzmam, M., Gosdall, T. C., Soboll, L. A., & Eberle, A. D. (2009). Aspectos definidores do assédio moral. In T. C. Gosdal, & L. A. P. Soboll (Eds.), *Assédio moral interpessoal e organizacional: Um enfoque interdisciplinar* (pp. 17-32). São Paulo: LTr.

Soboll, L. A. P. (2008). *Assédio moral/organizacional: Uma análise da organização do trabalho*. São Paulo: Casa do Psicólogo.

Thomé, L. D. (2009). *Exploração sexual e trabalho: Um estudo de fatores de risco e proteção com adolescentes e jovens*. Tese de doutorado não publicada, Universidade Federal do Rio Grande do Sul, Porto Alegre, Brasil.

Trijueque, D. G., & Gómez, J. L. G. (2009). El acoso psicológico en el lugar de trabajo: Prevalencia y análisis descriptivo en una muestra multiocupacional. *Psicothema*, 21(2), 288-293.

11

Trabalho e violência
impactos na juventude brasileira

Luciana Dutra-Thomé, Alice Queiroz Telmo e Silvia H. Koller

TRABALHO JUVENIL E VIOLÊNCIA

O presente capítulo tem como objetivo investigar a relação que se estabelece entre trabalho e violência e como esses fatores podem vulnerabilizar a vida dos jovens. Para atingi-lo, considerou-se que, na sociedade brasileira, a juventude se desenvolve em um contexto marcado por diferenças de gênero, classe, escolaridade e etnia. Esse panorama não é exclusivo dos jovens, uma vez que atinge todos os atores inseridos nessa estrutura socioeconômica. Todavia, a juventude possui a peculiaridade de estar passando por mudanças biopsicossociais e em processo de tomada de decisão em diversos âmbitos da vida, como o escolar, o comunitário e o laboral. Em relação a este último, a literatura na área descreve que a experiência de trabalho é importante na construção da identidade, podendo ser geradora de saúde, bem-estar e realização, assim como de sofrimento e/ou doença (Codo, 1992). Nesse contexto, a escolha e a vivência de uma atividade profissional precisam ocorrer em contexto protegido, no qual os trabalhadores recebem suporte adequado para realização de suas tarefas (tanto no que tange à estrutura física quanto às relações interpessoais no trabalho). Lacunas nesses aspectos organizacionais podem gerar sofrimento no indivíduo, o que, em certos casos, configura algum tipo de violência. Trabalhar é uma atividade humana que pode ter efeitos psicológicos e sociais ao longo do desenvolvimento. Segundo a Organização Internacional do Trabalho (OIT, 2004), no caso da juventude, a base de referência para avaliar malefícios e benefícios da atividade laboral é a interferência na escolarização, na saúde e no desenvolvimento de crianças e adolescentes.

Nas sociedades ocidentais, não existe uma única classificação – por parte de pesquisadores e instituições – do limite de idade que define adolescência e juventude (Watarai e Romanelli, 2005). De acordo com a OIT (2000), a adolescência ocorre dos 15 aos 19 anos, enquanto a juventude corresponde à faixa etária de 20 a 24 anos (Martins, 2000). Já o Estatuto da Criança e do Adolescente (ECA) (Brasil, 1990), lei federal, situa a adolescência entre 12 e 18 anos incompletos.

Neste capítulo, de caráter empírico, foi considerada a classificação etária proposta pela OIT (2000). Além dos limites de idade, cabe registrar que o público atingido foi composto por jovens que fazem parte das chamadas "camadas populares". Essa categoria, proposta por Romanelli (1997), descreve a população pobre dos centros urbanos, cuja condição de moradia é precária, com dificuldade de acesso a serviços de saúde, educação, saneamento básico e com renda familiar reduzida. Nessas famílias, os filhos adquirem liberdade de circulação com relativa pouca idade e são estimulados a buscar sua autonomia e independência sem supervisão adulta (Romanelli, 1997).

O momento do ciclo vital e o contexto de desenvolvimento dos indivíduos englobam variáveis interdependentes – individuais, familiares, escolares, grupo de pares, midiáticas e comunitárias – propícias tanto ao risco quanto à proteção (Schenker e Minayo, 2005). A atividade laboral, especificamente, constitui uma questão complexa que perpassa inúmeros subsistemas da vida pessoal e social. Nesse sentido, os construtos fatores de proteção, fatores de risco e vulnerabilidade são propícios para a compreensão do contexto laboral dos jovens brasileiros.

Os fatores de proteção se referem aos aspectos pessoais ou do contexto, capazes de reduzir os efeitos dos fatores de risco e propiciar o desenvolvimento humano dos indivíduos expostos a situações consideradas de risco (Masten, 2001). Proteção significa oferecer condições de crescimento e de desenvolvimento da pessoa em formação, o que, no caso do Brasil, se materializa através da doutrina de proteção integral estabelecida pelo ECA (Brasil, 1990), a qual define os adolescentes como cidadãos, sujeitos de direitos, capazes de protagonismo, merecedores de prioridade, atenção e cuidados. Em relação ao trabalho, a doutrina estabelece a permissão desta atividade para os maiores de 14 anos na condição de aprendiz. A contratação de aprendizes, regulamentada pelo Decreto nº 5598/2005 (Brasil, 2005), propõe-se a assegurar a formação técnico-profissional e a realização de atividades compatíveis com a vida escolar e com o desenvolvimento físico, psicológico e moral dos adolescentes.

Os fatores de risco, por sua vez, se relacionam aos aspectos que atuam como obstáculo ao desenvolvimento em nível individual ou social e que potencializam a vulnerabilidade das pessoas a resultados indesejáveis ao longo do seu ciclo vital (Pesce et al., 2004). Nesse sentido, o aumento do contingente jovem no Brasil traz consequências importantes para as questões políticas e sociais do país, que podem influenciar sobremaneira a qualidade de vida dos jovens, expondo-os a situações de risco.

A juventude brasileira enfrenta sérios problemas de violação de seus direitos, expressos na exploração da mão de obra de trabalho, desemprego, falta de perspectiva laboral, violência nas comunidades, no trânsito, em crimes com armas, entre outros. Em estudo realizado pelo Banco Mundial (2007), os jovens em situação de risco foram definidos como aqueles que, por determinados fatores de sua vida, adotam comportamentos ou vivenciam eventos maléficos para si mesmos e para a sociedade. Como exemplo, é possível citar repetência e evasão escolar, ociosidade (sem estudo nem trabalho), uso de drogas, comportamentos violentos, iniciação sexual precoce e práticas sexuais arriscadas. Esses comportamentos de risco trazem consequências negativas para esses jovens, como HIV/Aids, gravidez precoce, uma vida de pobreza, morte prematura, afetando não apenas as pessoas que correm os riscos, mas a sociedade em geral.

O conceito vulnerabilidade diz respeito à predisposição individual para desenvolver variadas formas de psicopatologias ou comportamentos ineficazes em situações de crise: desnutrição, família desestruturada, desemprego, etc. (Pesce et al., 2004; Sapienza e Pedromônico, 2005). A dificuldade de inserção no mercado de trabalho tem sido percebida, até a atualidade, como o principal componente negativo da condição juvenil, vulnerabilizando-os (Instituto Cidadania, 2003). A situação de vulnerabilidade no trabalho juvenil foi identificada pelo Banco Mundial (2007): 60% dos brasileiros entre 15 e 19 anos são trabalhadores não pagos ou sem carteira assinada. Nos grupos de 20 a 24 anos esses números caem para 33%. Os jovens de 10 a 14 anos constituem 55% de todos os trabalhadores não pagos. De acordo com a Síntese de Indicadores Sociais da Pesquisa Nacional por Análise de Domicílios (Pnad, 2008), aproximadamente 1,2 milhão de brasileiros na faixa etária de 17 a 24 anos são considerados inativos, ou seja, não trabalham nem estudam. Esse número equivale a 5,37% dos brasileiros nessa faixa de idade. Registrou-se, também, que quase metade (44,7%) dos jovens de até 17 anos vive em famílias consideradas pobres, ou seja, famílias com uma renda per capita de, no máximo, meio salário mínimo. Sendo que 18,5% vivem com um rendimento per capita de até 25% do salário mínimo – considerada situação de extrema pobreza. Nesse contexto, muitos pais estimulam que seus filhos ingressem no mercado de trabalho para auxiliar nas despesas domésticas, o que atrapalha seus estudos (Pnad, 2008).

Elementos contextuais também acentuam a fragilidade dos jovens na sua relação com o trabalho. Por exemplo, as empresas, muitas vezes, ressaltam a necessidade dos jovens trabalhadores se manterem dóceis, dispostos para o trabalho e obedientes, o que estabelece uma relação contínua de dominação/subordinação (Oliveira e Robazzi, 2001). Essa necessidade de sujeição às leis do mercado de trabalho também foi citada por Asmus, Raymundo, Barker, Pepe e Ruzany (2005), que apontam que os jovens aprendem rapidamente a exigência de tal condição para ganhar dinheiro e garantir o sustento. Ainda, os adolescentes trabalhadores que apresentam menor autonomia de decisão acabam trabalhando mais, realizando horas-extras, do que aqueles que possuem maior autonomia de decisão. A falta de controle no trabalho, isto é, a insegurança no que tange à estabilidade laboral, pode gerar consequências para os adolescentes, como implicações na construção da sua identidade laboral e submissão a condições inseguras de trabalho, constituindo fonte de vulnerabilidade (Fischer et al., 2005).

Esse contexto fragiliza o jovem e pode ser identificado como uma forma de violência. Nesse sentido, é cabível definir o significado desse termo, que constitui uma tarefa difícil, uma vez que não existe uma única forma de manifestação da violência. Observa-se uma multiplicidade de atos violentos, cujas significações devem ser analisadas a partir das normas, das condições e dos contextos sociais, variando de um período histórico a outro (Abramovay, Castro, Pinheiro, Lima e Matinelli, 2002).

Segundo Minayo (1994) a violência não faz parte da natureza humana e não possui raízes biológicas, mas sim, constitui-se em fenômeno psicossocial dinâmico e complexo. Manifesta-se na vida em sociedade (e suas características políticas, econômicas, morais e jurídicas), na relação do indivíduo com o outro e consigo mesmo. Três tipos de violência podem ser identificados: a estrutural, a de resistência e a da delinquência (Minayo, 1994). A primeira se refere às estruturas institucionais da sociedade, desde a família, política, economia e cultura, as quais conduzem à opressão de grupos, classes, nações e indivíduos, vulnerabilizando-os. Esta oferece um "marco à violência do comportamento" (Minayo, 1994, p.8). A segunda se constitui de uma forma de reação dos grupos, classes, nações e indivíduos oprimidos à violência estrutural, o que, por um lado, é objeto de contestação por parte de detentores do poder político, econômico e/ou cultural e, por outro, objeto de controvérsia entre filósofos, sociólogos e políticos. A terceira e última engloba as ações fora da lei socialmente reconhecidas, que necessita ser compreendida a partir da noção da violência estrutural, uma vez que essa não só confronta os indivíduos uns com os outros, mas também os corrompe e impulsiona ao delito.

> A desigualdade, a alienação do trabalho e nas relações, o menosprezo de valores e normas em função do lucro, o consumismo, o culto à força e o machismo são alguns dos fatores que contribuem para a expansão da delinquência. (Minayo, 1994, p.8)

A violência, de acordo com a Organização Mundial da Saúde (2002), é o uso intencional da força física ou do poder, real ou em ameaça, contra si próprio, contra outra pessoa, ou contra um grupo ou uma comunidade, que resulte ou tenha grande possibilidade de resultar em lesão, morte, dano psicológico, deficiência de desenvolvimento ou privação. Não há um único componente que explique a violência, pois esta é o resultado de uma complexa interação de fatores individuais, relacionais, sociais, culturais e ambientais (OMS, 2002). A violência pode ser encontrada em espaços públicos e privados; relações institucionais, grupais ou interpessoais; em tempos de guerra ou de suposta paz. Seu domínio é amplo e sustentado por interconexões ainda pouco conhecidas (Schraiber, D'oliveira e Couto, 2006).

O fenômeno violência engloba variáveis presentes no contexto de inserção laboral dos jovens. Manifestam-se, especialmente, quando o direito dos jovens ao trabalho protegido é violado. A política neoliberal adotada pela economia globalizada causa, em última instância, a precarização das relações de trabalho e, consequentemente, o desemprego, o que eleva à vulnerabilidade social, à pobreza e à exclusão (Lima e Minayo-Gomes, 2003). A dificuldade de discriminar essas situações gera sofrimento nos jovens, ao atribuírem a si próprios as causas da incapacidade de se integrar ao mercado de trabalho (Gonçalves, 2008; Lehman, 1998), o que pode afetar negativamente sua autoestima. Ademais, os jovens trabalhadores podem ser acometidos por um contexto de subutilização de suas competências técnicas, de forma a realizarem tarefas padronizadas que restringem sua margem de liberdade para o saber fazer. Esse quadro resulta na vivência de sofrimento no trabalho (Mendes e Morrone, 2002).

Os jovens enfrentam problemas no processo de inserção no mercado, como a exigência dos empregadores de experiência, educação e qualificação profissional. As mudanças no mundo do trabalho pedem habilidades que nem sempre estão disponíveis aos jovens de setores populares, como conhecimentos em informática e línguas estrangeiras. Deve-se considerar também que todos esses fatores estão inseridos em um contexto de diminuição de postos de trabalho para grande parte da população (Castro e Abramovay, 2002).

A questão do desemprego constitui outro problema contextual que afeta a economia em nível mundial. A população juvenil é um dos segmentos sociais que mais sofre suas consequências (Câmara, Sarriera e Pizzinato, 2004), diante de um panorama de inserção laboral inseguro, caracterizado pela incerteza e pela necessidade permanente de negociações quanto à continuidade no emprego (Batista e Codo, 2002; Nascimento, 2003).

Os entraves na inserção de jovens no mercado de trabalho englobam elementos como o preconceito e a qualidade da educação oferecida pelo sistema escolar. No que tange ao preconceito, em estudo que analisou oficinas realizadas com adolescentes, um dos aspectos que mais se destacou foi a dificuldade dos jovens que vivem na periferia, local associado à marginalidade, de conseguir trabalho (Casal e Farias, 2005). Somado a isso, o envolvimento do jovem com violência e criminalidade é um dos fatores que mais dificulta a inserção do jovem no mercado de trabalho, pois implica na falta do certificado com bons antecedentes, uma das exigências para conseguir um emprego (Castro e Abramovay, 2002).

Em relação à qualidade da educação, os jovens têm saído cada vez mais despreparados da escola e, por consequência, com menos recursos pessoais para enfrentarem o mercado de trabalho. Todavia, nem mesmo o preparo educacional é garantia de uma boa inserção laboral, tanto no Brasil como em outros países. Nesse sentido, mesmo os jovens que possuem qualificação técnica e formação em nível superior encontram dificuldades (Câmara et al., 2004). Como consequência, o valor da escolaridade está perdendo a confiabilidade dos jovens, que não veem significado nela como credencial para o trabalho. Os efeitos do desemprego e do afastamento da escola geram baixa autoestima e insegurança, que, por sua vez, podem desencadear envolvimentos com violência e drogas (Castro e Abramovay, 2002).

Neste capítulo, partiu-se do pressuposto de que a violação do direito ao trabalho protegido, prevista pelo ECA (Decreto nº 5598/ 2005, Brasil, 2005) pode constituir uma forma de violência. Esse decreto se propõe a assegurar a formação técnico-profissional e a realização de atividades compatíveis com a vida escolar e com o desenvolvimento físico, psicológico e moral dos jovens. Sabe-se, entretanto, que a administração das demandas laborais e educacionais se torna difícil quando a exigência das mesmas sobrecarrega o indivíduo, o que se agrava em casos de jovens expostos a organizações que não consideram seus direitos. A partir disso, este trabalho teve por objetivo investigar a vivência laboral de jovens brasileiros, realizando comparação de jovens trabalhadores e não trabalhadores, bem como avaliar quais dessas vivências podem ser caracterizadas como exposição a formas de violência.

MÉTODO

O presente capítulo partiu de uma Pesquisa Nacional sobre Fatores de Risco e Proteção da Juventude Brasileira, de caráter exploratório descritivo (Koller, Cerqueira-Santos, Morais e Ribeiro, 2005). As variáveis investigadas foram extraídas da base de dados dessa Pesquisa Nacional, incluindo informações sobre características biossociodemográficas, violência e experiência laboral. Para o estudo dessas temáticas foram utilizadas as seguintes variáveis: Cor, Como Conseguiu Drogas Ilícitas, Violência Doméstica e Violência na Comunidade. Foi utilizado um questionário para levantamento de fatores de risco e proteção, produzido para o estudo "Juventude Brasileira" (Koller, Cerqueira-Santos, Morais e Ribeiro, 2005).

Participaram do estudo 7.425 jovens de 14 a 24 anos, de ambos os sexos, nível sócio econômico baixo, de sete capitais brasileiras: Porto Alegre (Região Sul), Recife (Nordeste), São Paulo e Belo Horizonte (Sudeste), Brasília e Campo Grande (Centro-Oeste) e Manaus (Norte) e de três outras cidades: Arcos (Minas Gerais), Presidente Prudente (São Paulo) e Maués (Amazonas). Os jovens do estudo foram estudantes de escolas públicas ou participantes de instituições de atendimento (ONGs, centros comunitários, etc.). Comunidade de nível socioeconômico baixo foi definida a partir de indicadores do IBGE (2000) descritos no procedimento de amostragem para a seleção do local de moradia.

A limpeza do banco de dados abarcou, especificamente, o preenchimento dos *missings* da questão 55. Isso ocorreu por esta ser uma variável central no desenvolvimento do estudo, pois investigava se os jovens estavam trabalhando no momento da participação do estudo ou trabalharam nos últimos 12 meses. Os casos que foram preenchidos com a resposta positiva (sim = 1) para essa questão tiveram como critério de referência respostas positivas (sim = 1) para as questões 56c (trabalho com carteira assinada), 56d (trabalho sem carteira assinada), 56e (trabalho por conta própria) e

56f (faz bicos). Os demais casos foram preenchidos com resposta negativa (não = 2). As modificações realizadas no decorrer da limpeza do banco não comprometeram os resultados das análises, uma vez que não houve modificações nos níveis de significância das questões antes e depois desse processo.

Para análise de dados foi utilizado o Teste Qui-quadrado para verificar as diferenças entre as frequências dos grupos de jovens trabalhadores e não trabalhadores com relação às variáveis Cor e Como Conseguiu Drogas Ilícitas. O Teste t de Student foi utilizado para verificar diferença estatisticamente significativa entre as médias de frequência dos grupos de jovens trabalhadores e não trabalhadores com relação as variável Violência Doméstica e Violência na Comunidade. No caso do Qui-quadrado, como foi trabalhado com variáveis que possuíam mais de dois níveis, foram apresentados os resíduos padronizados ajustados maiores que +1,96 e menores que –1,96, indicando, respectivamente, um percentual de casos significativamente maior e menor que o esperado, deslocado a respectiva categoria. Portanto, os sinais positivo e negativo indicam qual categoria apresenta diferença estatisticamente significativa entre os grupos de comparação. O teste t de Student foi utilizado na comparação das médias entre grupos de trabalhadores e não trabalhadores, no caso, de amostras independentes. O critério de significância utilizado para ambas as análises bivariadas foi $p < 0,01$, a fim de que os valores estatisticamente significativos obtivessem um critério de maior rigor.

Os aspectos éticos do estudo garantiram a integridade dos participantes. Além do termo de consentimento individual, foi dada a garantia de sigilo das informações pessoais, assim como disponibilizada a assistência do grupo de pesquisa, caso algum participante necessitasse de apoio psicológico (Resoluções nº 196/1996 do Conselho Nacional de Saúde, e nº 016/2000 do Conselho Federal de Psicologia). Esse projeto foi aprovado pelo Comitê de Ética da Universidade Federal do Rio Grande do Sul (protocolo nº 2006533).

TRABALHO E VIOLÊNCIA: IMPACTOS NA JUVENTUDE BRASILEIRA

A Tabela 11.1 traz informações relativas à Variável Cor e como esta exerce influência na vida laboral no jovem. Os dados mostram que foram encontrados mais jovens de cor branca (40,5%) e de cor negra (17%) trabalhadores do que não trabalhadores e um percentual significativamente maior de não trabalhadores de cor parda (39,1 %) em relação às demais cores ($\chi^2=14,123$; $df=4$; $p<0,01$) (Tabela 11.1).

Tabela 11.1 Estatísticas descritivas da variável cor [a]

	Total % (f)	Trabalhadores % (f)	Não trabalhadores % (f)	P
Cor [d]				0,007*
Branca	39,1 (2746)	40,5 (1118)+	38,2 (1628)-	
Negra	15,9 (1120)	17,0 (470)+	15,2 (650)-	
Parda	37,5 (2636)	35,1 (969)-	39,1 (1667)+	
Amarela	4,0 (279)	3,7 (102)	4,1 (177)	
Indígena	3,5 (246)	3,7 (102)	3,4 (144)	

Nota. [a] % (n); [b] n=7180; [c] n=7045; [d] n=7027; [e] M (SD); [f] n=7316. Os símbolos + e − significam respectivamente um percentual de casos maior e menor que o esperado deslocados para a categoria (+: resíduo padronizado ajustado > +1,96; -: resíduo padronizado ajustado < -1,96). * p<0,01

De acordo com a Comissão Econômica para a América Latina e o Caribe (CEPAL, 2000), nas diversas unidades federadas brasileiras, a inserção ocupacional dos jovens negros é superior a dos jovens não negros, o que pressupõe menos dedicação aos estudos. Ainda assim, o mesmo relatório destaca os mecanismos discriminatórios que dificultam o acesso e a progressão educacional, e a inserção laboral dos jovens negros (CEPAL, 2000). Estabelece-se, aí, uma contradição, pois, ao mesmo tempo que possuem maior inserção, as dificuldades de progressão educacional funcionam, provavelmente, como entraves à inserção no mercado de trabalho, ou levam à execução de trabalhos desprotegidos e/ou operacionais. Esta estratificação ocupacional obedece também a critérios de gênero, uma vez que, por exemplo, na região metropolitana do Rio de Janeiro, 40% das mulheres negras e mestiças trabalham como empregadas domésticas, enquanto apenas 15% das mulheres brancas se dedicam a esta atividade (CEPAL, 2000). Portanto, possuir a cor negra e o sexo feminino são características que podem vulnerabilizar o jovem em processo de inserção ocupacional, bem como a educação precária pode funcionar como fator de risco.

Em relação aos jovens brancos, ainda que o presente estudo demonstre um número maior de jovens trabalhadores em relação aos não trabalhadores (Tabela 11.1), de acordo com o CEPAL (2000), a progressão educacional dos mesmos é superior a dos jovens negros. Essa diferença pode facilitar a inserção ocupacional dos jovens brancos no futuro, bem como a realização de trabalhos protegidos e que exijam maior qualificação.

Por outro lado, ainda que o jovem preencha as exigências de qualificação profissional requeridas pelo empregador, pode ser vítima de preconceitos para conseguir trabalho que, para além da cor, incluem discriminações relativas ao local de moradia e aparência (Abramovay et al., 2001). Essa dificuldade se agrava no caso das classes populares, uma vez que jovens que vivem na periferia – local associado à marginalidade – são estigmatizados por sua condição social (Casal e Farias, 2005). Nesse sentido, no presente trabalho, a identificação de um número superior de jovens de cor parda não trabalhadores em relação às demais cores pode estar corroborando esse dado, uma vez que, comumente, os jovens de classe popular são de cor parda.

Outro aspecto a ser considerado é a fragilidade dos critérios seletivos que representam possíveis entraves para a inserção laboral dos jovens. Sarriera, Silva, Câmara e Mano (2001a) descreveram o processo de seleção de seis empresas de pequeno-médio porte de Porto Alegre. Nesses processos seletivos, as habilidades-capacidades exigidas eram avaliadas *a priori* e os critérios de escolha se baseavam, sobretudo, no senso comum dos selecionadores (Sarriera et al., 2001a). Nesse sentido, pertencer à classe popular pode vulnerabilizar o jovem, independentemente de sua cor e de seu gênero, o que é agravado pela exposição a processos seletivos frágeis.

Alguns estudos corroboram com esse panorama de fragilidade, caracterizado por trabalhos informais e carência de benefícios (Dutra-Thomé, Telmo e Koller, no prelo; IBGE, 2000; Sarriera et al., 2001b). Dutra-Thomé e colaboradores (no prelo) identificaram um número relativamente elevado de jovens que recebem remuneração baixa, ainda que trabalhem entre 5 e 8 horas diárias, escassez de auxílios (como vale-transporte ou vale-alimentação) e dificuldade para economizar alguma parte do dinheiro recebido.

A vulnerabilidade dos jovens quanto ao trabalho é uma questão que precisa ser examinada com cuidado, uma vez que os jovens constituem a parte da população que apresenta algumas das mais altas taxas de desemprego e de subemprego no país. Os percentuais de jovens que realizam trabalho formal são significativamente inferiores em relação aos que executam atividades informais (Castro e Abramovay, 2002).

Conforme a Tabela 11.2, houve um percentual significativamente maior de jovens não trabalhadores que informaram terem conseguido drogas ilícitas (18,1%), porque pediram para outra pessoa comprar a droga em relação aos jovens trabalhadores (12,8%) ($\chi^2=0,240$; $df=1$; $p=0,008$). Por outro lado, foi possível identificar, apesar da diferença estatisticamente não significativa, que um número superior de jovens trabalhadores compra a droga ilícita pessoalmente, enquanto os jovens não trabalhadores tendem a pedir/ganhar a substância, o que pode estar relacionado, justamente, com a autonomia proporcionada pela remuneração, o que facilita aquisição das drogas (Tabela 11.2). Dessa forma, o trabalho pode afastar os jovens das drogas como também aproximar, como no caso de alguns jovens que fazem uso do seu dinheiro para comprar drogas (Castro e Abramovay, 2002). Essa constatação foi reforçada pela identificação da fragilidade dos jovens trabalhadores observada pela associação da realização de atividade laboral e uso de drogas. De acordo com Dutra-Thomé, Cassep-Borges, e Koller (2009), jovens trabalhadores possuem um percentual maior de uso de todas as drogas pesquisadas em relação aqueles que não trabalham, com exceção de remédios, chás e outras drogas. Nesse sentido, o uso da droga pode estar relacionado à dificuldade de administrar as diversas responsabilidades (escolares, comunitárias, familiares e laborais), funcionando como uma alternativa para amenizar o sofrimento. Por outro lado, como observado no presente capítulo, os jovens não trabalhadores, em sua maioria, conseguem drogas ilícitas através de outra pessoa, que compra a droga. Uma vez que o (a) jovem necessita de um intermediário para realizar a compra das drogas, um número maior de pessoas fica a par de sua intenção. Nesse caso, há possibilidade da rede de contatos funcionar como elemento protetivo.

A vivência de trabalho no período juvenil marca a concomitância da formação da identidade dos jovens como indivíduos e como trabalhadores. As experiências não protegidas e não adaptadas às capacidades da pessoa em desenvolvimento, no momento em que é necessária maturidade física, mental e moral para sua execução, podem ser prejudiciais (Amazarray, Dutra-Thomé, Poletto e Koller, 2007; Sarriera et al., 2001b).

Tabela 11.2 Percentagens (frequências) sobre como conseguiu drogas ilícitas [a]

	Total %(f)	Trabalhadores %(f)	Não trabalhadores %(f)	p
Pediu/ganhou [b]	39,9 (517)	39,2 (248)	40,5 (269)	0,624
Comprou pessoalmente [c]	47,8 (621)	49,4 (313)	46,4 (308)	0,282
Pediu para outra pessoa comprar [d]	15,5 (201)	12,8 (81)-	18,1 (120)+	0,008*
Outros [e]	12,5 (160)	13,3 (83)	11,8 (77)	0,415

Nota. a % (n); b n=1297; c n=1298; d n=1296; e n=1275. Os símbolos + e − significam respectivamente um percentual de casos maior e menor que o esperado deslocados para a categoria (+: resíduo padronizado ajustado > +1,96; -: resíduo padronizado ajustado < -1,96). * $p<0,01$

A vulnerabilidade do jovem trabalhador foi observada quando o trabalho na juventude também se mostrou relacionado a um maior risco de suicídio, uma vez que jovens trabalhadores (11,2%) apresentaram maior frequência de tentativas de suicídio em relação aos jovens não trabalhadores (8,0%) ($\chi^2=18,36$; $df=1$; $p<0,0001$) (Dutra-Thomé, Cassep-Borges e Koller, 2009). Segundo os autores, é um dado que necessita ser analisado com parcimônia, de forma a contextualizar o trabalho como contribuinte para o maior risco de suicídio, não fator determinante. O suicídio é responsável por mais de 61,3% das mortes da juventude brasileira. Apesar de menos expressiva que as mortes por homicídio ou por acidentes de transporte, foi registrado, por exemplo, que em 2005, 1.662 jovens optaram pelo suicídio (Waiselfisz, 2007).

No que se refere à violência doméstica (Tabela 11.3), os jovens trabalhadores ($M= 1,15$, $SD= 0,559$) ($t=4,07$; $df=3979,1$; $p<0,0001$) vivenciam média de frequência maior de agressão com objetos em relação aos não trabalhadores ($M=1,10$, $SD= 0,432$). A violência muitas vezes começa em casa. Jovens que são espancados e abusados acabam preferindo as ruas para deixarem de serem vítimas de maus-tratos em suas famílias. A violência doméstica deixa os jovens inseguros e afeta sua autoestima (Castro e Abramovay, 2002).

Tabela 11.3 Violência doméstica, violência na comunidade [a,b]

	Total	Trabalhadores	Não trabalhadores	p
Violência doméstica				
Gritou ou deu bronca exagerada[c]	2,49 (1,229)	2,48 (1,248)	2,51 (1,220)	0,340
Fez ameaças de bater[d]	1,90 (1,100)	1,91 (1,108)	1,90 (1,096)	0,843
Soco, tapa, empurrão[e]	1,49 (0,880)	1,53 (0,914)	1,48 (0,861)	0,030
Ameaçou com objeto[f]	1,19 (0,607)	1,21 (0,652)	1,17 (0,576)	0,028
Agrediu com objeto[g]	1,12 (0,485)	1,15 (0,559)	1,10 (0,432)	<0,0001*
Ameaçou com arma[h]	1,05 (0,313)	1,06 (0,336)	1,04 (0,297)	0,081
Agrediu com arma[i]	1,03 (0,259)	1,04 (0,275)	1,03 (0,251)	0,224
Tentou mexer no corpo[j]	1,08 (0,402)	1,09 (0,422)	1,07 (0,382)	0,034
Mexeu de fato no corpo[l]	1,06 (0,374)	1,07 (0,407)	1,05 (0,347)	0,044
Teve relação sexual forçada[m]	1,04 (0,307)	1,05 (0,321)	1,04 (0,303)	0,326
Ameaçou de castigo[n]	1,73 (1,050)	1,71 (1,062)	1,75 (1,043)	0,200
Deu castigo[o]	1,68 (0,999)	1,68 (1,017)	1,68 (0,986)	0,821
Violência na comunidade				
Gritou ou deu bronca exagerada[p]	1,45 (0,830)	1,48 (0,874)	1,42 (0,801)	0,010
Fez ameaças de bater[q]	1,28 (0,657)	1,34 (0,722)	1,24 (0,609)	<0,0001*
Soco, tapa, empurrão[r]	1,18 (0,539)	1,23 (0,604)	1,15 (0,497)	<0,0001*
Ameaçou com objeto[s]	1,07 (0,372)	1,10 (0,432)	1,06 (0,335)	<0,0001*
Agrediu com objeto[t]	1,05 (0,325)	1,07 (0,412)	1,03 (0,262)	<0,0001*
Ameaçou com arma[u]	1,06 (0,332)	1,08 (0,381)	1,05 (0,296)	0,001*
Agrediu com arma[v]	1,03 (0,252)	1,04 (0,304)	1,02 (0,213)	0,017
Tentou mexer no corpo[w]	1,08 (0,388)	1,09 (0,435)	1,07 (0,358)	0,027
Mexeu de fato no corpo[x]	1,05 (0,314)	1,06 (0,349)	1,04 (0,292)	0,019
Teve relação sexual forçada[y]	1,02 (0,199)	1,02 (0,211)	1,02 (0,194)	0,154
Ameaçou de castigo[z]	1,12 (0,453)	1,13 (0,493)	1,10 (0,427)	0,017
Deu castigo[aa]	1,11 (0,450)	1,12 (0,471)	1,10 (0,438)	0,052

Nota. [a] Escala tipo Likert: Nunca=1, Muito raramente=2, Raramente=3, Frequentemente=4, Muito frequentemente=5; [b] M (SD); [c] n=6327; [d] n=6284; [e] n=6253; [f] n=6210; [g] n=6199; [h] n=6244; [i] n=6227; [j] n=6234; [l] n=6227; [m] n=6211; [n] n=6190; [o] n=6172; [p] n=6157; [q] n=6148; [r] n=6141; [s] n=6115; [t] n=6118; [u] n=6139; [v] n=6130; [w] n=6130; [x] n=6127; [y] n=6126; [z] n=6106; [aa] n=6091. Os símbolos + e – significam respectivamente um percentual de casos maior e menor que o esperado deslocados para a categoria (+: resíduo padronizado ajustado > +1,96; -: resíduo padronizado ajustado < -1,96). * $p<0,01$

Em relação à violência na comunidade (Tabela 11.3), os jovens trabalhadores sofrem mais de gritos ou bronca exagerada ($M=1,48$, $SD= 0,874$) ($t=2,57$; $df=4480,9$; $p=0,010$), ameaças de serem agredidos ($M=1,34$, $SD= 0,722$) ($t=5,4$; $df=4187,7$;

$p<0,0001$), ameaças de sofrer soco, tapa, empurrão ($M=1,23$, $SD= 0,604$) ($t=5,06$; $df=4101,5$; $p<0,0001$), ameaças com objeto ($M=1,10$, $SD= 0,432$) ($t=3,80$; $df=399,1$; $p<0,0001$), agressão com objeto ($M=1,07$, $SD= 0,412$) ($t=3,7$; $df=3387,6$; $p<0,0001$) e ameaça com arma ($M=1,08$, $SD= 0,381$) ($t=3,2$; $df=3920,3$; $p<0,0001$) em relação aos jovens não trabalhadores. Essas vivências podem estar associadas à busca de autonomia por parte do jovem, a ser concretizada, por exemplo, pela execução de alguma atividade remunerada. Todavia, em muitos casos, a falta de supervisão de um adulto pode levar o(a) jovem a situações de trabalho desprotegidas, como a exploração sexual e o tráfico de drogas. Os jovens também citam que um dos fatores motivadores para o comportamento violento é a "busca de identidade" (Banco Mundial, 2007). A violência é uma realidade presente na vida dos jovens, tanto no âmbito familiar quanto no comunitário. A violência doméstica, o uso de substâncias entorpecentes, o alcoolismo, o abuso e a exploração sexual são alguns exemplos das dificuldades vivenciadas (Casal e Farias, 2005). Essas ideias estão relacionadas com os dados pesquisados pelo Banco Mundial (2007), segundo o qual jovens que vivenciam algum tipo de abuso doméstico, seja ele de ordem emocional, física ou sexual, tendem a se engajarem mais em comportamentos violentos do que jovens que não passam por esse tipo de abuso.

CONSIDERAÇÕES FINAIS

O público juvenil tem sido apontado como vulnerável em diversos aspectos (educacionais, comunitários, violência e saúde), todavia, o trabalho constitui uma esfera particularmente importante, uma vez que está implicado na construção da identidade dos jovens. Lacunas no ambiente de convivência dos jovens expressas pelas variáveis investigadas (violência doméstica, violência na comunidade, influência de cor da pele nos critérios de seleção laboral e acesso a uso de drogas) revelam falhas em termos de orientação e acolhimento dos jovens em desenvolvimento.

Identificou-se que os jovens ainda são vítimas de discriminações relacionadas ao gênero, cor e classe social ao se inserirem no mercado de trabalho. Múltiplas formas de discriminação permanecem em nossas sociedades, o que se agrava quando uma mesma pessoa reúne várias condições vulneráveis (jovem, mulher, indígena, rural, pobre, com pouca educação, entre outras), caracterizando um cenário sumamente preocupante (CEPAL, 2000).

Outro dado identificado foi que os jovens trabalhadores sofrem mais violência doméstica e na comunidade, em relação aos jovens não trabalhadores. Essas vivências podem, justamente, estar caminhando juntas. Ocorre que o jovem, ao sofrer violência dentro de sua própria casa, pode buscar alternativas fora do âmbito doméstico para se proteger, como, por exemplo, a execução de uma atividade laboral que lhe permita ter mais independência e autonomia. Todavia, o envolvimento em ocupações na comunidade, sem a supervisão e orientação adequadas, pode levar o(a) jovem a se expor a diversos riscos, como o envolvimento com a exploração sexual e o tráfico de drogas. Neste último caso, o que foi reforçado pela constatação da maior facilidade de acesso do jovem trabalhador às drogas.

Esse panorama indica a importância dos recursos ambientais comunitários para os jovens de classe popular, que facilitem o acesso a atividades saudáveis no tempo livre (Sarriera et al., 2007). Os autores acreditam que esse item deveria ser priorizado nas diretrizes das políticas públicas. Tal processo pode evitar que o jovem livre, por falta de conhecimentos e orientações, se exponha a situações de risco (Sarriera et al., 2007).

Outro aspecto a considerar em relação à proteção dos jovens é o papel da escola em suas vidas. Jovens que veem a escola como um local positivo, onde recebem apoio, têm uma menor probabilidade de se engajarem em comportamentos violentos (Banco Mundial, 2007). Entretanto, não basta estar na escola, é importante estar conectado a ela. Nesse sentido, Dutra-Thomé (2009) identificou que jovens não trabalhadores possuem média de avaliação da escola superior em relação aos jovens trabalhadores, possivelmente pela oportunidade maior de engajamento com as atividades escolares. De acordo com o Banco Mundial (2007), um quarto dos jovens com comportamentos violentos citam que a motivação para este é o desejo de "pertencer a um grupo". Esse movimento pode estar indicando a falta da escola enquanto fator de proteção (Banco Mundial, 2007).

REFERÊNCIAS

Amazarray, M. R., Dutra-Thomé, L., Poletto, M., & Koller, S. (2007). Perspectivas acerca do trabalho infanto-juvenil: Ideologias, subjetividade e saúde do trabalhador. *Laboreal, 3*(2), 22-28.

Abramovay, M., Castro, M. J., Pinheiro, L. C., Lima, F. S., & Matinelli, C. C. (2002). *Juventude, violência e vulnerabilidade social na América Latina: Desafios para políticas públicas*. Brasília: UNESCO, BID.

Abramovay, M., Leite, A. M. A., Andrade, E. R., Esteves, L. C. G., Nunes, M. F. R., Bomfim, M. I. R. M., et al. (2001). *Escolas de paz*. Rio de Janeiro: UNESCO.

Asmus, C. I. R. F., Raymundo, C. M. R., Barker, S. L., Pepe, C. C. C. A., & Ruzany, M. H. (2005). Atenção integral à saúde de adolescentes em situação de trabalho: Lições aprendidas. *Ciência e Saúde Coletiva, 10*(4), 953-960.

Banco Mundial. (2007). *Jovens em situação de risco no Brasil* (Vol. 1). Brasília: Banco Mundial.

Batista, A. S., & Codo, W. (2002) O trabalho e o tempo. In M. G. Jacques, & W. Codo (Eds.), *Saúde mental e trabalho: Leituras* (pp. 401-420). Petrópolis: Vozes.

Brasil. (1990). *Lei nº 8069, de 13 de julho de 1990: Estatuto da Criança e do Adolescente*. Acessado em 23 jul, 2011, em http://www.planalto.gov.br/ccivil_03/Leis/ L8069.htm.

Brasil. (2005). *Decreto 5.598, de 1º de dezembro de 2005*. Acessado em 25 ago, 2011, em http://www.planalto.gov.br/ccivil_03/_Ato2004-2006/2005/Decreto/D5598.htm.

Brasil. Ministério do Planejamento, Orçamento e Gestão. Instituto Brasileiro de Geografia e Estatística. (2000). *População jovem no Brasil: A dimensão demográfica*. Acessado em 25 ago, 2011, em http://www.ibge.gov.br/home/estatistica/populacao/populacao_jovem_brasil/comentario1.pdf.

Câmara, S. G., Sarriera, J. C., & Pizzinato, A. (2004). Que portas se abrem no mercado de trabalho para os jovens em tempos de mudança? In J. C. Sarriera, K. B. Rocha, & A. Pizzinato (Eds.), *Desafios do mundo do trabalho* (pp. 73-114). Porto Alegre: EDIPUCRS.

Casal, C. L. F., & Farias, L. S. (2005). Família, adolescência e juventude: Desafios e aprendizados da rede solidária de defesa social. In C. Rique, & N. Lima (Eds), *Juntando saberes e construindo práticas*. Recife: Bagaço.

Castro, M. G., & Abramovay, M. (2002). Jovens em situação de pobreza, vulnerabilidades sociais e violências. *Cadernos de Pesquisa, 16*, 143-176.

CEPAL, FNUAP. (2000). *Juventud, población y desarrollo en América Latina y el Caribe: Problemas, oportunidades y desafíos*. Santiago de Chile: CEPAL.

Codo, W. (1992). *O que é alienação?* 8. ed. São Paulo: Brasiliense.

Conselho Federal de Psicologia. (2000). *Resolução nº 016/2000: Resolução para pesquisa com seres humanos*. Brasília: Conselho Federal de Psicologia.

Conselho Nacional de Saúde. (1996). *Resolução nº 196/1996, de 16 de outubro de 1996*. Brasília: Conselho Nacional de Saúde.

Dutra-Thomé, L. D., Cassep-Borges, V., & Koller, S. H. (2009). A juventude brasileira no mundo do trabalho: Proteção e vulnerabilidade social. In S. H. Koller, & R. M. C. Libório (Eds.), *Adolescência e juventude: Risco e proteção na realidade brasileira* (pp. 265-292). São Paulo: Casa do Psicólogo.

Dutra-Thomé, L. (2009). *Exploração sexual e trabalho: Um estudo de fatores de risco e proteção com adolescentes e jovens*. Dissertação de mestrado não publicada, Universidade Federal do Rio Grande do Sul, Porto Alegre, Brasil.

Fischer, F. M., Oliveira, D. C., Nagai, R., Teixeira, L. R., Junior, M. L., Latorre, M. R. D. O., et al. (2005). Job control, job demands, social support at work and health among adolescent workers. *Revista de Saúde Pública, 39*(2), 245-253.

Gonçalves, C. M. (2008). *Pais aflitos, filhos com o futuro incerto? Um estudo sobre a influência das famílias na orientação dos filhos*. Lisboa: FCG/FCT.

Instituto Brasileiro de Geografia e Estatística. (2002). População jovem no Brasil: a dimensão geográfica. Disponível em: <http://www.ibge.gov.br>. Acesso em 30/06/2006.

Instituto Brasileiro de Geografia e Pesquisa (2008). Síntese de indicadores. Pesquisa Nacional por Amostra de Domicílio (PNAD).

Instituto Cidadania (2003). *Perfil da juventude brasileira*. Criterium Assessoria em Pesquisa, Instituto Cidadania, Instituto de Hospitalidade e SEBRAE. Acessado em 3 jul, 2006, em http://www.projetojuventude.com.br.

Koller, S. H., Cerqueira-Santos, E., Morais, N. A., & Ribeiro, J. (2005). *Juventude Brasileira: Relatório técnico*. Washington: World Bank.

Lehman, Y. P. (1998). Globalização: Os desafios da orientação profissional [Abstracts]. In *IV Congresso Interno do IPUSP* (pp. 182). São Paulo: IPUSP.

Lima, S. M., & Minayo-Gomes, C. (2003). Modos de subjetivação na condição de aprendiz: Embates atuais". *História, Ciências e Saúde – Manguinhos, 10*(3), 931-953.

Martins, H. H. T. S. (2000). A juventude no contexto da reestruturação produtiva. In H. W. Abramo, M. V. Freitas, & M. P. Sposito (Eds.), *Juventude em debate* (pp. 17-40). São Paulo: Cortez/Ação Educativa.

Masten, A. S. (2001). Ordinary magic: Resilience processes in development. *American Psychologist, 56*(3), 227-238.

Mendes, A. M., & Morrone, A. M. (2002). Vivências de prazer-sofrimento e saúde psíquica no trabalho: Trajetória conceitual e empírica. In A. M. M. Mendes, L. O. Borges, & M. C. Ferreira (Eds.), *Trabalho em transição, saúde em risco* (pp. 25-42). Brasília: Universidade de Brasília.

Minayo, M. C. S. (1994). A violência social sob a perspectiva da saúde pública. *Caderno de Saúde Pública, 10*(1), 7-18.

Nascimento, E. C. (2003). Pós-modernidade: Uma reflexão sobre os espaços do sujeito, a errância e suas relações com o social. *Psico, 34*(1), 109-121.

Oliveira, B. R. G., & Robazzi, M. L. C. C. (2001). O trabalho na vida dos adolescentes: Alguns fatores determinantes para o trabalho precoce. *Revista Latino-Americana de Enfermagem, 9*(3), 83-89.

Organización Internacional del Trabajo (2005). A OIT e o emprego de jovens. Genebra: OIT. Retrieved in Febuary, 2009, from http://www.oitbrasil.org.br/prgatv/-prg_esp/emp_form_jov.php. SERIA: http://www.oitbrasil.org.br/content/emprego-de-jovens

Organización Internacional del Trabajo (2004). *Trabajo infantil: Un manual para estudiantes*. Genebra: Oficina Internacional del Trabajo.

Pesce, R. P., Assis, S. G., Santos, N., & Oliveira, R. V. C. (2004). Risco e proteção: Em busca de um equilíbrio promotor de resiliência. *Teoria e Pesquisa, 20*(2), 135-143.

Romanelli, G. (1997). Famílias de classes populares: Socialização e identidade masculina. *Cadernos de pesquisa - NEP, III*(1 e 2), 25-34.

Sapienza, G., & Pedromônico, M. R. M. (2005). Risco, proteção e resiliência no desenvolvimento da criança e do adolescente. *Psicologia em Estudo, 10*(2), 209-216.

Sarriera, J. C., Paradiso, A., Mousquer, P. N., Marque, L., Hermel, J. S., & Coelho, R. P. S. (2007). Significado do tempo livre para adolescentes de classe popular. *Psicologia Ciência e Profissão, 27*, 718-729.

Sarriera, J. C., Silva, M. A., Câmara, S. G., & Mano, M. C. R. T. (2001a). Critérios utilizados - valores e crenças - no processo seletivo de jovens em empresas de pequeno-médio porte. *Teoria e Evidência Econômica, 9*(16), 101-119.

Sarriera, J. C., Silva, M. A., Kabbas, C. P., & Lopes, V. B. (2001b). Formação da identidade ocupacional em adolescentes. *Estudos de Psicologia, 6*(1), 27-32.

Schenker, M., & Minayo, M. C. S. (2005). Fatores de risco e de proteção para o uso de drogas na adolescência. *Ciência e Saúde Coletiva, 10*(3), 707-717.

Schraiber, L. B., D'Oliveira, A. F. P. L., & Couto, M. T. (2006). Violência e saúde: Estudos científicos recentes. *Revista de Saúde Pública, 40*, 112-120.

Thomé, L. D., Telmo, A. Q., & Koller, S. H. Inserção laboral juvenil: Contexto e opinião sobre definições de trabalho. *Paidéia, 20*(46), 175-185.

Waiselfisz, J. J. (2007). *Relatório de desenvolvimento juvenil*. Brasília: Ritla, Instituto Sangari, MCT.

Watarai, F., & Romanelli, G. (2005). *Trabalho e identidade de adolescentes do sexo masculino de camadas populares*. Trabalho apresentado no I Simpósio Internacional do Adolescente, São Paulo, SP.

World Health Organization. (2002). *World report on violence and health*. Geneva: WHO.

12

Crianças em situação de rua
a desproteção como forma de violência

*Lirene Finkler, Samara Silva dos Santos,
Julia Obst e Débora Dalbosco Dell'Aglio*

O presente capítulo enfoca a temática da violência relacionada ao contexto de crianças e adolescentes em situação de rua. Submetidos a complexas formas de violência, os grupos populares urbanos no Brasil vivem em um contexto de políticas públicas que são, em grande parte, insuficientes e fragmentadas (Assis, Avanci, Pesce e Ximenes, 2009; Gregori, 2000). O contexto socioeconômico desfavorecido, em muitos casos, de real miséria, prejudica a condição das famílias e das comunidades cuidarem e atenderem as necessidades básicas para o desenvolvimento saudável de suas crianças e adolescentes. Uma das formas de expressão mais visível e violenta da pobreza é a situação de rua de crianças e adolescentes (Rabinovich e Pasternak, 2004). A saída da sua comunidade para as ruas centrais da cidade, para os sinais de cruzamentos movimentados, torna visível a situação dessas crianças, que cotidianamente está oculta dentro das vilas e comunidades mais pobres. No espaço da rua, a violência se manifesta principalmente pela desproteção e abandono a que estão submetidas, com graves riscos para seu desenvolvimento, e pela vulnerabilidade a diferentes formas de violência (Gregori, 2000; Neiva-Silva, 2008), tais como a drogadição, a exploração sexual e a exploração do trabalho infantil.

Conforme a Organização Pan-Americana da Saúde (OPAS, 2002), a violência se caracteriza por uma multiplicidade de fatores inter-relacionados, desde aspectos biológicos, psicológicos, sociais e ambientais. A violência é um complexo e dinâmico fenômeno biopsicossocial e seu espaço de criação e desenvolvimento é a vida em sociedade, historicamente demarcada (Minayo, 1994). A exposição a situações de violência pode conduzir a consequências negativas, cessando, impedindo, detendo ou retardando o desenvolvimento social, cognitivo e emocional ou, ainda, potencializar o surgimento de psicopatologias, que podem se manifestar a curto e longo prazo (Koller, 2000; SBP/Claves/ENSP/Fiocruz/MJ, 2001). Enfrentar as diferentes formas de expressão da violência implica abordagens e intervenções que contemplem uma análise crítica da realidade e envolvam não só as crianças e adolescentes, mas também suas famílias, as comunidades e os diversos setores da sociedade. Enfrentar a violência específica que caracteriza a própria situação de rua pressupõe o entendimento das respostas sociais e políticas públicas existentes, seus limites e suas possibilidades. A partir de dados derivados da prática profissional* e de estudos desenvolvidos na área, serão debatidas as mudanças que estão sendo observadas na forma de expressão da situação de rua na cidade de Porto Alegre, relacionadas ao mesmo tempo a uma ampliação nos serviços de atendimento e a uma mudança e avanço no padrão de consumo e no tipo de droga utilizada (dos solventes ao *crack*). Uma ideia a ser discutida no capítulo é a carência de uma rede de serviços intersetorial e efetiva como parte da violência estrutural que permeia e marca o desenvolvimento dessas crianças e de suas famílias.

VIOLÊNCIA ESTRUTURAL

Para lançar luzes sobre essa complexa problemática é importante que os fatores pobreza e desigualdade sejam mais bem analisados. Nossa sociedade apresenta imensas diferenças socioeconômicas, e a forma como o Estado se organiza para enfrentar essa desigualdade e suprir as necessidades decorrentes pode ser uma expressão de cuidado e construção democrática, como pode ser mais uma forma de silenciamento e violência. O conceito de violência estrutural vem à tona e se caracteriza pela utilização de leis e instituições, por classes, grupos ou nações econômica ou politicamente dominantes, como forma de poder e direito natural de modo a manter sua situação privilegiada (Minayo, 1994).

A violência estrutural é caracterizada pela falta de condições mínimas de sobrevivência das famílias, que sofrem os efeitos da violação dos direitos humanos diariamente, e se reflete de forma ainda mais intensa nas situações de rua. É formada por um conjunto de ações que se produzem e se reproduzem na esfera da vida cotidiana, mas que frequentemente não são percebidas como violentas, como o quadro de miséria e desigualdade social e econômica, crianças nas ruas, trabalho infantil, falta de condições mínimas de vida digna para significativa parcela da população e a própria forma como tais desigualdades sociais são abordadas, mantidas ou enfrentadas por meio das políticas públicas (Nunes e Andrade, 2009). A análise da pobreza, desigualdade e violência estrutural deve levar em conta a compreensão dos diversos conflitos no campo social e político (Zaluar, 2002), a situação de desemprego e sub-empregos e mesmo as interconexões entre a economia legal e a ilegal nos tráficos. Conforme Minayo (1994) a violência estrutural oferece um marco de referência e compreensão à violência do comportamento, e é com essa perspectiva que compreendemos sua expressão nas trajetórias individuais. A violência demanda intervenções intersetoriais, em áreas tão diversas como de segurança pública, de geração de renda, educação, até atenção mais direta às políticas de saúde. Em especial, implica posicionamento mais efetivo da área da saúde mental, pois a violência repercute em sofrimento psicológico, gerando não apenas custos pessoais e subjetivos (tratamento e reabilitação das vítimas), mas também sociais (com o sistema judiciário e penal) e econômicos (queda da produtividade e/ou limitação da capacidade para o trabalho ao longo da vida), compartilhados por toda a sociedade (Martins e Jorge, 2009). Não se pode esquecer, ainda, a possibilidade de continuidade de ciclos de violência e as histórias de transgeracionalidade da própria vivência de rua.

---

* Duas autoras atuam na coordenação do Serviço Ação Rua, implantado em Porto Alegre em 2007. O Serviço descentralizou e regionalizou ações de abordagem e acompanhamento de crianças e adolescentes em situação de rua e suas famílias, a partir da experiência construída na cidade ao longo dos anos. Em 2010 está composto por 14 equipes, compostas por um coordenador, dois técnicos e quatro educadores sociais.

Uma das expressões da violência estrutural está nas diversas formas de segregação socioespacial, conforme explicita Hughes (2004). A política de construção de moradias para pessoas pobres em zonas extremamente afastadas das áreas centrais, assim como os deslocamentos populacionais mal-planejados e/ou mal-gerenciados (muitas vezes demandados pela construção de empreendimentos comerciais) caracterizaram o desenvolvimento urbano brasileiro e auxiliaram na construção de bolsões de violência, regiões da cidade aparentemente mais perigosas, mas especialmente mais perigosas para quem mora nelas. Além dos problemas concretos dessa segregação socioespacial, como problemas de saneamento básico e falta de serviços de saúde e educação, outro elemento que acompanha esses deslocamentos populacionais diz respeito à construção do conceito de comunidade. As pessoas que acabam ali reunidas nem sempre são oriundas da mesma região da cidade, não se conhecem, possuem trajetórias de vida por vezes diversas. Construir uma noção de comunidade, de apropriação coletiva desse novo espaço, de solidariedade e de compartilhamento de responsabilidades é um processo que poderia ser favorecido através de políticas públicas que possibilitassem um efetivo acompanhamento e apoio a essas pessoas. Esse não pertencimento é um dos elementos que compõe a violência, e disputas acabam por aparecer nesse novo espaço, que podem durar por longos períodos, marcando sobremaneira as infâncias que ali acontecem. As famílias acabam por ter de lidar com suas dificuldades em maior solidão, e a rede de apoio local e informal, ainda não constituída de fato, dificulta o cuidado das crianças e adolescentes que estão em situação de rua, que acabam por depender ainda mais da existência de serviços públicos (Hughes, 2004). Por outro lado, as comunidades podem se constituir em espaço de convivência, apoio e solidariedade mútua, como demonstram diversos desenvolvimentos na área da psicologia comunitária (Sanchez-Vidal, 2007; Sarriera, 2004). Os aspectos saudáveis da convivência comunitária e redes de apoio informais que se formam são fundamentais para a qualidade de vida das populações, além de foco de investimento das políticas públicas mais atuais, a partir do Estatuto da Criança e do Adolescente – ECA (Brasil, 1990, 2006, 2008, 2009).

É nesse contexto de análise da realidade social em sua complexidade que se constroem trajetórias de vida nas ruas, em que a violação de direitos é uma das marcas principais. O processo de ida de crianças para a rua pode refletir, ao mesmo tempo, a fragilidade das relações de cuidado dentro das famílias e comunidades, mas também indicar a busca de autonomia e estratégias alternativas de sobrevivência.

A IDA PARA A RUA: UM PROCESSO MULTIFACETADO

Estar na rua não é uma experiência homogênea e somente com características negativas (Neiva-Silva, 2008; Paludo e Koller, 2005; Santos, 2006). As crianças estão na rua por diferentes motivos em diferentes momentos de seu desenvolvimento. A rua é usada para brincar, por vezes é o único espaço disponível para o brinquedo, quando a casa é muita pequena, dividida com muitas outras pessoas, sem pátio ou construída em local de risco. A rua é também espaço de circulação, exploração e apropriação da cidade. Para certas culturas, comunidades e mesmo tradições familiares, a capacidade de ir e vir é até mesmo estimulada. Vai se ampliando do circuito interno de circulação na comunidade específica em que a criança habita para áreas cada vez mais distantes e centrais da cidade. Para crianças que vivem em pequenos centros urbanos, cria-se o desafio de atingir os centros urbanos maiores, em geral a capital. Essas circulações muitas vezes envolvem a solidariedade entre pares e os mais velhos e experientes levam os mais novos para desbravar os novos espaços (PMPA, 2007, 2008, 2009).

Na rua, crianças e adolescentes brincam, comem, ganham dinheiro, entram em contato com a experiência sexual, dentre outras atividades. Formam redes de amizade e de apoio entre si. Em certos aspectos, morar na rua não é tão diferente de morar nos bairros de periferia (Santos, 2006). A autora aponta também a capacidade de resistência e enfrentamento às adversidades dessas crianças que, ao estabelecer novas formas de ajuste psicossocial no espaço da rua, criam, diariamente, estratégias de sobrevivência. Tais estratégias, por vezes, resultam em uma série de problemas de saúde física e mental, mas por outro, constituem respostas adaptativas positivas. Em alguns casos, morar na rua é melhor do que morar em casa, dada a incidência de crimes nas redondezas e de abusos físicos e sexuais intrafamiliares (Rabinovich e Pasternak, 2004). Por vezes, as crianças e os adolescentes avaliam que suas condições de vida nas ruas são melhores que em casa e demonstram habilidade de reorganizar suas vidas de forma produtiva e por conta própria (Koller e Hutz, 1996).

A rua se torna facilmente espaço também para suprir outras necessidades, especialmente as econômicas. Os meninos e meninas, na rua, aprendem rapidamente os mecanismos da mendicância e do trabalho infantil em suas diferentes expressões, como a venda de produtos diversos, catação de materiais recicláveis, cuidar de carros, entre outros. Essas atividades podem ser aprendidas na rua, mas são muitas vezes realizadas junto com a própria família, que trabalha reunida na catação ou na venda de produtos (PMPA, 2007, 2008, 2009). Ainda que algumas famílias de fato explorem diretamente o trabalho das crianças, colocando-as no trabalho e "gerenciando" de longe as atividades, muitas, na verdade, não têm alternativa de local seguro para deixar os filhos quando saem para a catação, e mantêm os filhos consigo como uma forma de cuidado e proteção (Finkler, Pereira, Vescovi e Dell'Aglio, 2009). É recorrente, em diferentes estudos sobre o perfil das crianças e adolescentes nas ruas, a predominância do número de meninos sobre o de meninas nesta situação (Granpal, 2004; Gregori, 2000). Um olhar acerca das relações de gênero, sobre o lugar ocupado e tarefas atribuídas a meninas e meninos nas famílias (cuidado da casa e dos irmãos às meninas, trabalho na rua aos meninos), pode responder em parte a essas diferenças. Estudo desenvolvido por Gregori (2000) apontou que a necessidade econômica não é necessariamente o motivo preponderante para a ida dos meninos para as ruas, sendo necessário considerar e cruzar os vários elementos da trajetória de cada criança, como configuração familiar, relação com a escola, histórico de relação com instituições de atendimento, perspectivas de habitação e de trabalho. A estada na rua pode ir se agravando, levando a um grau máximo de vulnerabilidade quando os laços familiares ficam mais fragilizados e a criança/adolescente passa a ficar na rua por mais dias e noites, passando ali a maior parte do seu tempo, sem retornar a casa. Nessas circunstâncias, ampliam-se ainda mais o risco de aliciamento pela exploração sexual e o tráfico, tema ainda não suficientemente estudado (Marshall e Wood, 2009).

Certamente esse agravamento da vulnerabilização e ida para a rua não ocorre de forma linear e contínua. As experiências ocorrem de forma muito dinâmica. Por exemplo, o uso de drogas eventualmente pode iniciar em casa, como uma forma de integração compartilhada na própria família. Por vezes, a ida para a rua é a forma saudável daquela criança sair de um circuito de violências diversas que são mais graves em casa do que na rua, como a violência doméstica, por exemplo. Essa situação pode ser agravada pela precária situação socioeconômica de suas famílias, caracterizando uma exclusão socioeconômica – da escola, do consumo, do mercado de trabalho, da saúde e da cultura (Nunes e Andrade, 2009).

O uso de drogas fica muito facilitado na rua, e passa a ser até mesmo necessário, como forma de suportar a violência do contexto (Neiva-Silva, 2008), ou como forma de inserção, mediante coação ou imposição do grupo de pares que também circulam na rua (Cirino e Alberto, 2009). A rua é dinâmica, e assim como mudam os locais de circulação, há uma sazonalidade de públicos e lugares, durante períodos de férias escolares e grandes eventos. Em especial, percebem-se modificações nos tipos de drogas utilizadas e nas formas de relações estabelecidas na rua. Estudo realizado por Carvalho e colaboradores (2006) com 161 crianças e adolescentes em situação de rua que acessavam serviços de atendimento na cidade de Porto Alegre mostrou que a droga mais utilizada foi o álcool (83,8%), seguida do cigarro (48%), maconha (34,2%), inalantes (loló) (31,7%) e *crack*/cocaína (19,9%), dados não muito diferentes de um levantamento nacional com a mesma população em diversas capitais (Noto et al., 2004). Neiva-Silva (2008), em pesquisa sobre o uso de drogas entre crianças e adolescentes em situação de rua, identificou que o solvente foi a primeira droga a ser experimentada pelos participantes e também a que mais tentaram parar de usar. As análises revelaram, ainda, um aumento significativo na prevalência de uso na vida de todas as drogas (tabaco, álcool, solvente, maconha, cocaína e *crack*). Com apenas poucos anos de diferença, um novo estudo realizado por Neiva-Silva e Carvalho (2010) em Porto Alegre, com 204 crianças e jovens (10 a 21 anos) em situação de rua, indicou modificação no tipo de droga predominante na rua, mantendo-se o álcool como a droga mais experimentada (uso na vida) (92,6%), seguida do cigarro (86,8%), maconha (80,9%), inalantes (67,6%) e grande aumento no uso de *crack* (72,5%). Deve-se levar em conta que essa pesquisa acessou crianças e jovens em situação de rua que se encontravam em áreas centrais da cidade, em vilas de difícil acesso devido à gravidade da violência e situações de risco. Comparando-se o estudo de Neiva-Silva e Carvalho (2010) com resultados de pesquisas anteriores (Noto et al., 2004; Carvalho et al., 2006; Neiva-Silva, 2008) verifica-se significativas alterações no padrão de uso, com uma "tendência de substituição do uso de solventes pelo uso de *crack*, enquanto o uso da maconha permanece elevado" (Neiva-Silva e Carvalho, 2010, p.30). A experiência de trabalho e de supervisão de equipes que atuam diretamente com crianças e adolescentes em situação de rua permite observar um aumento expressivo no uso de *crack* em Porto Alegre na última década, com certo atraso se comparado com outras capitais como São Paulo, por exemplo. O próprio estar na rua, anteriormente associado ao uso de loló, cada vez mais expõe à experimentação do *crack*, sendo essa a droga que levaria a mais intensas alterações no comportamento e vínculos socioafetivos. Embora ainda careçam de estudos que sustentem uma melhor compreensão de seus efeitos e modos de tratamento nessa população, os profissionais que atuam diretamente com crianças e adolescentes em situação de rua referem tendência a uma marcada mudança no comportamento, ampliando-se a agressividade e ficando em segundo plano os vínculos e relações socioafetivas que previamente poderiam ser positivas. A fissura pelo *crack* levaria a comportamentos que não eram vistos como característicos daquela criança ou adolescente.

Neiva-Silva (2008) chamou a atenção para três importantes aspectos a serem considerados ao analisar os dados sobre uso de drogas: as características do vínculo familiar, o número de horas que a criança ou adolescente passa na rua por dia e o número de anos que frequenta a rua. De acordo com os resultados de sua pesquisa, essas variáveis foram identificadas como importantes preditoras do uso de drogas no último mês, assim como do início do uso de *crack* no último ano. Ao elaborar propostas de intervenção com esse público é preciso destacar a necessidade de equipes capacitadas, que trabalhem a redução do uso de drogas, mas que também atuem nos diversos fatores de risco presentes. Além disso, destaca-se a importância de serviços de retaguarda que possam acolher e garantir assistência (Neiva-Silva, 2008; Neiva-Silva e Carvalho, 2010), e que possam manter acesso direto com crianças e adolescentes que ainda não conseguem se fixar em espaço de proteção, como a casa ou abrigo.

Especialmente grave nas grandes cidades brasileiras são os conflitos e violências decorrentes do tráfico de drogas. A natureza, escala e intensidade desse problema se diferenciam nos distintos estados e capitais (Waiselfisz, 2008). Em casos mais graves, como nas favelas do Rio de Janeiro, a participação de crianças nas atividades e disputas do tráfico equivale de fato à participação de crianças em conflitos armados (Dowdney, 2003). A pesquisa "Crianças do tráfico" (Dowdney, 2003) indicou aumento nos níveis de violência armada, índices de mortalidade por tiros, uma organização local paramilitar e a dominação quase política das comunidades pobres pelo tráfico. De lá para cá, a situação se agravou ainda mais. O tráfico interfere na vida das comunidades, tornando-se uma força sociopolítica reconhecida localmente. Esse crescimento do poder do tráfico é um sintoma de grave problema social e está relacionado, entre outros fatores, ao medo e à falta de alternativas das comunidades, como a ausência do poder público para criar infraestrutura e serviços públicos, a expansão das favelas e comunidades improvisadas, que se seguiu à crescente migração urbana das massas rurais (Dowdney, 2003). Crianças e adolescentes em situação de rua constituem população extremamente vulnerável ao aliciamento pelo tráfico, que pode significar possibilidade de identificação e de ascensão a espaços de poder na sua comunidade.

A violência urbana é também um grave problema para crianças em situação de rua, atingindo principalmente a população jovem, negra e do sexo masculino (Souza e Lima, 2006). Conforme pesquisa da Unesco (1979 a 2003), referida em estudo de Waiselfisz (2005), o Brasil é o 3º país onde mais jovens morrem por armas de fogo (57 países foram analisados na pesquisa), sendo a principal causa de morte entre os jovens. Conforme dados do Mapa da Violência 2008 (Waiselfisz, 2008), entre 1996 e 2006, os homicídios na população de 15 a 24 anos passaram de 13.186 para 17.312, representando um aumento decenal de 31,3%. Esse crescimento foi bem superior ao experimentado pelos homicídios na população total que foi de 20% nesse período. Dados de 2004 indicam que a taxa de homicídios de afro-descendentes é de 68,4 mortos por 100 mil habitantes, 74% maior do que a média de brancos da mesma idade, de 39,3 (Waiselfisz, 2004). Os mais atingidos são os que vivem em áreas urbanas com alta densidade demográfica, com baixa escolaridade, poucas opções de lazer, desvinculação familiar e acesso precário à saúde (Souza e Lima, 2006; Waiselfisz, 2008), como é o caso daqueles em situação de rua. Crianças e adolescentes em situação de rua atendem a muitos desses critérios e estão especialmente sujeitos a essas expressões da violência, acrescidas da própria violência policial. São históricos os relatos de extermínios e chacinas, como o da Candelária em 1993 (Lopes, 1994).

Tanto o testemunho de situações violentas em suas famílias e comunidades, quanto a vitimização efetiva, podem afetar crianças e adolescentes quanto a sua emoção e afeto, seu comportamento e a percepção do mundo em que vivem, repercutindo em seu desenvolvimento e na vida adulta. Todavia, como apontam Assis e colaboradores (2009), tais efeitos dependem da intensidade e do histórico de vitimizações, do tipo de relação existente entre o agressor e a vítima e do contexto no qual a situação ocorre. Dentre as consequências da exposição à violência, estão repercussões na saúde mental, classificadas em dois principais grupos diagnósticos, de acordo com a literatura sobre psicopatologia na infância (Achenbach e Edelbrock, 1987): a) problemas internalizantes (transtornos emocionais em que os sinais estão focados no indivíduo, como por exemplo depressão, ansiedade e somatização), b) problemas externalizantes (transtornos de comportamento disruptivo em que as condutas estão mais dirigidas para o outro, como por exemplo conduta desafiadora e transtornos de conduta e comportamento transgressor). Os problemas de saúde mental em crianças e adolescentes decorrem da interação de vários fatores (Rutter e Taylor, 2002), dos quais se destacam aqueles relacionados à vivência de rua: perda de pessoas significativas, adversidades crônicas, eventos estressantes agudos, problemas no desenvolvimento, adoção e abrigamento. As crianças com experiência de vida na rua podem apresentar comportamentos que se aproximam das descrições clínicas, sem, contudo, terem acesso a modalidades de avaliação e tratamento. Tais comportamentos, que podem ser resultantes da exposição à violência são, muitas vezes, classificados como características pessoais, não percebidos nem dentro de um contexto de sofrimento psíquico, e nem dentro de uma interpretação do contexto social e dos reflexos da violência estrutural à qual estão submetidos. Nesse sentido, indiretamente, espera-se que a criança em situação de rua seja capaz de suportar, quase sozinha, as adversidades cotidianas.

AMPLIANDO O OLHAR DA CRIANÇA EM SITUAÇÃO DE RUA PARA AS FAMÍLIAS

A rua acaba por ser espaço de desproteção e abandono, que não é sofrido somente pelas crianças e adolescentes, mas também por suas famílias. Afinal, porque essas famílias não conseguem suprir as necessidades de cuidado de seus filhos? Possuidoras de carências diversas, muitas vezes, não sabem ou não tem condições para fazer diferente, estando inseridas em comunidades onde há precariedade ou inexistência de serviços públicos. Conceitua-se família a partir de uma noção ampliada, conforme o recente Plano Nacional de Convivência Familiar e Comunitária (Brasil, 2006), como um grupo de pessoas unidas por laços de consanguinidade, de aliança e afinidade, que pode estar organizada em diferentes arranjos familiares, que podem ser compreendidos em torno da relação de parentalidade (famílias com ou sem filhos, filhos de diferentes uniões), em relação à conjugalidade (nucleares, monoparentais) e em relação à presença de parentes e agregados (famílias nucleares e com relações extensas). No contexto da situação de rua, as famílias tendem a ser multiatendidas. Apesar disso, ao não apresentar o retorno esperado às intervenções especializadas, são responsabilizadas por tudo aquilo que não conseguem suprir. A escola acusa a mãe pela dificuldade de aprendizado dos filhos e sua evasão escolar, o Conselho Tutelar ameaça abrigá-los, o sistema de saúde não consegue intervir nas questões de saúde mental. Gregori (2000) aponta alguns elementos que dificultam o trabalho com a complexidade das famílias com filhos em situação de rua, destacando-se: dificuldade para realizar um trabalho intersetorial integrado e contínuo, o que leva à falta de conexão entre as ações sociais, a família, a escola, a saúde, por exemplo; a baixa qualificação dada à família nos trabalhos desenvolvidos, com pouca ênfase na autonomia e empoderamento da família; e a baixa expectativa dos profissionais da área quanto à possibilidade de mudança nas famílias (Yunes, Arrieche, Tavares e Faria, 2001).

As propostas de intervenção com situação de rua a partir da implantação do ECA (Brasil, 1990), passaram a trabalhar de modo crescente no sentido do retorno para a convivência familiar e comunitária (Gregori, 2000; Gregori e Silva, 2000; PMPA, 2006). Entretanto, sabe-se pela prática e por estudos (De Antoni e Koller, 2000; Granpal, 2004) que muitas vezes um dos fatores que leva ao movimento de saída para a rua é justamente a constituição de uma alternativa pessoal de enfrentamento a determinadas adversidades, que podem estar centradas na relação familiar (violência familiar, p. ex.), adversidades relacionadas à comunidade (está "prometido", ameaçado de morte, na comunidade pelo tráfico) ou necessidades de garantir o sustento econômico pessoal e familiar. Os serviços que visam o retorno de crianças e adolescentes em situação de rua para a família, trabalham com essa contradição constante: a família como risco e como proteção.

Se por um lado se identifica a dificuldade de famílias em situação de risco cuidar e atender as necessidades de suas crianças, por outro lado também se identificam alternativas interessantes. Um exemplo é a circulação de crianças dentro das próprias famílias, mas também dentro da própria comunidade. Fonseca (1999; 2006), ao analisar essa temática, sobre uma perspectiva antropológica, discute a circulação de crianças em grupos populares como uma estratégia de sobrevivência, relevando o quanto essas comunidades podem se autorregularem e se protegerem, estreitando laços entre indivíduos e construindo redes de solidariedade, quando essa transferência da criança é realizada sem grandes conflitos. Contudo, tanto a circulação da criança para outra casa ou família (Fonseca, 2006), quanto a ida para a rua são recursos, geralmente, acionados em circunstâncias de crise.

Gregori (2000), em estudo realizado na cidade de São Paulo, destacou quatro temas relevantes para a compreensão de famílias em situação de rua: a) circulação de crianças (Fonseca, 1999; 2006), presente nas configurações familiares de camadas populares que, muitas vezes, se mostra um possível catalisador que leva as crianças à rua; b) ausência de informações sobre a figura masculina nos dados sobre relacionamentos familiares; c) os contextos expulsivos, que emergiram a partir da sistematização dos dados, e serão detalhados a seguir; e d) a perspectiva do atendimento institucional às famílias, que por vezes alimenta sua permanência no circuito de proteção e assistência, produzindo dependência em vez de emancipação. Na pesquisa realizada por Gregori (2000), algumas situações foram tomadas pelos grupos familiares estudados como problemas que resultaram, ou tiveram como "solução", a saída das crianças para as ruas: agravamento de problemas de saúde mental dos pais; uso e abuso de drogas; determinados momentos do ciclo vital familiar (mortes, nascimentos, adolescência, recasamentos), gerando arranjos familiares não inclusivos (no campo afetivo, não há espaço para aquela criança); contexto incestuoso; violência familiar; extrema pobreza; comunidade de risco (violência e ameaças surgidas no âmbito da comunidade). Tais contextos expulsivos não podem ser considerados causas únicas a determinar a saída para a rua, mas em diferentes intensidades e entrecruzamentos, podem esclarecer a respeito das dinâmicas familiares que contribuem para o movimento de saída e permanência na rua, mesmo após intenso investimento de programas sociais.

As famílias encontram diferentes modos de reação e cuidado de seus filhos diante de situações de violência e risco presentes em suas comunidades e em seus cotidianos (Cecconello e Koller, 2003; Garbarino e Barry, 1997). Algumas famílias se apresentam mais vulneráveis aos efeitos negativos da comunidade, o que parece estar relacionado, entre outros fatores, à falta de uma rede social de apoio e poucas condições de promover processos de adaptação e resiliência (Zamberlan e Biasoli-Alves, 1997). A resiliência tem sido utilizada na literatura sobre famílias, onde é definida se baseando em critérios como adaptação, risco e proteção (Cecconello e Koller, 2003; Yunes, 2003). A resiliência em famílias envolve a habilidade do sistema familiar como um todo, referindo-se "à habilidade da família para enfrentar as transições normativas e não normativas do seu ciclo de vida, produzindo processos proximais entre seus membros que gerem competência, e não disfunção" (Cecconello e Koller, 2003, p.26). A pesquisa sobre resiliência em famílias deve estudar os processos que favorecem que as famílias lidem com as situações de crise de uma maneira eficiente e saiam delas fortalecidas, não importando se a fonte de estresse é interna ou externa à família. O sistema familiar deve ser analisado em sua interação com os contextos nos quais está inserido, relacionando-o com os seus recursos e problemas a serem enfrentados (Walsh, 1996).

Estudos indicam as redes de apoio social como um importante aspecto para a promoção da resiliência (Brito e Koller, 1999; López-Cabanas e Chacón, 2003; Zamberlan e Biasoli-Alves, 1997). Dentro dos contextos das famílias de baixa renda, a rede formal de apoio, constituída por serviços de saúde, assistência social e educação, pode cumprir um importante papel, suprindo lacunas da rede informal e comunitária, e auxiliando as famílias a desenvolverem novas competências e relações de apoio. Entretanto, no discurso cotidiano dos trabalhadores sociais, o foco recai nas graves dificuldades apresentadas pelas famílias em lidar com suas crianças e adolescentes, mais do que nas competências familiares. As dificuldades, em termos de recursos financeiros ou de saúde mental dos cuidadores principais, são inevitavelmente destacadas, sobrepondo-se à condição de adaptação e resiliência também presente nessas famílias (Yunes, 2003). As propostas de intervenção devem ser capazes de estimular nas famílias e nas comunidades processos de resiliência, tanto como forma de reverter as situações de rua já estabelecidas quanto como forma de prevenir que irmãos acabem, também, em situação de rua.

A forma multifacetada como a situação de rua se expressa nos leva a uma questão central: de que modo as políticas públicas poderiam fazer diferença e intervir nesses diferentes contextos de vulnerabilização? Até que ponto as fragilidades e descontinuidades das políticas não representam uma forma de violência contra as famílias?

POLÍTICAS PÚBLICAS E INTERVENÇÕES COM SITUAÇÃO DE RUA: DESCONTINUIDADES

A centralidade na família caracteriza as diretrizes de diversas políticas sociais no Brasil, destacando-se a Estratégia de Saúde da Família – ESF, pelo Sistema Único de Saúde – SUS (Brasil, 2008) e os Programas de Atenção Integral à Família – PAIF e de Atenção Especial a Famílias e Indivíduos – PAEFI, pelo Sistema Único da Assistência Social – SUAS (Brasil, 2009), por exemplo, que têm como diretriz atuação preventiva e interventiva junto a famílias e comunidades, de modo territorializado. Tais políticas por vezes divergem no sentido da garantia de princípios básicos para o acesso, tais como a concepção de universalidade e equidade. Conforme Escorel (2001), o princípio de igualdade que orienta a cidadania se desdobra no princípio da universalidade, que tende à homogeneização, e acaba por diluir as diferenças, podendo prejudicar os grupos menos favorecidos. A equidade é a introdução da diferença no espaço de igualdade. Assim, o atendimento às necessidades de crianças e famílias em situação de rua implica na necessidade, ainda não atendida, de constituir modalidades alternativas de acolhimento e inserção nos diversos serviços e políticas públicas, para além da assistência social.

Há uma tendência de perceber a intervenção com populações pobres e, portanto, com crianças em situação de rua, como atribuição da assistência social, como demonstram os públicos alvo descritos em diferentes políticas públicas. Nada mais difícil e pouco efetivo do que uma política ser responsabilizada por intervir sozinha em um fenômeno que é a expressão e o resultado extremo de desigualdades sociais e de um conjunto de necessidades historicamente não atendidas. As famílias com crianças em situação de rua possuem diferentes necessidades concretas, da ordem da moradia e saneamento, de educação e cultura, de saúde, e necessidades subjetivas, como apoio psicossocial e direito à convivência familiar e comunitária, todas afirmadas na qualidade da lei (Brasil, 1990). Entretanto, como representantes de um extremo de vulnerabilidade social, sua condição de acesso às políticas não é a mesma que para outros membros da comunidade. Ainda que seguridade, saúde e assistência tenham sido reestruturadas em nível federal, de modo a caracterizar o tripé dos mínimos necessários a cada cidadão e cidadã, há um longo caminho a ser percorrido na direção de uma efetiva integração entre as políticas, seja em nível nacional ou local. A municipalização das políticas tende a favorecer essa maior aproximação, mas ainda depende de grandes esforços de articulação e reconstrução de relações políticas e suas práticas em cada município.

Antes mesmo da implantação do ECA, mas especialmente na década de 1990, criaram corpo diferentes experiências de intervenção com situação de rua, desde propostas de Organizações Não Governamentais até políticas públicas municipais. Podemos referir a educação de rua da Pastoral do Menor, o Projeto Criança de Rua e o SOS Criança, de São Paulo (Gregori e Silva, 2000), o projeto Axé, de Salvador, e os Serviços Educação Social de Rua e Ação Rua, de Porto Alegre (PMPA, 2000, 2006), entre outros. Em termos de metodologia de atuação, têm em comum a valorização do vínculo entre criança e educador, a atuação prioritária no próprio espaço da rua e certa concepção de construção com o sujeito de projeto de vida alternativo à rua. Tais intervenções buscaram lidar com uma população cujo número oficial sempre foi fruto de muita especulação, o que se relaciona à própria concepção de criança em situação de rua, à separação dos autores de ato infracional e à relação com o trabalho infantil e mendicância. Muitas dessas políticas passaram por grandes modificações, até mesmo situações de desmanche, como descrito por Gregori e Silva (2000) com relação à cidade de São Paulo. Sua hipótese inicial e análises certamente podem ser utilizadas ao considerar as experiências de outras capitais, pois representam experiências que se repetem no campo da política, em maior ou menor grau, e conforme características locais. Assim: "a falta de coesão entre os responsáveis pela formulação de políticas e a dificuldade de consolidação de programas não são fruto apenas da escassez de recursos e da inexistência de uma política governamental uniforme, mas resultam de uma competição entre as instituições desse campo no que diz respeito a recursos, poder e legitimidade" (Gregori e Silva, 2000, p. 10).

Atualmente, a Política Nacional de Assistência Social (Brasil, 2004) e o SUAS (Brasil, 2009) centraliza diversos programas que tem como público de atendimento também as crianças e os adolescentes em situação de rua, destacando-se, por exemplo, o Serviço de Abordagem Social e o Programa de Erradicação do Trabalho Infantil – PETI (Brasil, 2009). Em especial a questão do trabalho infantil merece atenção, uma vez que abrange uma parcela significativa da infância pobre no Brasil, assim como das crianças em situação de rua. Segundo dados do Instituto Brasileiro de Geografia e Estatística (IBGE, 2008), 2,5 milhões de crianças de cinco a 15 anos encontravam-se trabalhando. O nordeste brasileiro é a região que concentra o maior número de crianças trabalhadoras: 1,1 milhão (44,2%), sendo 697,7 mil destas em atividade agrícola. A maior parte dessas crianças e adolescentes trabalhadoras (43,2%) contribuía com 10% a 30% do rendimento mensal familiar. Nas áreas metropolitanas, o trabalho infantil também se expressa de formas diversas, como vender produtos, cuidar de carros e mesmo mendigar. O PETI pode ser visto como um esforço nacional para articulação de políticas: em suas condicionalidades prevê que saúde, educação e assistência social se organizem em nível municipal para informar, respectivamente, a vacinação e o acompanhamento nutricional (saúde), a frequência escolar (educação) e o acompanhamento familiar e a inclusão em atendimento socioeducativo (assistência social). Isso exige dos municípios criarem formas de organização que olhem para os casos dessas crianças e famílias a partir de cada uma das políticas. Mas tecer essas parcerias não é algo dado de cima para baixo, no sentido federal para o municipal, mas que pressupõe relações horizontais, conhecimento, reconhecimento e valorização do trabalho de cada política/secretaria em nível local.

Uma das políticas existentes para proteção imediata quando uma criança se encontra em situação de rua é a abrigagem, constando no ECA (Brasil, 1990) que esta deve ser a última medida. Segundo o Levantamento Nacional de Abrigos para Crianças e Adolescentes (Silva, 2004) há em torno de 20 mil crianças e adolescentes vivendo em instituições de abrigo, sendo que a maioria são meninos, pobres, negros, com idades entre sete e 15 anos. Grande parte dessas crianças possui família e foi afastada por situações que envolviam carência de recursos materiais da família ou responsável, negligência, abandono, abuso físico e sexual praticados pelos pais ou responsáveis, dependência química dos pais ou responsáveis, incluindo alcoolismo, morte dos pais ou responsáveis e vivência de rua. Crianças em situação de rua têm muitas vezes inúmeras passagens por abrigos, com registros de evasões e dificuldade em permanecer. Segundo Ribeiro e Ciampone (2002), que realizaram um estudo sobre a experiência de crianças de/na rua em abrigos, seus relatos foram marcados por queixas quanto ao tratamento agressivo por parte dos pares e também por parte de funcionários. A indiferença das autoridades, assim como a condição de reclusão e o caráter disciplinador da instituição também foram referidos pelas crianças como geradores de descontentamento. Como resultado dessa dinâmica de interações, as fugas acabam por se tornar constantes. Como forma de enfrentar tais problemáticas, pode-se destacar as alterações nas modalidades de acolhimento propostas no Plano Nacional de Convivência Familiar e Comunitária (Brasil, 2006), como espaços institucionais menores, com grupos reduzidos, maior personalização no atendimento, e diversidade nas formas de acolhimento. Tais diretrizes balizaram a proposta de reordenamento da rede de abrigos em Porto Alegre (FASC/PMPA, 2007). O reordenamento, entre outros aspectos, veio a rever as tentativas de constituir abrigos específicos para determinados perfis, como aqueles para crianças e adolescentes com experiência de vida na rua, ou somente para egressos ou autores de atos infracionais com medidas de meio aberto. A experiência de Porto Alegre apontou não ser adequado sustentar tais modalidades, por concentrar o mesmo perfil em um mesmo espaço. Pesquisa encomendada pelo Conselho dos Diretos da Criança e do Adolescente em Porto Alegre (Fonseca, Schuch, Uriarte e Soares, 2006) apontava a sobrelotação da rede e uma concentração de perfil na rede governamental: casos mais graves, jovens abrigados com mais experiência de rua, problemas de conduta, uso de drogas e prática de atos infracionais. Essa concentração de perfil dificulta um atendimento satisfatório, na medida em que favorece as organizações grupais e manutenção dos modos de atuação do espaço da rua, que são reeditados no espaço do abrigo, assim como as evasões. A reflexão a respeito dos perfis, e o esforço em atender aos preceitos do ECA e qualificar as modalidades de atendimento em abrigos levaram à elaboração do projeto de reordenamento da rede de abrigos em 2007, que em 2010 ainda não está implantado em sua totalidade, tendo já sofrido alterações significativas quanto ao modelo de gestão proposto (FASC/PMPA, 2007).

A descontinuidade e falta de avaliação dos programas sociais acabam por ser, também, exemplos de violência estrutural (Minayo, 1994; Nunes e Andrade, 2009; Zaluar, 2002). No momento em que são criados programas e projetos visando atingir determinada parcela da sociedade, por exemplo, famílias ou crianças e adolescentes em situação de rua, e tais propostas passam por descontinuidades, essa ausência da política ou limitação em sua execução, podem repercutir para o público destinatário como uma expressão de violência e descaso (Gregori e Silva, 2000). Quando os programas sociais não conseguem apoiar de fato a família, disponibilizam serviços parciais e descontínuos, facilmente o título de negligente lhe é destinado (Gregori, 2000). Muitas vezes, ao não responder às expectativas da equipe e aos objetivos da intervenção, a responsabilidade retorna à própria família, como uma incapacidade. Assim, aponta-se a necessidade de avaliar tanto a implantação, o andamento e os resultados das propostas de intervenção social. É comum a implantação parcial de um programa, sem o número de recursos humanos previstos no projeto original, por exemplo. Em especial, são necessários processos de avaliação qualificados das modalidades de intervenção existentes (p. ex., quanto ao seu caráter individual ou grupal, sua sistematicidade, instrumentais de trabalho, inserção na comunidade, entre outros aspectos), incluindo também avaliação junto aos usuários dos serviços. Além disso, a ineficácia de algumas intervenções pode estar associada à forma como as políticas, por exemplo, de assistência, saúde, educação, trabalho e renda se complementam ou não. Uma intervenção iniciada na assistência pode não ser continuada na saúde, ou depender de um atendimento que irá acontecer somente após vários meses. Tal descontinuidade, em muitos casos, inviabiliza a eficácia de toda a intervenção, levando quase a um retorno a "estaca zero".

A fragmentação entre as políticas se torna ainda mais grave e perversa ao lidar com as necessidades de apoio e cuidados em saúde mental. As violências cometidas contra crianças e adolescentes podem apresentar repercussões sobre sua saúde mental e necessitam de intervenções curativas e preventivas. Ainda que exista uma prevalência da violência familiar e comunitária e dos problemas de saúde mental com relação a crianças e adolescentes em situação de rua, há uma escassa rede de atendimento (como o Centro de Atenção Psicossocial Infantil – CAPSI), assim como a falta de iniciativas voltadas para a prevenção do transtorno mental e para a promoção da saúde mental (Assis et al., 2009). Em muitos casos o adequado acolhimento e tratamento para a saúde mental dos pais, como tratar a depressão do cuidador/a, o uso de álcool e drogas, pode ter efeitos que abrangem toda a família e repercutem diretamente nos filhos em situação de rua. Em um nível preventivo um adequado pré-natal, trabalhar a boa vinculação inicial entre mãe e filho, ou ainda, a reorganização daquela família para receber um novo membro, por exemplo, demonstram ter reflexos duradouros e positivos ao longo do desenvolvimento infantil (Falcone, Mäder, Nascimento, Santos e Nóbrega, 2005). Programas voltados à qualidade da relação precoce pais e filhos têm, portanto, reflexos a longo prazo.

DESAFIOS DA INTERSETORIALIDADE

É necessário que as políticas públicas possam promover a diminuição da desigualdade, da discriminação e da violência a que estão sujeitas as crianças e adolescentes em situação de rua no Brasil. Embora o país manifeste interesse e preocupação com a questão da violência que assola crianças e adolescentes, estimulando pesquisas e criando políticas públicas para essa população e situação específica, observa-se que há ainda fragmentação entre as políticas. A municipalização contribuiu para uma maior aproximação entre as políticas sociais, mas ainda depende de grandes esforços de articulação e reconstrução de relações e práticas tanto em nível federal quanto local. A municipalização favoreceu, e ao mesmo tempo exigiu, a constituição do trabalho a partir da articulação de redes locais em todo o Brasil. Desde o final da década de 1990 muitos municípios passaram a constituir redes municipais de atenção integrada a Crianças e Adolescentes, também redes específicas voltadas a vítimas de violência (Brasil, 2002), e serviços diversos voltados para crianças em situação de rua e trabalho infantil, como é o caso do PETI. As redes são compostas, em geral, por órgãos como prefeitura, hospitais, universidades, Conselho Tutelar, Juizado da Infância e Juventude, associações técnico-profissionais, associações comunitárias, entre outros. A implementação das redes exige esforços permanentes, não somente para sua implantação, mas no sentido de sua sustentabilidade.

Campos e colaboradores (2005) destacaram a importância da efetiva integração intersetorial entre segurança pública, saúde, educação e justiça, como uma estratégia para lidar com a realidade da violência. A fragmentação das políticas, portanto, é um dos problemas fundamentais a serem solucionados para um verdadeiro enfrentamento das situações de rua. A seguir, alguns questionamentos e possíveis respostas, encontradas a partir dos limites enfrentados na gestão do Serviço Ação Rua. Não se pretende esgotar as possibilidades de parcerias, mas indicar possíveis pontos de articulação entre os Serviços de Abordagem Social, previstos nos Centros de Referência Especializado de Assistência Social – CREAS, e demais políticas municipais.

Saúde: como melhor articular as ações de saúde e assistência social regionalmente? Como trabalhar, da perspectiva da saúde, os casos de crianças e adolescentes em situação de rua? Por meio de parcerias entre Serviço de Abordagem Social e Estratégia de Saúde da Família, garantindo atendimento na rede básica e especializada de saúde e priorizando o atendimento de casos de drogadição de crianças e adolescentes e de seus familiares, tanto para desintoxicação quanto para tratamento continuado em Centro de Atenção Psicossocial Álcool e Drogas – CAPS-AD e CAPSI e ainda situações que envolvam exploração sexual, acionando formas de denúncia, a rede de garantia de direitos e tratamento em saúde mental.

Cultura: como as diversas regiões da cidade podem ter uma vida cultural tão ou mais atraente que a região central, fazendo com que seus moradores coparticipem e tenham orgulho de sua identidade e comunidade? Uma alternativa é a constituição de espaços regionais para desenvolvimento de atividades lúdicas, artísticas e esportivas condizentes com o universo infanto-juvenil, especialmente nos finais de tarde, finais de semana e feriados. Atividades que privilegiem a cultura local, que possam preencher o tempo livre de crianças e adolescentes, principalmente nos turnos inversos à escola, que desenvolvam a integração do público jovem e de demais gerações.

Educação: como fazer a escola individualizar o atendimento de crianças e adolescentes com vivência de rua, priorizando-os e trabalhando a não expulsão? O trabalho com a comunidade escolar pode centrar na questão dos estigmas e preconceitos com a situação de rua; favorecendo a inclusão em escolas da região, mesmo fora do período formal de ingresso; adequando os métodos de ensino às necessidades desse público; por meio da participação da rede escolar na construção dos planos de intervenção; por meio da avaliação e acompanhamento preventivo das dificuldades de aprendizagem; criando parcerias com escolas abertas, aproximando crianças e famílias do espaço escolar.

Esportes: como fazer as diferentes regiões da cidade se tornarem tão atrativas a ponto de as crianças e os adolescentes quererem nela investir seu potencial e suas energias? Criando e mantendo espaços regionais para desenvolvimento de atividades lúdicas e esportivas, especialmente nos finais de tarde, finais de semana e feriados; promovendo eventos esportivos sistemáticos, nos quais os conceitos formativos do esporte possam ser trabalhados ao longo do ano; por meio de atividades esportivas em turno oposto ao escolar, preenchendo os espaços de vazios de atendimento.

Habitação: como priorizar o atendimento às famílias com situação de rua, cuja moradia não apresente os mínimos de segurança e dignidade? Constituindo com a secretaria de habitação a possibilidade de acesso a casas de emergência e a criação de "banco de material de construção", de modo a viabilizar reformas emergenciais, como a construção de banheiros e garantia de saneamento; constituir plano de construção de moradias com articulação intersetorial.

Geração de renda: como promover condições de geração de renda para as famílias, podendo tirar das mãos das crianças tal responsabilidade? Por meio de programas de geração de renda voltados às famílias; incentivo às cooperativas e associações; formações e oportunidades específicas para jovens adultos; criação de espaços de formação e preparação ao mundo do trabalho e projetos que promovam condições para o jovem adulto assumir sua condição como tal, envolvendo grupos de discussões e alternativas de futuro.

Enfim, para os direitos humanos de crianças e adolescentes em situação de risco na rua e de suas famílias é necessário constituir esforços para a articulação entre as políticas. Como aponta Gregori (2000), é necessário superar o mito da impossibilidade de mudança, uma vez que a repetição do discurso da carência de recursos pode mascarar a necessidade de utilização mais adequada dos recursos, serviços e parcerias já existentes, de modo a aproveitar criticamente as iniciativas e experiências anteriores.

A atuação sobre as causas da violência e as causas da pobreza e miséria do país é necessária e envolve o pleno exercício da democracia e a luta por justiça social (Minayo, 1994). Para prevenir e enfrentar o envolvimento das crianças e jovens nas situações de rua e de violência são necessários investimentos sociais em suas comunidades (Dowdney, 2003). Para tanto, é necessária articulação intersetorial, interdisciplinar, multiprofissional e com organizações da sociedade civil e comunitária, que militam por direitos e cidadania. Ainda que seja necessária uma visão ampla do fenômeno da violência, a atuação precisa ser planejada em níveis locais e específicos, de acordo com as realidades socioculturais regionais.

REFERÊNCIAS

Achenbach, T., & Edelbrock, C. (1987). *The manual for the youth self-report and profile*. Burington: University of Vermont.

Assis, S. G., Avanci, J. Q., Pesce, R. P., & Ximenes, L. F. (2009). Situação de crianças e adolescentes brasileiros em relação à saúde mental e à violência. *Ciência e Saúde Coletiva, 14*(2), 349-361.

Brasil. (1990). *Lei nº 8069, de 13 de julho de 1990: Estatuto da Criança e do Adolescente*. Acessado em 23 jul, 2011, em http://www.planalto.gov.br/ccivil_03/Leis/ L8069.htm.

Brasil. (2006). *Plano nacional de promoção, proteção e defesa do direito de crianças e adolescentes à convivência familiar e comunitária*. Brasília: Conanda/Secretaria Especial dos Direitos Humanos.

Brasil. Ministério da Saúde. (2002). *Notificação de maus-tratos contra crianças e adolescentes pelos profissionais de saúde: Um passo a mais na cidadania em saúde*. Brasília: Ministério da Saúde.

Brasil. Ministério da Saúde. (2008). *Documento técnico: Avaliação para melhoria da qualidade da estratégia saúde da família*. Brasília: Ministério da Saúde.

Brasil. Ministério do Desenvolvimento Social e Combate à Fome. (2004). *Política Nacional de Assistência Social – PNAS*. Brasília: MDS.

Brasil. Ministério do Desenvolvimento Social e Combate à Fome. (2009). *Tipificação nacional de serviços socioassistenciais*. Brasília: MDS.

Brito, R., & Koller, S. H. (1999). Desenvolvimento humano e redes de apoio social e afetivo. In A. M. Carvalho (Ed.), *O mundo social da criança: Natureza e cultura em ação* (pp. 115-130). São Paulo: Casa do Psicólogo.

Campos, M. A. M. R., Schor, N., Anjos, R. M. P., Laurentiz, J. C., Santos, D. V., & Peres, F. (2005). Violência sexual: Integração saúde e segurança pública no atendimento imediato à vítima. *Saúde e Sociedade, 14*(1), 101-109.

Carvalho, F. T. de, Neiva-Silva, L., Ramos, M. C., Evans, J., Koller, S. H., Piccinini, C. A., & Page-Shafer, K. (2006). Sexual and drug use risk behaviors among children and youth in street circumstances in Porto Alegre, Brazil. *Aids Behaviour, 10*, S57-S66.

Cecconello, A. M., & Koller, S. H. (2003). Inserção ecológica na comunidade: Uma proposta metodológica para o estudo de famílias em situação de risco. *Psicologia Reflexão e Crítica, 16*, 515-524.

Cirino, D. C. S., & Alberto, M. F. P. (2009). Uso de drogas entre trabalhadores precoces na atividade de malabares. *Psicologia em Estudo, 14*(3), 547-555.

De Antoni, C., & Koller, S. H. (2000). A visão de família entre adolescentes que sofreram violência intrafamiliar. *Estudos de Psicologia, 5*(2), 347-382.

Dowdney, L. (2003). *Crianças do tráfico: Um estudo de caso de crianças em violência armada organizada no Rio de Janeiro*. Rio de Janeiro: Sete Letras.

Escorel, S. (2001). *Os dilemas da eqüidade em saúde: Aspectos conceituais*. Acessado em 25 ago, 2011, em http://biblioteca.planejamento.gov.br/biblioteca-tematica-1/textos/saude-epidemias-xcampanhas-dados-descobertas/texto-83-2013-os-dilemas-da-equidade-em-saude-aspectos-conceituais.pdf.

Falcone, V. M., Mäder, C. V. N., Nascimento, C. F. L., Santos, J. M. M., & Nóbrega, F. J. (2005). Atuação profissional e a saúde mental de gestantes. *Revista de Saúde Pública, 39*(4), 612-618.

FASC/PMPA (2007). *Projeto Figueira: Reordenamento da rede de abrigagem infanto-juvenil própria da Fundação de Assistência Social e Cidadania da Prefeitura Municipal de Porto Alegre*. Porto Alegre: FASC.

Finkler, L., Pereira, N., Vescovi, G., & Dell'Aglio, D. D. (2009). Children on the streets: Is it a problem for the families? In *Book of abstracts of the 7th European Congress of Community Psychology*. Paris: French Association of Community Psychology, European Community Psychology Association.

Fonseca, C. (1999). Quando cada caso não é um caso. *Revista Brasileira de Educação, 10*, 58-78.

Fonseca, C. (2006). Da circulação de crianças à adoção internacional: Questões de pertencimento e posse. *Cadernos Pagu, 26*, 11-43.

Fonseca, C., Schuch, P., Uriarte, P., & Soares, D. (2006). *Estrutura e composição os abrigos para crianças e adolescentes de Porto Alegre vinculados ao Conselho Municipal dos Direitos da Criança e do Adolescente e participantes da rede própria, conveniada e não conveniada*. Relatório de pesquisa não publicado, Universidade Federal do Rio Grande do Sul, Porto Alegre, Brasil.

Garbarino, J., & Barry, F. (1997). The community context of child abuse and neglect. In J. Garbarino, & J. Eckenrode (Eds.), *Understanding abusive families: Ecological approach to theory and practice* (pp. 56-85). San Francisco: Jossey-Bass.

Gregori, M. F. (2000). *Desenhos familiares: Pesquisa sobre família de crianças e adolescentes em situação de rua*. São Paulo: Alegro, Unesco, Fundação BankBoston.

Gregori, M. F., & Silva, C. A. (2000). *Meninos de rua e instituições: Tramas, disputas e desmanche*. São Paulo: Contexto.

Hughes, P. J. A. (2004). Segregação socioespacial e violência na cidade de São Paulo: Referências para a formulação de políticas públicas. *São Paulo Perspectiva, 18*(4), 93-102.

Instituto Brasileiro de Geografia e Estatística. (2008). *Síntese de indicadores sociais: Uma análise das condições de vida da população brasileira*. Rio de Janeiro: Ministério do Planejamento, Orçamento e Gestão.

Koller, S. H. (2000). Violência doméstica: Uma visão ecológica. In Amencar (Org.), *Violência doméstica* (pp. 32-42). Brasília: UNICEF.

Koller, S. H., & Hutz, C. S. (1996). Meninos e meninas em situação de rua: Dinâmica, diversidade e definição. *Coletâneas da Anpepp, 1*(12), 11-34.

Lopes, G. (1994). *O massacre da Candelária*. Rio de Janeiro: Scritta.

Lopes, R. E., Adorno, R. C. F., Malfitano, A. P. S., Takeiti, B. A., Silva, C. R., Borba, P. L. O. (2008). Juventude pobre, violência e cidadania. *Saúde e Sociedade, 17*(3), 63-76.

López-Cabanas, M., & Chacón. F. (2003). *Intervención psicosocial y servicios sociales: Un enfoque participativo*. Madri: Sintesis Psicología.

Marshall, B., & Wood, E. (2009). Editorial: Sex work and sex exchange among street children: An urgent need for a global response. *Journal of Adolescent Health, 44*(3), 201-202.

Martins, C. B. G., & Jorge, M. H. P. M. (2009). A violência contra crianças e adolescentes: Características epidemiológica dos casos notificados aos conselhos tutelares e programas de atendimento em município do sul do Brasil, 2002 e 2006. *Epidemiologia e Serviços de Saúde, 18*(4), 315-334.

Minayo, M. C. S. (1994). Violência social sob a perspectiva da saúde pública. *Cadernos de Saúde Pública, 10*(1), 7-18.

Neiva-Silva, L. (2008). *Uso de drogas entre crianças e adolescentes em situação de rua: Um estudo longitudinal*. Tese de doutorado não publicada, Universidade Federal do Rio Grande do Sul, Porto Alegre, Brasil.

Neiva-Silva, L., & Carvalho, F. T. de (2010). *Estudo comportamental com crianças e adolescentes em situação de rua em Porto Alegre e Rio Grande: Uso da técnica Respondent Driven Sampling (RDS) para identificação de comportamentos sexuais de risco e uso de drogas* [Versão resumida do Relatório Técnico Analítico Final de Pesquisa]. Porto Alegre: Programa Nacional de DST/Aids.

Noto, A. R., Galduroz, J. C., Nappo, S. A., Fonseca, A. M., Carlini, M. A., Moura, Y. G., et al. (2004). *Levantamento nacional sobre uso de drogas entre crianças e adolescentes em situação de rua nas 27 capitais brasileiras, 2003*. Escola Paulista de Medicina: CEBRID.

Nunes, E. L. G., & Andrade, A. G. de. (2009). Adolescentes em situação de rua: Prostituição, drogas e HIV/Aids em Santo André, Brasil. *Psicologia e Sociedade, 21*(1), 45-54.

Organização Pan-Americana da Saúde. (2002). *Informe mundial sobre la violencia y la salud*. Washington: OPAS.

Paludo, S. S., & Koller, S. H. (2005). Resiliência na rua: Um estudo de caso. *Revista Psicologia Teoria e Pesquisa, 21*(2),187-195.

Porto Alegre. Prefeitura Municipal. (2000). *Projeto técnico do Serviço de Educação Social de Rua – SESRUA*. Porto Alegre: Fundação de Assistência Social e Cidadania.

Porto Alegre. Prefeitura Municipal. (2006). *Projeto Ação Rua*. Porto Alegre: Fundação de Assistência Social e Cidadania.

Porto Alegre. Prefeitura Municipal. (2007). *Relatório técnico anual do Serviço Ação Rua*. Porto Alegre: Fundação de Assistência Social e Cidadania.

Porto Alegre. Prefeitura Municipal. (2008). *Relatório técnico anual do Serviço Ação Rua*. Porto Alegre: Fundação de Assistência Social e Cidadania.

Porto Alegre. Prefeitura Municipal. (2009). *Relatório técnico anual do Serviço Ação Rua*. Porto Alegre: Fundação de Assistência Social e Cidadania.

Rabinovich, E. P., & Pasternak, S. (2004). Urban nomads. *Open house internacional, 29*(2), 43-51.

Ribeiro, M. O. R., & Ciampone, M. H. T. (2002). Crianças em situação de rua falam sobre os abrigos. *Revista da Escola de Enfermagem da USP, 36*(4), 309-316.

Rutter, M., & Taylor, E. (2002). *Child and Adolescent Psychiatry*. Oxford: Blackwell.

Sanchez-Vidal, A. (2007). *Manual de psicología comunitaria*. Madrid: Pirámide.

Santos, J. L. G., Garlet, E. R., Figueira, R. B., & Prochnow, A. G. (2008). Acidentes e violências: Caracterização dos atendimentos no pronto-socorro de um hospital universitário. *Saúde e sociedade, 17*(3), 211-218.

Santos, L. L. (2006). *Habitar a rua: Compreendendo os processos de risco e resiliência*. Tese de doutorado não publicada, Universidade Federal do Rio Grande do Sul, Porto Alegre, Brasil.

Sarriera, J. C. (2004). *Psicologia comunitária: Estudos atuais*. Porto Alegre: Sulina.

Silva, E. R. (2004). *O direito à convivência familiar e comunitária: Os abrigos para crianças e adolescentes no Brasil*. Brasília: IPEA/CONANDA.

Sociedade Brasileira de Pediatria, Centro Latino-Americano de Estudos de Violência e Saúde Jorge Carelli, Escola Nacional de Saúde Pública, FIOCRUZ, Secretaria de Estado dos Direitos Humanos, Ministério da Justiça. (2001). *Guia de atuação frente a maus-tratos na infância e adolescência (2. ed.). Rio de Janeiro: SBP.

Souza, E. R., & Lima, M. L. C. (2006). Panorama da violência urbana no Brasil e suas capitais. *Ciência & Saúde Coletiva, 11*, 1211-1222.

Universidade Federal do Rio Grande do Sul, Associação dos Municípios da Região Metropolitana de Porto Alegre. (2004). *Perfis e mundo das crianças e adolescentes em situação de rua da Grande Porto Alegre*. Relatório de pesquisa não publicado, UFRGS, Granpal, Porto Alegre, Brasil.

Waiselfisz, J. J. (2004). *Mapa da violência IV: Os jovens do Brasil*. Brasília: UNESCO.

Waiselfisz, J. J. (2005). *Mortes matadas por armas de fogo no Brasil 1979-2003*. Brasília: UNESCO. (Séries debate VII).

Waiselfisz, J. J. (2008). *Mapa da violência dos municípios brasileiros 2008*. Brasília: RITLA, Instituto Sangari, Ministério da Saúde, Ministério da Justiça.

Walsh, F. (1996). The concept of family resilience: Crisis and challenge. *Family Process, 35*, 261-281.

Yunes, M. A. M. (2003). Psicologia positiva e resiliência: O foco no indivíduo e na família. *Psicologia em Estudo, Esp*, 75-84.

Yunes, M. A. M., Arrieche, M. R. de O., Tavares, M. de F. A., & Faria, L. C. (2001). Família vivida e pensada na percepção de crianças em situação de rua. *Paidéia, 11*(21), 47-56.

Zaluar, A. (2002). Oito temas para o debate: Violência e segurança pública. *Sociologia, Problemas e Práticas, 38*, 19-24.

Zamberlan, M. T., & Biasoli-Alves, Z. M. (1997). *Interações familiares: Teoria pesquisa e subsídios à intervenção*. Londrina: Eduel.United Nations. (1959). *United Nations declaration of the rights of the child*. Acessado em 11 maio, 2010, em http://www.canadiancrc.com/UN_Declaration_on_the_Rights_of_the_Child.aspx.

Wathier, J. L, & Dell'Aglio, D. D. (2007). Sintomas depressivos e eventos estressores em crianças e adolescentes no contexto de institucionalização. *Revista de Psiquiatria do Rio Grande do Sul, 29*, 305-314.

Wathier, J. L., Dell'Aglio, D. D., & Bandeira, D. R. (2008). Análise fatorial do inventário de depressão infantil (CDI) em amostra de jovens brasileiros. *Avaliação Psicológica, 7*, 75-84.

Yunes, M. A. M., & Szymanski, H. (2003). Crenças, sentimentos e percepções acerca da noção de resiliência em profissionais da Saúde e Educação que atuam com famílias pobres. *Psicologia da Educação, 17*, 119-137.

Yunes, M. A. M., Arrieche, M. R., Tavares, M. F., & Faria, L. C. (2001). A família vivida e pensada na percepção de crianças em situação de rua. *Paidéia, 11*, 47-56.

Yunes, M. A. M., Garcia, N. M., & Albuquerque, B. M. (2007). Monoparentalidade, pobreza e resiliência: Entre as crenças dos profissionais e as possibilidades da convivência familiar. *Psicologia: Reflexão e Crítica, 20*(3), 444-453.

Yunes, M. A. M., Miranda, A. T., & Cuello, S. S. (2004). Um olhar ecológico para os riscos e as oportunidades de desenvolvimento de crianças e adolescentes institucionalizados. In S. H. Koller (Ed.), *Ecologia do desenvolvimento humano: Pesquisa e intervenções no Brasil* (pp. 197-218). São Paulo: Casa do Psicólogo.

13

Famílias e instituições de acolhimento
interfaces entre risco e proteção

*Aline Cardoso Siqueira, Josiane Lieberknecht Wathier Abaid
e Débora Dalbosco Dell'Aglio*

A institucionalização de crianças e adolescentes tem chamado o interesse de inúmeros pesquisadores de diversas áreas (Arpini, 2003a; Fonseca, 1987; Martins e Szymanski, 2004; Rizzini e Rizzini, 2004; Siqueira e Dell'Aglio, 2006; Yunes, Miranda e Cuello, 2004). São antropólogos, sociólogos, educadores e psicólogos preocupados em compreender desde a origem dessa prática no Brasil até os efeitos que um período de institucionalização pode provocar no desenvolvimento cognitivo, emocional e social de crianças e adolescentes abrigados, entre outros aspectos. Essa ampla gama de interessados pelo tema reflete a importância que a infância e a juventude em situação de risco têm assumido na sociedade brasileira. Assim, este capítulo tem como objetivo discutir a interface entre risco e proteção no processo de institucionalização, apresentando os aspectos sociais e familiares imbricados no afastamento de crianças e adolescentes do convívio familiar; e em seguida, o processo de acolhimento institucional, considerando os estudos atuais desenvolvidos na realidade brasileira, especialmente após o Estatuto da Criança e do Adolescente (Brasil, 1990).

SOCIEDADE E FAMÍLIAS BRASILEIRAS

A vulnerabilidade das famílias brasileiras em situação de pobreza tem sido foco de estudo e discussão na contemporaneidade. Além disso, a família está no centro das políticas públicas de assistência social por estar envolvida na origem e nas consequências de inúmeras problemáticas da atualidade, como violência urbana e doméstica, miséria, desemprego, baixa escolaridade, entre outros aspectos (Ferrari e Kaloustian, 1994; Saraiva, 2002). Milhares de famílias com baixo nível socioeconômico estão privadas de mínimas condições de vida e submetidas a provações cotidianas. São famílias que se encontram em situação de risco e vulnerabilidade, e que nem sempre conseguem desempenhar seu papel de mantenedores e guardiões do desenvolvimento de seus filhos.

Segundo dados do Censo Demográfico realizado em 2000 (IBGE, 2000), o percentual de famílias cuja pessoa responsável pelo domicílio é a mulher, no Brasil, vem aumentando ao longo dos anos e passou de 7,7 milhões, em 1991, para 12,8 milhões, em 2000. Além disso, 28,6% das famílias chefiadas por mulheres possuíam renda mensal de até meio salário mínimo *per capita*. Esses resultados mostram que muitas famílias chefiadas pela figura materna têm vivido em situação de empobrecimento e miséria. A pobreza, a monoparentalidade, o desemprego, a baixa escolaridade dos cuidadores, a presença de doença física e/ou mental, família numerosa, entre outros fatores associados, dificultam a tarefa de cuidar dos filhos, colocando em risco o desenvolvimento e o bem-estar de suas crianças e adolescentes (Masten e Garmezy, 1985; Reppold, Pacheco e Hutz, 2005; Seifer, Sameroff, Baldwin e Baldwin, 1992; Siqueira e Dell'Aglio, 2007). A falta de recursos materiais básicos, situação presente em famílias com precárias condições, pode ter como um de seus resultados a negligência em relação à educação dos filhos ou o seu abandono (Saraiva, 2002).

Se por um lado esses fatores externos, os chamados fatores macroestruturais, não podem ser desconsiderados visto que, de fato, representam um peso grande na dinâmica das famílias em situação de vulnerabilidade, não se pode generalizar a ideia de que toda família pobre não desempenha seu papel de educadora e cuidadora. Também importantes nesse processo são as características das famílias, que interferem diretamente no seu funcionamento, tais como coesão, hierarquia, multigeracionalidade, habilidades parentais e capacidade de fornecer apoio (Caminha, 2000; De Antoni, Teodoro e Koller, 2009; Minuchin, 1966/1990; Minuchin e Fishman, 2003).

Segundo a visão sistêmica, a estruturação da família está organizada com base no seu funcionamento, sendo considerada *funcional* quando permite o desenvolvimento adequado, saudável ou adaptado de seus integrantes (Minuchin, 1966/1990; Minuchin e Fishman, 2003). O sistema familiar pode ser analisado quanto a sua coesão, entendida como proximidade emocional e sentimento de conexão, e quanto à hierarquia, entendida como a relação de poder e estrutura de influência mútua, controle ou adaptabilidade, aspectos no sistema familiar (Gehring e Marti, 1993; Gehring, Marti e Sidler, 1994). A coesão está associada ao desenvolvimento positivo e bem-estar psicossocial de crianças, adolescentes e adultos. O exercício de poder é adaptativo quando auxilia na manutenção do equilíbrio no sistema familiar. O funcionamento familiar saudável é identificado por dois aspectos relacionados à hierarquia: o relacionamento do casal sendo igualitário (equilíbrio de poder) e os pais tendo mais poder e influência do que os seus filhos, entretanto, com certo nível de flexibilidade a mudanças, no desempenho de papéis e nas regras estabelecidas (Feldman e Gehring, 1988; Gehring e Marti, 1993; Minuchin, 1966/1990). Assim, existe a evidência de que coesão no ambiente familiar está linearmente atrelada ao bem-estar individual e social, enquanto nas relações hierárquicas, essa associação não é verdadeira (Gehring e Marti, 1993). Famílias com problemas psicossociais frequentemente apresentam pouca coesão e maior desequilíbrio hierárquico (igualitário ou muito hierárquico), como também limites incertos entre as gerações (De Antoni, Teodoro e Koller, 2009).

A multigeracionalidade tem sido pesquisada por representar uma forma de explicar a repetição e perpetração de situações desadaptativas nas famílias, como a violência, geração após geração. Multigeracionalidade é entendida a partir do fato de adultos, que foram vítimas de violência intencional e repetitiva, possuírem um padrão cognitivo comportamental de funcionamento inadequado baseado na violência, aprendido na infância (Caminha, 2000). Dessa forma, crianças que viveram situações de violência familiar, seja física, sexual ou psicológica, aprendem a usá-la como mediadora de suas relações sociais, tanto na infância quanto na adultez, transformando-se em agressor, ou ainda, não conseguindo proteger seus filhos de uma figura parental agressiva, perpetrando, assim, a violência. Um estudo mostrou que famílias, com um dos pais com história de violência na infância, têm quatro vezes mais chances de maltratar seus filhos do que as famílias cujos pais não possuem (Dixon, Browne e Hamilton-Giachritsis, 2005).

Quanto às habilidades parentais, a maneira de cuidar e educar os filhos é importante para o desenvolvimento saudável dos mesmos e está associada à forma como as figuras parentais foram cuidadas e educadas na infância. Estudos apontam que as mães com história de abuso na infância apresentaram habilidades parentais pobres, indicadas pela insatisfação no desempenho do papel de mãe, autopercepção negativa, expectativas irreais dos filhos, uso de punição física na solução de conflitos com os filhos e pobre qualidade do cuidado direcionado aos mesmos (Banyard, 1997; Dixon et al., 2005). Para Black, Heyman e Slep (2001), os pais abusadores usam, de forma indiscriminada, práticas educativas coercitivas, como a punição física, aumentando os riscos da manifestação de comportamentos agressivos ou de distúrbios afetivos em crianças e adolescentes inseridos nessas famílias. Dessa forma, o uso de técnicas coercitivas como principal estratégia de socialização infantil e a ausência de interlocução entre os membros da família podem trazer consequências negativas para o desenvolvimento emocional das crianças e para o estabelecimento de interações futuras (Pacheco, 2005; Reppold, Pacheco, Bardagi e Hutz, 2002; Reppold, Pacheco e Hutz, 2005), contribuindo para a multigeracionalidade.

Por fim, a literatura também tem destacado o potencial da família enquanto fornecedora de apoio emocional e social. A família é considerada a primeira rede de apoio da criança, iniciada muito cedo com as primeiras relações de apego (Brito e Koller, 1999; Samuelsson, Thernlund e Ringström, 1996). O apoio social e afetivo contribui para o aumento da competência individual, que reforça a autoimagem e a autoeficácia necessárias para alcançar um objetivo, estando associado à saúde e ao bem-estar dos indivíduos (Garmezy e Masten, 1994; Samuelsson et al., 1996). Ele desempenha um papel fundamental no processo de adaptação a situações de estresse e de suscetibilidade a distúrbios físicos e emocionais (Masten e Garmezy, 1985; Rutter, 1987), operando como fator de proteção. Entretanto, em muitos casos, a família não funciona como uma fonte de apoio, mesmo sendo de singular importância para o enfrentamento de situações estressoras e busca de soluções para superá-las. Para Everson, Hunter, Runyon, Edelsohn e Coulter (1989), o apoio materno é um elemento fundamental no momento da revelação do abuso sexual para o funcionamento psicológico geral da criança ou adolescente vítima. Contudo, esse apoio está fortemente vinculado à condição atual de relacionamento entre o agressor e a mãe, sendo que se a mãe mantém uma relação de dependência com ele, menos apoiadora ela será. Esse estudo mostra que aquelas crianças, que haviam recebido nenhum ou baixo nível de apoio, apresentaram significativamente maiores níveis de psicopatologia e distúrbios psicológicos do que as crianças de mães apoiadoras e apoiadoras ambivalentes.

Estudos atuais desenvolvidos em instituições de abrigo têm mostrado a percepção da família do ponto de vista dos jovens institucionalizados e dos dirigentes dos abrigos (Otero, Ávila, Siqueira e Dell'Aglio, 2006; Siqueira, Tubino, Schwarz e Dell'Aglio, 2009; Szymanski, 1992; Yunes, Arieche, Tavares e Faria, 2001). Relações familiares idealizadas, supervalorizadas, identificadas como relações de qualidade, apresentando baixa frequência de conflitos e rompimentos, constituindo-se como fontes de apoio e de eventos de vida positivos, são aspectos observados no discurso das crianças e adolescentes institucionalizados em tais estudos. Essa idealização das relações familiares pode ser entendida como um movimento adaptativo e restaurador dos jovens, processo importante para o resgate das relações familiares fragilizadas (Siqueira et al., 2009), e pode estar associada à dicotomia existente entre o que é de fato vivenciado e o que é pensado (Szymanski, 1992). Por outro lado, na percepção de dirigentes de abrigos, foi observado um posicionamento crítico direcionado a essas famílias, consideradas *"pedaços de família"*. A ideia de que as famílias das crianças e adolescentes institucionalizados eram incapazes ou limitadas para criar, cuidar e educar seus filhos se apresentou com muita força no discurso de diretores, monitores, educadores e equipe técnica dos abrigos (Yunes e Szymanski, 2003; Yunes, Garcia e Albuquerque, 2007). Essas concepções sociais acabam por influenciar também o processo de reinserção familiar de jovens abrigados, visto que se as famílias não são consideradas "aptas" a educar seus filhos, em função de diversos empecilhos que vão desde condições financeiras e de moradia, até configuração familiar, tornam-se mais difíceis as relações entre famílias e instituições, assim como o desligamento institucional (Siqueira, Morais, Dell'Aglio e Koller, 2010).

Pode-se perceber que dificuldades no funcionamento familiar, a partir de graus inadequados de coesão e hierarquia, a presença de multigeracionalidade da violência, as habilidades parentais disfuncionais, com o uso de práticas educativas coercitivas e inconsistentes, e a ausência ou pouca disponibilidade de apoio por parte da família podem ser fatores mais importantes e decisivos para o funcionamento familiar do que as condições socioeconômicas. Esses aspectos são considerados fatores de risco presentes nas famílias e podem levar ao afastamento de crianças e adolescentes do convívio familiar, visto que em tais condições, seus direitos fundamentais podem se encontrar ameaçados ou violados.

ACOLHIMENTO INSTITUCIONAL

Em 1990, a Lei nº 8069 foi promulgada, o Estatuto da Criança e do Adolescente (ECA, Brasil, 1990), influenciando a forma como a infância e a juventude eram pensadas e consideradas. As crianças e os adolescentes passaram de "objetos de tutela" a "sujeitos de direitos e deveres", devendo ser considerados indivíduos em processo de desenvolvimento. Com relação ao atendimento de crianças e adolescentes afastados da família, antes do ECA (Brasil, 1990), as instituições de abrigo seguiam o *Código de Menores*, que estabelecia diretrizes e norteava o atendimento aos jovens com base na disciplina. Essas instituições eram caracterizadas por grandes espaços físicos, nos quais muitas crianças e adolescentes viviam em regime coletivo, com horários rigidamente determinados para toda atividade e sob um atendimento padronizado, agrupados por sexo e idade (Albornoz, 1998; Cabral, 2002; Guirado, 1986). O principal objetivo era fornecer condições mínimas de alimentação, moradia e escolaridade, não havendo uma preocupação com a individualidade e a conservação de laços familiares. Essas instituições, conhecidas como instituições totais, foram estudadas por inúmeros autores, que, na grande maioria, destacavam os efeitos prejudiciais ocasionados pelo atendimento nas instituições (Cabral, 2002; Guirado, 1986; Marin, 1998, 1999; Saraiva, 2002; Silva, 1997). Segundo Goffman (1961, p. 11), "uma instituição total é um local de residência e trabalho onde um grande número de indivíduos com situação semelhante, separados da sociedade mais ampla por considerável período de tempo, levam uma vida fechada e formalmente administrada".

As instituições totais foram criadas para cuidar de pessoas incapazes e inofensivas, tal como as crianças e adolescentes que viviam em instituições de abrigo. Nas instituições totais, os internos recebiam um atendimento coletivizado, seguiam uma rotina rígida e inflexível, permeada muitas vezes pela violência, de acordo com as regras da instituição, que eram desvinculadas às necessidades dos internos (Goffman, 1961).

Esse modelo representava uma forma de desempenhar um maior controle sobre os internos e garantir o funcionamento institucional, contudo, trazia repercussões negativas para eles. Instituições de abrigo com características de funcionamento das instituições totais podem causar danos ao desenvolvimento de crianças e adolescentes, como problemas de comportamento, psicopatologias e uma dificuldade de enfrentar alguns aspectos da vida diária (Siqueira e Dell'Aglio, 2006).

Em 1990, foi lançado o Estatuto da Criança e do Adolescente – ECA (Brasil, 1990), como resultado do processo de articulação e discussão advindo da "Declaração Universal dos Direitos da Criança" em 1959, o "Código de Menores" em 1979 e a "Convenção sobre Direitos da Criança" em 1989, propondo um novo olhar sobre a infância e a juventude. Com o advento do ECA (1990), uma nova forma de institucionalização foi proposta e uma mudança na perspectiva relacionada aos jovens em situação de institucionalização foi lançada.

Segundo o ECA (Brasil, 1990), o abrigamento é uma medida de proteção integral e especial, utilizada sempre que os direitos da criança ou adolescente são ameaçados ou violados. Deve ser provisório e excepcional, implicando na passagem da guarda provisória destes para o dirigente do abrigo (Brasil, 1990; Gulassa, 2006). Uma série de medidas para uma reordenação das instituições também foram preconizadas por essa Lei, entre elas, que o abrigo deve assumir um caráter residencial, oferecendo atendimento personalizado, em pequenas unidades e grupos reduzidos. Além disso, não deve restringir nenhum direito que não tenha sido objeto de restrição por parte do Sistema Judiciário, preservar a identidade do abrigado, oferecer ambiente de respeito e dignidade, buscar a preservação e conservação dos laços familiares, propiciar escolarização, profissionalização, atividades culturais, esportivas e de lazer, entre outras (Art. 94).

Essas recomendações foram aperfeiçoadas na Lei nº 12.010, sancionada em agosto de 2009, que altera a sistemática prevista para garantia do direito à convivência familiar a todas as crianças e adolescentes. Nessa lei, popularmente conhecida como "nova lei da adoção", a nomenclatura de "abrigamento" passa a ser substituída por "acolhimento institucional", em cujo local a criança e adolescente não pode permanecer por mais de dois anos, "salvo comprovada necessidade (...)" (Art. 19). Além disso, programas de acolhimento familiar terão preferência ao acolhimento institucional, o que deverá ser incentivado pelo poder público. As instituições de acolhimento serão avaliadas pelo Conselho Municipal dos Direitos da Criança e do Adolescente a cada dois anos, em que será levado em consideração os índices de sucesso na reintegração familiar ou adaptação à família substituta. Dessa avaliação também dependerá a renovação ou não do registro institucional. Somando-se a isso, os dirigentes das instituições deverão enviar no máximo a cada seis meses um relatório circunstanciado sobre a situação de cada criança ou adolescente. Fica evidente e mais detalhada do que o disposto inicialmente no ECA (Brasil, 1990) a ênfase dada à preservação dos vínculos familiares nessa nova lei e a maior carga de responsabilidade à instituição de acolhimento.

Segundo Guará (2006), frente às determinações do ECA (Brasil, 1990), a primeira providência desempenhada pelas instituições foi reordenar a estrutura física dos abrigos, transformando grandes espaços em pequenas salas e quartos, ou mesmo, diminuindo o número de abrigados. Por outro lado, as determinações propostas pelo novo estatuto não foram atreladas apenas às condições físicas dos abrigos, mas sim à ideia da implementação de um novo programa socioeducativo a ser desenvolvido pela instituição. Do contrário, pequenas residências reproduziriam o mesmo sistema de atendimento das grandes instituições (Guará, 2006), trazendo repercussões negativas ao desenvolvimento das crianças e adolescentes abrigados. A nova lei, de 2009, parece tentar amenizar essa questão quando propõe ênfase ao direito da criança e do adolescente de ser respeitado quanto à sua intimidade, imagem e vida privada, ao se promover medidas de proteção. No entanto, sua execução plena por parte do sistema judiciário ou dos demais envolvidos, tal como ocorreu com o ECA (Brasil, 1990), parece necessitar de um lento processo de adequação junto às famílias e instituições, de forma que possa ser aplicada com segurança.

No que se refere ao funcionamento das instituições brasileiras, estudos indicam aspectos a serem ainda trabalhados. Para Yunes, Miranda e Cuello (2004), existe uma predominância da função assistencialista nos abrigos, fundada na perspectiva tão somente de ajudar as crianças abandonadas, havendo um frágil compromisso com as questões desenvolvimentais da infância e da adolescência. Existem, também, problemas funcionais, como, por exemplo, o número de funcionários inadequado, ocasionando dificuldade no cumprimento das funções, sobrecarga das tarefas e um atendimento pouco eficaz; e a precariedade na comunicação dentro do abrigo (funcionário/diretoria do abrigo, adolescentes/funcionário, entre outros) e, sobretudo entre os diferentes níveis (abrigo/escola, abrigo/Conselho Tutelar, abrigo/outra instituição frequentada pelos abrigados, entre outros), refletindo dificuldades de articulação na rede de apoio social. O ambiente institucional pode possuir um atendimento padronizado, alto índice de criança por cuidador, falta de atividades planejadas e fragilidade das redes de apoio social e afetivo (Carvalho, 2002).

Nogueira e Costa (2005) destacam aspectos negativos relacionados às mães sociais de seu estudo, como a alta rotatividade das cuidadoras e a ausência de preparo para desempenhar a função de mãe social, observada na incapacidade dessas profissionais em identificar as necessidades particulares de cada criança. Além disso, um forte estigma social atribuído às crianças e aos adolescentes institucionalizados tem sido observado, fazendo com que eles sejam vistos pela sociedade como responsáveis e donos de algum tipo de "defeito" ou problema (Altoé, 1993; Arpini, 2003a). Essa concepção traz malefícios aos abrigados, visto que os engessa em comportamentos e posicionamentos negativos e depreciativos, impedindo que os mesmos desenvolvam e apresentem potencialidades e competências pessoais e sociais positivas, além de processos de resiliência.

A falta de atendimento personalizado e a ausência de relações afetuosas e de qualidade nas instituições de abrigo, da cidade de São Paulo, contribuíam para que as crianças optassem por permanecer nas ruas (Ribeiro e Ciampone, 2002). Um estudo com cuidadores de um abrigo para bebês e crianças em idade pré-escolar indicou falta de preparo das monitoras para cuidar das crianças, evidenciado em situações de hostilidade verbal e poucas ocorrências de carinho, palavras incentivadoras e contato físico (Barros e Fiamenghi Jr., 2007). Já Azor e Vectore (2008) destacaram que as regras, as normas e mudanças institucionais, além da ausência de liberdade e da família, impossibilitavam a preservação de um "eu" desejoso e pensante. Além desses aspectos, Prada, Williams e Weber (2007) indicaram que práticas educativas coercitivas e a violência permeavam as relações institucionais entre os jovens e entre os jovens e os educadores, fazendo com que, em muitos casos, o abrigo não cumprisse sua função enquanto uma medida de proteção.

Por outro lado, estudos têm demonstrado que muitas instituições de abrigo desempenham o papel de fonte de apoio para esses jovens. O estudo de Siqueira e colaboradores (2009) destacou o papel da instituição de abrigo na rede de apoio social e afetivo de crianças e adolescentes institucionalizados. Os funcionários, monitores, educadores, pais sociais, técnicos e diretores dos abrigos fizeram parte da rede de apoio, foram citados e nomeados como fonte de apoio emocional, instrumental e informacional, confirmando a importância que assumem na vida desses jovens. Em seu estudo com adolescentes de classes populares e que tiveram experiência de institucionalização, Arpini (2003b) destacou que muitos adolescentes apresentavam uma percepção positiva da instituição, a qual os amparou e ajudou em um momento em que não havia outras alternativas. Esses sentimentos de segurança e confiança demonstraram que o acolhimento institucional pode atuar como fator de proteção ao desenvolvimento de crianças e adolescentes.

Dessa forma, mesmo que uma melhora nas condições de atendimento nos abrigos tenha sido observada nos últimos anos (Siqueira e Dell'Aglio, 2006), torna-se necessário avaliar com atenção e cautela cada caso específico, visto que a percepção de uma criança e adolescente está sob influência de inúmeros fatores, como suas características pessoais, motivo do abrigamento, condições físicas do abrigo, modalidade de atendimento oferecida, relação entre os abrigados e os educadores/monitores e entre os outros abrigados, entre outros. Sallina-Brandão e Williams (2009) apontaram alguns indicadores de qualidade específicos, que poderiam garantir a qualidade do acolhimento institucional: frequência com a qual as propostas da instituição são discutidas e revistas pelos funcionários; os critérios adotados pelo abrigo para selecionar os funcionários; se os coordenadores das entidades desempenham um papel ativo de liderança (p. ex., fazendo reuniões); a rotatividade de profissionais; se os funcionários já receberam algum treino em relação ao ECA (Brasil, 1990); se existe coesão entre os funcionários; se os adolescentes participam de atividades que visem à profissionalização; se a instituição possibilita o uso dos objetos trazidos pelas crianças e adolescentes de sua casa; se no abrigo existe o registro de momentos vividos na instituição, por exemplo, fotos; se a instituição mantém uma política de não desmembramento de grupos de irmãos; se a entidade evita, sempre que possível, a transferência de abrigados para outras entidades; se existe um programa de formação continuada para os funcionários e se há ações do abrigo em relação a preservação dos vínculos familiares e integração em família substituta. Assim, se a instituição oferecer indicadores de qualidade, associadas a um ambiente acolhedor e afetivo, ela provavelmente funcionará como fator de proteção e proporcionará desenvolvimento adaptativo aos jovens institucionalizados. Por outro lado, se a instituição for deficitária no provimento das condições básicas e seu funcionamento for coletivizado e baseado em práticas violentas e punição, possivelmente atuará como risco para o desenvolvimento.

CRIANÇAS E ADOLESCENTES INSTITUCIONALIZADOS: ESTUDOS ATUAIS

O interesse em investigar os aspectos do desenvolvimento de crianças e adolescentes institucionalizados, especialmente considerando as mudanças ocorridas após o ECA (Brasil, 1990), tem motivado inúmeras pesquisas no Brasil. Os mais recentes mencionam as melhorias no contexto físico das instituições, e na qualidade do atendimento oferecido aos abrigados (Arpini, 2003a, 2003b; Dell'Aglio, 2000; Guará, 2006; Martins e Szymanski, 2004; Oliveira, 2006; Pasian e Jacquemin, 1999; Silva, 2004; Siqueira, Betts e Dell'Aglio, 2006; entre outros).

O perfil de 155 crianças e adolescentes institucionalizados, de sete a 16 anos, na Região Metropolitana de Porto Alegre/RS foi investigado por Siqueira e colaboradores (2009). O tempo de institucionalização desses jovens variou de dois meses a quase 10 anos. Quanto às características dos jovens, foram encontrados indícios de vulnerabilidade e risco nessa população, como a precoce experimentação de drogas (variou de 5 a 14 anos), alto índice de repetência, a baixa escolaridade e desempenho escolar, além da presença de eventos estressores relacionados à família, escola, pares e violência. O perfil dos jovens abrigados e as características familiares podem ser considerados fatores de risco presentes na vida dessas crianças e adolescentes. No que tange às características das famílias, foi constatado que são famílias numerosas, com uma média de quatro irmãos, sendo que a maioria possui irmãos no abrigo. Os participantes apontaram a baixa escolaridade dos pais e a sua participação em atividades laborais informais. Além disso, foram constatadas constantes reorganizações do núcleo familiar, visto que, em mais de 70%, os pais dos participantes não viviam mais juntos.

O estudo de Siqueira e colaboradores (2009) sobre a percepção das figuras parentais na rede de apoio social e afetivo de crianças e adolescentes institucionalizados demonstrou que 59,4% dos participantes tinham contato com os membros da sua família de origem. No entanto, foi observada uma presença enfraquecida da figura paterna na rede, que se mostrava ausente em 42,1% dos casos e compreendida como uma relação insatisfatória em 6,8%. Por outro lado, a figura materna estava presente em quase 80% na rede de apoio dos participantes, sendo considerada uma relação próxima em 72,9% dos casos.

Em entrevistas com adolescentes que estiveram em situação de institucionalização, esses jovens destacaram as experiências positivas e os momentos de alegria vividos na instituição, onde puderam estabelecer novos vínculos, alguns dos quais se mantiveram mesmo após deixarem a instituição (Arpini, 2003b). Um estudo com 143 crianças e adolescentes institucionalizados da Região Metropolitana de Porto Alegre investigou os eventos de vida positivos e negativos (Otero et al., 2006). Entre os eventos positivos, destacou-se que 37,8% dos eventos citados estavam relacionados à família, como "ganhar uma bicicleta da avó", "ter a mãe por perto"; e 36,6%, ao contexto institucional, como "ir ao parque com a mãe social", "ganhar um presente da madrinha afetiva", entre outros. Nos eventos negativos, 66,2% dos eventos estavam relacionados à família, como morte de familiares e vivência de situações de violência; e por outro lado, somente 22,7% desses eventos eram advindos do contexto do abrigo. A partir da análise qualitativa dos dados, foi possível compreender que tanto a família quanto o abrigo se apresentaram como fontes de eventos positivos, mas, por outro lado, a família foi marcadamente mais fonte de eventos negativos do que o abrigo (Otero et al., 2006).

Assim, o tempo de contato da criança com uma estrutura institucional, propiciadora de uma rotina e de experiências de vida positivas, pode favorecer a diminuição do número de sinais de dificuldades emocionais. O estudo desenvolvido por Martins e Szymanski (2004) verificou a percepção de família de crianças em instituição de abrigo, a partir da análise da brincadeira de faz-de-conta, empreendida por elas. Dentre os resultados, destacou-se que a cooperação ou ajuda mútua permeou a maioria das interações. As crianças se organizaram dentro dos papéis familiares, cooperando com a organização da casa e auxiliando umas às outras em diversos momentos. Outro resultado interessante foi a referência predominante ao modelo de família nuclear, apesar de suas famílias de origem não possuírem essa configuração, apontando para a forte influência dos valores culturais macrossistêmicos.

Ao investigar diversos aspectos no desenvolvimento de crianças e adolescentes que viviam em instituições de abrigo e que viviam com a família, Dell'Aglio (2000) não constatou diferenças consistentes entre os grupos. As análises apontaram resultados semelhantes no nível intelectual, no desempenho escolar, nas estratégias de *coping* e estilo atribucional, sendo encontrada diferença somente nos índices de depressão, que foram mais altos entre as meninas institucionalizadas. Entretanto, esse resultado não pode ser interpretado como indicação de que haja alguma relação causal entre institucionalização e depressão. Na maioria dos casos, a institucionalização se deu em consequência de eventos traumáticos na família (abandono, violência doméstica, negligência), podendo ter sido esse o principal fator de risco para a depressão (Dell'Aglio, 2000).

Por outro lado, aspectos que podem ser considerados de risco ao desenvolvimento têm sido encontrados entre as crianças e adolescentes institucionalizados. Wathier e Dell'Aglio (2007), em um estudo com 257 crianças e adolescentes (130 institucionalizados e 127 morando com a família) concluíram que, além da frequência, o impacto atribuído aos eventos estressores é de extrema importância, pois fornece a dimensão da influência desses eventos na subjetividade dos jovens. Na maioria dos 60 eventos que as autoras investigaram por meio do Inventário de Eventos Estressores na Infância e Adolescência (adaptado de Kristensen, Dell'Aglio, Leon e D'Incao, 2004), o impacto percebido foi maior no grupo não institucionalizado. Independentemente dos contextos, os eventos relatados como mais impactantes foram "morte de um dos pais", "ser estuprado", "ser rejeitado pelos familiares" e "ser tocado sexualmente contra a vontade". Somente cinco dos eventos investigados foram mais impactantes para os participantes institucionalizados do que para os que moravam com a família: "a família ter problemas com a polícia", "um dos pais ter filhos com outros parceiros", "não ter amigos", "envolver-se em brigas com agressão física" e "ser expulso da sala de aula pela professora". As autoras consideraram a hipótese de que a vivência de um maior número de eventos estressores fez com que os jovens abrigados percebessem alguns desses como menos impactantes. No entanto, não foi possível afirmar se ocorreu adaptação, superação ou desamparo apreendido.

Além disso, Wathier e Dell'Aglio (2007) também encontraram correlação significativa entre o índice do Inventário de Depressão Infantil (CDI) e o número de eventos estressores vivenciados pelas crianças e adolescentes institucionalizados ou não, além de uma associação significativa entre os sintomas de depressão e o grupo da instituição. A institucionalização durante a infância e adolescência tem sido apontada como um evento de vida estressante e, portanto, como fator de risco para o desenvolvimento que pode ter como efeito a depressão (Dell'Aglio e Hutz, 2004; Merikangas e Angst, 1995).

Em um estudo longitudinal envolvendo 127 crianças e adolescentes institucionalizados de 7 a 16 anos, Abaid, Dell'Aglio e Koller (2010) investigaram eventos de vida estressantes, variáveis psicossociais e preditores de sintomas depressivos em crianças e adolescentes institucionalizados. Foi observado que 31,5% da amostra de crianças e adolescentes institucionalizados apresentaram sintomas depressivos clinicamente significativos, com base em normas estabelecidas no estudo de Wathier, Dell'Aglio e Bandeira (2008). Uma análise de variância mostrou diferença significativa entre a ocorrência de eventos estressores e a configuração familiar anterior ao abrigamento. O número de eventos estressores e os escores de depressão foram menores entre os participantes cujos pais viviam juntos antes da institucionalização.

A identificação de variáveis independentemente associadas à depressão ao longo do tempo foi realizada por meio de uma análise de regressão linear múltipla que permitiu propor um modelo de variáveis preditoras, que, juntas, explicaram 56,7% da variação nos escores de depressão (Abaid, Dell'Aglio e Koller, 2010). As variáveis identificadas como preditoras da depressão foram o escore de sintomas depressivos em T1 (primeira coleta de dados), ter problemas com professores, sentir-se rejeitado pelos colegas e amigos, e ter um dos pais morando longe. Portanto, os dados indicam que o escore de sintomas depressivos obtido na primeira coleta de dados foi fundamental para prever o escore que a criança ou adolescente teria em T2, demonstrando a questão da estabilidade dos sintomas. Diante desses achados, sugere-se que seja promovido um contato familiar de qualidade para os jovens institucionalizados, a fim de favorecer uma maior estabilidade do vínculo afetivo com os familiares na vida das crianças e adolescentes, ainda que esse vínculo tenha sido precário até então (Abaid, Dell'Aglio e Koller, 2010). Esse processo pode ser mais efetivo se acompanhado por trabalhadores das instituições, bem como outras pessoas e instituições da comunidade que estimulem a qualidade da relação criança-familiar (Maricondi, 2006).

O acolhimento institucional pode se constituir em uma alternativa de proteção e saúde para muitas crianças e adolescentes em risco, operando como um fator de proteção ao seu desenvolvimento. Mas por outro lado, a separação da família e o ingresso em um ambiente novo e estranho podem atuar como mais uma violência para estes, levando à vivência de mais sofrimento. Os sentimentos de exclusão advindos da perda do convívio familiar, representados pela situação de abandono, podem perdurar por toda a vida (Noal e Neiva-Silva, 2007). Sendo o acolhimento institucional uma medida excepcional e provisória, e tendo a criança e adolescente o direito fundamental à convivência familiar e comunitária, esses jovens devem permanecer o menor período possível afastados do convívio familiar. Além disso, outras medidas preventivas são extremamente importantes, como detecção precoce de sintomas psicopatológicos e promoção de saúde pelo estabelecimento de relações afetivas nos contextos de inserção.

CONSIDERAÇÕES FINAIS

Este capítulo buscou problematizar a interface entre risco e proteção nos contextos da família e das instituições de abrigo. A partir da revisão de literatura, é possível constatar que tanto as famílias quanto as instituições de abrigo podem atuar como fator de proteção ou de risco, dependendo das características dos indivíduos envolvidos e da si-tuação atual. Essa perspectiva remete à conceituação mais recentemente adotada por pesquisadores que compreendem os fatores de proteção e risco como *processos*. Para Yunes, Miranda e Cuello (2004), as condições de risco não podem ser assumidas *a priori*, pois o risco não pode ser caracterizado como um fato, mas por um ou mais processos que englobam uma sequência de eventos que necessitam ser investigados. Dessa forma, o risco é processo e nunca uma variável em si (Yunes e Szymansky, 2001). Da mesma forma, os fatores de proteção também devem ser considerados em um contexto e em sua capacidade de mitigar o risco potencial de um evento estressor (Morais e Koller, 2004). Assim, analisar as questões relacionadas à família e ao acolhimento institucional, a partir dessa perspectiva, é considerar esse amplo leque de aspectos e fatores interligados, antes de definir a característica protetiva ou de risco de cada um desses contextos.

Para que o acolhimento institucional possa se constituir em um fator de proteção no desenvolvimento de crianças e adolescentes em situação de vulnerabilidade, é necessário que essa medida tenha realmente um caráter excepcional e provisório. Também devem ser desenvolvidos programas direcionados às famílias, que possam avaliar suas fragilidades e oferecer alternativas de superação e de enfrentamento das dificuldades, fortalecendo-as no sentido de que possam cumprir seu papel de educação e cuidado, evitando o afastamento de seus filhos. Tendo em vista que a maioria das crianças institucionalizadas possui famílias, mais programas de reinserção familiar devem ser propostos, efetivando o direito à convivência familiar e comunitária tal como previsto em lei. Assim, embora a prática de institucionalização de crianças e adolescentes, no Brasil, seja resultado conjuntural de inúmeros fatores sociais, econômicos e familiares, é necessário que as instituições se modifiquem para melhor acolher seus abrigados. Ainda há muitas ações a serem realizadas, em diferentes âmbitos, para garantir melhor qualidade de vida a todos os envolvidos.

Também deve haver investimento em programas de promoção de saúde e bem-estar por meio de estratégias educativas e terapêuticas. É necessário buscar uma maior qualidade nos relacionamentos interpessoais, visando à superação de problemas antes que se agravem e se tornem mais resistentes às intervenções. Quanto à prevenção da depressão, por exemplo, deve se considerar a importância de ação terapêutica imediata junto a crianças e adolescentes que apresentarem sintomas depressivos em qualquer nível, tendo em vista que pode haver uma possibilidade de que a situação se agrave com o tempo. Há necessidade, portanto, de um trabalho não só preventivo, mas de intervenção direta quanto aos sintomas depressivos identificados.

Da mesma forma, deve-se capacitar as equipes de monitores, educadores e mães/pais sociais ou substitutos para que estejam cada vez mais aptos e receptivos a trabalharem com as demandas dessas crianças e adolescentes. Há necessidade de que sejam feitos investimentos na formação continuada das equipes que atuam no acolhimento institucional. As crenças negativas em relação às famílias, observadas em muitos dos profissionais que atuam nessa área, também devem ser foco de discussão e capacitação para as equipes, de forma que as famílias possam ser valorizadas e ajudadas nesse processo. Sabe-se que o trabalho integrado com escola, família, abrigo e Estado pode produzir um trabalho mais eficiente quando o objetivo é proteger e fortalecer crianças e adolescentes em situação de vulnerabilidade pessoal e social.

REFERÊNCIAS

Abaid, J. L. W., Dell'Aglio, D. D., & Koller, S. H. (2010). Preditores de sintomas depressivos em crianças e adolescentes institucionalizados. *Universitas Psychologica, 9*(1), 199-212.

Albornoz, A. C. G. (1998). Os efeitos preventivos e curativos dos cuidados parentais substitutos com relação à doença mental graves: Fundamentando a práxis. *Alethéia, 7*, 27-33.

Altoé, S. (1993). Do internato à prisão: Quem são os presidiários egressos de estabelecimentos de assistência à criança e ao adolescente? In I. Rizzini (Ed.), *A criança no Brasil hoje: Desafio para o terceiro milênio* (pp. 213-229). Rio de Janeiro: Universitária Santa Úrsula.

Arpini, D. M. (2003a). Repensando a perspectiva institucional e a intervenção em abrigos para crianças e adolescentes. *Psicologia: Ciência & Profissão, 21*, 70-75.

Arpini, D. M. (2003b). *Violência e exclusão: Adolescência em grupos populares*. São Paulo: EDUSC.

Azor, A., & Vectore, C. (2008). Abrigar/desabrigar: Conhecendo o papel das famílias nesse processo. *Estudos de Psicologia Campinas, 25*(1), 77-89.

Banyard, V. (1997). The impact of childhood sexual abuse and family functioning on four dimensions of women's later parenting. *Child Abuse & Neglect, 21*, 1095-1107.

Barros, R. C., & Fiamenghi Jr., G. A. (2007). Interações afetivas de crianças abrigadas: Um estudo etnográfico. *Ciência e Saúde Coletiva, 12*(5), 1267-1276.

Black, D., Heyman, R., & Slep, A. (2001). Risk factors for child physical abuse. *Aggression and Violent Behavior, 6*, 121-188.

Brasil. (1979). *Lei nº 6.697, de 10 de outubro de 1979: Código de Menores*. Acessado em 25 ago, 2011, em https://www.planalto.gov.br/ccivil_03/leis/1970-1979/l6697.htm.

Brasil. (1990). *Lei nº 8069, de 13 de julho de 1990: Estatuto da Criança e do Adolescente*. Acessado em 23 jul, 2011, em http://www.planalto.gov.br/ccivil_03/Leis/ L8069.htm.

Brasil. (2009). *Lei nº 12.010, de 3 de agosto de 2009*. Acessado em 9 mar, 2010, em http://www.planalto.gov.br/ccivil_03/_Ato2007-2010/2009/Lei/L12010.htm.

Brasil. Ministério do Planejamento, Orçamento e Gestão. Instituto Brasileiro de Geografia e Estatística. (2000). *Censo demográfico de 2000: Famí-*

lias e domicílios. Acessado em 13 jul, 2008, em http://www.ibge.gov.br/home/presidencia/noticias/ 26122003censofamiliashtml.shtm.

Brito, R., & Koller, S. H. (1999). Desenvolvimento humano e redes de apoio social e afetivo. In A. Carvalho (Ed.), *O mundo social da criança: Natureza e cultura em ação* (pp. 115-129). São Paulo: Casa do Psicólogo.

Cabral, C. (2002). Mudança de paradigma: Um desafio. In Terra dos Homens (Ed.), *Cuidar de quem cuida: Reintegração familiar de crianças e adolescentes em situação de rua* (pp. 13-16). Rio de Janeiro: Booklink.

Caminha, R. (2000). A violência e seus danos à criança e ao adolescente. In Amencar (Ed.), *Violência doméstica* (pp.43-60). Brasília: UNICEF.

Carvalho, A. (2002). Crianças institucionalizadas e desenvolvimento: Possibilidades e desafios. In E. Lordelo, A. Carvalho, & S. Koller (Eds.), *Infância brasileira e contextos de desenvolvimento* (pp. 19-44). São Paulo: Casa do psicólogo.

De Antoni, C., Teodoro, M. L. M, & Koller, S. (2009). Coesão e hierarquia em famílias fisicamente abusivas. *Universitas Psychologica, 8,* 399-412.

Dell'Aglio, D. D. (2000). *O processo de coping, institucionalização e eventos de vida em crianças e adolescentes*. Tese de doutorado não publicada, Universidade Federal do Rio Grande do Sul, Porto Alegre, Brasil.

Dell'Aglio, D. D., & Hutz, C. D. (2004). Depressão e desempenho escolar em crianças e adolescentes institucionalizados. *Psicologia: Reflexão e Crítica, 17*(3), 351-357.

Dixon, L., Browne, K., & Hamilton-Giachritsis, C. (2005). Risk factors of abused as children: A mediational analysis of the intergenerational continuity of child maltreatment (Part I). *Journal of Child Psychology and Psychiatry, 46,* 47-57.

Everson, M., Hunter, W., Runyon, D., Edelsohn, G., & Coulter, M. (1989). Maternal support following disclosure of incest. *American Journal Orthopsychiatric, 59,* 197-207.

Feldman, S. S., & Gehring, T. M. (1988). Changing perceptions of family cohesion and power across adolescence. *Child Development, 59,* 1034-1045.

Ferrari, M., & Kaloustian, S. M. (1994). Introdução. In S. M. Kaloustian (Ed.), *Família brasileira: A base de tudo* (pp. 11-18). São Paulo: Cortez; Brasília: UNICEF.

Fonseca, C. (1987). O internato do pobre: Febem e a organização doméstica em um grupo porto-alegrense de baixa renda. *Temas IMESC, Sociedade, Direito, Saúde, 4,* 21-39.

Garmezy, N., & Masten, A. (1994). Chronic adversities. In M. Rutter, E. Taylor, & L. Herson (Eds.), *Child and adolescent psychiatry* (pp. 191-207). Oxford: Blackwell.

Gehring, T. M., & Marti, D. (1993). The family system test: Differences in perception of family structures between nonclinical and clinical children. *Journal of Child Psychology and Psychiatry and Allied Disciplines, 34,* 363-377.

Gehring, T. M., Marti, D., & Sidler, A. (1994). Family system test (FAST): Are the parent's and children's family constructs either different or similar, or both? *Child Psychiatry and Human Developmental, 25,* 125-138.

Goffman, E. (1961). *Manicômios, prisões e conventos*. São Paulo: Perspectiva.

Guará, I. M. F. (2006). Abrigo: Comunidade de acolhida e socioeducação. In M. V. Baptista (Ed.), *Abrigo: Comunidade de acolhida e socioeducação* (pp. 63-75). São Paulo: Instituto Camargo Corrêa.

Guirado, M. (1986). *Instituição e relações afetivas: O vínculo com o abandono*. São Paulo: Summus.

Gulassa, M. L. C. (2006). A fala dos abrigos. In M. V. Baptista (Ed.), *Abrigo: Comunidade de acolhida e socioeducação* (pp. 53-61). São Paulo: Instituto Camargo Corrêa.

Kristensen, C. H., Dell'Aglio, D. D., Leon, J. S., & D'Incao, D. B. (2004). Análise da frequência e do impacto de eventos estressores em uma amostra de adolescentes. *Interação, 8*(1), 45-55.

Maricondi, M. A. (2006). Fortalecer as famílias. In M. V. Baptista (Ed.), *Abrigo: Comunidade de acolhida e socioeducação* (pp. 101-102). São Paulo: Instituto Camargo Corrêa.

Marin, I. S. K. (1998). Instituições e violência: Violência nas instituições. In D. Levisky (Ed.), *Adolescência pelos caminhos da violência* (pp. 101-112). São Paulo: Casa do Psicólogo.

Marin, I. S. K. (1999). *FEBEM, família e identidade: O lugar do outro*. São Paulo: Escuta.

Martins, E., & Szymanski, H. (2004). Brincando de casinha: Significado de família para crianças institucionalizadas. *Estudos de Psicologia, 9,* 177-187.

Masten, A., & Garmezy, N. (1985). Risk, vulnerability and protective in developmental psychopathology. In B. Lahey, & A. Kazdin (Eds.), *Advances in clinical child psychology* (pp. 1-52). New York: Plenum.

Merikangas, K. R., & Angst, J. (1995). The challenge of depressive disorders in adolescence. In

M. Rutter (Ed.), *Psychosocial disturbances in young people* (pp. 3-6). Londres: Cambridge University.

Minuchin, S. (1990). *Famílias: Funcionamento e tratamento*. Porto Alegre: Artmed. (Original publicado em 1966).

Minuchin, S., & Fishman, H. C. (2003). *Técnicas e terapias familiares*. Belo Horizonte: Artmed.

Morais, N. A., & Koller, S. H. (2004). Abordagem ecológica do desenvolvimento humano, psicologia positiva e resiliência: Ênfase na saúde. In S. H. Koller (Ed.), *Ecologia do desenvolvimento humano: Pesquisa e intervenções no Brasil* (pp. 91-108). São Paulo: Casa do Psicólogo.

Noal, J., & Neiva-Silva, L. (2007). Adoção, adoção tardia e apadrinhamento afetivo: Intervenções em relação a crianças e adolescentes vítimas de abandono e institucionalizadas. In C. S. Hutz (Ed.), *Prevenção e intervenção em situações de risco e vulnerabilidade* (pp. 7-48). São Paulo: Casa do Psicólogo.

Nogueira, P. C., & Costa, L. F. (2005). A criança, a mãe social e o abrigo: Limites e possibilidades. *Revista Brasileira de Crescimento e Desenvolvimento Humano, 15*, 36-48.

Oliveira, R. C. (2006). A história começa a ser revelada: Panorama atual do abrigamento no Brasil. In M. V. Baptista (Ed.), *Abrigo: Comunidade de acolhida e socioeducação* (pp. 39-51). São Paulo: Instituto Camargo Corrêa.

Organização das Nações Unidas. (1989). *Convenção sobre os direitos da criança*. Acessado em 11 maio, 2010, em http://www.unicef.org/brazil/pt/resources_10120.htm.

Otero, T., Ávila, P., Siqueira, A., & Dell'Aglio, D. (2006). Eventos de vida descritos por crianças e adolescentes abrigados [Resumo]. In Universidade Federal do Rio Grande do Sul, Pró-Reitoria de Pesquisa (Ed.), *Resumos de comunicações científicas, XVIII Salão de Iniciação Científica* (pp. 923). Porto Alegre: UFRGS.

Pacheco, J. (2005). Práticas educativas maternas: Um estudo comparativo entre adolescentes autores de atos infracionais e adolescentes não infratores [Resumo]. In Sociedade Brasileira de Psicologia (Ed.), *Resumos de comunicações científicas, XXXV Reunião Anual da Sociedade Brasileira de Psicologia*. Curitiba: SBP.

Pasian, S., & Jacquemin, A. (1999). O autorretrato em crianças institucionalizadas. *Paidéia, 9*, 50-60.

Prada, C., Williams, L., & Weber, L. (2007). Abrigos para crianças vítimas de violência doméstica: Funcionamento relatado pelas crianças e pelos dirigentes. *Psicologia: Teoria e Prática, 9*(2), 14-25.

Reppold, C., Pacheco, J., & Hutz, C. (2005). Comportamento agressivo e práticas disciplinares parentais. In C. Hutz (Ed.), *Violência e risco na infância e adolescência: Pesquisa e intervenção* (pp. 9-42). São Paulo: Casa do Psicólogo.

Reppold, C., Pacheco, J., Bardagi, M., & Hutz, C. (2002). Prevenção de problemas de comportamento e desenvolvimento de competências psicossociais em crianças e adolescentes: Uma análise das práticas educativas e dos estilos parentais. In C. Hutz (Ed.), *Situações de risco e vulnerabilidade na infância e na adolescência: Aspectos teóricos e estratégias de intervenção* (pp. 7-51). São Paulo: Casa do Psicólogo.

Ribeiro, M. O., & Ciampone, M. H. T. (2002). Crianças em situação de rua falam sobre os abrigos. *Revista da Escola de Enfermagem da USP, 36*(4), 309-316.

Rizzini, I., & Rizzini, I. (2004). *A institucionalização de crianças no Brasil*. Rio de Janeiro: PUC.

Rutter, M. (1987). Psychosocial resilience and protective mechanisms. *American Journal Orthopsychiatry, 57*, 316-331.

Salina-Brandão, A., & Williams, L. C. A. (2009). O abrigo como fator de risco ou proteção: Avaliação institucional e indicadores de qualidade. *Psicologia: Reflexão e Crítica, 22*(3), 334-352.

Samuelsson, M., Thernlund, G., & Ringström, J. (1996). Using the five map field to describe the social network of children: A methodological study. *International Journal Behavioral Development, 19*, 327-345.

Saraiva, J. E. M. (2002). Contextualizando a problemática. In Terra dos Homens (Ed.), *Cuidar de quem cuida: Reintegração familiar de crianças e adolescentes em situação de rua* (pp. 7-12). Rio de Janeiro: Booklink.

Seifer, R., Sameroff, A., Baldwin, C., & Baldwin, A. (1992). Child and family factors that ameliorate risk between 4 and 13 years of age. *Journal of American Academic of Child and Adolescent Psychiatry, 31*, 893-903.

Silva, E. R. (2004). *O direito à convivência familiar e comunitária: Os abrigos para crianças e adolescentes no Brasil*. Brasília: IPEA/CONANDA.

Silva, R. (1997). *Os filhos do governo*. São Paulo: Ática.

Siqueira, A. C., & Dell'Aglio, D. D. (2006). O impacto da institucionalização na infância e na adolescência: Uma revisão de literatura. *Psicologia & Sociedade, 18,* 71-80.

Siqueira, A. C., & Dell'Aglio, D. D. (2007). Da instituição ao convívio familiar: Estudo de caso de uma adolescente. In C. S. Hutz (Ed.), *Prevenção e intervenção em situações de risco e vulnerabilidade* (pp. 77-98). São Paulo: Casa do Psicólogo.

Siqueira, A. C., Betts, M. K., & Dell'Aglio, D. D. (2006). Redes de apoio social e afetivo de adolescentes institucionalizados. *Interamerican Journal Psychology, 40,* 149-158.

Siqueira, A. C., Morais, N. A., Dell'Aglio, D. D., & Koller, S. H. (2010). Experiência das casas lares: Uma alternativa possível para crianças e adolescentes em situação. In N. A. Morais, L. Neiva-Silva, & S. H. Koller (Eds.), *Endereço desconhecido: Crianças e adolescentes em situação de rua* (pp. 499-529). Porto Alegre: Casa do Psicólogo.

Siqueira, A. C., Tubino, C., Schwarz, C., & Dell' Aglio, D. D. (2009). Percepção das figuras parentais na rede de apoio de crianças e adolescentes institucionalizados. *Arquivos Brasileiros de Psicologia, 61*(1), 176-190.

Szymanski, H. (1992). *Trabalhando com famílias.* São Paulo: Instituto de Estudos Especiais, PUC. (Cadernos de Ação).

United Nations. (1959). *United Nations declaration of the rights of the child.* Acessado em 11 maio, 2010, em http://www.canadiancrc.com/UN_Declaration_on_the_Rights_of_the_Child.aspx.

Wathier, J. L, & Dell'Aglio, D. D. (2007). Sintomas depressivos e eventos estressores em crianças e adolescentes no contexto de institucionalização. *Revista de Psiquiatria do Rio Grande do Sul, 29,* 305-314.

Wathier, J. L., Dell'Aglio, D. D., & Bandeira, D. R. (2008). Análise fatorial do inventário de depressão infantil (CDI) em amostra de jovens brasileiros. *Avaliação Psicológica, 7,* 75-84.

Yunes, M. A. M., & Szymanski, H. (2003). Crenças, sentimentos e percepções acerca da noção de resiliência em profissionais da Saúde e Educação que atuam com famílias pobres. *Psicologia da Educação, 17,* 119-137.

Yunes, M. A. M., Arrieche, M. R., Tavares, M. F., & Faria, L. C. (2001). A família vivida e pensada na percepção de crianças em situação de rua. *Paidéia, 11,* 47-56.

Yunes, M. A. M., Garcia, N. M., & Albuquerque, B. M. (2007). Monoparentalidade, pobreza e resiliência: Entre as crenças dos profissionais e as possibilidades da convivência familiar. *Psicologia: Reflexão e Crítica, 20*(3), 444-453.

Yunes, M. A. M., Miranda, A. T., & Cuello, S. S. (2004). Um olhar ecológico para os riscos e as oportunidades de desenvolvimento de crianças e adolescentes institucionalizados. In S. H. Koller (Ed.), *Ecologia do desenvolvimento humano: Pesquisa e intervenções no Brasil* (pp. 197-218). São Paulo: Casa do Psicólogo.

14

Violência na escola
reflexão sobre as causas e propostas de ações preventivas e focais

Carolina Lisboa e Guilherme Ebert

A afirmação de que a escola é um microssistema de fundamental importância na vida dos indivíduos é quase um senso comum. Infelizmente, notícias atestando que essa instituição não está cumprindo sua função pedagógica e protetiva também são frequentes atualmente. Em escolas públicas, reclama-se de um ensino de baixa qualidade, os professores se mostram insatisfeitos e se sentem desvalorizados. Em escolas particulares, o paradigma de ensino se confunde com a lógica capitalista e consumista, oferecendo-se o processo dinâmico de ensino-aprendizagem como um produto, passível de compra e de reclamações. Essas afirmações não podem ser generalizadas, mas servem como pontos para reflexão e discussão. Além de tudo isso, a crescente violência observada dentro e no entorno das escolas brasileiras não discrimina as instituições públicas ou privadas.

É na escola que jovens se inserem socialmente e desenvolvem sua autoconfiança, relações e cognições sociais a partir de trocas afetivas e modelos de comportamento (Bandura, 1969; Lisboa e Koller, 2004). Em uma perspectiva macrossistêmica, o processo de educação é também fundamental na manutenção de grupos humanos, passando aos jovens regras e normas da sociedade (Tardiff, 1993). Dessa forma, é necessário pensar no contexto escolar, enfatizando-se a importância das interações entre professores e alunos e o movimento dinâmico das funções de aprender, educar e socializar. Como contexto essencial para socialização e aprendizagem, a escola é uma instituição à qual, em princípio, todos os indivíduos têm acesso e possibilidade de frequentar, mesmo que seja por um tempo curto (Bourdieu, 1990). A escola atua como um "passaporte ou ponte de entrada" da família para a sociedade, ou mesmo como proteção às crianças e aos jovens nessa transição. Se essa instituição cumpre as funções a que formalmente se propõe, pode garantir condições que possibilitem às pessoas uma adequada qualidade de vida e bem-estar subjetivo (Lisboa e Koller, 2004).

Atualmente, alguns fatores de risco, presentes no contexto escolar, podem dificultar o desenvolvimento e as interações interpessoais saudáveis nesse ambiente. Infelizmente, notícias e pesquisas apontam para um fenômeno que se tornou um problema social de proporções importantes: a violência nas escolas (Bringiotti, Krynveniuk e Lasso, 2004; Lisboa, 2005; Sposito, 2001). Agressões físicas e verbais entre alunos e professores, agressões relacionais envolvendo todos os membros de uma instituição escolar, assim como o fenômeno *bullying* e a violência macrossistêmica – cultura que desvaloriza o professor e o processo de educação em si – são exemplos da violência que perpassa os "muros e intramuros" das escolas brasileiras.

CONCEITUANDO E DISCUTINDO A VIOLÊNCIA NA ESCOLA

Como já enfatizado, o fenômeno da violência na escola é um tema preocupante no Brasil nos dias atuais. Esse processo é complexo e resulta de múltiplos fatores. De um modo geral, a violência pode ser definida como qualquer ato ou ação de um indivíduo ou grupo cujo fim é ferir ou ofender outro(s) (Baron, 1977). A intenção de machucar ou ofender alguém é característica central para se definir um ato como violento (Krug et al., 2002). Nesse sentido, um comportamento pode ser caracterizado como violento quando, de acordo com Ferreira e Schramm (2000), visa causar danos a terceiros, usar força física ou psíquica, ser intencional e/ou ir contra a vontade de quem é atingido. Convém salientar que a agressividade é um construto sobreposto à violência, apresentando semelhanças e algumas diferenças (Flannery, Vazsonyi e Waldman, 2007). Ou seja, a agressão pode ser considerada um componente natural (biológico) nos seres humanos e animais que está ligado aos instintos de sobrevivência (Kristensen, 2003). A violência, por sua vez, pode ser concebida como produto da cultura e definida como o emprego desejado dessa agressividade com fins destrutivos. Assim, a violência se caracteriza pela intencionalidade, ou seja, uma ação agressiva passaria a ser considerada como violenta quando é fruto de um projeto voluntário intencional e destrutivo.

As pesquisas na área de agressão têm revelado que há aumento de agressividade diante de estimulações aversivas e observação de condutas antissociais dos adultos e companheiros, os quais podem servir como modelo a ser imitado, como postula a Teoria da Aprendizagem Social (Bandura, 1969; Gomide, 2000). A agressividade, então, que faz parte da natureza afetiva do ser humano e de seu desenvolvimento social, pode se manifestar como violência se for reforçada pelas contingências ambientais (p. ex., pelo ambiente escolar). A dificuldade em se perceber a diferença entre ações agressivas e violentas pode promover a repressão inadequada dos alunos por parte dos professores e esses em função disso se comportam ainda de maneira mais agressiva, manifestando transgressões e gerando um ciclo vicioso de agressividade do qual participam alunos e professores (Lisboa, 2001; Rutter, 1999).

Dados de levantamento realizado pelo Sindicato dos Professores do Rio Grande do Sul (SINPRO, 2000) apontam que não somente as escolas públicas e municipais, mas também as escolas privadas demonstram grande preocupação com a violência e agressividade nas escolas. Segundo essa pesquisa, as escolas particulares procuram esconder os casos de violência e, nestas, evidencia-se a dificuldade de manejo do professor para lidar com agressões interpessoais, intra e intergrupais. Segundo a pesquisa que ouviu professores de escolas particulares em todo o Estado, 92% dos professores já presenciaram ou sofreram violência no ambiente de trabalho.

Outro estudo realizado sobre condições de trabalho com professores da rede de ensino público, no qual o tema da violência e segurança nas escolas foi abordado, oferece algumas informações também elucidativas. A investigação foi realizada com 52 mil professores dos sistemas públicos de ensino, distribuídos em todo o país (Codo e Menezes, 1999). Nessa pesquisa, três tipos de situações foram identificadas como as mais frequentes: as depredações, furtos ou roubos que atingem o patrimônio, as agressões físicas entre os alunos e as agressões de alunos contra os professores. O estudo mostrou que estabelecimentos de ensino com mais de 2.200 alunos eram os mais suscetíveis às práticas de violência, principalmente os que se encontram nas capitais brasileiras. Constatou-se também, nessa investigação, que o fato de os estabelecimentos de ensino terem adotado medidas de segurança ostensiva (ou seja, punitivas) não alterou, de forma significativa, as ocorrências de roubo e/ou vandalismo (Codo e Menezes, 1999). Este último fato remete à importância da reflexão teórica e dos resultados de investigações para planejamento de intervenções contextualizadas e efetivas.

Pode-se supor que a escola brasileira, atualmente, tem sido palco de altos índices de violência, casos relacionados indiretamente ao uso de drogas e/ou à desestabilização da família, desemprego, individualismo exacerbado e uma consequente falta de solidariedade ou senso de coletivismo. O papel da escola nesses problemas sociais é ainda incipiente e paradoxal. A educação pode ser vista como um meio eficiente para a solução de, ao menos, parte desses problemas sociais (Tardiff, 1993). Uma perspectiva de análise ecológica pode sugerir que a crise e os fatores de riscos presentes dentro da instituição educacional são reflexos do macrossistema no qual essa instituição se insere (Bronfenbrenner, 1979/1996; Rutter, 1999). Episódios de violência externos e internos à escola têm gerado conflitos que se manifestam dentro da sala de aula, ou seja, no cotidiano de professores e alunos, prejudicando processos de ensino e aprendizagem. O cumprimento das tarefas docentes somado à demanda, muitas vezes, de formas de resolução de problemas mais hábeis e imediatas é um fator de risco que pode implicar em estresse nos professores e, consequentemente, uma maior vulnerabilidade à agressividade e ações violentas. Por outro lado, não necessariamente antagônico, falta aos professores capacitação e orientação para administração de problemas de ordem socioemocional de seus alunos e, inclusive, colegas. A percepção positiva de um clima social escolar por todos os membros da instituição, a diminuição da violência na escola, bem como a garantia de um processo amplo e positivo de ensino-aprendizagem só é possível a partir de modelos saudáveis que influenciem comportamentos e cognições de alunos e professores (Bourdieu, 1990; Kornblit, Adazko e Di Leo, 2009). Entretanto, profissionais e órgãos públicos preocupados com a educação e o contexto da escola parecem não saber precisamente o que fazer.

Para se compreender essa complexa temática da violência, a Abordagem Ecológica de Desenvolvimento Humano (Bronfenbrenner, 1979/1996) tem sido apontada como referencial importante que possibilita considerar múltiplos fatores que operam como causas (antecedentes) e consequências, bem como a mediação de aspectos contextuais nesses processos (Berger e Lisboa, 2009). A violência na escola pode estar relacionada a fatores macrossistêmicos, que se manifestam em ações que afetam as pessoas direta e indiretamente como, por exemplo: indisciplina no trânsito, transgressões, roubos, assaltos, assassinatos, contrabandos, exploração do trabalho infantil, dentre outros (Sposito, 2001). Imbricadas nestes contextos sociais, ou seja, na dimensão macrossistêmica, estão as relações diádicas entre alunos e professores (processos proximais), que ocorrem nos microssistemas escolares.

A violência pode ser considerada sob diversas ópticas, sendo, principalmente, classificada em: social ou urbana, física e psicológica, com diferentes origens ou causas (Sposito, 2001). E essa diferenciação (classificação) pode auxiliar a pensar sobre as causas da crescente violência interna e externa nas instituições escolares. Ou seja, a chamada violência social pode ser conceituada como estrutural ou fundamental por estar associada a fatores não personificados (macrossistêmicos) como, por exemplo, a significativa desigualdade socioeconômica do contexto brasileiro. Apesar disso, é importante desconstruir o estigma acerca do binômio "pobreza e violência" ou "pobreza gera violência", mas pelo contrário, aponta a existência de violência em regiões onde há demarcada disparidade socioeconômica, ou seja, a violência não é restrita somente a regiões empobrecidas ou mais carentes de recursos financeiros.

A violência física pode ser uma das manifestações desse processo que mais chama a atenção, porque é evidente e explícita e também tem consequências graves e imediatas. Crianças agredidas e que agridem, mesmo que essa agressão faça parte do desenvolvimento natural (resultado de um processo de adaptação), se não estimuladas ou reforçadas em outros comportamentos de interação mais saudáveis, podem se tornar agressores ou usarem sua agressividade em forma de transgressões e atos violentos (Grotpeter e Crick, 1996). Já a violência psicológica, que abrange não só o ambiente familiar, mas locais de trabalho e ambiente escolar pode ser definida como a interferência negativa de algumas pessoas sobre a competência social de outras, com o abuso de poder disciplinador, coercitivo, o tratamento abusivo das relações interpessoais, a depreciação de determinadas pessoas perante seus pares, a violação de direitos humanos e a negação dos valores (vida, liberdade, segurança). Esse tipo de violência perpassa todos os outros e está interligada à violência sexual e doméstica (De Antoni e Koller, 2001; Flannery, Vazsonyi e Waldman, 2007).

O desequilíbrio de poder e a violência psicológica ou simbólica podem ser experenciados pelos professores e alunos. Mesmo com papel de autoridade em sala de aula, com atividades e funções definidas, o professor pode sofrer ataques (mesmo não intencionais) dos alunos e, algumas vezes, não consegue conduzir as atividades acadêmicas. Somado a esses fatos, a desvalorização sociocultural acerca do papel do professor e a baixa remuneração podem, inclusive, ser uma das causas que gera vulnerabilidade emocional nesses docentes, levando ao estresse, depressão ou até à Síndrome de *burnout* (Carlotto, 2002). Ainda, é possível explicar as dificuldades nas relações interpessoais entre professores e alunos pela inabilidade e falta de capacitação dos docentes em lidarem com as questões emocionais dos jovens. Muitas vezes, não há falta de boa vontade, interesse e sensibilidade, mas atesta-se uma falta orientação e formação desses profissionais no que se refere a questões normativas e não normativas do desenvolvimento psicossocial de crianças e adolescentes. Infelizmente, é preciso também destacar que existem professores que têm comportamentos de violência para com seus alunos, os agridem verbalmente ou assumem práticas coercitivas, baseados em uma relação hierárquica desigual de poder (Lisboa et al., 2002). Intervenções que favorecessem uma ressignificação nas crenças acerca do papel do professor e da concepção do processo de ensino aprendizagem – abrangendo ensinamento de valores, limites e socialização – poderiam fomentar a resiliência frente a adversidades nesse contexto, minimizando essa crescente hostilidade percebida em contextos escolares.

Sabe-se que as formas de violência não são excludentes podendo, inclusive, se sobrepor, devido à complexidade do fenômeno. Entretanto, todas as formas geram consequências biopsicossociais para alunos, professores, bem como a sociedade em geral (Lisboa e Koller, 2004). São necessárias investigações científicas que identifiquem mecanismos e causas presentes no contexto atual que fomentam a violência na escola, em suas diferentes manifestações, a fim de gerar subsídios para o desenvolvimento de programas de prevenção e de intervenção em escolas.

O ATUALMENTE FAMOSO *BULLYING* – UM SUBTIPO DE VIOLÊNCIA

No cenário atual, quando o assunto violência escolar é posto em debate um dos primeiros tópicos que surge é o fenômeno *bullying*, assunto que tem sido muito explorado pela mídia ultimamente. O *bullying* começou a ser estudado mais especificamente por volta de 1980 na Noruega por Dan Olweus, quando três alunos na faixa etária de 14 anos cometeram suicídio possivelmente por serem vítimas desse tipo de agressão (Olweus, 1993). O termo *bullying* não possui uma tradução para o português, assim como não possui nenhum sinônimo em muitas outras línguas como, por exemplo, no idioma espanhol (Smith, Cowie, Olafsson e Liefooghe, 2002). A escolha de se manter o termo em inglês tem se sustentado pelo fato de que a partir do momento que a tradução é feita podem se perder muitos aspectos que envolvem esse tipo de violência e abarcam a sua complexidade. Termos alternativos para a *bullying* podem ser "vitimização entre pares" ou "maltrato entre iguais" (Smith et al., 2002).

O fenômeno então definido como *bullying* é caracterizado por ser uma agressão sistematizada, protagonizada por um ou mais agressores que expõe a vítima, implicando abuso de poder sobre a mesma. A vítima geralmente possui pouco ou até nenhum recurso de defesa para evitar, parar ou até mesmo se defender da agressão (Almeida et al., 2007; Bronfenbrenner, 1996/1979; Olweus, 1993; Salmivalli et al., 1998). O que diferencia essa agressão de outros tipos de agressão e violência é o seu caráter repetitivo e sistemático e a sua intencionalidade de prejudicar alguém que parece ser mais frágil e vulnerável e que também não consegue se defender, ou seja, é quase incapaz de se proteger (Salmivalli et al., 1998). O *bullying* e o comportamento agressivo estão intimamente conectados às interações sociais, culturais e físicas das pessoas (Lisboa, Braga e Ebert, 2009).

O *bullying* pode se manifestar de forma direta e indireta. O *bullying* direto implica no uso da agressão física e verbal. Já o *bullying* indireto está ligado a comportamentos mais sutis e mais excludentes como, por exemplo, a indiferença, isolamento, exclusão ou até provocações de cunho racial e sexual, que pode ser muito doloroso para a vítima (Smith et al., 2004). O *bullying* indireto é também caracterizado por agressão relacional, ou seja, fofocas, depreciações de pessoas (Lingras e Crick, 2007), levando, como já enfatizado, à exclusão social e estigmatização.

Convém enfatizar que no *bullying* existem diferentes papéis sociais. Podem-se identificar nesse processo: *agressores, vítimas,* as *bully-vítimas (agressores-vítimas), testemunhas, seguidores* e os *defensores*. Os agressores, como o nome já indica, são os componentes do grupo que praticam as agressões, geralmente, identifica-se um agressor e apoiadores ou seguidores, mas podem ser identificados mais de um agressor. Tipicamente, esses jovens, se utilizam do abuso de poder que não ocorre com motivo legítimo, o que permite afirmar que não se trata de uma manifestação de agressão reativa (Crick e Dodge 2000; Dodge, 1991), que seria, por exemplo, uma resposta a alguma outra agressão da vítima. Geralmente, os agressores são pessoas populares e possuem um julgamento positivo a respeito da sua agressividade (Olweus, 1993). De uma forma geral, os agressores são hábeis em manipular as outras pessoas e com isso conseguem montar, com mais facilidade, um grupo de seguidores (Lisboa, Braga e Ebert, 2009).

As vítimas, segundo Olweus (1993), geralmente se apresentam mais isoladas, passivas, introvertidas; tem uma opinião negativa sobre si mesmo e da situação em si e não consegue ver alternativas para alterar a situação. Existem estudos que apontam que as vítimas de *bullying* estão mais propensas a apresentar problemas afetivos, como depressão, ansiedade e suicídio (Fante, 2005; Hodges et al., 1999; Salmivalli et al., 1998). Entretanto, um estudo que comparou vítimas e agressores com relação a indicadores de ansiedade e depressão não encontrou diferença significativa, o que enfatiza a importância da análise ecológica e da consideração das diferenças culturais (Binsfeld e Lisboa, 2010).

As *bully-vítimas*, ou vítimas-agressoras (Salmivalli et al., 1998), são um grupo restrito de crianças que usualmente reage às agressões de forma agressiva. Esses jovens apresentam um padrão desregulado emocionalmente, o que pode ser devido à exposição a outras formas de violência (Schwartz et al., 1997). Esse grupo selecionado de vítimas apresenta maiores habilidades sociais e, por conseguinte podem dominar o grupo de pares na qual estão inseridos (Vaillancourt et al., 2003). Estudos demonstram que esse grupo tem maior propensão ao consumo de tabaco, álcool e drogas (Rigby e Slee, 1993).

Segundo Salmivalli e colaboradores (1998), além dos três grupos já definidos existem outros três grupos que participam nesse fenômeno social, como já foi mencionado anteriormente. Os *observadores* são aqueles que apenas observam o *bullying* e não interferem em nenhum sentido, os *defensores*, são aqueles que ajudam as vítimas e os *seguidores*, são as crianças que apoiam as agressões e reforçam esse comportamento.

Observa-se, ainda hoje, uma nova forma de manifestação do *bullying*, chamado de *cyberbullying*. O *cyberbullying* é um tipo específico de *bullying*, no qual há uma continuação das agressões físicas e verbais que a vítima sofre dos agressores por meio da utilização das formas de tecnologia como *e-mails*, mensagens no celular, ameaças na *web*, entre outros. Também é importante salientar que este tipo de *bullying* pode ser um evento que utiliza essas novas formas de tecnologia para agredir as vítimas, sem que tenha ocorrido de outras formas de agressão anteriormente (Lisboa, Braga e Ebert, 2009; Prados e Fernández, 2007). Segundo Prados e Fernández (2007), como o agressor não pode presenciar nem visualizar concretamente a dor que está causando à vítima, ele pode ter, ainda mais, sua capacidade empática prejudicada.

Pesquisas e estudos sobre *cyberbullying* ainda são muito difíceis de serem encontrados, por ser uma forma de agressão nova e decorrente das novas formas de tecnologia da informação. Diferente do *bullying*, no *cyberbullying* muitas vezes é quase impossível identificar o agressor, pois este pode se manter anônimo nas suas agressões (Belsey, 2005; Neto, 2005; Prados e Fernández, 2007).

POR QUE OCORRE A VIOLÊNCIA NA ESCOLA?

Observa-se, em outras culturas, que a percepção negativa de clima social escolar, por exemplo, está relacionada a altos índices de agressividade e violência nas escolas (Adaszko e Kornblit, 2008), porém, os estudos no Brasil sobre clima escolar, ainda são escassos. A violência em meio escolar em nosso país, tanto pode ser decorrente da situação de violência social que influencia as instituições, como pode ser resultado de ações agressivas individuais, decorrentes, por exemplo, da adaptação de jovens que passam por transições ecológicas (Bronfenbrenner, 1979/1996; Sposito, 2001).

Como já enfatizado anteriormente, os episódios de agressividade na escola, a responsabilidade pelo bem-estar e a aprendizagem dos alunos, as exigências da profissão e os baixos salários podem tornar a função docente complexa e vulnerável. Ou seja, a soma de todos esses aspectos do ambiente de trabalho dos professores pode representar risco e, consequentemente, ser indicativo da percepção de clima social escolar negativo e outras vulnerabilidades como a Síndrome de *burnout* em docentes (Wallau, 2003). As exigências sobre os professores para que os mesmos assumam muitas funções em seus locais de trabalho é uma forma de violência que pode levar ao adoecimento (Carlotto, 2002). Ou seja, atualmente, os professores têm de ter instrução acadêmica, colocar limites nos alunos, educar sobre valores e administrar os episódios de agressividade (conflitos) nas salas de aula, sem receber capacitação e orientação para isso. Esses profissionais também têm de lidar com aspectos sociais e emocionais de alunos e conflitos ocasionados pelas expectativas dos pais, estudantes, administradores e da comunidade em geral. O excesso de tarefas burocráticas pode fazer os professores se sentirem desrespeitados, principalmente quando devem executar tarefas que os mesmos percebem como desnecessárias e não relacionadas à essência de sua profissão. Ao desempenhar trabalhos de secretaria, os docentes percebem como se tivessem menos tempo para o atendimento ao aluno e para desenvolvimento pessoal na profissão (Carlotto, 2002). Esses fatores, entre outros, associados à falta de autonomia e participação nas definições das políticas de ensino dentro das instituições escolares (exossistema) podem ser considerados, por si só, formas de violência, assim como, dinamicamente, podem deixar os professores mais vulneráveis para serem agressivos para com seus alunos e entre si.

Nessa perspectiva, pode-se supor que os professores estão se sentindo responsabilizados de forma excessiva por não conseguir solucionar os problemas da escola, dentre eles a violência. Em muitos casos, entretanto, os docentes, talvez por não saber como lidar, ignoram ou negam aspectos emocionais do desenvolvimento dos jovens e o impacto destes no desempenho acadêmico e na socialização. Esses profissionais podem, assim, participar, mesmo que involuntariamente, dessa violência, o que pode resultar em sua percepção de clima social escolar negativo e o estabelecimento de um ciclo vicioso de agressividade (Rutter, 1999).

A percepção do clima social escolar se refere a sentimentos e valores dos indivíduos que fazem parte do sistema escolar acerca das condições sob as quais desempenham seu trabalho (Arón e Milicic, 1999). Recentemente, tem sido dedicada maior atenção às características da dinâmica interpessoal do contexto escolar, salientando-se que a relação interpessoal de professores e alunos está inserida e é grande responsável pelo processo de educação saudável e positivo (Matheus e Bianchi, 1999).

Ao investigarem a organização escolar, há muitos anos, Halpin e Croft (1963) já percebiam a importância que a percepção de clima social escolar pode ter como um indicador de eficácia dos objetivos dessa escola, ou seja, uma avaliação do clima social escolar constitui um dos melhores critérios para verificação de eficácia no que tange ao alcance dos objetivos da instituição escolar com vistas a preservar o bem-estar de todos na instituição e a qualidade das atividades pedagógicas. Em outras palavras, a constatação de uma percepção de clima social escolar positivo, geralmente, está relacionada a uma escola que cumpre sua função protetiva e é capaz de fomentar o processo de resiliência. Nesse sentido, Forquin (1993) salienta que a identificação da percepção acerca do clima social escolar (crenças) possibilitaria avançar na compreensão dos mecanismos que tornam uma escola aquilo que essa instituição "é", contrapondo-se ou aproximando-se do que "deveria ser". Ou seja, é essencial um entendimento contextualizado acerca do conjunto das relações sociais macro e microssistêmicas, incluindo, comportamentos e cognições de alunos e professores.

Dalmás (1994) aborda a questão do clima social escolar mostrando que não pode haver na escola um clima de hostilidade, de individualismo, de irresponsabilidade e de não envolvimento, pois estes prejudicam a promoção de um senso de pertencimento e coletivismo. Em vez da construção de um clima negativo e de risco, deve existir um ambiente de acolhida, aceitação mútua e interesses de um pelo outro (Arón e

Milicic, 1999). Uma relação calorosa e de comunicação aberta entre professores e alunos proporciona afetos positivos e elicia a expressão de atitudes positivas acerca da escola, gerando maior engajamento e maior atividade produtiva nesse ambiente e na aprendizagem (Arón e Milicic, 1999). Por outro lado, uma relação conflituante entre docentes e alunos pode implicar no prejuízo do sucesso acadêmico e social de ambos. Interações que não privilegiem a competência e o reconhecimento de potencialidades, que não promovam a autonomia e o senso de pertencimento, geram um ambiente ansioso e agressivo, com repercussões na motivação e/ou segurança para participar e explorar o ambiente escolar (Birch e Ladd, 1996).

Existem alguns estudos que mostram que a percepção do clima social da escola está relacionada a manifestações dos fatores de proteção e de risco (Araya, 2000; Arón e Milicic, 2000). Os resultados das investigações de Adaszko e Kornblit (2008) mostraram que um clima social escolar protetivo implica na existência de diálogo, espaços para comunicação, valorização do esforço do aluno e também minimização das práticas autoritárias, desenvolvendo práticas pedagógicas que facilitem a integração e participação dos alunos. A configuração desses ambientes pode proporcionar a diminuição considerável da frequência de fatores de risco como, por exemplo, as situações violentas.

Os fatores de proteção que se relacionam com o clima social escolar são: um ambiente físico apropriado, atividades variadas, entretenimento, comunicação respeitosa entre professores e entre professores e alunos, comunicação adequada entre pessoas, percepção de valorização mútua. Um clima social escolar protetivo é também aquele em que as pessoas se mostram sensíveis e atentas a situações de conflito que podem afetar os outros, sendo capazes de dar apoio emocional. Há evidências de que um clima social escolar positivo está relacionado à inteligência emocional e às habilidades sociais dos membros desse contexto, com estímulo ao desenvolvimento de formas de resolução de conflitos (Arón e Milicic, 1999).

Um estudo realizado em Porto Alegre (Lisboa, 2001; Lisboa et. al, 2002) com crianças de nível socioeconômico baixo apontou dados interessantes sobre as características da relação professor-aluno, bem como ofereceu subsídios para reflexão e discussão sobre a dinâmica de fatores de risco e proteção envolvidos nas escolas na atualidade e clima social dessas instituições. As crianças foram questionadas sobre os principais problemas que enfrentam com seus professores. Entre os problemas mais apontados apareceram repreensões percebidas como agressivas por parte dos professores para comportamentos que tenham sido emitidos pelas crianças. No entanto, no mesmo estudo (Lisboa, 2001), outro problema enfatizado pelas crianças foi a emissão de agressões verbais dos professores com relação a aspectos para os quais estas não identificam uma causa para estarem sendo repreendidas, ou seja, não sabem por qual comportamento estão sendo "punidas". As reclamações das crianças desse estudo sobre agressões de suas professoras, incluindo gritos, xingamentos, deboches e ironias podem estar denunciando um sistema educacional que falha em exercer seu papel protetivo como parte da rede de apoio social dessas crianças. Professores percebidos como agressivos, aplicando a punição de forma inadequada ou com dificuldade de estabelecer disciplina e bom rendimento aos seus alunos, não estão constituindo fatores de proteção para o desenvolvimento dos mesmos (Lisboa, 2001; Lisboa et al., 2002).

A formação dos grupos de pares (a afiliação da criança nesses grupos) pode auxiliar no desenvolvimento cognitivo das crianças, aumentando a sua capacidade de fazer amigos e de se enquadrar nos contextos sociais de uma forma saudável, porém essa adaptação depende da relação do indivíduo com o grupo. Interações não adequadas podem prejudicar os jovens (Bukowski e Hoza,

1989; Lisboa e Koller, 2004). Ou seja, a partir do momento que os grupos sociais são formados a violência pode ser estimulada e reforçada no contexto intragrupo (Almeida, 2000). Assim, os modelos agressivos, por exemplo, podem influenciar o autoconceito e a autoestima das crianças (Bandura, 1986; Berndt, 2002). Atividades agressivas podem ser compartilhadas e "aprendidas" da mesma maneira com que são as brincadeiras, jogos e atividades em grupo (Lisboa, 2005).

Nessa linha de raciocínio, o processo de vitimização entre pares pode acontecer porque as crianças se sentem ameaçadas com os agressores e por isso estimulam a agressão contra os outros como uma forma de se prevenir de ser agredido (Lisboa e Koller, 2009). Apesar do que apontam os pensamentos sobre comportamentos agressivos, Hodges e colaboradores (1997) sugerem que amigos com traços agressivos podem ser um fator de proteção para uma criança que se encontra em um estado de maior vulnerabilidade (devido a características individuais, p. ex.). Os fatores pessoais devem ser considerados na análise das interações nos grupos, ou seja, esses aspectos podem influenciar na aceitação das regras e normas dos grupos de pares, assim como na quantidade e qualidade dessas relações (Fante, 2005; Lisboa e Koller, 2004)

O pesquisador interessado em fazer uma análise ecológica desse microssistema deve visualizar as interações que neste ocorrem. A inserção ecológica no ambiente da escola é fundamental para que se possam conhecer os papéis, as relações hierárquicas, a cultura da instituição e, assim, identificar interações que possam auxiliar ou prejudicar o desenvolvimento saudável dos alunos naquele contexto (Paludo e Koller, 2004). A observação e a investigação do clima social escolar, por exemplo, permitem focalizar processos de exposição ao risco entre eles, a violência e a agressividade escolar, assim como os processos de proteção para propor estratégias que garantam a saúde no microssistema escolar.

VIOLÊNCIA NA ESCOLA – O QUE FAZER PARA PREVENIR E RESOLVER?

Segundo Gottfredson e Gottfredson (2002), as intervenções podem ser divididas em dois grandes grupos: intervenções no ambiente e intervenções individuais, que focalizariam as características dos indivíduos. Nas intervenções no ambiente, no caso em questão, a escola, os autores sugerem: a instalação de detectores de metais, circuito interno de câmeras, limitar o acesso de estranhos, estabelecer normas e regras claras a respeito do *bullying* e outros tipos de agressões interpessoais, reorganizar as turmas formando grupos menores para estimular a interação entre os pares, entre outros. E, por outro lado, são necessárias e igualmente relevantes as intervenções focalizadas em características individuais como: a melhora nas habilidades sociais, orientações ou aconselhamentos focais, trabalhos voluntários, grupos de apoio e atividades ligadas ao desenvolvimento cognitivo (Gottfredson e Gottfredson, 2002).

As intervenções para diminuir a violência deveriam manter um caráter universal, para todos os estudantes das escolas. Em outras palavras, deveriam existir programas curriculares para tratar indivíduos com problemas com violência e comportamento agressivo. Um estudo baseado nos programas contra violência das escolas (Gottfredson e Gottfredson, 2002) mostra as táticas utilizadas para diminuir a violência e a sua efetividade nos programas. As técnicas que se mostraram mais efetivas nos programas foram: técnicas para aprimoramento do comportamento social, a partir de programas que estimulem estratégias saudáveis de enfrentamento e habilidades sociais, assim como outras intervenções focadas especificamente no comportamento e na cognição disfuncional. Essas abordagens surtiram efeito positivo na prevenção ou redução do comportamento agressivo/violento. Técnicas terapêuticas como aconselhamentos não mostraram serem efetivas para redução da violência e ou de comportamento agressivo não saudável nas escolas (Gottfredson et al., 2002).

Uma atitude básica, mas que pode ser pensada como uma importante forma ou aspecto da intervenção é a não banalização das consequências dessas agressões. Ou seja, a cultura de determinada instituição, reforçada pelas crenças e comportamentos dos seus membros, pode sugerir uma tolerância exagerada, somada à falta de punição adequada a atos agressivos e/ou violentos. Segundo Bandura (1986), essa banalização é um mecanismo psicológico que mantém e fortalece esse tipo de violência social. Ações de intervenção devem promover e valorizar as relações saudáveis no âmbito escolar, aumentando o senso de pertencimento de todos os que convivem nas instituições escolares.

Um modelo de intervenção focalizada no ambiente escolar que pode ser seguido é o modelo de Saúde Pública (Mercy et al., 1993). Esse protocolo é dividido em quatro etapas e pode ser utilizado também para a prevenção da violência. Em uma primeira etapa, é importante a "Definição do Problema", ou seja, definir as formas de agressão, as características dos agressores e vítimas, os locais onde ocorre a violência e/ou *bullying*. Em um segundo momento, é importante "Identificar os fatores de Risco e Proteção". Muitos fatores podem aumentar a probabilidade das condutas agressivas, por exemplo, a indiferença e a agressividade dos professores e o incentivo por parte dos colegas. Existem fatores, entretanto, que podem mudar essas condutas como, por exemplo, tirar boas notas nas avaliações. Estratégias para mudar atitudes que levem ou reforcem os fatores de risco são focos principais na intervenção. Em terceiro lugar, então, "Desenvolvem-se as Intervenções Focais", partindo-se dos dois tópicos anteriores. Professores e pesquisadores devem, então, construir programas de intervenção para diminuir a violência em nível microssistêmico, com pequenos e pontuais grupos. E, por último, a quarta etapa seria "Seleção das Intervenções Efetivas", partindo-se do item anterior, é importante selecionar as intervenções que mostraram efetividade e eficácia e aplicá-las em uma escala maior, em toda uma escola, por exemplo, ou até em mais instituições (Orpinas, 2009).

Segundo Gottfredson (1986) um exemplo de intervenção em violência escolar seria planejar e melhorar atividades para exemplificar com mais clareza as regras da escola, rever a consistência das regras e criar programas para os alunos para que eles se sintam parte da escola. Esse tipo de intervenção pode representar uma diminuição no comportamento agressivo dos alunos em respeito à escola (depredação de materiais, etc.) e uso de drogas. Essa ação pode se mostrar eficiente nos problemas comportamentais dos alunos, porém não existem evidências suficientes para afirmar que esse tipo de programa pode melhorar o problema da agressão/violência entre os jovens (Gottfredson e Gottfredson, 2002).

Em se tratando de violência nas escolas, não se pode deixar de discutir e problematizar a questão da prevenção/intervenção no *bullying*. Olweus e colaboradores (1999), desenvolveram um programa anti*bullying* que é organizado em todas as áreas da escola e pode ser pensado para todas as faixas de ensino. Primeiro, nas áreas de convívio público nas escolas, esses pesquisadores propõem aumentar a supervisão de adultos nos pontos (contextos específicos) onde costumam acontecer casos de *bullying*. Dentro das salas de aula é importante desenvolver regras sobre o comportamento, prevenindo comportamentos violentos e que os agressores e vítimas devem ser assistidos (Olweus et al., 1999). Além da eficácia que essas ações de intervenção podem representar diretamente ao fenômeno do *bullying*, também influenciam outros comportamentos de risco como, por exemplo, vandalismo, brigas e roubo dentro e nos arredores da escola.

Atualmente, iniciativas de prevenção e combate ao *bullying* chegaram ao Poder Legislativo. E, no Estado do Rio Grande do Sul, foram aprovados recentemente projetos de lei que visam implantar medidas de combate ao *bullying* em escolas de diferentes cidades gaúchas. As propostas preveem ações de conscientização incluídas no projeto pedagógico das escolas. Ainda, essas medidas preveem que as ocorrências de violência sejam sistematizadas em relatórios, verificando fatos, ações e resultados.

De uma maneira geral, os programas de intervenção que se mostraram efetivos incluíram uma variedade de técnicas e objetivos. Ou seja, mesclaram diferentes práticas pedagógicas, estimularam diferentes competências nos jovens e docentes, assim como se basearam em aporte teórico e planejamento, visaram promover relações saudáveis (Orpinas, 2009). Talvez o ponto crucial e mais importante seja o desenvolvimento de ações contextualizadas que incluam mais de um nível ecológico – individual, familiar e escolar. Ainda, e talvez mais desafiador, os programas devem ser planejados a longo prazo, uma vez que ações de curta duração mostram pouco êxito e pouca capacidade de ação preventiva. Resultados imediatistas são utópicos e refletem a cultura capitalista de rapidez e prontidão. Por outro lado, ações que capacitem professores a lidar com o desenvolvimento emocional dos alunos, ressignifiquem crenças distorcidas acerca do papel da escola, dos docentes e dos estereótipos socioculturais (que sustentam a formação de grupos humanos) podem ser eficazes, mesmo que isso não ocorra de forma imediata. Um processo proximal para ser efetivo deve ocorrer em determinado intervalo de tempo e, ainda, implicar em equilíbrio de poder, troca afetiva genuína e reciprocidade entre as pessoas envolvidas (Bronfenbrenner, 1979/1996). Uma modificação cultural também envolve uma complexa dinâmica entre muitas variáveis. Mesmo assim, a busca por uma convivência sem hostilidade, mas permeada pela solidariedade e cultura de paz nas escolas brasileiras deve ser levada a diante.

REFERÊNCIAS

Adaszko, D., & Kornblit, A. L. (2008). *Violencia en la escuela*. Buenos Aires: Paidós.

Almeida, A. M. T. (2000). *As relações entre pares em idade escolar*. Braga: Bezerra.

Almeida, A. T., Lisboa, C., & Caurcel, M. (2007). ¿Porqué ocurren los malos tratos entre iguales? Explicaciones causales de adolescentes portugueses y brasileños. *Revista Interamericana de Psicología, 41*, 107-118.

Araya, C. (2000). Educación para la no violencia: Estudio exploratorio en una comunidad escolar. *Revista Psykhé, 9*(2), 181-192.

Arón, A. M., & Milicic, N. (1999). *Clima social escolar y desarrollo personal: Un programa de mejoramiento*. Santiago: Andrés Bello.

Arón, A. M., & Milicic, N. (2000). Climas sociales tóxicos y climas nutritivos para el desarrollo personal en el contexto escolar. *Revista Psykhé, 9*, 117-124.

Bandura, A. (1969). *Modificação do comportamento*. Rio de Janeiro: Interamericana.

Bandura, A. (1986). *Social foundations of thought and action*. Englewood Cliffs: Prentice Hall.

Baron, R. A. (1977). *Human aggression*. Nova York: Plenum.

Belsey, B. (2005). *What are the forms that cyberbullying might take?* Acessado em 10 nov, 2009, em http://www.cyberbullying.ca.

Berger, C., & Lisboa, C. S. M. (2009). Hacia uma comprensión ecológica de la agresividad entre pares em el microsistema escolar. In C. Berger, & C. Lisboa (Eds.), *Violencia escolar: Estudios y posibilidades de intervención en Latinoamérica* (pp. 59-81). Santiago do Chile: Universitaria.

Berndt, T. J. (2002). Friendship quality and social development. *Current Directions in Psychology Science, 11*, 7-10.

Binsfeld, A. R., & Lisboa, C. (2010). Bullying: Um estudo sobre papéis sociais, ansiedade e depressão no contexto escolar do sul do Brasil. *Revista Interpersona: An International Journal on Personal Relationships, 4*(1), edição especial.

Birch, S. H., & Ladd, G. W. (1996). Interpersonal relationships in the school environment and children's early school adjustment: The role of teachers and peers. In K. Wentzel, & J. Juvonen (Eds.), *Social motivation: Understanding children's school adjustment* (pp. 199-225). New York: Cambridge University.

Bordieu, P. (1990). *Coisas ditas*. São Paulo: Brasiliense.

Bringiotti, M. I., Krynveniuk, M., & Lasso, S. (2004). Las multiples violencias de la "violencia" en la escuela: Desarrollo de un enfoque teorico y metodologico integrativo. *Paidéia, 14*, 313-325.

Bronfenbrenner, U. (1996/1979). *A ecologia do desenvolvimento humano: Experimentos naturais e planejados*. Porto Alegre: Artmed.

Bukowski, W. M., & Hoza, B. (1989). Popularity and friendship: Issues in theory, measure and outcome. In T. J. Berndt, & G. W. Ladd (Eds.), *Peer relationships in child development* (pp. 15-45). New York: Wiley.

Carllotto, M. S. (2002). A síndrome de *burnout* e o trabalho docente. *Psicologia em Estudo, 7*, 21-29.

Codo, W., & Menezes, I. V. (1999). O que é burnout? In W. Codo (Ed.), *Educação: Carinho e trabalho* (pp. 237-254). São Paulo: Vozes.

Costa, M. (1995). *Trabalho docente e profissionalismo*. Porto Alegre: Sulina.

Crick, N. R., & Dodge, K. A. (2000). Social-information-processing mechanisms in reactive and proactive agression. In P. K. Smith, & A. D. Pellegrini (Eds.), *Psychology of education: Major temes* (pp. 469-484). London: Routledge Falme.

Dalmás, A. (1994). *Planejamento participativo na escola: Elaboração, acompanhamento e avaliação*. Petrópolis: Vozes.

De Antoni, C., & Koller, S. H. (2001). O psicólogo ecológico no contexto institucional: Uma experiência com meninas vítimas de violência. *Psicologia: Ciência e Profissão, 21*(1), 14-29.

Dodge, K. A. (1991). The structure and function of reactive and proactive aggression. In D. J. Pepler, & K. H. Rubin (Eds.), *The development and treatment of childhood aggression* (pp. 201-218). Hillsdale: Erlbaum.

Fante, C. (2005). *Fenômeno bullying: Como prevenir a violência nas escolas e educar para a paz*. Campinas: Versus.

Ferreira, A. L., & Schramm, F. R. (2000). Implicações éticas da violência doméstica contra a criança para profissionais da saúde. *Revista de Saúde Pública, 34*(6), 659-665.

Flannery, D. J., Vazsonyi, A. T., & Waldman, I. D. (2007). *Handbook of violent behavior*. New York: Cambridge University.

Forquin, J. C. (1993). *Escola e cultura: As bases sociais e epistemológicas do conhecimento escolar*. Porto Alegre: Artmed.

Gomide, P. I. C. (2000). A influência de filmes violentos em comportamento agressivo de crianças e adolescentes. *Psicologia: Reflexão e Crítica, 13*(1), 127-141.

Gottfredson, D. C. (1986). An impirical test of school-based environmental and individual interventions to reduce the risk of delinquent behavior. *Criminology, 24*, 705-731.

Gottfredson, D. C., & Gottfredson G. D. (2002). Quality of school-based prevention programs: Results from a national survey. *Journal of Research in Crime and Delinquency, 39*, 3-35.

Grotpeter, J. K., & Crick, N. R. (1996). Relational aggression, overt aggression, and friendship. *Child Development, 67*, 2328-2338.

Halpin, A., & Croft, D. B. (1963). *The organizational climate of schools*. Chicago: University of Chicago.

Hodges, E., Boivin, M., Vitaro, F., & Bukowski, W. M. (1999). The power of friendship: Protection against an escalating cycle of peer victimization. *Developmental Psychology, 35*, 94-101.

Hodges, E. V. E., Malone, M. J., & Perry, D. G. (1997). Individual risk and social risk as interacting determinants of victimization in the peer groups. *Development Psychology, 33*, 1032-1039.

Kornblit, A. L., Adaszko, D., & Di Leo, P. F. (2009). Clima social escolar y violencia: Un vínculo explicativo posible. Un estudio en escuelas medias argentinas. In C. Berger, & C. Lisboa (Eds.), *Agresión en contextos educativos: Reportes de la realidad Latinoamericana* (pp. 109-138). Santiago: Universitaria.

Kristensen, H. C. (2003). Violência contra crianças e adolescentes na Grande Porto Alegre. Parte B: Pode piorar? In Amencar (Ed.), *Violência doméstica* (pp. 104-117). Brasília: UNICEF.

Krug, E. G., Dahlberg, L. L., Mercy, J., Zwi, A. B., & Lozano, R. (2002). *World report on violence and health*. Geneva: World Health Organization.

Lingras, K., & Crick, N. (2007). *Relational aggression and revised class play technique*. Research project, University of Minnesota, Institute of Child Development, Minneapolis, United States.

Lisboa, C., Koller, S. H., Ribas, F. F., Bitencourt, K., Oliveira, L., Porciuncula, L. P., & De Marchi, R. B. (2002). Estratégias de coping de crianças vítimas e não vítimas de violência doméstica. *Psicologia: Reflexão e Crítica, 15*, 345-362.

Lisboa, C. S. M. (2001). *Estratégias de coping e agressividade: Um estudo comparativo entre víti-*

mas e não vítimas de violência doméstica. Dissertação de mestrado não publicada, Universidade Federal do Rio Grande do Sul, Porto Alegre, Brasil.

Lisboa, C. S. M. (2005). *Comportamento agressivo, vitimização e relações de amizade de crianças em idade escolar: Fatores de risco e proteção*. Tese de doutorado não publicada, Universidade Federal do Rio Grande do Sul, Porto Alegre, Brasil.

Lisboa, C. S. M., & Koller, S. H. (2004). Interações na escola e processos de aprendizagem: Fatores de risco e proteção. In A. Bzunek, & E. Boruchovitch (Eds.), *Aprendizagem e escola* (pp. 201-224). Petrópolis: Vozes.

Lisboa, C. S. M., & Koller, S. H. (2009). Factores protectores y de riesgo para la agresividad y victimización en escolares brasileños: El rol de los amigos. In C. Berger, & C. Lisboa (Eds.), *Agresión en contextos educativos: Reportes de la realidad Latinoamericana* (pp. 161-181). Santiago: Universitaria.

Lisboa, C. S. M., Braga, L. L., & Ebert, G. (2009). O fenômeno bullying ou vitimização entre pares na atualidade: Definições, formas de manifestação e possibilidades de intervenção. *Contextos Clínicos, 2*(1), 59-71.

Matheus, M., & Bianchi, E. (1999). A relação professor aluna e os mecanismos de estresse, coping e burnout nas primeiras experiencias práticas. *Acta Paulista de Enfermagem, 12*(3), 16-29.

Mercy, J. A., Rosenberg, M. L., Powell, K. E., Broome, C. V., & Roper, W. L. (1993). Public health policy for preventing violence. *Helth Affairs, 12*(4), 7-29.

Neto, A. L. (2005). *Diga não para o bullying: Programa de redução do comportamento agressivo entre estudantes*. Rio de Janeiro: Abrapia.

Olweus, D. (1993). *Bullying at school: What we know and what we can do*. London: Lackwell.

Olweus, D., Limber, S., & Mihalic, S. F. (1999). *Blueprints for violence prevention: Bullying prevention program*. Boulder: Center for the Study Prevention of Violence.

Orpinas, P. (2009). La prevención de la violencia escolar: De la teoría a la práctica. In C. Berger, & C. Lisboa (Eds.), *Violencia escolar: Estudios y posibilidades de intervención en Latinoamérica* (pp. 35-57). Santiago do Chile: Universitaria.

Paludo, S., & Koller, S. H. (2004). Inserção ecológica no contexto da rua. In S. H. Koller (Ed.), *A ecologia do desenvolvimento humano: Pesquisa e intervenção no Brasil* (pp. 219-244). São Paulo: Casa do Psicólogo.

Prados, M. A. H., & Fernández, I. M. S. (2007). Cyberbullying, un problema de acoso escolar. *Revista Iberoamericana de Educación a Distancia, 10,* 17-36.

Rigby, K., & Slee, P. T. (1993). Dimensions of interpersonal relation among Australian children and implications for psychological well-being. *Journal of Social Psychology, 133,* 33-42.

Rutter, M. (1999). Resilience concepts and findings: Implications for family therapy. *Journal of Family Therapy, 21,* 119-144.

Salmivalli, C., Lagerspetz, K. M. J., Björkqvist, K., Österman, K., & Kaukiainen, A. (1998). Bullying as group process: Participant roles and their relations to social status within the group. *Aggressive Behaviour, 22,* 1-15.

Schwartz, D., Dodge, K. A., Pettit, G. S., & Bates, J. E. (1997). The early socialization of aggressive victims of bullying. *Child Development, 68,* 665-675.

SINPRO (2000). http://www.sinpro-rs.org.br/pesquisa/index.asp

Smith, P. K., Cowie, H., & Blades, M. (2004). *Understanding children's development*. Londres: Blackwell.

Smith, P. K., Cowie, H., Olafsson, R. F., & Liefooghe, A. P. D. (2002). Definitions of bullying: A comparison of terms used, and age and gander differences, in a fourteen-country international comparison. *Child Development, 73,* 1119-1133.

Sposito, M. P. (2001). Um breve balanço da pesquisa sobre violência escolar no Brasil. *Educação e Pesquisa, 27*(1), 87-103.

Tardiff, M. (1993). Savoirs et expérience chez les enseignants de métier: Quelques pistes et jalons concernant la nature des savoirs d'expérience. In H. Hensler (Ed.), *La recherche en formation des maîtres: Détour ou passage obligé sur la voie de la profissionnalstion?* (pp. 53-86). Sherbrook: Éditions du CRP.

Vaillancourt, T., Hymel, S., & Mcdougall, P. (2003). Bullying is power: Implications for school-based intervations strategies. *Journal of Applied School Psychology, 19,* 157-176.

Wallau, S. M. (2003). *Estresse laboral e síndrome de Burnout: Uma dualidade em estudo*. Novo Hamburgo: Feevale.

15

Dando voz a estudantes de escolas públicas sobre situações de violência escolar*

Ana Carina Stelko-Pereira e Lúcia Cavalcanti de Albuquerque Williams

O desenvolvimento saudável do indivíduo perpassa não apenas por um contexto familiar adequado, em que prevaleçam o afeto e um modo de disciplinar consistente e pouco punitivo, como também um ambiente educacional formal que seja capaz de estimular habilidades motoras e cognitivas promovendo cidadania. Contudo, assim como explorado em outros capítulos deste livro, são muitas as possibilidades de maus-tratos à criança e ao adolescente no ambiente familiar, como também, o que será aludido nesse capítulo, de violência no ambiente escolar.

Um primeiro aspecto a ser esclarecido é o que se considera violência escolar. São muitos os autores que discutem o termo (Abramovay e Rua, 2002; Debarbieux e Blaya, 2002; Ruotti, Alves e Cubas, 2006), sendo que Stelko-Pereira e Williams (no prelo) fazem uma discussão de vários conceitos recorrentes, propondo que se tenha em conta: 1) o local em que se realiza a violência na escola, podendo ser: na própria escola, trajeto casa-escola, locais de passeios e/ou festas escolares, outros locais e meio eletrônico, 2) os envolvidos: professor, aluno, pai de aluno, diretor, inspetor, recepcionista, voluntário e outros, 3) os envolvidos podem desempenhar os seguintes papéis: testemunha, autor, vítima, autor-vítima, 4) as ações violentas podem ser de caráter individual ou institucional, 5) a violência escolar pode ter alguma especificidade como: *bullying, cyberbullying*, indisciplina e 6) pode acontecer como violência física, psicológica, contra o patrimônio e sexual. Maior detalhamento de cada um desses pontos, podem ser encontrados em Stelko-Pereira e Williams (no prelo), porém o conceito de *bullying* será no presente texto mais detalhado: trata-se de uma situação em que uma criança ou estudante é exposto repetidamente e ao longo do tempo a ações negativas, que podem tanto ser físicas, psicológicas, ou sexuais, por parte de outra(s) criança(s) ou aluno(s), o qual tem intenção de realizar tais ações (Olweus, 2003). Ressalta-se que o *bullying* é sempre entre pares, não sendo adequado utilizar o conceito para situação de violência entre professor e aluno.

---

* Esse texto é baseado em parte da Dissertação de Mestrado da primeira autora, a qual contou com bolsa da FAPESP.

Violência escolar vem sendo apontada por pesquisas internacionais e nacionais como frequente. Akiba, LeTendre, Baker e Goesling (2002) exploraram a ocorrência de violência escolar em 37* nações, dos cinco continentes, porém nenhum país da América Latina ou Caribe foi contemplado. Estudantes do 7º e 8º ano de cada país preencheram um questionário sobre violência na escola. Foi constatado que em mais da metade dos países, 25% dos alunos relataram ter sentido medo de ser vítima de violência na escola, 50% reportaram que seus amigos foram vítimas no último mês, e 40% acharam que o ensino é interrompido por indisciplina. Em média, 28% dos alunos foram vítimas de *bullying* no último mês.

Due e colaboradores (2005) investigaram o *bullying* em 28 países, tendo participado do estudo apenas nações europeias e norte-americanas. Estudantes de 11, 13 e 15 anos responderam a um questionário e foi observado que a prevalência varia muito entre os países, sendo que a menor taxa foi na Suécia em meninas (6,3%) e a maior em meninos na Lituânia (41,4%).

Um terceiro estudo multinacional é o de Slee, Hymel, Sim, Taki (2005) que comparou formas de vitimização e autoria de violência escolar entre quatro países (Austrália, Japão, Coreia do Sul e Canadá) no período de um ano e meio. Participaram da pesquisa alunos que frequentavam um ano correspondente ao da 5ª e 7ª séries e estes responderam a um instrumento em três momentos. Em geral, os índices de violência foram altos e as categorias exclusão e ser alvo de rumores foram formas de vitimização mais frequentes do que xingar, agredir fisicamente, roubar e destruir objetos.

Estudos em escolas brasileiras envolvendo um número expressivo de participantes (entre 11.512 a um milhão e oitocentos mil), com múltiplos informantes (professores, alunos, pais de alunos, diretores, coordenadores de ensino, policiais), com técnicas diversas (entrevistas individuais, realização de grupos focais, preenchimento de questionários) e em diferentes regiões do país apontaram a violência escolar como um problema cotidiano (Abramovay, 2005; Abramovay e Rua, 2002; Codo, 2006).

Percebeu-se que 64,3% dos estudantes afirmaram ter sido xingados na escola ao longo do ano e 1,9% dos professores declararam ter sido xingados todos os dias do ano, sendo que 7,9% relataram que foram insultados frequentemente (Abramovay, 2005). As ameaças foram apontadas por 20 a 40% dos alunos dependendo da localidade (Abramovay e Rua, 2002) e essas, geralmente, eram de violência física, de destruição de bens alheios, de morte (Abramovay, 2005).

As agressões físicas na escola foram comuns, sendo que cerca de 20% dos alunos e dos membros do corpo técnico-pedagógico relataram ter ocorrido agressões ou espancamentos na escola (Abramovay e Rua, 2002), 4,8% dos alunos disseram ter apanhado e 19,8% batido em alguém (Abramovay, 2005). Quanto a roubos e furtos de objetos pessoais, 38% dos alunos e 8% dos professores afirmaram já ter sido vítima desse tipo de violência (Abramovay, 2005). Em relação à depredação do patrimônio escolar, no estudo de Codo (2006), as situações violentas mais comuns foram os atos de vandalismo, seguido por agressões a alunos e, por fim, a professores.

Apesar de o fenômeno ser cotidiano e global, é possível apontar variáveis relacionadas à violência escolar. A Tabela 15.1 apresenta características do indivíduo, da família, da escola e da comunidade relacionadas à ocorrência de violência escolar. É importante que tais características não sejam utilizadas como rótulos para os alunos envolvidos com violência escolar, mas sim para que se pergunte quais são os fatores

---

* Dinamarca, Singapura, Suíça, Bélgica Flamenga, Bélgica Francesa, Rússia, Suécia, Noruega, Países Baixos, Nova Zelândia, Kuwait, Irlanda, Slovênia, Irã, Portugal, Áustria, Hong Kong, Tailândia, Alemanha, Eslováquia, Estados Unidos, Islândia, Grécia, Espanha, Lituânia, Colômbia, República Tcheca, Canadá, Austrália, Coréia, Israel, Latvia, Chipre, África do Sul, Filipinas, Romênia e Hungria.

Tabela 15.1 Características individuais, familiares, escolares e da comunidade relacionadas à violência escolar*.

Individuais	– Do autor: Sexo masculino Idade (ser mais velho que outros alunos) Constituição física mais forte do que de outros alunos Portar armas, abusar de drogas, participar de gangues – Da vítima: Sexo masculino Idade (ser mais novo que outros alunos) Constituição física mais fraca do que de outros alunos Pertencer a uma minoria étnica Ter mudado várias vezes de escola Possuir poucos amigos Portar armas – Vítima-autor Déficit em avaliar possibilidade de perigo e controlar a impulsividade, agredindo outros alunos, mesmo quando se encontra em pior situação para se defender. Portar armas
Familiares	– Baixo *status* socioeconômico da família – Testemunha ou alvo de violência doméstica – Pais autoritários – Pais que incentivam agressividade
Escolares	– Escolas muito populosas e muito povoadas – Relações interpessoais desajustadas entre alunos e funcionários, sem professores apoiadores, justos e confiáveis. – Administração escolar autoritária, indiferente e/ou omissa – Regras pouco claras, consistentes e justas – Funcionários não receptivos aos alunos – Alta rotatividade de funcionários – Estrutura física inadequada, com aparência descuidada – Inadequada supervisão de alunos – Currículo pouco focado e pouco rigoroso – Baixo desempenho acadêmico de alunos – Altas taxas de reprovação e evasão
Comunitárias	– Existência de violência no bairro – Poucas opções de lazer – Assistência à saúde precária

* *Fonte*: American Psychological Society (1997); Artz e Riecken (1997); Bowen, Bowen e Richman (1998); Codo (2006); Dodge, Pettit, Bates (1994); Garcia-Reid, Reid e Peterson (2005); Holt, Finkelhor e Kantor (2007); Jerald (2006); Johnson (2005); Khoury-Kassabri, Benbenishty Astor e Zeira (2004); Neto e Saavedra (2003); Peacock, McClure e Agars (2003); Rainone, Schmeidler, Frank e Smith (2006); Schreck, Miller e Gibson (2003); UNESCO (2005); Warner, Weist e Krulak (1999); Welsh (2003); Pinheiro e Williams (2009); Zaluar e Leal (2001). Foi alterado para ordem alfabética de citação, conforme normas da APA.

que estão influenciando o papel com que o aluno experiencia situações de violência escolar e que se elabore um plano de intervenção para os mesmos.

A violência escolar é um problema grave que está associado às seguintes consequências: baixo rendimento acadêmico e evasão escolar dos alunos vítimas e autores, transtornos depressivos, de ansiedade e psicossomáticos nas vítimas (Due et al., 2005; Hawker e Boulton, 2000; Kumpulainen et al., 1998), maior probabilidade de os alunos autores seguirem carreira criminosa, como se envolver com o tráfico de drogas, porte de armas, assaltos, abuso de substâncias e participação em gangues (Colvin et al., 1998; Huizinga et al., 2000). Quanto aos professores e demais funcionários, pode-se verificar o risco aumentado de absenteísmo e de transtornos de ansiedade e depressivos (Codo, 2006; Galand, Lecocq e Philipott, 2007; Gerberick et al., 2006).

Assim, a compreensão do fenômeno da violência escolar é primordial e inclui não apenas quantificar o fenômeno, apresentando dados de sua prevalência, como também analisá-lo de modo qualitativo, descrevendo as percepções de seus atores sobre o problema. Diante disso, realizou-se um estudo em três escolas públicas de Curitiba, o qual foi aprovado pelo Comitê de Ética em Pesquisas com Seres Humanos da Universidade Federal de São Carlos, sendo o parecer de número 193/2007. Tais escolas estavam localizadas em bairros com características distintas (Stelko-Pereira, 2009) Conforme a Tabela 15.2, a escola MAR se localizava em um bairro mais desfavorável economicamente do que o das outras escolas, pois possuía mais analfabetos e a taxa de homicídio era superior às demais. Portanto, essa escola foi considerada pelo estudo como a escola de *maior risco* para a violência escolar. Já a escola MER se encontrava em um bairro mais favorável do que o da escola MAR, sendo que 42,46% dos seus habitantes pertenciam à classe social A ou B. Adicionalmente, a maior porcentagem dos seus habitantes era alfabetizada e a taxa de homicídio era inferior, sendo, então, a escola MER considerada de *menor risco* para a violência escolar. Em contraste, a escola INT se encontrava mais desfavorável nos aspectos socioeconômico e educacional do que a escola MER e mais favorável do que a escola MAR quanto a índices de segurança, sendo considerada, no presente estudo, como escola de *intermediário risco* para a violência escolar.

Tabela 15.2 Características socioeconômicas, educacionais e de segurança dos bairros das escolas

Indicadores	Bairros das escolas		
	MAR	INT	MER
Renda mediana dos chefes de família em salários mínimos	3,3	3,9	5,9
Porcentagem de pessoas na:			
classe socioeconômica A e B	21,2	29,2	42,5
classe socioeconômica C	18,4	17,5	21,0
classe socioeconômica E* e D	60,4	52,8	36,5
Taxa de analfabetos entre pessoas com 15 anos ou mais	4,9	3,2	1,6
Taxa de homicídio por 100 mil/hab. em 2003 da região administrativa à qual o bairro pertence	24,5	7,5	7,5

* Essa classificação foi utilizada pelo Instituto de Pesquisa e Planejamento Urbano de Curitiba (1991), sendo que estar na classe C significava receber mais de três salários e menos de cinco salários mínimos, classe D mais de um salário a três salários e classe E até um salário mínimo.

Participaram da pesquisa 668 estudantes de 5ª a 8ª séries dessas três escolas, sendo que na escola MAR participaram 282 alunos, da escola INT integraram a pesquisa 208 estudantes e da escola MER participaram 178. Tais alunos preencheram um questionário fechado – Questionário de Investigação de Prevalência de Violência Escolar, QIPVE, na versão para alunos descrito em Stelko-Pereira (2009) e Stelko-Pereira, Williams e Freitas (submetido) – sobre situações vividas de violência escolar, mas que ao final continham um espaço em branco para que dessem opiniões livremente. Neste capítulo, é dada ênfase ao conteúdo dessas opiniões espontâneas (em Stelko-Pereira, 2009, há a descrição pormenorizada dos dados quantitativos). A porcentagem média de estudantes das três escolas que preencheram o instrumento e fizeram comentários livres no instrumento foi de 44%. Tais comentários foram agrupados em categorias e os comentários mais representativos das categorias ou que se destacaram pela gravidade da situação a que se referem estão descritos adiante.

A escola MAR foi a que apresentou mais comentários espontâneos dos alunos (126 comentários de 45% dos estudantes respondentes), a escola INT teve uma quantidade de 89 comentários o que correspondeu a opiniões de 43% dos alunos participantes dessa escola terem opinado livremente, porém muitos dos conteúdos dos comentários (31 casos) não se relacionavam ao tema de investigação, e sim, a letras de músicas, nomes de times de futebol, desenhos de flores e corações. Já na escola MER, houve 79 alunos que incluíram comentários, o que correspondeu a 44% dos estudantes respondentes dessa escola, sendo cinco comentários não relacionados ao tema. A grande quantidade de manifestações dos alunos, ainda que não especificamente associadas a situações de violência escolar, revelam a necessidade dos alunos de terem maiores oportunidades de se expressar livremente. A Tabela 15.3, a seguir, expõe as categorias criadas para os comentários relevantes e a frequência dos comentários em cada categoria.

Tabela 15.3 Porcentagem de comentários por conteúdos específicos abordados por alunos

Porcentagem		Escola		
		MAR	INT	MER
Opiniões sobre paz e drogas	Afirmações genéricas de apoio à cultura de paz	24	7	8
	Afirmações contra o uso de drogas ilícitas e lícitas	6	3	1
Elogios e críticas	Elogio à escola	3	0	2
	Crítica genérica à escola	3	0	0
	Críticas aos funcionários da escola	12	3	8
	Crítica à estrutura física da escola	2	0	0
	Crítica à segurança da escola	18	5	5
Relatos de violência	Relato de situação violenta enquanto vítima	9	9	10
	Relato de situação violenta enquanto vítima-autor	2	2	6
	Relato de situação violenta enquanto autor	0	4	1
	Relato de situação violenta enquanto observador	5	5	6
Sugestões	Relato de sugestões de combate a violência escolar	3	2	5
Respostas sugestivas de atos e sentimentos	Afirmações que denotam bem-estar	16	17	2
	Afirmações que denotam respostas agressivas	4	0	1
	Afirmações que denotam arrependimento do aluno	0	1	2
Afirmações referentes à pesquisa e aos pesquisadores	Relato de o quanto foram sinceros ao responder	0	7	0
	Agradecimento/ incentivo à realização de pesquisa	16	20	13
	Crítica à pesquisa e/ou ao questionário	1	2	2
	Expectativas com os pesquisadores e à pesquisa	6	2	2
	Aviso e/ou ameaça aos pesquisadores	2	1	0

1 *Paz e amor: opiniões sobre paz e drogas*

No movimento *hippie*, nos anos de 1960, já se exaltava a ideia "paz e amor". A Organização das Nações Unidas, em 1995, assume que a sua principal missão é a busca pela paz, e sistematiza o que deve ser entendido por paz:

A Cultura de Paz está intrinsecamente relacionada à prevenção e à resolução não violenta dos conflitos; é uma cultura baseada em um conjunto de valores e compromissos como o respeito a todos os direitos individuais e humanos; a promoção e vivência do respeito à vida e à dignidade de cada pessoa sem discriminação ou preconceito; a rejeição a qualquer forma de violência; o respeito à liberdade de expressão e à diversidade cultural por meio do diálogo e da compreensão e do exercício do pluralismo; a prática do consumo responsável respeitando-se todas as formas de vida do planeta; a tolerância e a solidariedade; e o empenho na prevenção de conflitos resolvendo-os em suas fontes (que englobam novas ameaças não militares para a paz e para a segurança como exclusão, pobreza extrema e degradação ambiental). ONU (1995)

Os alunos da escola, provavelmente, influenciados pelo movimento da cultura de paz, fizeram comentários, sendo esses:

> "Paz, amor, violência não! Este Brasil está cheio de corrupção. Cheio de crianças com armas nas mão (sic). Cigarro na boca etc... Cheio de criminosos se todos compienden-se (sic) iríamos acabar com a violência. Vida sim, violência não!" (Escola MER);

> "Eu quero um mundo melhor, sem violência, sem drogas. Eu quero viver num mundo melhor. Quero: paz, harmonia, alegria, esperança, felicidade e amor. Quero um mundo melhor! Bem melhor!" (Escola MER);

> "Violência (sic) nao esta (sic) com nada." (Escola INT);

> "Muita paz e menos violência" (Escola INT);

> "No drogas, yes jesus! Mais paz, menos violência!" (Escola INT);

> "Não fume droga. Estude. Não beba. Não fume. Paz" (Escola MAR).

Além de tais relatos indicarem a dificuldade para escrever dos alunos, notou-se que os comentários são genéricos e ilustram que socialmente objetivos de paz, amor, alegria e manutenção da saúde, como a evitação de drogas, cigarros, álcool, são debatidos e aceitos pelos alunos. Contudo, tais objetivos na maioria das vezes não são traduzidos em ações concretas, tendo sido vários os relatos de situações de violência em todas as escolas, como se verá adiante, e conforme revela comentários da escola INT, há alunos usuários de drogas: *"Já faço tratamento por causa das drogas no cara limpa"*; *"Tomem providências nesse colégio esta munto fasil (sic) conseguir drogas com alunos da 8ª série. Bjos"*.

A respeito do uso de drogas, vale considerar o que Zaluar e Leal (2001) apontaram: o tráfico de drogas provoca ameaças e briga entre alunos, seja por disputa de poder, obrigação de sigilo por parte de não usuários e coerção para que alunos não usuários iniciem o uso de substâncias ilícitas. Assim, programas preventivos de violência escolar devem se realizar concomitantemente a de prevenção de drogas. Outro aspecto importante é que se declarar a favor da paz, apesar de ser um passo inicial para a promoção desta, depende de que seja alterado o ambiente em que os jovens vivem, diminuindo os fatores que influenciam ser vítima, autor ou vítima-autor de violência (conforme exposto anteriormente).

2 A escola que eu tenho e a escola que eu quero: elogios e críticas à escola

No plano ideal, a escola é um dos ambientes em que o aluno terá oportunidade de aprender habilidades que lhe sejam úteis para melhor interagir em sua comunidade, de modo que se aproprie de conhecimentos já desenvolvidos no passado e adquira maneiras de melhorar ou transformar a realidade em que vive. Os alunos não são passivos diante da realidade escolar em que vivem, eles refletem a respeito e são capazes de apontar o que não está certo, a partir da opinião deles.

Quanto aos elogios às escolas, estes foram poucos:

> "Eu gosto de jogar computador e ir na *lan house* jogar Grand Chase. E gosto de ir pra (sic) escola quando tem educação física"; (Escola MAR)

> "Eu acho que a violência na escola diminuiu poque (sic) alguns anos atrás era pior. Chamavam-me de 'Patricinha' ou 'Olha a riquinha' e não gosto disso. Porque dependendo de quem tem mais ou menos dinheiro, quem se arruma bem ou mal, TODOS SOMOS IGUAIS"; (Escola MAR)

"Escola. *I love my school*"; (Escola MER)

"Esse ano ainda, eu acho que foi melhor que outro porque ano passado eu fui xingado muito mesmo". (Escola MER)

Analisando-se tais comentários, percebe-se que há uma crítica implícita na primeira fala que seria não gostar tanto do colégio quando não há aulas de Educação Física. Adicionalmente, aparece o elogio por comparação entre ser vítima de violência no ano atual e no ano anterior, de modo a ressaltar que, apesar de as escolas terem melhorado, segundo esses alunos, a violência não foi totalmente reduzida e as consequências da vitimização foram graves, uma vez que não foram esquecidas e ainda ocorre vitimização.

Quanto às críticas, em todas as escolas estas superaram os elogios, havendo críticas mais genéricas, críticas a funcionários, à estrutura física e à segurança. Algumas *críticas genéricas* foram:

"Eu quero que a escola mude para melhor"; (Escola MAR)

"Tomara que fazem (sic) alguma coisa nessa porcaria (sic)"; (Escola MAR)

"Essa escola é muito chata!!! Prisão isso que a escola é: uma prisão". (Escola MAR)

É importante que sejam treinadas as habilidades dos alunos de julgar os pontos negativos de suas escolas e de expressá-los adequadamente, revelando falhas de modo que ações possam ser feitas para minimizá-las. Assim, as críticas genéricas e de cunho agressivo não facilitam na busca por soluções e oportunidades para que os alunos comuniquem suas percepções negativas são necessárias, até mesmo, para a aprendizagem de habilidades de criticar.

Quanto às *críticas aos funcionários*, algumas foram:

"Os diretores e comandos da escola precisão (sic) ter mais respeito com os alunos" (Escola MAR)

"O diretor é um chato, o colégio é um lixo!! E não temos segurança e o colégio não tem nada de bom para fazer!!! Como não tem música e nem nada para nos distrair e fazer o nosso dia legal."; (Escola MER)

"Os professores colocam apelidos nos alunos e xingam e agridem de forma verbal"; (Escola MAR)

"(...) A maneira como alguns funcionários tratam os alunos é péssima"; (Escola MER)

"Além disso parecer um presídio, nenhum professor ensina nada! Somente a (...) que ensina, eles mandam copiar e fds. (sic)"; (Escola MAR)

"Bom eu axo (sic) que o nosso colégio deveria ter mais segurança mais atenção nos professores, ver o tipo de aula que esta dando (sic), se tem haver a aula que esta dando para o nosso ensinamento (sic)"; (Escola INT)

"Eu queria que os professores ligassem para nós, me batem na frente deles e eles nem ligam"; (Escola MER)

"Nessa escola se agente contar para uma tia que cuida gente (sic) ela nem liga fala que a agente atentou mesmo se agente não tenha feito nada". (Escola INT)

Mais uma vez, nota-se que os alunos querem se expressar, mesmo tendo muita dificuldade para escrever. Assim, a crítica dos alunos de que o ensino está falho procede em muito.

O fato de os alunos autores não receberem as medidas disciplinares por seus comportamentos agressivos é também destacado nesses relatos, bem como a situação de que a presença de funcionários não é garantia de proteção aos alunos. As falas são sugestivas de que, muitas vezes, os alunos são deixados à sua própria sorte, o que pode favorecer o porte de armas, o estabelecimento de grupos de alunos que se autoprojetam e que, sem um adequado acompanhamento, formem gangues, o envolvimento de pais de alunos vítimas retaliando as agressões sofridas aos alunos que foram autores.

Adicionalmente, houve relatos de situações em que funcionários são os autores de violência para com os alunos. A esse respeito, conforme aponta a Organização das Nações Unidas para a Educação, Ciência e Cultura, UNESCO (2005, p. 132): "Quando se fala sobre as múltiplas violências ocorridas no espaço escolar, remonta-se ao embate aluno-aluno, entretanto não se pode esquecer que os membros do corpo técnico-pedagógico dos estabelecimentos de ensino também são potenciais vítimas e agressores".

A escola MAR foi a única a ter *crítica à estrutura física*, sendo uma delas preocupante:

> "Essa escola não tem segurança, precisamos de segurança. Aviso. Essa escola ainda cairá em nossas cabeças por falta de estrutura!!!" (Escola MAR)

> "Eu acho que deveríamos ter mais segurança, que estudecemos (sic) num colégio mais equipado com carteira melhores, com mais educação, um diretor melhor e ensino de melhor qualidade e só isso que eu queria. Fim". (Escola MAR)

Tal fato é preocupante, uma vez que conforme Pablant e Baxer (1975) citados por Johnson (2005) o vandalismo é mais frequente em escolas cuja estrutura física não está em boa conservação. Porém, tais relatos não se referem a uma realidade exclusiva da escola MAR. Na pesquisa de Abramovay e Rua (2002) foi feita uma investigação em 14 capitais brasileiras da qual participaram 33.655 alunos, 3.099 professores e 10.255 pais e apontou-se que 27% das salas de aulas não estão em boas condições físicas, tinham muitos alunos para um espaço pequeno, pouca iluminação e ventilação, funcionamento elétrico deficiente, móveis mal-conservados e ambiente sujo.

Quanto a *críticas à segurança*, alguns comentários foram:

> "Eu espero que isso mude para que essa escola sege (sic) melhor e menos brigas porque essa escola até agora e porenquanto (sic) é uma escola pra gente durona eu ia para outra escola mas não deu porque as vagas estavam lotadas e então fiquei aqui e então espero que essa escola melhore mesmo"; (Escola MAR)

> "Esse colégio deveria mudar muito. Ter mais segurança, deveriam tomar decisões antes que piore"; (Escola INT)

> "Bom, tem tanta coisa pra falar sobre a falta de segurança no colégio, eles até tentam resolver alguns problemas, mas geralmente não conseguem, porque, assim como aconteceu comigo, uma menina rio (sic) e me bateu na frente do colégio e não tinha nenhuma patrulha escolar e ninguém pra me ajudar"; (Escola INT)

> "Como está escrito que eu posso escrever o que eu quiser, eu acho que o ensino deste colégio é bom mais não tem segurança, para começar a cerca é cheia de buracos e os alunos fogem na hora que querem, e também tem muitas briga"; (Escola MER)

> "(...) que a violência diminui muito porque é muito ruim vc estudar numa escola que a violência está frequente". (Escola MER)

Pelas respostas dos alunos, percebe-se que melhorar a segurança nas escolas é primordial. Vale lembrar que aumentar a percepção de segurança não é apenas diminuir situações de violência, pois conforme Kitsantas, Ware, e Martinez-Arias (2004) a sensação de segurança pelos alunos depende de vários fatores e não apenas da situação de violência que ocorre na escola. Entre esses fatores, os autores mencionam a percepção dos alunos da coerência e aplicação das regras escolares, a percepção quanto ao clima escolar, isto é, gostar da escola, ter boas relações interpessoais com colegas e funcionários, sentir-se estimulado a aprender e a percepção da utilização de substâncias lícitas e ilícitas por alunos na escola.

3 Minha vida na escola: relatos de violência

Percebe-se que houve relatos de *situações violentas nas escolas enquanto vítima*, conforme os descritos abaixo:

> "Um dia aqui na escola duas meninas queriam me bater. Eu fui na direção as meninas

se elas me bates (sic) elas ia (sic) sair da escola, mas na saída elas ficaram me esperando na rua eu comecei falar algumas coisas para ela e comecei correi com medo, cheguei em cassa chorando"; (Escola MAR)

"Nunca briguei. E nunca bati só apanei (sic)"; (Escola MAR)

"Quando me apelidam de velho e ligo, quando me reguso (sic), me batem"; (Escola INT)

"Os meus colegas de sala, às vezes, eles me chamam de churros, não sei porquê, mas eu fiquei humilhada, mas eu não fiz nada de mal para essas pessoas, até minha irmã também me chama isso. Só tenho isso para falar nesse espaço"; (Escola INT)

"Eu quero que coloquem mais segurança na escola porque eu fui ameaçado de morrer por traficantes na fora da saída da escola"; (Escola MER)

"Sou muito triste porque sou chingada (sic) quase todo dia e fui ameaçada de espancamento. Sou uma menina que é muito alegre e boa, mas com outras pessoas sou 'chingada' de pia e etc...!"; (Escola MER)

"Eu queria que os meus colegas parase (sic) de me chingar (sic) porque eu não agüento mais. Tem vezes que eu choro por causa deles. É cada dia eles me chingam"; (Escola MER)

"Não suporto mais os meninos ficarem passando a mão em mim, e se eu for me defender eles me ameaçam que vão me bater!!! Que saco!!!". (Escola MER)

Esses relatos mostraram que as consequências da violência são grandes, mesmo em situações de violência psicológica, como tristeza, medo, sentir-se humilhada. Percebe-se, também, que houve relato de situação de violência sexual na escola, o que é muito preocupante, dadas as sequelas de tal abuso. Há também o destaque para a necessidade de maior supervisão das redondezas da escola e do caminho casa-escola.

Quanto ao conteúdo das ofensas, estas parecem ser levianas, porém capazes de causar sofrimento à vítima e deve-se atentar para as mesmas. O estudo da UNESCO (2005) aponta que:

Uma determinada característica física, um traço considerado como um defeito e até uma aparência diferente dos padrões de beleza estabelecidos pode motivar um xingamento ou um tratamento agressivo, apontando para a intolerância e o desrespeito à diversidade como elementos constituintes das relações sociais entre estudantes (p. 125).

Em decorrência, percebe-se como essencial realizar atividades com os alunos que abordem a aceitação das diferenças na aparência entre as pessoas e explorem uma aceitação do próprio corpo por parte dos alunos, de modo que comentários desse tipo, quanto à aparência, não se constituam estímulo para comportamentos de autodesvalorização (sentir-se feio, pensar ser inferior, evitar exposição em situações sociais por acreditar estar com a aparência inadequada). Trabalhar a aceitação da singularidade, das diferenças e de si mesmo com os alunos, pode, também, favorecer que aqueles que agridem não sejam reforçados pelo fato de xingar ou dar apelidos derrogatórios, uma vez que o aluno que for alvo de tais ações não se sentirá ofendido, não apresentando comportamentos de retaliação, tais como xingar o agressor, agredi-lo fisicamente, etc.

Alguns relatos de *situação violenta na escola enquanto vítima-autor* foram:

"Na escola MAR, eu acho que há muita violência, pois a minha parte eu faço! Não prejudicar ninguém! Mas como alguém 'infelismente' começa a brigar (procurar briga) eu evito o máximo e se acontecer eu tento procurar o diretor da escola! + (sic) não toma atitude contra isso! Para me defender acabo xingando + (sic) não chego a brigar! Pq nunca briguei e não tenho pq brigar"; (Escola MAR)

"Eu apenas me defendo dos outros que me ameaçam, tenho que me defender"; (Escola MAR)

"Eu não sou uma menina de ficar batendo em qualquer pessoa agora se a pessoa fica me provocando daí eu perco a paciência daí eu parto para cima da pessoa"; (Escola MAR)

"Eu só bato ou xingo pessoas que me bate ou me xinga eu sou quieta, não mecho (sic) com ninguém mas também não gosto que mecha (sic) comigo"; (Escola MER)

"Auguem (sic) veio com gilete eu quebrei um pedaço e ganhei a briga"; (Escola MER)

"Eu batendo no (...) porquê ele me xingou e fez mal!!! Olha, eu não gosto de brigar, roubar, etc... Mas não posso evitar, quando me provocaram a raiva estoura e pressio (sic) contar até 10 para me acalmar. Já tive que correr bastante parar não apanhar"; (Escola MER)

"É normal xingar os outros dentro do colégio. Os professores não fazem nada, só nos chamam atenção e pronto. Tenho vários apelidos, mais (sic) o que mais me irrita é pingo. Pq eu bebo e fico bêbado na sala. A (...) me dá unhada, o (...) quer quebrar meu dedo, a (...) quer me bater e é uma drogada. Mas eu amo eles mesmo assim. Eu sou bem pior. Dô (sic) uma voadora na face. A (...) me chingo (sic) porque é extressado (sic). Fim ou melhor continua"; (Escola MER)

"Sou muito tranquilo neste colégio, não bato em ninguém, não apanho de ninguém, tenho muitos amigos neste colégio, mas não por isso que sou tranquilo neste colégio. Mas se 'chingarem' à alguma pessoa de minha família, aí eu terei uma razão boa para bater em alguém". (Escola MER)

Alguns relatos de *situação violenta nas escolas enquanto autor* foram:

"Eu bati no garoto por causa do meu namorado!!!!"; (Escola MER)

"Eu bato em aluno guano(sic) é presiso (sic) chingo quando é presiso (sic)". Fez o desenho de uma pessoa atirando e outra deitada com um balãozinho; (Escola INT)

"Quando agredi os colegas eram por motivos de brincadeira que eles sabiam e deixavam!". (Escola INT)

Esses relatos nos confirmam que os alunos necessitam de intervenções que ensinem autocontrole e técnicas de resolução de conflitos, que as situações violentas que ocorrem nas escolas têm alto potencial de gravidade (como com o uso de amas brancas), que o uso de substâncias é um problema escolar e que programas preventivos contra o abuso de álcool e drogas são necessários, assim como tratamentos de redução de dependência de drogas lícitas e ilícitas para alguns alunos.

Adicionalmente, aparece nesses relatos a prática da violência por motivo de brincadeira, assim como se nota a comum percepção dos autores de violência de que diante de determinadas situações condiz agir com violência. Tal percepção pode ser discutida e considerada no planejamento de intervenções para reduzir comportamentos violentos. A UNESCO (2005) também encontrou que as agressões são percebidas pelos alunos como uma maneira natural de os jovens se comunicarem e que, muitas vezes, as ofensas são realizadas de maneira gratuita, com conotação de brincadeira. Tal constatação não é exclusiva do Brasil, na pesquisa de Slee e colaboradores (2005), notou-se que no Japão, Austrália, Coreia do Sul e Canadá foi comum os alunos terem afirmado agredir fisicamente como uma forma de brincadeira, sendo que o Japão foi o país em que esse tipo de situação foi menos mencionado (46% dos alunos investigados) e a Austrália o país em que os alunos mais mencionaram (73% dos alunos). Desse modo, propiciar oportunidades para brincadeiras mais saudáveis aos alunos, em que a cooperação seja valorizada é essencial.

Um comentário que se destaca é: "Eu bati no garoto por causa do meu namorado!!!". A respeito desse comentário, indica-se como necessário que se aborde com mais frequência na escola o que sejam relações amorosas saudáveis e que se desmistifiquem mitos a respeito de que "ofendeu meu namorado (a), ofendeu a mim", "mexeu com meu namorado (a), vai levar"; "tá dando em cima do meu namorado (a), merece apanhar", crenças infelizmente difundidas com frequência em programas televisivos como em telenovelas.

Quanto às *testemunhas da violência*, estas comentaram:

"Nos últimos dias na hora da saída uma colega minha foi asautada (sic) perto da escola eu estava indo pegar um ônibus para ir embora. Apartir (sic) daquele dia minha mãe vai me levar pra escola e me buscar depois que isso aconteceu nenhuma providencia foi tomada e a patrulia (sic) não estava na escola. Espero que augo (sic) seja feito. Obrigado"; (Escola MAR)

"Existem alunos que são inseguros, que sofrem ameaças, que são agredidos e sofrem grande falta de respeito! E por causa de pressam (sic) não acabam falando. Tem alunos que vendem drogas no colégio, Tem vários pelo menos 40% usão (sic), vendem e influencião (sic) o uso, é trazido bebidas alcoólicas, drogas como cigarro e maconha, seja em colégio público ou em colégio particular. Tem em todos não á (sic) 1 que não tenha pelo menos que envouva (sic) alunos maiores de 13 anos"; (Escola MAR)

"Hoje aqui nessa escola virou rotina brigas na saída"; (Escola MAR)

"Bem, por eu ser uma menina, quieta e tranquila, eu observo muitas coisas e ouço também e vejo que nessa escola não tem nenhuma segurança, já vi alunos armados, com drogas e ameaçando outras pessoas. Já até vi o próprio diretor falando que não podia fazer nada referente ela apanhar fora da escola na saída, pois foi a minha amiga. Bem essa escola vi de tudo um pouco e o que mais vi foi brigas e agressões, furtos, e o pior não posso me manifestar, pois isso vai me trazer consequências. A escola tem que tomar medidas sérias e não mandar professores conversar com todos e não adianta nada. Essa escola tem que mudar!!!"; (Escola MAR)

"Eu não bebi, nem fumei mas conheço uns amigos que gasearam a semana inteira usaram drogas e fumaram. Tem algumas coisas que não pude responder bem serto (sic)"; (Escola INT)

"Tenho amigas que usam drogas"; (Escola INT)

"Bom a segurança é preciso, até tem patrulia escolar mas quando acontece brigas nem sempre eles estão presente"; (Escola MER)

"Os professores xingou os alunos e uma menina veio com faca nas aulas"; (Escola MER)

"Ficam brincando de passa (desenho de uma criança batendo em outro e esse dizendo ai!)"; (Escola MER)

"Que a violência escolar diminui muito, porque a pessoa que não tem nada a ver com a confusão e caba (sic) entrando de graça! E é ameaçada pelas gangue (sic)". (Escola MER)

Nota-se, por esses relatos que a situação de violência nas escolas é grave, que mesmos os alunos que são testemunhas sofrem por observar violência, sentindo medo e revolta com relação às situações observadas. Esses relatos também referem ao que Neto e Saavedra (2003) apontavam sobre o fato de que a violência testemunhada pode causar consequências psicológicas danosas.

Mais uma vez a Patrulha Escolar é citada pelos alunos como uma possibilidade de segurança, assim sugere-se que se realizem pesquisas mais específicas sobre as situações em que a atuação da Patrulha se faz necessária e como esta deve ser.

Na escola de MER, percebeu-se que os relatos dos observadores foram mais no sentido de revelar que a violência foi frequente e acabou, por vezes, fazendo parte de brincadeiras entre alunos, porém com consequências negativas. Além disso, o último relato descrito acusa a existência de gangues na escola.

4 Como eu sou: respostas sugestivas de atos e sentimentos.

Os alunos buscaram expressar algumas das suas características, sentimentos e valores pessoais, sendo esses desvalorizando a agressividade e outros incentivando.

Algumas dessas *afirmações não violentas* foram:

"Odeio brigar, eu sou do bem"; (Escola MER)

"Eu sou uma pessoa feliz, não sofro discriminação, não me batem, eu não bato nos outros. Enfim, eu sou feliz"; (Escola MAR)

"Não quero e não fasso (sic) coisas que prejudica a minha vida e da minha família nunca patê (sic) em ninguém nunca sofri nada de ninguém"; (Escola MAR)

"Eu amo Jesus". (Escola INT)

Por essas afirmações, nota-se que há alunos que autoavaliam os seus comportamentos e valorizam o fato de não agirem com agressividade, querendo comunicá-lo. É importante que haja oportunidade para que os alunos julguem seus próprios comportamentos, que possam expressar quando agem de modo adequado e que tais comportamentos pró-sociais sejam muito valorizados pelos funcionários, pelos colegas e pela instituição como um todo.

Adicionalmente, foram poucas as afirmações de alunos que sugeriram *sentimento de arrependimento*; sendo que esses comentários foram:

"Prometo melhorar!!"; (Escola MER)

"Fiquei arrependido pelas coisas erradas que fiz"; (Escola INT)

"Eu me arrependi de muitas coisas". (Escola MER)

A escola deve criar oportunidades para que os alunos possam discutir comportamentos dos quais se arrependem, de modo a treinar habilidades de se desculpar, diminuir a sensação de culpa e melhorar a interação entre os membros da instituição. Ao promover tais oportunidades, pode-se, também, ensinar às vítimas a desculparem e incentivar que busquem se conciliar com os colegas, mesmo com os que já lhes causaram mal.

Algumas das afirmações que denotam *respostas agressivas* por alunos foram:

"Eu feto (sic) casete (sic) como um porco e como um gambá. Ass: ninguém"; (Escola MAR)

"Maconha. Pinto"; (Escola MAR)

"Quero peida!"; (Escola INT)

"Cú!". (Escola MER)

5 O que eu proponho: sugestões para diminuir violência na escola

Alguns comentários dos alunos se tratavam de sugestões:

"(...) A escola tem que tomar medidas sérias e não mandar professores conversar com todos e não adianta nada. Essa escola tem que mudar !!!"; (Escola MAR)

"Se as pessoas fossem mais legais e não metidas, não brigassem por qualquer coisa, o colégio seria melhor, porque quem faz o colégio melhor, são aqueles que estão dentro dele (alunos). Diz um dito:"Coloque-se em seu lugar...Porque no meu ninguém manda..."; (Escola MAR)

"Eu queria que esse colégio tivesse mais segurança, mais respeito e mais punições"; (Escola INT)

"Mais segurança, mais atitude sobre castigos de alunos, mais ordem, mais responsabilidade, mais atitude sobre alunos que não querem nada com a vida ou escola, etc..."; (Escola INT)

"O colégio tinha que ter guarda no portão para tomar conta dos alunos"; (Escola MER)

"Eu queria que o(...) ou a(...) tomace (sic) atitude com os alunos mal educados". (Escola MER)

"Gostaria muito que nosso colégio teve-se (sic) guarda e muita segurança." (Escola MER).

"Quero dizer que não depende só dos alunos fazerem uma escola melhor. Depende também da coordenação e direção do colégio. E, é isso. Obrigada por tudo." (Escola MER).

Tais afirmações denotam a necessidade de os alunos terem regras e medidas claras e consistentes em relação a comportamentos inadequados, apontadas por autores (Khoury-Kassabri et al., 2004; Schreck, Miller e Gilbson, 2003) como essenciais. Contudo, também, deve-se ter cautela quanto às medidas rígidas propostas por alunos, uma vez que a punição extrema apenas favorece o aumento da violência, diminuindo a qualidade da relação entre alunos e funcionários (Greenberg, 1969, citado por Abramovay e Rua, 2002).

6 Eu participante de uma pesquisa: afirmações referentes à pesquisa e aos pesquisadores

Os alunos fizeram afirmações referentes à pesquisa e aos pesquisadores. A escola INT foi a única escola na qual os alunos comentaram o quanto haviam sido sinceros ao responder o questionário. Seguem alguns desses relatos:

"Não posso falar a verdade porque..."; (Escola INT)

"Fui mais sincera do que não sei o que"; (Escola INT)

"Eu queria dizer que todas as minhas respostas estão verdadeiras"; (Escola INT)

"Gostei desse trabalho pois eu posso contar a realidade!"; (Escola INT)

"Gostei das perguntas e respondi com sinseridade (sic) e tomara que isso que aconteceu comigo não aconteça mais (marcou que usou drogas, tomou bebidas alcoólicas, foi xingado, ameaçado, apanhou, apelidou, foi suspenso) Obrigado vocês por deixar eu desabafar. Thau (sic)!". (Escola INT)

Tais afirmações revelam que, na escola de INT, os alunos se sentiram mais confiantes quanto ao sigilo das informações, com exceção do primeiro relato. Talvez, porque os índices de violência nessa escola tenham sido inferiores, conforme descrito em outro trabalho (Stelko-Pereira, 2009), de modo que os alunos se sentissem menos vulneráveis a agressões do que nas outras escolas.

A quantidade de afirmações que buscavam agradecer pela pesquisa ou incentivá-la foi maior do que a quantidade de críticas à mesma. Alguns comentários positivos em relação a pesquisa foram:

"Gostei de participar desse questionário faz muitas perguntas importantes e legais"; (Escola MAR)

"Aí, parabéns pelo trabalho e quem dera um dia vocês conseguirem acabar com a violência na escola. Parabéns!!"; (Escola INT)

"Essa pesquisa é muito boa para dizer o que está acontecendo com cada aluno e deve se repetir mais vezes"; (Escola INT)

"Gostei dessa pesquisa que foi realizada. Parabéns organizadores"; (Escola MER)

"Parabéns por esse trabalho isso na minha opinião é importante para nós, uma pesquisa entanto. Parabéns. Bjo CHau (sic)". (Escola MER)

Alguns comentários da escola INT que buscavam agradecer ou incentivar a pesquisa se destacaram dos demais por aludirem a benefícios não previstos pelos pesquisadores com a aplicação do questionário:

"Fico muito feliz em ajudar nesse questionário";

"Gostei muito dessa pesquisa por que mexeu comigo, para me lembrar das ameaças, xingamentos e etc... muito legal";

"Eu só quero dizer que nós estávamos desabafar (sic) sobre isso. Muito obrigado por me escutar".

Tais afirmações denotam que o questionário aplicado na presente pesquisa foi atrativo aos alunos, sendo percebido com questões relevantes à realidade destes e agradável de ser respondido. Além disso, tais relatos apontam a grande necessidade de se criarem espaços em que os alunos possam relatar mais aspectos de suas vidas e possam elaborar de melhor forma situações de vitimização, sendo que, ao que parece, há carência de atividades na escola desse cunho. Houve também críticas ao questionário:

"Lá, lá, lá... cansei..."; (Escola MAR)

"Eai (sic), nem curti essas perguntas"; (Escola MER)

"Não serviu de nada esse questionário"; (Escola MER)

"Isso foi chato! Não gostei"; (Escola INT)

"Eu não gostei de nada dessas perguntas! Dan... (sic)". (Escola INT)

Apesar de ter sido elogiado por mais alunos do que criticado, o questionário despertou sentimento de cansaço e inutilidade para alguns alunos. Pesquisas futuras com o objetivo de discriminar as características dos alunos que não gostaram de ter respondido podem ser interessantes. Um exemplo de pesquisa com objetivo semelhante é a de Langhirischesen-Rohling e colaboradores (2006) que fizeram uma pesquisa na qual investigavam histórico de comportamento suicida, de abuso físico e sexual e de uso de drogas com 1.540 alunos. Percebeu-se que 70,4% se declararam "nada tristes" ao ter respondido o questionário, 15,5% "raramente tristes", 9,7% "algumas vezes tristes" e 4,4% "geralmente tristes" ao responderem à pesquisa. Dentre os participantes que se sentiram chateados ao responderem as perguntas, notou-se que, em maior proporção, foram aqueles que em sua história de vida já haviam pensado em suicídio, feito tentativas de suicídio, sofrido abuso sexual, sido vítimas de abuso físico e utilizado substâncias ilícitas.

Houve expectativas dos alunos quanto à realização da pesquisa.

> "Esse questionário 'posa' melhorar o futuro das crianças para que quando adultos sejam ótimos cidadãos. Parabéns"; (Escola MAR)
>
> "Queria que a escola mude de atitude e de um bom exemplo! Posso contar com vocês? Nós alunos podemos ajudar!!!"; (Escola INT)
>
> "Foi, bom fazer, espero que resolva alguma coisa... para os alunos "malcriados". Valeu!!". (Escola MER)

Tais mensagens de incentivo também revelam o quanto os alunos gostaram de se expressar e a necessidade de indivíduos e programas na escola que possam melhorar o dia a dia dos alunos.

Apesar de tantos comentários elogiosos e de estímulo, houve ameaças não específicas aos pesquisadores nas escolas MAR e INT, sendo que na primeira escola essas consistiram em: *"Não mexa com quem está quieto!"; "Não mexa com quem ta queto! (sic)"* e na segunda foi *"Sou sucegado! Não encha meu saco!"*. Dentre essas ameaças, nota-se que as da escola MAR parecem ser de maior potencial ofensivo e, aparentemente, mais relacionadas a gírias de gangues. Tais ameaças aludem à situação de violência na escola e ao sentimento de medo e ameaça que ocorre no ambiente escolar, de modo que mesmo em um questionário anônimo, aplicado por uma pesquisadora externa à escola, há alunos que sentem a necessidade de demonstrar poder e intimidar para que não haja ações de redução de violência, tráfico de drogas, etc. Assim, pode-se também sugerir a necessidade de que em escolas que a violência seja mais grave a Patrulha Escolar tenha maior participação e que haja uma boa articulação com Conselho Tutelar, Juizado da Infância e Adolescência e um sistema de apoio psicológico aos educadores.

Além dessas afirmações, houve comentários que não se relacionavam ao tema, conforme descrito anteriormente, e opiniões confusas, ilegíveis e que não faziam parte das categorias acima definidas.

CONSIDERAÇÕES FINAIS

Ainda que se mostre extremamente grave no Brasil, a violência escolar não é um problema exclusivamente nacional, sendo uma adversidade em diversos países, de diferentes condições socioeconômicas e culturais. Estudos já demonstraram que existem variáveis contribuintes para ser autor, vítima e autor-vítima de violência na escola, como também foi apontado o impacto negativo da violência na escola.

Pelas respostas dos alunos que participaram desse estudo, percebeu-se que, em geral, estes gostam de opinar sobre a realidade escolar, sentem-se importantes ao contribuir com pesquisas e que a violência na escola faz parte da realidade deles, independentemente da condição socioeconômica e taxa de homicídio da região em que a escola em que estudam se localiza.

Pesquisas futuras que busquem diminuir a violência na escola poderiam levar em consideração os seguintes aspectos revelados a partir dos comentários dos alunos: 1) além de incentivar que os alunos se declarem a favor da paz e contrários ao abuso de drogas, é importante criar condições para que o dizer e o fazer sejam coerentes, 2) propiciar que os alunos tenham espaço para criticar o que não gostam na escola, aprendendo a não reclamar de forma genérica e ofensiva, e participem na busca de soluções, 3) criar condições para que os alunos aprendam a aceitar as diferenças entre as pessoas e a se valorizar enquanto seres singulares, com características físicas, intelectuais, esportivas, entre outras, únicas, 4) ensinar habilidade de autocontrole e resolução pacífica de conflitos e, por fim, 5) realizar prevenção primária e secundária de abuso de drogas.

REFERÊNCIAS

Abramovay, M. (2005). *Cotidiano das escolas: Entre violências*. Brasília: UNESCO.

Abramovay, M., & Rua, M. das G. (2002). *Violência nas escolas*. Brasília: UNESCO.

Akiba, M., LeTendre, G. K., Baker, D. P., & Goesling, B. (2002). Student victimization: National and school system effects on school violence in 37 nations. *American Educational Research Journal, 39*(4), 829-853.

American Psychological Society. (1997). *Reducing violence: A research agenda*. Washington: APA.

Artz, S., & Riecken, T. (1997). What, so what, then what? The gender gap in school-based violence and its implications for child and youth care practice. *Child and Youth Care Forum, 26*(4), 291-303.

Bowen, G. L., Bowen, N. K., & Richman, J. M. (1998). *Students in peril: Crime and violence in neighborhoods and schools*. Chapel Hill: The University of North Carolina at Chapel Hill.

Codó. (2006). *Educação: Carinho e trabalho* (4. ed.). Petrópolis: Vozes.

Colvin, G., Toblin, T., Beard, K., Hagan, S., & Sprague, J. (1998). The school bully: Assessing the problem, developing interventions, and future research directions. *Journal of Behavioral Education, 8*(3), 293-319.

Debarbieux, E., & Blaya, C. (2002). *Violência nas escolas e políticas públicas*. Brasília: UNESCO.

Dodge, K. A., Pettit, G. S., & Bates, J. E. (1994). Socialization mediators of the relation between socioeconomic status and child conduct problems. *Child Development, 65*, 649-665.

Due, P., Holstein, B. E., Lynch, J., Diderichsen, F., Gabhain, S. N., Scheidt, P., et al. (2005). Bullying and symptoms among school-aged children: International comparative cross sectional study in 28 countries. *European Journal of Public Health, 15*(2), 128-132.

Galand, B., Lecocq, C., & Philippot, P. (2007). School violence and teacher professional disengagement. *British Journal of Educational Psychology, 77*(2), 465-477.

Garcia-Reid, P., Reid, R. J., & Peterson, N. A. (2005). School engagement among latino youth in an urban middle school context: Valuing the role of social support. *Education and Urban Society, 37*(3), 257-275.

Gerberick, S. G., Nachreiner, N. M., Ryan, A. D., Church, T. R., McGovern, P. M., Geisser, M. S., et al. (2006). *Violence against teachers: Magnitude, consequences and causes*. Paper presented at the XVII Meeting of International Society for Research on Aggression, Minneapolis, MN. Acessado em 12 ago, 2008, em www.israsociety.com/ 2006meeting/abstracts/27pstp1b.pdf.

Hawker, D., & Boulton, M. (2000). Twenty years' research on peer victimization and psychosocial maladjustment: A meta-analytic review of cross-sectional studies. *Journal of Child Psychology & Psychiatry & Allied Disciplines, 41*, 441-455.

Holt, M. K., Finkelhor, D., & Kantor, G. K. (2007). Multiple victimization experiences of urban elementary school students: Associations with psychosocial functioning and academic performance. *Child Abuse & Neglect, 31*, 503-515.

Huizinga, D., Loeber, R., Thornberry, T. P., & Cothern, L. (2000). Co-occurrence of delinquency and other problem behaviors. *Juvenile Justice Bulletin*, 1-8.

Instituto de Pesquisa e Planejamento Urbano de Curitiba. (1991). Acessado em 20 maio, 2007, em http://ippucnet.ippuc.org.br/Bancodedados.

Jerald, C. D. (2006). Identifying potential dropouts: Key lessons for building an early warning data system. *Achieve and Jobs for the Future*, 1-53. Acessado em 25 ago, 2011, em http://www.jff.org/publications/education/identifying-potential-dropouts-key-lesso/253.

Johnson, K. D. (2005). *School vandalism and break-ins: Problem-oriented guides for police problem spe-*

cific guides series. Acessado em 10 mar, 2008, em http://www.cops.usdoj.gov/files/RIC/Publications/SchoolVandalismBreakIns.pdf.

Khoury-Kassabri, M., Benbenishty, R., Astor, R. A., & Zeira, A. (2004). The contributions of community, family, and school variables to student victimization. *American Journal of Community Psychology*, *34*(3), 187-204.

Kitsantas, A., Ware, H. W., & Martinez-Arias, R. (2004). Students' perceptions of school safety: Effects by community, school environment, and substance use variables. *The Journal of Early Adolescence*, *24*(4), 412-430.

Kumpulainen, K., Räsänen, E., Henttonen, I., Almqvist, F., Kresanov, K., Linna, S., et al. (1998). Bullying and psychiatric symptoms among elementary school-age children. *Child Abuse and Neglect*, *22*(7), 705-717.

Langhintichsen-Rohling, J., Arata, C., O'Brien, N., Bowers, D., & Klibert, J. (2006). Sensitive research with adolescents: Just how upsetting are self-report surveys anyway? *Violence and Victims*, *21*(4), 425-444.

Neto, A. L., & Saavedra, L. H. (2003). *Diga não para o Bullying: Programa de Redução do Comportamento Agressivo entre Estudantes*. Rio de Janeiro: Abrapia.

Olweus, D. (2003). A profile of bullying at school. *Educational Leadership*, *60*(6), 12-17.

Organização das Nações Unidas para a Educação, a Ciência e a Cultura. (2001). A Unesco e a *Cultura de Paz*. Disponível em: http://www.comitepaz.org.br/a_unesco_e_a_c.htm.

Organização das Nações Unidas para a Educação, a Ciência e a Cultura. (2006). *Cotidiano das escolas: Entre violências*. Acessado em 20 abr, 2007, em http://unesdoc.unesco.org/images/0014/001452/145265POR.pdf.

Peacock, M. J., McClure, F., & Agars, M. D. (2003). Predictors of delinquent behaviors among latino youth. *The Urban Review*, *35*(1), 59-72.

Pinheiro, F. M. F., & Williams, L. C. A. (2009). Violência intrafamiliar e intimidação entre colegas no ensino fundamental. *Cadernos de Pesquisa*, *39*(138), 995-1018.

Rainone, G. A., Schmeidler, J. W., Frank, B., & Smith, R. B. (2006). Violent behavior, substance use, and other delinquent behaviors among middle and high school students. *Youth Violence and Juvenile Justice*, *4*(3), 247-265.

Ruotti, C., Alves, R., & Cubas, V. de O. (2006). *Violência na escola: Um guia para pais e professores*. São Paulo: ANdhep.

Schreck, C. J., Miller, J. M., & Gibson, C. L. (2003). Trouble in the school yard: A study of the risk factors of victimization at school. *Crime & Delinquency*, *49*(3), 460-484.

Slee, P., Hymel, S., Sim, H., & Taki, M. (2005). The characteristics and background of the bullying problem: Cases in 4 countries. *Report of International Symposium on Education Reform*, 39-134.

Stelko-Pereira, A. C. (2009). *Violência em escolas com características de risco contrastantes*. Dissertação de mestrado não publicada, Universidade Federal de São Carlos, São Carlos, Brasil.

Stelko-Pereira, A. C., & Williams, L. C. A. (2010). Reflexões sobre o conceito de violência escolar e a busca por uma definição abrangente. *Temas em Psicologia*, *18*(1), 41-52.

Stelko-Pereira, A. C., Williams, L. C. A., & Freitas, L. C. (2010). Validade e consistência interna do questionário de investigação de prevalência de violência escolar: Versão estudantes. *Avaliação Psicológica*, *9*(3), 403-411.

Warner, B. S., Weist, M. D., & Krulak, A. (1999). Risk factors for school violence. *Urban Education*, *34*(1), 52-68.

Welsh, W. N. (2003). Individual and institutional predictors of school disorder. *Youth Violence and Juvenile Justice*, *1*(4), 346-363.

Zaluar, A., & Leal, M. C. (2001). Violência extra e intramuros. *Revista Brasileira de Ciências Sociais*, *16*(45), 145-164.

Parte III

Intervenções em situações de violência

16

Entrevista clínica com crianças e adolescentes vítimas de abuso sexual*

*Luísa F. Habigzang, Silvia H. Koller, Roberta Hatzenberger,
Fernanda Helena Stroeher, Rafaela Cassol da Cunha e Michele da Silva Ramos*

Este capítulo tem como objetivo fornecer subsídios teóricos e práticos para uma entrevista clínica com crianças e adolescentes vítimas de abuso sexual. Com o relato fidedigno sobre a experiência abusiva, psicólogos e pesquisadores poderão obter melhores informações para avaliação e auxiliarão na continuidade do processo terapêutico. Os dados levantados poderão propiciar, ainda, apoio no acompanhamento em situações legais e judiciais, encaminhamento para outros serviços de saúde, entre outros. As causas e consequências do abuso sexual, o *setting* da entrevista, a postura dos entrevistadores e as características da revelação pela vítima estão apresentadas, bem como um roteiro de entrevista. As bases de ação tomadas *a priori* por este capítulo levam primordialmente em conta o melhor interesse das crianças e dos adolescentes, segundo proposição da Convenção dos Direitos da Criança.

O ato de entrevistar uma criança ou adolescente, visando ao relato e ao diagnóstico acurado sobre a experiência sexualmente abusiva, é complexo. É necessária uma postura ética dos entrevistadores associada ao conhecimento prévio da dinâmica dessa forma de violência. Uma entrevista mal encaminhada pode se tornar revitimizadora. E tal condição pode ocorrer facilmente, caso não haja humildade profissional e abertura para a constante aquisição de conhecimento. O sofrimento da vítima deve ser respeitado. Questões contextuais, históricas, emocionais e sociais sobre o abuso precisam ser avaliadas, bem como sua função de risco e de proteção. Portanto, é fundamental que profissionais estejam devidamente capacitados para a tarefa de entrevistar.

A avaliação de indicadores diante de uma suspeita ou o diagnóstico para subsequente denúncia de abuso sexual não é tarefa simples. Como o espectro de definição do abuso sexual é amplo e diverso, comumente a composição de provas clínicas que confirmem a violência não é possível. Em parte porque pode ter decorrido tempo demasiado para obtenção de evidências ao ocorrer a denúncia, ou porque o abuso foi de outra ordem que não aquele envolvendo

---

* Artigo originalmente publicado na Revista Estudos de Psicologia (2008), 13(3), 285-292.

penetração. É bastante raro que os agressores admitam ter cometido o abuso, exigindo que os profissionais determinem, portanto, se houve ou não o abuso baseados, em geral, na declaração da própria vítima (Duarte e Arboleda, 2004).

ABUSO SEXUAL CONTRA CRIANÇAS E ADOLESCENTES: DEFINIÇÃO E CONSEQUÊNCIAS PARA AS VÍTIMAS

A ausência de marcas físicas da violência exige que os entrevistadores estejam atentos ao relato da vítima e à identificação das alterações cognitivas, emocionais e comportamentais decorrentes. Abuso sexual é um evento abrangente, que envolve desde palavras sexualizadas até o intercurso completo. Tem sido definido como todo ato ou jogo sexual, relação heterossexual ou homossexual, que parte de um agente que esteja em estágio de desenvolvimento mais adiantado e/ou de mais poder que a criança ou adolescente vitimizado. Tem por finalidade estimulá-la sexualmente ou utilizá-la para obter prazer sexual. Essas práticas eróticas e sexuais são impostas às crianças ou aos adolescentes, em geral, por meio de violência física, ameaças ou indução de sua vontade. Variam desde atos em que não existe contato físico (toques, comentários e elogios com conteúdo sexual sedutor, assédio, *voyeurismo*, exibicionismo), aos diferentes tipos de atos com contato físico sem penetração (sexo oral, intercurso interfemural) ou com penetração (digital, com objetos, intercurso genital ou anal). Engloba, ainda, a situação de exploração sexual, visando ao lucro, como o envolvimento em prostituição e a pornografia (Azevedo e Guerra, 1989).

As consequências dessa forma de violência para as vítimas podem variar devido às suas características pessoais, ao apoio social e afetivo recebido por pessoas significativas e órgãos de proteção, até as características do abuso sexual em si. Assim, o gradiente de consequências no desenvolvimento cognitivo, emocional e comportamental pode variar desde efeitos menores até transtornos psicopatológicos de alta gravidade. As alterações cognitivas podem incluir: baixa concentração e atenção, dissociação, refúgio na fantasia, baixo rendimento escolar e crenças distorcidas. Tais crenças se revelam pela percepção de culpa pelo abuso, diferença em relação aos seus pares, desconfiança e percepção de inferioridade e inadequação. As alterações emocionais se referem aos sentimentos de medo, vergonha, culpa, ansiedade, tristeza, raiva e irritabilidade. Entre as alterações comportamentais se destacam: conduta hipersexualizada, abuso de substâncias, fugas do lar, furtos, isolamento social, agressividade, mudanças nos padrões de sono e alimentação, comportamentos autodestrutivos, tais como se machucar e tentativas de suicídio (Cohen, Mannarino e Rogal, 2001; Haugaard, 2003; Jonzon e Lindblad, 2004; Rosenthal, Feiring e Taska, 2003). O abuso sexual também pode ocasionar sintomas físicos, tais como hematomas e traumas nas regiões oral, genital e retal, coceira, inflamação e infecção nas áreas genital e retal, doenças sexualmente transmissíveis, gravidez, doenças psicossomáticas e desconforto em relação ao corpo (Sanderson, 2005).

Crianças ou adolescentes podem desenvolver transtornos de humor, de ansiedade, alimentares, dissociativos, hiperatividade e déficit de atenção, assim como enurese e encoprese (Briere e Elliott, 2003; Cohen, Mannarino e Rogal, 2001; Runyon e Kenny, 2002). Entretanto, o transtorno do estresse pós-traumático (TEPT) é a psicopatologia mais citada como decorrente do abuso sexual. É estimado que mais da metade das crianças vitimizadas sexualmente desenvolvem sintomas que o caracterizam (Cohen, 2003): 1) experiência contínua do evento traumático, ou seja, lembranças intrusivas, sonhos traumáticos, jogos repetitivos, comportamento de reconstituição, angústia nas lembranças traumáticas; 2) evitação e entorpecimento de pensamentos e lembranças do trauma, amnésia psicogênica, desligamento; e, 3) excitação aumentada, verificado por meio de transtorno do sono, irritabilidade, raiva, dificuldade de concentração, hipervigilância, resposta exagerada de sobressalto e resposta autônoma a lembranças traumáticas (DSM-IV-TR, 2002). Todas as possibilidades de confirmação do abuso devem ser consideradas em uma entrevista, assim como a investigação sobre a presença e gravidade de cada um dos sintomas mencionados. Essa tarefa torna a entrevista ainda mais difícil e exige mais preparo dos profissionais. Não deve ser iniciada uma entrevista, se o(a) potencial entrevistador(a) não se sentir seguro(a) de seus conhecimentos sobre o tema e de seu preparo para lidar com eventuais consequências de abordar tema tão sensível na vida dessas crianças e adolescentes.

ENTREVISTANDO CRIANÇAS/ ADOLESCENTES VÍTIMAS DE ABUSO SEXUAL

As informações apresentadas a seguir têm como objetivos esclarecer aspectos da revelação por parte dos entrevistados acerca da experiência do abuso sexual. São destacados cuidados relacionados ao *setting* da entrevista e a atitude dos entrevistadores.

Características da revelação

A interação da criança com o adulto influenciará a avaliação. A *performance* da criança como uma fonte de informação dependerá de sua capacidade de perceber, lembrar, interpretar e comunicar. Dessa forma, os entrevistadores devem considerar e respeitar as características desenvolvimentais, para que as informações prestadas, verbalmente ou não, sejam compreendidas (Garbarino e Scott, 1992).

As crianças e adolescentes vítimas de abuso sexual tendem a apresentar um "padrão" no processo de revelação que consiste em, no princípio, manter a situação em segredo. Raramente, devido à complexidade do evento, fazem manifestações espontâneas, que só ocorrem quando algum adulto suspeita e lhe faz perguntas. Embora, na maioria dos casos, haja forte tendência para negação, a vítima acaba revelando os abusos sofridos quando questionada algumas vezes, em geral porque não vê mais possibilidade de continuar negando. Também é comum que a criança oscile entre a negação e a reafirmação do abuso (Duarte e Arboleda, 2004; Furniss, 1993), o que provavelmente gere ainda maior ansiedade e sofrimento. No contexto de avaliação, no entanto, esse comportamento pode ser repetido. Mesmo tendo sido encaminhada por suspeita ou por denúncia de abuso sexual, diante de uma pessoa desconhecida, a criança ou adolescente vítima pode inicialmente negar, não querer falar no assunto ou oscilar na apresentação de suas informações. Essa é uma atitude previsível, porque não está ainda vinculada ao profissional, precisa entender exatamente o que está ocorrendo e as consequências de suas declarações. Um aspecto emocional importante não pode ser esquecido quando do atendimento desses casos, ou seja, o perpetrador de violência é em geral alguém próximo com quem a vítima tem laços de afeto e confiança que foram rompidos ou pelo menos abalados. O entrevistador não pode exigir que em um primeiro contato seja instaurada uma relação de confiança com ele que é desconhecido. Um estudo que testou um método de avaliação em casos de suspeita de abuso sexual identificou que entre os 56 casos avaliados, 44 fizeram a revelação na entrevista inicial, enquanto os demais só o fizeram na segunda entrevista ou mais (até seis entrevistas; DeVoe e Faller, 1999). Também meninos e meninas não diferiram na quantidade e no tipo de informação prestada sobre a violência sofrida. Tais resultados apoiam a noção de que crianças sexualmente abusadas podem requerer mais de uma oportunidade para revelarem a experiência de abuso sexual. Portanto, um modelo de avaliação baseado em apenas uma entrevista manteria algumas crianças em situação de risco (DeVoe e Faller, 1999). Portanto, a formação do vínculo de confiança com as crianças está relacionada ao tempo necessário para revelar o abuso aos entrevistadores. A vítima precisa se sentir segura e confortável na presença da pessoa que irá entrevistá-la, para poder compartilhar situações que geram ansiedade e sofrimento.

Dentre os fatores que influenciam a revelação da vítima, as percepções e crenças desta sobre sua experiência de abuso sexual são significativas. A percepção de culpa sobre o abuso sexual, por exemplo, contribui para que a criança ou adolescente sinta mais medo e vergonha de revelar a situação. Outras percepções comumente distorcidas em crianças vítimas de abuso sexual são a perda de confiança nas pessoas em geral e de credibilidade dos outros. Quanto maior a desconfiança e a percepção de não credibilidade, mais difícil é para a criança revelar o abuso sexual (Haugaard, 2003; Jonzon e Lindblad, 2004; Mannarino, Cohen e Berman, 1994). Os agressores comumente têm uma relação de confiança com as crianças, fazem com que elas passem de uma relação afetiva para uma realidade dolorosa. As fantasias da criança de uma relação de afeto com aqueles com quem convivem são transformadas em realidades duras com a quebra da relação de confiança, naqueles que perpetram o abuso e que podem se estender a todos os demais.

O receio de provocar danos à estrutura familiar é outro importante aspecto que influencia a revelação da criança. Em geral, é fruto da intimidação dos agressores, que agem com chantagens e ameaças à criança, para que mantenham o segredo. Tal dinâmica de segredo e ameaças também dificulta a revelação da vítima (Goodman-Brown et al., 2003). Alguns desses fatores foram analisados nos arquivos sobre a revelação de violência sexual de 218 casos de crianças e adolescentes, em órgãos de proteção responsáveis pelo atendimento destes (Goodman-Brown et al., 2003). A idade da vítima no início do abuso apareceu correlacionada com o tempo que esta levou para revelar o abuso, sendo que as crianças mais novas levaram um período maior para revelar a violência. O gênero da vítima não apresentou diferença significativa no tempo para a revelação da situação abusiva. No entanto, as crianças vítimas de violência intrafamiliar levaram um período maior para contar sobre o abuso quando comparadas com as crianças vítimas de violência extrafamiliar. As crianças que acreditavam nas possíveis consequências negativas quando contassem sobre o abuso, demonstraram um período mais longo para revelar o abuso sexual. O medo dessas crianças em relação às consequências negativas se concentrou, principalmente, em outras pessoas, como, por exemplo, familiares, estando também relacionado com o medo de consequências negativas a si própria ou aos agressores. A idade, o tipo de abuso (intrafamiliar ou extrafamiliar), o medo de consequências negativas e a responsabilidade frente ao abuso estão relacionados com o período que as vítimas levam para revelar a violência sexual (Goodman-Brown et al., 2003).

Os sintomas de TEPT também podem influenciar a clareza e a coerência das informações prestadas pela vítima na revelação do abuso sexual. A memória de eventos traumáticos se caracteriza pela fragmentação sensorial, podendo se apresentar sem estrutura narrativa desenvolvida e com expressão emocional intensa. Isso ocorre porque as experiências traumáticas são processadas pela memória, apresentando problemas na síntese, categorização e integração da informação (Peres e Nasello, 2005). A dificuldade de recuperar as informações sobre o evento traumático (esquecimento) é outra característica do TEPT. Dessa forma, os entrevistadores devem ter conhecimento de tais aspectos relacionados ao impacto da vitimização sexual, para compreenderem o relato das crianças e identificarem fatores essenciais para o diagnóstico (Epistein e Bottoms, 2002).

O *setting* para a entrevista

O ambiente da entrevista deve garantir que a criança se sinta confortável física e psicologicamente. Os entrevistadores devem procurar tornar o local acolhedor, decorando-o, por exemplo, com figuras e desenhos feitos por crianças. Ao mesmo tempo deve ser informal, livre de perturbações e de acessórios que possam causar distração. Pode ser útil dispor de algum material para desenho e alguns brinquedos, mas não em demasia. O mobiliário deve ser adaptado à estatura da criança, e é fundamental que o espaço seja privado e que isso esteja claro para a criança (Duarte e Arboleda, 2005).

A atitude dos entrevistadores

Os profissionais devem realizar a entrevista demonstrando serenidade, cordialidade e empatia. Devem considerar diversas hipóteses sobre o que ouvirão da criança, sem aceitarem de antemão ou tomarem como única verdade válida a informação anterior à entrevista. É importante não assumir uma postura sugestiva ou indutiva e não reforçar seletivamente a criança, por exemplo, sorrindo apenas quando faz afirmações que estão em consonância com as suspeitas dos entrevistadores. A atitude de escuta integral é fundamental, ouvindo com atenção genuína o que a criança está dizendo, de forma empática, colocando-se no lugar da criança e aproveitando as próprias palavras dela para revelar que a está escutando e entendendo (Duarte e Arboleda, 2005; Garbarino e Scott, 1992).

Algumas qualidades do entrevistador destacadas como importantes são: discernir entre seus problemas pessoais e os da criança, ter autoconhecimento, ser sincero e honesto, aceitar e compreender a criança e estar seguro de si. Outro requisito importante na entrevista é a capacidade de facilitar a expressão da criança, não tornando o encontro um interrogatório, mas conduzindo o diálogo com liberdade e espontaneidade.

O uso de palavras pertencentes ao vocabulário infantil pode ser necessário, especialmente para fazer referência às zonas anatômicas ou práticas abusivas. No entanto, palavras vulgares ou grosseiras devem ser evitadas e podem ser substituídas por palavras mais amenas de cunho coloquial. Tal substituição terá também um cunho pedagógico, uma vez que a criança poderá aprender a fazer referência à sua própria experiência de forma mais articulada. A entrevista exige método, não é uma interação corriqueira de duas pessoas, deve sempre ser delimitada por objetivos, para obtenção de dados que contribuam para uma futura intervenção. A interação desde a primeira entrevista é essencial para a confiabilidade dos dados obtidos e, principalmente, para que a impressão da criança em relação aos entrevistadores e à instituição que estes representam seja de confiança (Silvares e Gongora, 1998). Os entrevistadores devem proporcionar tempo suficiente para que as crianças e adolescentes exponham suas opiniões, anseios e ideias, sem se sentirem ameaçados. Os entrevistados podem também fazer perguntas e esclarecer suas dúvidas (Garbarino e Scott, 1992).

Durante a entrevista, os profissionais devem acentuar a importância de o relato consistir no que realmente aconteceu e de que não existem respostas certas ou erradas (Garbarino e Scott, 1992). Devem ser evitadas perguntas repetidas, uma vez que a criança pode entender que não respondeu corretamente e, portanto, modificar a resposta. Isso também dará a impressão de que os entrevistadores não estão prestando toda a atenção devida à criança. Deve-se autorizar a criança a não responder, se não desejar, a perguntas que lhe sejam difíceis e evoquem lembranças com as quais não está preparada para lidar naquele momento da entrevista. Também é importante que os entrevistadores digam que não sabem exatamente o que aconteceu. Devem convidar a criança a ajudá-los a conhecer melhor os fatos, e que o relato da criança é muito importante para que possam entender sua história (Duarte e Arboleda, 2004). Também se deve observar o comportamento não verbal das crianças e adolescentes durante a entrevista, pois representam uma fonte de informações adicionais aos relatos verbais (Garbarino e Scott, 1992).

Para que sejam atingidos os objetivos principais, é necessária uma série de habilidades de entrevistar, ou seja, estratégias que podem utilizar para enriquecer a obtenção dos dados. Segundo Silvares e Gongora (1998), tais habilidades são: 1) habilidades empáticas que dizem respeito a um conjunto de sentimentos e atitudes, os quais os entrevistadores devem demonstrar em relação à criança, tais como honestidade, sinceridade, compreensão, interesse. Faz-se necessário que se coloquem no lugar da criança para melhor entender seus sentimentos e que ajam de modo que a criança perceba isso; 2) habilidades não verbais, tais como expressão facial, voz, postura corporal e gestos. Algumas das habilidades mais citadas são: voz modulada, suave e firme, olhar direto e seguro para a criança, sorriso ocasional, velocidade moderada da fala, gestos ocasionais com as mãos; 3) habilidades de perguntar, ou seja, as perguntas devem ser feitas uma de cada vez, de forma clara, direta e precisa. Perguntas indutoras, sugestivas ou com conotação de valor ou apreciação moral devem ser evitadas. O momento para utilização de perguntas abertas ou fechadas deve ser bem escolhido. As perguntas abertas nunca têm uma resposta única, como "sim" ou "não", por isso sempre exigem que sejam aprofundadas e buscados um número maior e mais detalhado de informações na resposta da criança. Já a pergunta fechada pode induzir respostas curtas, pois são pontuais e não estimulam a criança a falar. E falar é importante para que a criança possa romper com o segredo. O silêncio que pode lhe ser muito penoso e, por meio da fala, poderá expressar e aliviar sua ansiedade e tristeza diante dos fatos vivenciados; 4) operacionalizar informações, ou seja, buscar uma descrição do problema, pedindo esclarecimentos de algumas questões, para que se tenha certeza de que os entrevistadores e as crianças estão falando de um mesmo problema; 5) parafrasear, ou seja, repetir frases ditas pela criança, com a intenção de mostrar entendimento, acentuar a questão e fazer a criança perceber que foi ouvida. Assim a criança poderá continuar refletindo sobre o assunto como se estivesse ouvindo sua própria fala; 6) descrever sentimentos da criança para ajudá-la a identificar o que sente e também para se sentir compreendida; 7) sumarizar ou resumir as informações relatadas pela criança, para avaliar se foram bem-compreendidas, e que ela possa corrigir eventuais erros de comunicação; 8) conduzir a entrevista conforme os seus principais objetivos; 9. Manter a sequência, a coerência e a continuidade entre a fala e os comportamentos dos entrevistadores e da criança.

Além desses aspectos propostos por Silvares e Gongora (1998), com relação ao abuso sexual, é importante que os entrevistadores não prometam segredo sobre as informações por dois motivos. O primeiro, para não reforçarem a dinâmica de segredo que vitimiza a criança e o segundo, porque tais informações podem ser requisitadas por órgãos de proteção à criança e sempre que esta estiver em risco, é dever ético dos profissionais fazer a denúncia da violência. Além disso, prometer segredo e depois romper com este pode fortalecer a percepção anterior da vítima de que ninguém é confiável.

Indicadores da veracidade do relato da vítima

As declarações da criança ou adolescente devem ser avaliadas sob dois enfoques diferentes: o relato da criança e o levantamento de indicadores de violência. O relato da criança, obtido por meio de protocolos desenvolvidos para realizar a entrevista e a avaliação do abuso, tem como objetivo que a criança descreva com a maior exatidão possível o que aconteceu. O enfoque dos indicadores implica verificar se as reações emocionais, comportamentais, cognitivas e fisiológicas da criança são similares às reações de crianças com histórico de abuso sexual comprovado (Duarte e Arboleda, 2004). Esses enfoques são complementares e têm como função facilitar o diagnóstico de abuso sexual, bem como fazê-lo com maior precisão.

A análise da validade da declaração (Statement Validity Analysis – SVA) é um método do enfoque dos indicadores que se baseia no pressuposto de que as afirmações realizadas por uma criança sobre abusos sexuais, que ela realmente experimentou, diferem de maneira quantificável das afirmações falsas ou produto de suas fantasias. Essa diferenciação é importante porque muitos profissionais ainda possuem dificuldades para discernir quando uma criança está relatando um fato real ou fantasiado. O SVA é composto por três elementos: avaliação psicológica da vítima, análise de sua declaração de acordo com determinados critérios, e comprovação da validade. Tais elementos serão descritos a seguir conforme a proposta de Duarte e Arboleda (2004).

A avaliação psicológica da vítima tem como objetivo situar as declarações dentro de um contexto mais amplo, identificando fatores de risco e de proteção para o desenvolvimento da criança. Tais fatores estão relacionados tanto com as características pessoais da criança quanto com o funcionamento familiar e da rede de atendimento envolvida no caso (Duarte e Arboleda, 2004).

A análise das declarações é realizada por meio da avaliação de conteúdo baseada em cinco categorias:

1) Características gerais, que se referem à análise das afirmações em seu conjunto, considerando três critérios: estrutura lógica, produção desestruturada e quantidade de detalhes. A estrutura lógica se baseia na consistência e coerência da narração. A declaração pode ser desestruturada, no sentido de que se produzem saltos de um assunto a outro, mas a união dos fragmentos fornece uma história lógica. As explicações espontâneas frequentemente são fragmentos dispersos de fatos ocorridos. Os relatos que possuem detalhes específicos, mesmo que desorganizados são mais confiáveis. Por exemplo, como no caso de uma menina de 11 anos: "Não lembro bem que idade eu tinha quando meu pai começou a mexer em mim... eu era pequena, tem coisas que eu não me lembro... muitas vezes ele esperava minha mãe sair e me chamava para ajudar ele a passar sua camisa... quase sempre acontecia de manhã" (os exemplos de casos foram retirados da prática clínica das autoras).

2) Conteúdos específicos é a segunda categoria composta por quatro critérios: adequação contextual, ou seja, fatos ou acontecimentos específicos, situados dentro de um contexto espacial e temporal; descrição de interações, referente à descrição de ações e reações mútuas entre vítima e agressor; reprodução de conversações; e complicações inesperadas, ou seja, afirmações de alguma situação inesperada que ocorreu durante o abuso, como por exemplo, a chegada de uma pessoa. "Aconteceu duas vezes... na primeira meu pai me chamou no quarto... Era de tarde, ele trabalhava à noite e minha mãe de dia. Aí ele me disse: vem fazer uma massagem no pai e eu disse que não queria. Aí ele me pegou a força e me colocou em cima dele.... eu comecei a chorar e meu irmão menor entrou no quarto. Meu pai o mandou sair, porque eu ia brincar de cavalinho com ele. Eu empurrei meu pai e peguei meu irmão no colo. Depois fui pra casa da minha

vizinha esperar minha mãe chegar do trabalho" (menina de 15 anos).

3) Peculiaridades do conteúdo, na qual se avalia a presença explícita de detalhes distintivos, emoções, associações e sentimentos. Os critérios utilizados nessa categoria são detalhes incomuns, irrelevantes, mal-interpretados, mas descritos com exatidão, associações externas relacionadas, explicações sobre seu estado mental durante o abuso e atribuição de um estado mental ao agressor. Por exemplo: "eu não podia acreditar que meu tio estava fazendo aquilo comigo, eu sempre gostei tanto dele, será que ele estava louco ou era muito ruim e eu nunca desconfiei. Eu me senti muito mal quando aquilo aconteceu, fiquei triste e com medo que ele fizesse alguma coisa de ruim pra minha família" (menina de 11 anos).

4) Conteúdos relacionados à motivação se referem à capacidade da criança de elaborar uma explicação com diversos conteúdos, que poderiam prejudicar sua credibilidade. Os critérios dessa categoria são: correções espontâneas, admissão de falta de memória sobre alguma parte da experiência abusiva, apresentação de dúvidas sobre seu próprio testemunho, desprezo por si mesma e perdão do agressor. Por exemplo: "Tem coisas que eu não lembro bem porque já faz um tempo que aconteceu, mas eu lembro que meu irmão mexia em mim quando eu estava dormindo. Muitas vezes acordei com ele deitado comigo na minha cama. Eu tenho muito ódio dele, mesmo ele sendo meu irmão. Minha mãe acha que seria bonito eu perdoar o que ele fez porque somos uma família, mas eu não consigo" (menina de 14 anos).

5) Elementos específicos da agressão, composta por afirmações que contradizem as crenças que as pessoas costumam ter sobre o abuso sexual infantil. Trata-se de detalhes sobre os antecedentes e sequelas do abuso, que é pouco provável que alguém que não tenha sido vítima de abusos sexuais conheça. Por exemplo: "Eu tinha medo que ele cumprisse as ameaças e por isso não contei pra ninguém. Também tinha medo de apanhar mais. Senti medo que minha mãe não acreditasse em mim, porque afinal era o marido dela e seria minha palavra contra a dele. Quando venci o medo e contei fiquei feliz que minha mãe acreditou" (menina de 12 anos). Uma declaração sobre abuso não necessita cumprir todos os critérios mencionados para ser considerada verdadeira. Contudo, quanto maior o número de critérios presentes na declaração, mais provável será que a criança esteja dizendo a verdade. Dessa forma, a presença do critério fortalece a credibilidade, mas sua ausência não significa que a criança esteja mentindo (Duarte e Arboleda, 2004).

Por fim, a comprovação da validade da declaração avalia a adequação da linguagem, maneira como se deu a entrevista (se foram feitas perguntas sugestivas ou coercitivas), motivos que levaram a criança a revelar o abuso e a consistência dessa declaração com outras provas disponíveis. Completados os três elementos que compõem o SVA, conclui-se se a declaração é confiável, provavelmente confiável, indeterminada, pouco confiável ou não confiável (Duarte e Arboleda, 2004).

SUGESTÃO DE ENTREVISTA SEMIESTRUTURADA

O roteiro de entrevista semiestruturada apresentada no Quadro 16.1 foi construído com base na tradução do protocolo desenvolvido pelo The Metropolitan Toronto Special Committee on Child Abuse (1995) realizada por Kristensen (1996). O objetivo do instrumento é coletar dados da história de vida e da violência sexual na perspectiva da vítima, bem como investigar fatores de risco e de proteção no caso. É fundamental lembrar que para que a entrevista tenha validade, os aspectos citados anteriormente, tais como empatia, cuidados com o *setting* e o estabelecimento do vínculo estejam contemplados.

Quadro 16.1 Roteiro de entrevista para avaliação de denúncia de abuso sexual infantil

Rapport	Como é todo seu nome? Meu nome é....Sou psicóloga (ou outra função profissional quando for o caso). Você já conversou com uma psicóloga antes? Sabe o que uma psicóloga faz? (Breve explicação sobre o trabalho do psicólogo)
Questões gerais	Quantos anos você tem? Com quem você mora? Você estuda? Em que série você está? Você tem amigos na escola? E perto da sua casa? O que você costuma fazer quando não está na escola? Que atividades gosta de fazer?
Pergunta de transição	Agora que já nos conhecemos um pouco, gostaria de saber se você sabe por que está aqui hoje? Obs: As crianças muitas vezes já introduzem o tema do abuso. Caso digam que não sabem os entrevistadores podem apontar o assunto da entrevista. Sugestão "eu soube que você teve alguns problemas na sua família (caso seja intrafamiliar) e eu gostaria de saber o que foi que aconteceu. Será que podemos conversar um pouco sobre isso?".
Questões sobre o abuso	Como isso acontecia? (aqui investigar quem, onde, rituais de entrada e saída) Os abusos deixaram de acontecer ou ainda acontecem? Que idade você tinha quando o abuso aconteceu pela primeira vez? Que idade você tinha quando o abuso deixou de acontecer? O abuso aconteceu mais de uma vez? Você contou que isso estava acontecendo para alguém? Para quem você contou? Você sofreu algum tipo de ameaça para não contar sobre o abuso? Fulano (nome do agressor) alguma vez bateu em você ou xingou? E o que aconteceu depois que você contou sobre o abuso? Como sua família reagiu/o que ela fez depois que você contou sobre o abuso? Você foi à delegacia ou ao Conselho Tutelar falar sobre o abuso? Conte-me como foi ir a esses lugares. E o que aconteceu depois? Como está sua vida agora? Obs: Algumas dessas questões não precisam ser formuladas porque a criança traz em seu relato livre.
Questões finais	Fortalecer vínculo de confiança – por exemplo: "Eu gostaria de agradecer por você ter confiado em mim para contar sua história. Sei o quanto é difícil falar sobre isso. Gostaria que soubesse que acredito em tudo o que você me falou. A partir de agora pode contar comigo" (dar telefone do local de trabalho para que a criança possa fazer contato, caso necessite). Investigar percepção de culpa e desculpabilizar a criança – por exemplo "Eu já conversei com outras pessoas que passaram por experiências parecidas com a sua e algumas me disseram que sentem culpa pelo que aconteceu. Você se sente culpado?". Explicar que o responsável pelo abuso é o adulto que tem condições de avaliar o que é certo e errado. Apontar que o entrevistado não tem culpa pelo acontecido. Avaliar impacto da entrevista para a vítima – por exemplo: "Eu gostaria de saber como você está se sentindo agora depois de ter me contado sobre o abuso".

Os entrevistadores podem facilitar o relato das crianças resistentes a falar sobre o abuso, contando sobre sua experiência em atender essas situações, dizendo "eu já ouvi histórias muito parecidas com o que aconteceu com você e sei que é difícil falar. Sei que algumas pessoas sentem vergonha e tristeza quando precisam contar sobre isso. Você está se sentindo assim? Quero dizer que este é um espaço seguro para conversarmos sobre o que aconteceu. Vamos tentar? Eu vou fazer umas perguntas e você vai tentando responder. Não existem respostas certas ou erradas". Também pode oferecer para as crianças com dificuldades para o relato oral, bonecos ou material de desenho para que possam encenar ou escrever e desenhar a situação de abuso. É importante perguntar para a criança sobre sua produção e não interpretar aquilo que desenhou ou encenou sem sua explicação.

Apesar do relato da criança ser fundamental para o diagnóstico de abuso sexual, os profissionais devem investigar fatores de risco na família e na rede de apoio social e afetiva, bem como a presença de sintomas comuns em crianças vítimas de abuso sexual para melhor balizar sua avaliação (Habigzang e Caminha, 2004; Koller e De Antoni, 2004). Entrevistas com pessoas que possuam vínculos com a criança (pais, professores, avós) podem representar informações complementares importantes para a avaliação diagnóstica. Essa investigação de fatores de risco, sintomas e entrevistas com outras pessoas diminui o risco de um diagnóstico equivocado, como, por exemplo, em casos de disputa de guarda, nos quais algumas crianças são induzidas ou obrigadas, por um de seus cuidadores, a denunciar situações falsas de violência. Em casos de dúvida quanto à veracidade do relato da criança, é importante que os profissionais busquem supervisão ou discutam com outros colegas o caso. Contudo, o relato de abuso sexual falso por uma criança é uma minoria. As crianças costumam falar a verdade e quando não o fazem, dificilmente apresentarão sintomas de transtorno do estresse pós-traumático ou depressão, por exemplo.

CONSIDERAÇÕES FINAIS

Obter o relato de uma criança sobre situações de abuso sexual é uma tarefa complexa que requer a capacitação dos profissionais para realizar um diagnóstico, baseado em indicadores concretos. O cuidado principal consiste em preservar e garantir os direitos da criança e trabalhar para o seu melhor interesse, sem tornar a entrevista uma revitimização. Demonstrar credibilidade ao relato da criança e criar um espaço seguro contribuem para que esta se sinta confiante e traga mais informações sobre a violência.

Os protocolos de entrevista podem auxiliar os profissionais na hora da entrevista, servindo como um instrumento de orientação. Contudo, a postura empática e de confiança é o que garantirá que os dados obtidos são de qualidade. A escuta profissional será ética quando este se comprometer verdadeiramente com a criança ou adolescente, buscando contribuir para a melhora de sua qualidade de vida e proteção.

REFERÊNCIAS

American Psychiatric Association. (2002). *Manual diagnóstico e estatístico de transtornos mentais* (4. ed.). Porto Alegre: Artmed.

Azevedo, M. A., & Guerra, V. N. A. (1989). *Crianças vitimizadas: A síndrome do pequeno poder*. São Paulo: IGLU.

Briere, J., & Elliott, D. M. (2003). Prevalence and psychological sequelae of self-reported childhood physical and sexual abuse in a general population sample of men and women. *Child Abuse & Neglect, 27,* 1205-1222.

Cohen, J. A. (2003). Treating acute posttraumatic reactions in children and adolescents. *Society of Biological Psychiatry, 53,* 827-833.

Cohen, J. A., Mannarino, A. P., & Rogal, S. (2001). Treatment practices for childhood posttraumatic stress disorder. *Child Abuse & Neglect, 25*, 123-135.

DeVoe, E. R., & Faller, K. C. (1999). The characteristics of disclosure among children who may have been sexually abused. *Child Maltreatment, 4*(3), 217-227.

Duarte, J. C., & Arboleda, M. R. C. (2004). Sintomatologia, avaliação e tratamento do abuso sexual infantil. In V. Caballo (Ed.), *Manual de psicologia clínica infantil e do adolescente: Transtornos gerais* (pp. 293-321). São Paulo: Santos.

Epstein, M. A., & Bottoms, B. L. (2002). Explaining the forgetting and recovery of abuse and trauma memories: Possible mechanisms. *Child Maltreatment, 7*(3), 210-225.

Furniss, T. (1993). *Abuso sexual da criança: Uma abordagem multidisciplinar*. Porto Alegre: Artmed.

Garbarino, J., & Scott, F. M. (1992). *What children can tell us: Eliciting, interpreting and evaluating critical information from children*. San Francisco: Jossey-Bass.

Goodman-Brown, T. B., Edelstein, R. S., Goodman, G. S., Jones, D. P. H., & Gordon, D. S. (2003). Why children tell: A model of children's disclosure of sexual abuse. *Child Abuse & Neglect, 27*, 525-540.

Habigzang, L. F., & Caminha, R. M. (2004). *Abuso sexual contra crianças e adolescentes: Conceituação e intervenção clínica*. São Paulo: Casa do Psicólogo.

Haugaard, J. J. (2003). Recognizing and treating uncommon behavioral and emotional disorders in children and adolescents who have been severely maltreated: Introduction. *Child Maltreatment, 9*(2), 123-130.

Jonzon, E., & Lindblad, F. (2004). Disclosure, reactions and social support: Findings from a sample of adult victims of child sexual abuse. *Child Maltreatment, 9*(2), 190-200.

Koller, S. H., & De Antoni, C. (2004). Violência intrafamiliar: Uma visão ecológica. In S. H. Koller (Ed.), *Ecologia do desenvolvimento humano: Pesquisa e intervenção no Brasil* (pp. 293-310). São Paulo: Casa do Psicólogo.

Kristensen, C. H. (1996). *Abuso sexual em meninos*. Dissertação de mestrado não publicada, Universidade Federal do Rio Grande do Sul, Porto Alegre, Brasil.

Mannarino, A. P., Cohen, J. A., & Berman, S. R. (1994). The children's attributions and perceptions scale: A new measure of sexual abuse-related factors. *Journal of Clinical Child Psychology, 23*(2), 204-211.

Peres, J. F. P., & Nasello, A. G. (2005). Achados da neuroimagem em transtorno do estresse pós-traumático e suas implicações clínicas. *Psiquiatria Clínica, 32*(4), 189-201.

Rosenthal, S., Feiring, C., & Taska, L. (2003). Emotional support and adjustment over a year's time following sexual abuse discovery. *Child Abuse & Neglect, 27*, 641-661.

Runyon, M. K., & Kenny, M. C. (2002). Relationship of atribucional style, depression and post trauma distress among children who suffered physical or sexual abuse. *Child Maltreatment, 7*(3), 254-264.

Sanderson, C. (2005). *Abuso sexual em crianças: Fortalecendo pais e professores para proteger crianças de abusos sexuais*. São Paulo: M. Books do Brasil.

Silvares, E. F. M., & Gongora, M. A. N. (1998). *Psicologia clínica comportamental: A inserção da entrevista com adultos e crianças*. São Paulo: Edicon.

The Metropolitan Toronto Special Committee on Child Abuse. (2005). *Child sexual abuse protocol* (3rd ed.). Toronto: The Metropolitan Toronto Special Committee on Child Abuse.

17

Grupoterapia cognitivo-comportamental para crianças e adolescentes vítimas de abuso sexual
descrição do modelo de intervenção

Luísa F. Habigzang, Fernanda Helena Stroeher, Roberta Hatzenberger, Rafaela Cassol da Cunha e Silvia H. Koller

O objetivo deste capítulo é apresentar o modelo de grupoterapia cognitivo-comportamental para crianças e adolescentes vítimas de abuso sexual desenvolvido por Habigzang (2010), descrevendo o processo a partir de cada sessão terapêutica. O abuso sexual contra crianças e adolescentes é definido como o envolvimento de uma criança ou adolescente em atividade sexual que essa não compreende totalmente, para a qual é incapaz de dar consentimento, ou não está preparada devido ao estágio de desenvolvimento. O abuso sexual viola as leis ou tabus da sociedade, e se expressa em qualquer atividade entre uma criança e um adulto ou outra criança, que, pela idade ou estágio do desenvolvimento, está em uma relação de responsabilidade, confiança ou poder. A atividade sexual é destinada para gratificação ou satisfação das necessidades dessa outra pessoa. Isso pode incluir, mas não se limita, à indução ou coerção de uma criança para se engajar em qualquer atividade sexual, à exploração de uma criança em sexo comercial ou outra prática sexual ilegal, ao uso de crianças em *performances* ou materiais pornográficos (OMS, 1999).

As consequências do abuso sexual para crianças ou adolescentes podem incluir o desenvolvimento de transtornos psicológicos do humor, de ansiedade, alimentares, enurese, encoprese, transtornos dissociativos, hiperatividade e déficit de atenção e transtorno do estresse pós-traumático (Briere e Elliott, 2003; Cohen, Mannarino e Rogal, 2001; Habigzang e Caminhaa, 2004; Heflin e Deblinger, 1996/1999; Runyon e Kenny, 2002). Entretanto, o transtorno do estresse pós-traumático (TEPT) é a psicopatologia mais citada como decorrente do abuso sexual e é estimado que 50% das crianças que foram vítimas dessa forma de violência desenvolvam sintomas (Cohen, 2003).

Além de transtornos psicológicos, crianças e adolescentes vítimas de abuso sexual podem apresentar alterações comportamentais, cognitivas e emocionais. Entre as alterações comportamentais, destacam-se: conduta hipersexualizada, abuso de substâncias, fugas do lar, furtos, isolamento social, agressividade, mudanças nos padrões de sono e alimentação, comportamentos autodestrutivos, tais como se machucar e tentar se suicidar. As alterações cognitivas incluem:

baixa concentração e atenção, dissociação, refúgio na fantasia, baixo rendimento escolar e crenças distorcidas, tais como percepção de que é culpada pelo abuso, diferença em relação aos pares, desconfiança e percepção de inferioridade e inadequação. As alterações emocionais se referem aos sentimentos de medo, vergonha, culpa, ansiedade, tristeza, raiva e irritabilidade (Cohen e Mannarino, 2000; Cohen, Mannarino e Rogal, 2001; Habigzang e Caminha, 2004; Haugaard, 2003; Jonzon e Lindblad, 2004; Rosenthal, Feiring e Taska, 2003).

Entre as abordagens de intervenção psicológicas, a terapia cognitivo-comportamental (TCC) vem sendo testada por diversos pesquisadores (Astin e Resick, 2002; Calhoun e Resick, 1993/1999; Celano, Hazzard, Campbell e Lang, 2002; Cohen, 2003; Saywitz, Mannarino, Berliner e Cohen, 2000) como método de intervenção para casos de abuso sexual infantil, tanto individualmente quanto em grupo. Uma das razões pelas quais a TCC é potencialmente benéfica nesses casos, é por incorporar no tratamento estratégias que têm como alvo sintomas específicos. As intervenções têm como alvo, principalmente, sintomas de TEPT (revivência do evento traumático com pensamentos ou *flashbacks*, esquiva de lembranças e excitação aumentada). A ansiedade e esquiva são trabalhadas com exposição gradual e dessensibilização sistemática, inoculação de estresse, treino de relaxamento e interrupção e substituição de pensamentos perturbadores por outros que recuperem o controle das emoções. Sintomas de depressão são trabalhados com treino de habilidades de *coping* e reestruturação de cognições distorcidas. Problemas comportamentais são trabalhados com técnicas de modificação de comportamento. Além disso, a TCC trabalha na prevenção de futuras revitimizações.

Considerando as consequências negativas do abuso sexual para o desenvolvimento psicológico das vítimas, bem como os resultados positivos da terapia cognitivo-comportamental para redução de sintomas e reestruturação da memória traumática, este capítulo tem como objetivos descrever o modelo de grupoterapia cognitivo-comportamental para crianças e adolescentes vítimas de abuso sexual. Tal modelo de intervenção teve sua efetividade avaliada no estudo de Habigzang (2010). Foi realizado um ensaio clínico não randomizado intragrupos de séries temporais. O impacto do modelo de grupoterapia foi avaliado por meio da comparação dos resultados de instrumentos psicológicos aplicados antes, durante e depois da intervenção (Estudo I). Os instrumentos avaliaram sintomas de depressão, ansiedade, transtorno do estresse pós-traumático, estresse infantil e crenças distorcidas sobre o abuso. A intervenção foi realizada com 49 meninas vítimas de abuso sexual com idades entre 09 e 16 anos. A grupoterapia foi composta por 16 sessões com atividades semiestrututadas que tiveram como foco: 1) psicoeducação sobre abuso sexual, 2) reestruturação de pensamentos e comportamentos disfuncionais em decorrência do abuso, 3) reestruturação da memória traumática e 4) construção de estratégias de autoproteção para evitar revitimizações. A grupoterapia foi realizada por uma equipe de psicólogas e estudantes de psicologia treinada. Após a grupoterapia, as participantes foram reavaliadas 6 e 12 meses após o término para verificação da manutenção dos efeitos do tratamento. O processo foi avaliado por meio da comparação de dois casos que tiveram respostas extremas ao tratamento (Estudo II). A avaliação do processo da grupoterapia considerou os seguintes indicadores: 1) história de vida e sintomas antes da grupoterapia; 2) aliança terapêutica; 3) assiduidade e adesão às atividades; 4) eventos estressores durante a grupoterapia; 5) resposta às técnicas empregadas; e 6) autoavaliação após a grupoterapia.

Os resultados encontrados no estudo de Habigzang (2010) apontaram que a grupoterapia foi efetiva, reduzindo sintomas de depressão, ansiedade, estresse, transtorno do estresse pós-traumático e contribuiu para a alteração de crenças disfuncionais de culpa e diferença em relação aos pares. Tais resultados foram mantidos nos 12 meses após a intervenção, com exceção das percepções de diferença em relação aos pares, que se manteve nos seis primeiros meses após a grupoterapia. A comparação de grupos de participantes em lista de espera para atendimento com participantes que foram imediatamente atendidas após a revelação não apontou diferenças nos sintomas avaliados, sugerindo que a passagem do tempo não contribui para a redução destes. Além disso, fatores preditores da resposta à grupoterapia foram identificados, apontando que a idade de início do abuso, a forma da violência (com ou sem estupro) e os sintomas de revivência do TEPT antes da intervenção estão relacionados com a melhor ou pior resposta ao modelo testado. Em relação ao processo, analisado a partir de dois casos clínicos que tiveram diferentes respostas à grupoterapia (positiva e negativa), os resultados sugeriram que os preditores idade de início do abuso e a forma da violência identificados na avaliação de impacto foram aspectos que diferenciaram os casos clínicos analisados. Além desses fatores, identificou-se que o abrigamento, a criminalização do agressor, a rigidez em crenças e percepções de culpa e a resposta à técnica de treino de inoculação do estresse foram mediadores das diferentes respostas à grupoterapia apresentadas pelos dois casos. O processo indicou a importância do estabelecimento de uma relação terapêutica segura, baseada na confiança, para o processo de mudança e adesão ao tratamento.

DESCRIÇÃO DO MODELO DE GRUPOTERAPIA COGNITIVO-COMPORTAMENTAL

A seguir o processo de grupoterapia cognitivo-comportamental foi descrito, apresentando os objetivos específicos e atividades de cada etapa que compõe a intervenção.

Etapa I da grupoterapia cognitivo-comportamental

A Etapa I da grupoterapia teve como foco a psicoeducação e a reestruturação de crenças distorcidas em relação ao abuso sexual. Os objetivos das seis primeiras sessões do processo de grupo foram: apresentação e promoção de coesão e confiança no grupo; contrato terapêutico; psicoeducação quanto ao abuso sexual; psicoeducação quanto ao modelo cognitivo-comportamental; identificação e reestruturação de emoções e pensamentos disfuncionais relacionados ao abuso sexual.

1ª sessão

A primeira sessão iniciou com a apresentação dos coordenadores do grupo e da dinâmica de entrevista para que as participantes se conhecessem. Nessa dinâmica, as meninas foram separadas em duplas e durante um tempo uma entrevistou a outra, buscando informações gerais, como nome, idade, série em que estuda e atividades que gosta e não gosta de fazer. Após essa conversa em duplas, cada menina apresentava a participante que entrevistou ao grande grupo. A coordenação teve como tarefa discutir semelhanças e diferenças entre as participantes, contribuindo para a promoção da coesão grupal.

Após a entrevista de apresentação, as meninas foram convidadas para a "Caminhada em confiança" (Smith, 1996). Novamente em duplas, uma participante era vendada e a outra a conduzia em uma caminhada pelas instalações do prédio. Depois os papéis eram invertidos. Essa dinâmica buscou contribuir para construção de vínculos de confiança entre as participantes. A confiança foi discutida no grupo como algo fundamental para que todas se sentissem seguras e confortáveis para compartilhar suas experiências.

Nessa primeira sessão ainda foram exploradas as expectativas das participantes em relação ao grupo e atividades desenvolvidas. Essas expectativas foram apresentadas em um painel e depois discutidas em grupo. Ao final das atividades da primeira sessão, que visavam à apresentação das participantes e à descontração no grupo, o contrato terapêutico de sigilo das informações, bem como estabelecimento de horário e frequência das sessões foi estabelecido. Foi explicada a importância de não faltar aos encontros.

2ª sessão

A segunda sessão foi iniciada com uma conversa sobre a semana das participantes e a retomada da última sessão. Em seguida as meninas foram convidadas para assistir o documentário "Canto de Cicatriz" que explorou o tema do abuso e a exploração sexual de crianças e adolescentes a partir do relato de vítimas e técnicos que atuam na área. O documentário ainda explorou mitos sobre o abuso sexual, como a responsabilidade da vítima, por exemplo. A apresentação do documentário foi seguida de discussão e revelação do abuso por cada participante no contexto grupal. Ao final, os sentimentos despertados pela revelação do abuso no grupo foram abordados.

3ª sessão

A terceira sessão visou à abordagem das reações da família e demais pessoas significativas depois da revelação, através da construção do livro "minha família antes e depois da revelação do abuso". Nesse livro, cada participante apresentou o que ocorreu em sua família após ter revelado o abuso sexual. A reação emocional dos cuidadores e as mudanças na configuração familiar foram os principais aspectos abordados.

Em seguida, a percepção de culpa e os sentimentos de vergonha das meninas foram explorados e buscou-se construir explicações alternativas para a ocorrência do abuso sexual que as desculpabilizassem. Essas explicações alternativas foram escritas em cartões de enfrentamento para que as meninas utilizassem em oposição à crença de que foram culpadas pelo abuso.

4ª sessão

A quarta sessão teve como objetivo a abordagem das emoções. O modelo cognitivo-comportamental foi compartilhado passo a passo com as participantes e o elemento emoção foi o primeiro introduzido, para nas sessões seguintes abordar pensamentos, comportamentos e reações fisiológicas. As emoções foram trabalhadas em um jogo no qual as meninas receberam "carinhas" representando diferentes estados emocionais. As emoções trabalhadas foram: tristeza, culpa, raiva, medo, alegria e alívio. Um painel contendo frases que representavam diferentes situações, como por exemplo: "ganhei um presente", "tenho prova na escola", "fui convidada para uma festa", "briguei com minha amiga", "minha mãe me xingou", "lembrei do abuso", foi apresentado e as participantes escolhiam a "carinha" que melhor representava a emoção que sentiriam naquela situação.

Após o jogo foram explorados os sentimentos delas em relação aos agressores. O dispositivo utilizado foi a confecção em massa de modelar do agressor (Knell e Ruma, 1999). Em seguida, cada participante desenvolveu um *role play*, expressando seus sentimentos em relação ao agressor.

A tarefa de casa solicitada às participantes foi um monitoramento, no qual teriam que registrar situações importantes da semana e sentimentos identificados.

5ª sessão

A quinta sessão iniciou com a discussão dos registros de monitoramento solicitados como tarefa. Cada menina relatou duas situações registradas e suas emoções.

Em seguida foi explicado que as emoções estão relacionadas com o que se pensa ou a interpretação que se dá à situação vivida. Os pensamentos foram apresentados como ideias, lembranças, imagens que vêm à cabeça e ajudam a compreender o que está acontecendo. Os pensamentos "dão um significado" ao que vivemos. Esses pensamentos podem estar de acordo com a situação ou podem ser equivocados. Quando os pensamentos são equivocados podem gerar conflitos e sofrimento. Também foi salientado que os pensamentos andam sempre junto com as emoções. Assim, desafiamos as meninas a serem detetives dos pensamentos e tentar identificar nas situações registradas no monitoramento os pensamentos que tiveram naquele momento.

Depois foram distribuídas folhas em branco e foi solicitado que escrevessem todos os pensamentos que tinham a respeito de si mesmas, em relação aos outros e em relação ao futuro. A tríade cognitiva foi o dispositivo utilizado para identificação de pensamentos disfuncionais e construção de pensamentos alternativos.

Ainda nessa sessão, foi explanado que os pensamentos e as emoções podem desencadear reações físicas no corpo, tais como aceleração dos batimentos cardíacos, sudorese, rubor facial, tremores, dificuldade para respirar. As meninas relataram experiências nas quais perceberam essas alterações. O relaxamento pela respiração controlada e imagens mentais positivas foi ensinado como estratégia para controle de tais reações fisiológicas (Vera e Vila, 1996).

6ª sessão

A sexta e última sessão da Etapa I da grupoterapia cognitivo-comportamental teve início com o relato de cada participante sobre fatos importantes da semana. Os monitoramentos realizados como tarefa de casa foram discutidos no momento inicial.

A psicoeducação em relação ao modelo cognitivo-comportamental foi finalizada com a introdução do elemento comportamento. Foi explicado às meninas que comportamentos são todas as atitudes ou ações frente a uma situação e que tais comportamentos estão relacionados com o que é pensado e sentido em relação às situações vividas. Foi construído um painel com as mudanças comportamentais, cognitivas e emocionais que as meninas identificaram em decorrência do abuso sexual.

A integração do modelo cognitivo-comportamental foi realizada pela construção de histórias em quadrinhos, a partir de situações registradas no monitoramento, com a identificação de emoções, pensamentos, comportamentos e reações físicas.

Etapa II da grupoterapia cognitivo-comportamental

A Etapa II da grupoterapia foi o treino de inoculação do estresse (Deffenbacher, 1996) que teve como objetivos: ativar a memória traumática; detalhar estímulos desencadeantes de lembranças intrusivas; construir estratégias alternativas para controle das lembranças intrusivas e reações emocionais; treinamento de relaxamento; e treinamento em autoinstrução. A construção gradual de narrativas sobre os episódios de abuso sexual foi utilizada para organizar os fragmentos da memória traumática, construir novos significados pela reestruturação de percepções distorcidas e expor as meninas a um conteúdo que elas evitam, para que possam aprender em um espaço seguro, estratégias de autocontrole.

7ª sessão

Na sétima sessão, explicou-se para as meninas o funcionamento da memória como um arquivo de todas as experiências boas e ruins. Foi explicado que quando se vive algo muito ruim as lembranças disso podem vir à cabeça mesmo quando não se quer lembrar. As coordenadoras disseram que nas próximas semanas elas aprenderiam formas de lidar com essas lembranças e que para isso seria necessário que se fale sobre o abuso ocorrido.

Folhas foram distribuídas para as participantes e se pediu para que cada uma escrevesse tudo o que conseguia se lembrar de um dos episódios de abuso sexual sofrido. Após o registro escrito, cada menina compartilhou com o grupo seu relato. As coordenadoras buscaram acolher os relatos, e garantir que o grupo é um espaço seguro para falar sobre a violência. Semelhanças e diferenças nas dinâmicas do abuso foram salientadas.

Em seguida, o treino em autoinstrução foi realizado a partir da construção de autoverbalizações que poderiam auxiliar as participantes a restabelecer o controle das emoções quando tivessem lembranças do abuso. No final da sessão foi conduzida a técnica de relaxamento por meio da respiração controlada e muscular.

8ª sessão

Na oitava sessão, as meninas receberam os relatos escritos do abuso realizados no encontro anterior e foram incentivadas a reescrever a situação com mais detalhes. Buscou-se explorar sensações e emoções de cada uma em relação à experiência descrita.

Em seguida, foi construído um mapeamento de lugares, coisas, pessoas ou situações que as faziam lembrar o abuso, buscando relacionar esses estímulos desencadeantes com os relatos delas do abuso, bem como a frequência e a intensidade das lembranças intrusivas. A frequência foi identificada pelo número de lembranças que ocorrem em um dia ou semana. A intensidade foi mapeada por meio de um "termômetro" das emoções, no qual as meninas deram notas de zero a dez do quanto tais lembranças as perturbavam ou geravam sofrimento. No final da sessão, foi conduzido um relaxamento com imagens mentais positivas e respiração controlada.

9ª sessão

A nona sessão teve como objetivo treinar as participantes para substituição de imagens do abuso por imagens positivas. Foi explicado às meninas que nossa memória é um armário muito grande com muitas gavetas. Em cada gaveta fica guardada a lembrança de algo que aconteceu em nossas vidas. As coordenadoras fizeram um exercício pedindo que se lembrassem de algumas situações, tais como com quem almoçaram ontem, o nome da primeira escola que estudaram, o brinquedo preferido quando pequenas, etc. Foi explicado que para lembrar de tudo isso seria necessário "abrir gavetas" da memória.

Em seguida foi pedido que fechassem os olhos e abrissem a gaveta de algo bom que viveram. Poderia ser um passeio, um lugar que estiveram ou alguma brincadeira. Após cada uma criar essa imagem mental, foi solicitado que desenhassem ou escrevessem essa imagem. Cada menina compartilhou com o grupo o momento lembrado.

A técnica teve continuidade, e foi solicitado que as meninas fechassem os olhos e abrissem alguma gaveta na qual a lembrança do abuso estava guardada. As coordenadoras guiaram a construção dessa imagem em detalhes e depois foi novamente solicitado que escrevessem ou desenhassem a imagem que lhes veio à cabeça.

Por fim, foi explicado que as gavetas de memórias negativas ou ruins podem abrir mesmo quando as pessoas não querem lembrar. Assim são as gavetas do abuso e por essa razão essas lembranças aparecem de repente mesmo que elas não queiram. As coordenadoras então conduziram as meninas em uma experiência de substituir a imagem do abuso pela imagem positiva construída anteriormente. A troca de imagens foi realizada diversas vezes para que as meninas conseguissem "fechar a gaveta do abuso" e "abrir a gaveta da lembrança boa".

10ª sessão

Na décima sessão, trabalhou-se novamente o detalhamento de episódios de abuso sexual por escrito. Sugeriu-se que as meninas escrevessem sobre o episódio que consideraram mais difícil ou que mais lembravam. Após todas escreverem e lerem no grupo seus relatos foi discutido o que elas poderiam fazer para lidar com as lembranças do abuso.

As estratégias cognitivas e comportamentais para lidar com as lembranças do abuso construídas pelo grupo foram escritas em um painel chamado "botão de emergência" e depois cada menina elaborou em um cartão de enfrentamento o seu botão, escrevendo as estratégias definidas. Ao final da sessão cada menina levou seu botão de emergência para utilizar em situações cotidianas, nas quais tinham lembranças do abuso. A sessão foi encerrada com o relaxamento muscular e com a respiração controlada.

Etapa III da grupoterapia cognitivo-comportamental

A Etapa III da grupoterapia teve como objetivos: psicoeducação sobre sexualidade; psicoeducação sobre ECA; aprendizagem de medidas de autoproteção; retomada das estratégias para lidar com lembranças do abuso; identificação de expectativas em relação ao futuro e autoavaliação.

11ª sessão

Nesta sessão, o foco foi discutir dúvidas sobre desenvolvimento sexual, como mudanças no corpo advindas da puberdade, relacionamentos amorosos, métodos contraceptivos, e cuidados com o próprio corpo e higiene pessoal. A dinâmica utilizada foi um jogo no qual as participantes escreveram em tiras de papel dúvidas sobre esses temas. Não era necessário se identificar. Em seguida as perguntas escritas foram colocadas em uma caixa que circulava no grupo e quando a música parava quem estava com a caixa na mão retirava uma pergunta e lia para o grupo. A tarefa do grupo era discutir a questão buscando respondê-la. As coordenadoras apenas mediaram o processo e quando necessário traziam informações complementares ou explicavam questões que estavam distorcidas pelas meninas. A ideia foi partir das dúvidas e conhecimentos que as participantes já possuíam sobre o tema.

12ª sessão

A oficina de expressão corporal teve como objetivo promover brincadeiras e atividades, nas quais as meninas entraram em contato com o próprio corpo e com as emoções desse contato. Também visou contribuir para a distinção de toques abusivos e não abusivos entre as pessoas. As brincadeiras realizadas foram:
- Boneca na roda, na qual cada menina escolheu uma interação física com uma boneca e depois teve essa interação com a menina sentada ao seu lado na roda.
- Jogo dos sinais, no qual cada menina definiu sua identificação por meio de um sinal ou movimento com o corpo. Em seguida, elas chamavam uma a outra com esses sinais de identificação, uma de cada vez, fazia o sinal de outra participante. Esta deveria reconhecer que era seu sinal e imediatamente deveria fazer o sinal de outra participante, e assim por diante. O jogo exigiu atenção, concentração e coordenação motora. Depois dos sinais, a identificação foi substituída pelo som de algum animal.
- Brincadeira de espelho, na qual as meninas foram divididas em duplas e uma representou a imagem no espelho da outra, buscando reproduzir seus movimentos. Depois elas trocaram os papéis.
- Massa de modelar, na qual, novamente em duplas, as meninas brincaram que uma era massa de modelar e a outra era a artista que faria uma escultura. Em seguida, os papéis foram também trocados.

- Caminhada com toques foi uma brincadeira na qual as meninas deveriam caminhar pela sala em duplas com as mãos dadas, depois com os pés encostados, de costas uma para outra, de bochechas encostadas.
- Dança da cadeira, na qual o que era retirado da brincadeira era uma cadeira e não a participante que não conseguiu sentar.
- Brincadeira da estátua, na qual as meninas dançavam com uma música e quando essa parava deveriam ficar imóveis como estátuas.
- Roda de dança livre, na qual as meninas dançaram músicas que trouxeram para a oficina.

A sessão foi encerrada com um relaxamento e com a discussão de como se sentiram nas atividades, e como foi tocar e ser tocada por outra pessoa.

13ª sessão

A sessão teve como objetivo discutir os direitos fundamentais previstos no Estatuto da Criança e do Adolescente (ECA) e o que essa lei prevê em relação às situações de violência. A sessão iniciou com a apresentação e discussão do vídeo Estatuto do Futuro. Em seguida, foi construído um painel com os direitos que mais chamaram a atenção das meninas. Exemplares do ECA foram distribuídos no grupo.

As medidas de proteção previstas para situações de violência foram conversadas e o trabalho e deveres de cada órgão de proteção (Conselhos Tutelares, Delegacia da Mulher, Ministério Público e Juizados da Infância e Juventude) foram discutidos. As meninas relataram suas experiências nesses locais. Telefones e endereços desses órgãos foram distribuídos para as participantes.

Por fim, foi conversado sobre a possível participação das meninas em audiências, respondendo a dúvidas e destacando os direitos delas nessa situação. Foi explicado como funciona uma audiência, quem iria ouvi-las e o direito de não dar seu testemunho na presença do agressor.

14ª sessão

A sessão teve como objetivo identificar situações de risco e elaborar estratégias de autoproteção. A dramatização foi o dispositivo utilizado. Em seguida foram discutidas habilidades necessárias para a autoproteção contra futuras revitimizações. Por fim, cada menina escolheu um adulto-referência para solicitar ajuda em situações de risco.

15ª sessão

Essa sessão teve como objetivos a retomada das estratégias cognitivas e comportamentais aprendidas no contexto grupal para lidar com lembranças do abuso e autoproteção. Para isso, foi conversado com as participantes sobre o botão de emergência, gavetas da memória, conversas consigo mesmas (autoinstrução) e relaxamento. Além disso, retomou-se a importância de não guardar segredos de seus cuidadores, do conselho tutelar e polícia e as estratégias de proteção para quando estiverem em situação de risco.

Em seguida, se trabalhou as perspectivas com relação ao futuro. O objetivo foi identificar possíveis distorções e crenças positivas em relação ao futuro. Através da "Máquina do tempo" as meninas registraram o que pensam que estará ocorrendo em suas vidas daqui a um, cinco, dez e trinta anos.

16ª sessão

Na última sessão, os objetivos foram uma autoavaliação e a festa de encerramento da grupoterapia. As meninas escreveram uma autoavaliação em registro escrito das mudanças percebidas antes e depois da grupoterapia em relação a si, como se relaciona com os outros e visão do futuro.

Foi explicado às meninas que o grupo não acabaria, mas que continuariam se encontrando uma vez por mês e que quando necessitassem conversar antes disso poderiam ligar para as terapeutas para agendar um horário. Depois foi realizada uma festa de encerramento da grupoterapia.

CONSIDERAÇÕES FINAIS

O abuso sexual infantil é um fenômeno complexo que envolve aspectos psicológicos, sociais e jurídicos, com altos índices de incidência, que pode ocasionar sérias alterações cognitivas, comportamentais e emocionais para a vítima. A terapia cognitiva-comportamental, desde suas primeiras formulações, tem articulado a pesquisa e a prática clínica (Beck e Alford, 1997/2000) e a avaliação de modalidades de tratamento tem apontado a eficácia/efetividade das técnicas cognitivas e comportamentais na reestruturação da memória traumática e redução de sintomas de ansiedade, depressão e transtorno do estresse pós-traumático identificados nas vítimas de abuso sexual. Além disso, o formato grupal tem apresentado resultados superiores no tratamento de crianças e adolescentes que experienciaram abuso sexual (Celano, Hazzard, Campbell e Lang, 2002; Cohen, Mannarino e Knudsen, 2005).

O modelo de grupoterapia cognitivo-comportamental descrito reduziu sintomas de depressão, ansiedade e transtorno do estresse pós-traumático, bem como modificou a percepção de diferença em relação aos pares, a culpa pela situação do abuso e pelas modificações na configuração familiar, identificadas na avaliação clínica inicial e durante o processo terapêutico. As técnicas empregadas na etapa da psicoeducação foram importantes para a reestruturação de crenças disfuncionais. A psicoeducação e o treino de inoculação do estresse contribuíram para a redução de sintomas de transtorno do estresse pós-traumático, sendo que o jogo sobre a memória e o botão de emergência foram as estratégias que as meninas relataram adotar, quando apresentavam sintomas de revivência do trauma em seu cotidiano. A etapa final, de prevenção à recaída, promoveu a elaboração de estratégias de proteção, por meio de identificação de situações de risco e das oficinas sobre sexualidade e sobre o Estatuto da Criança e do Adolescente. A oficina de psicomotricidade foi vivenciada com intensidade pelas participantes e foi a atividade mais lembrada por estas na avaliação final. Dessa forma, o modelo de grupoterapia cognitivo-comportamental apresentado pode ser uma estratégia com boa relação custo-efetividade para atendimento às vítimas de abuso sexual oferecido pela rede de saúde pública ou assistência social.

REFERÊNCIAS

Astin, M. C., & Resick, P. A. (2002). Tratamento cognitivo-comportamental do transtorno de estresse pós-traumático. In V. Caballo (Ed.), *Manual para o tratamento cognitivo comportamental dos transtornos psicológicos* (pp. 171-210). São Paulo: Santos.

Beck, A., & Alford, B. A. (2000). *O poder integrador da terapia cognitiva*. Porto Alegre: Artmed. (Original publicado em 1997).

Brasil. (1990). *Lei nº 8069, de 13 de julho de 1990: Estatuto da Criança e do Adolescente*. Acessado em 23 jul, 2011, em http://www.planalto.gov.br/ccivil_03/Leis/ L8069.htm.

Briere, J., & Elliott, D. M. (2003). Prevalence and psychological sequelae of self-reported childhood physical and sexual abuse in a general population sample of men and women. *Child Abuse & Neglect, 27*, 1205-1222.

Calhoun, K. S., & Resick, P. A. (1999). Transtorno do estresse pós-traumático. In D. Barlow (Ed.), *Manual clínico dos transtornos psicológicos* (pp. 63-118). Porto Alegre: Artmed. (Original publicado em 1993).

Celano, M., Hazzard, A., Campbell, S. K., & Lang, C. B. (2002). Attribution retraining with sexually abused children: Review of techniques. *Child Maltreatment, 7*(1), 64-75.

Cohen, J. A. (2003). Treating acute posttraumatic reactions in children and adolescents. *Society of Biological Psychiatry, 53*, 827-833.

Cohen, J. A., & Mannarino, A. P. (2000). Predictors of treatment outcome in sexually abused children. *Child Abuse & Neglect, 24*(7), 983-994.

Cohen, J. A., Mannarino, A. P., & Knudsen, K. (2005). Treating sexually abused children: One year follow-up of a randomized controlled trial. *Child Abuse & Neglect, 29*, 135-145.

Cohen, J. A., Mannarino, A. P., & Rogal, S. (2001). Treatment practices for childhood posttraumatic stress disorder. *Child Abuse & Neglect, 25*, 123-135.

Deffenbacher, J. L. (1996). A inoculação do stress. In V. E. Caballo (Ed.), *Manual para o tratamento cognitivo comportamental dos transtornos psicológicos* (pp. 557-580). São Paulo: Santos.

Habigzang, L. F. (2010). *Avaliação de impacto e processo de um modelo de grupoterapia cognitivo-comportamental para meninas vítimas de abuso sexual*. Tese de doutorado não publicada, Universidade Federal do Rio Grande do Sul, Porto Alegre, Brasil. Acessado em 25 ago, 2011, em http://www.msmidia.com/ceprua/teseLuisaFernandaHabigzang.pdf.

Habigzang, L. F., & Caminha, R. M. (2004). *Abuso sexual contra crianças e adolescentes: Conceituação e intervenção clínica*. São Paulo: Casa do Psicólogo.

Haugaard, J. J. (2003). Recognizing and treating uncommon behavioral and emotional disorders in children and adolescents who have been severely maltreated: Introduction. *Child Maltreatment, 9*(2), 123-130.

Heflin, A. H., & Deblinger, E. (1999). Tratamento de um adolescente sobrevivente de abuso sexual na infância. In M. Reinecke, F. Dattilio, & A. Freeman (Eds.), *Terapia cognitiva com crianças e adolescentes: Manual para a prática clínica* (pp.161-178). Porto Alegre: Artmed. (Original publicado em 1996).

Jonzon, E., & Lindblad, F. (2004). Disclosure, reactions and social support: Findings from a sample of adult victims of child sexual abuse. *Child Maltreatment, 9*(2), 190-200.

Knell, S. M., & Ruma, C. D. (1999). Terapia do jogo com crianças sexualmente abusadas. In M. Reinecke, F. Dattilio, & A. Freeman (Eds.), *Terapia cognitiva com crianças e adolescentes: Manual para a prática clínica* (pp. 277-295). Porto Alegre: Artmed. (Original publicado em 1996).

Rosenthal, S., Feiring, C., & Taska, L. (2003). Emotional support and adjustment over a year's time following sexual abuse discovery. *Child Abuse & Neglect, 27*, 641-661.

Runyon, M. K., & Kenny, M. C. (2002). Relationship of atribucional style, depression and post trauma distress among children who suffered physical or sexual abuse. *Child Maltreatment, 7*(3), 254-264.

Saywitz, K. J., Mannarino, A. P., Berliner, L., & Cohen, J. A. (2000). Treatment for sexually abused children and adolescents. *American Psychologist, 55*(9), 1040-1049.

Smith, E. R. (1996). Psicoterapia de grupo com crianças sexualmente abusadas. In H. I. Kaplan, & B. J. Sadock (Eds.), *Compêndio de psicoterapia de grupo* (pp. 441-457). Porto Alegre: Artmed. (Original publicado em 1993).

Valle, A. L., & Silovsky, J. F. (2002). Attributions and adjustment following child sexual and physical abuse. *Child Maltreatment, 7*(1), 9-24.

Vera, M. N., & Vila, J. (1996). Técnicas de relaxamento. In V. E. Caballo (Ed.), *Manual de técnicas de terapia e modificação do comportamento* (pp. 147-166). São Paulo: Santos.

World Health Organization. (1999). *Child maltreatment*. Acessado em 18 maio, 2005, em http://www.who.int/topics/child_abuse/en/.

18

A importância da capacitação dos profissionais que trabalham com vítimas de violência na infância e na adolescência

Michele da Silva Ramos e Maycoln L. M. Teodoro

A formação educacional de qualidade, que integra aspectos teóricos e práticos, é essencial para a capacitação do profissional em qualquer área do conhecimento. No entanto, a boa formação, juntamente com o desenvolvimento e treinamento de competências se tornam uma área mais sensível quando o profissional lida com população em situação de vulnerabilidade social. Nesse caso, uma tomada de decisão equivocada pode produzir danos que podem revitimizar o paciente, potencializando o sofrimento psíquico (Pfeiffer e Salvagni, 2005). Nesse sentido, este capítulo apresentará algumas pesquisas e discussões sobre a formação teórico-prática de profissionais envolvidos com crianças e adolescentes vítimas de violência. Foi realizada uma revisão de literatura com relação às dificuldades identificadas pelos profissionais e serviços que trabalham com a violência na infância e na adolescência. Da mesma forma, o capítulo abordará pesquisas realizadas com profissionais e estudantes que investigaram os conhecimentos e crenças que eles possuem acerca da violência infantil, além de identificar as deficiências, realçar as possibilidades, necessidades e importância de cada profissão no atendimento desses casos. Pretende-se, a partir dessas informações, oferecer subsídios para a formulação de propostas de capacitação focadas nas reais necessidades desses profissionais para assim qualificar a rede de atendimento, com avaliações e tratamentos efetivos além de auxiliar no aumento das notificações de casos de violência contra crianças e adolescentes.

O MANEJO DOS PROFISSIONAIS QUANTO À VIOLÊNCIA NA INFÂNCIA E NA ADOLESCÊNCIA

A UNICEF (2003) estima que morram por dia quase 3.500 crianças e adolescentes menores de 15 anos devido a maus-tratos em todo o mundo. Cerca de 1,5 milhão de crianças são vítimas de maus-tratos nos Estados Unidos (Straus e Gelles, 1995). Já no Brasil, estima-se que um quarto dos óbitos de crianças de 1 a 6 anos são ocasionados por acidentes e agressões (UNICEF, 2006).

Desde a década de 1960, o Brasil vem assistindo a uma mudança das principais causas dos óbitos de crianças e adolescentes. As doenças infecto-parasitórias deixaram de ser o primeiro motivo, posto assumido pelas vítimas de violência. A década de 1980 foi o principal ponto dessa transição, pois registrou um crescimento de 25% de mortes relacionadas a atos violentos. Somente nesse período, o Brasil começou a modificar a sua forma de lidar com a infância e adolescência (Souza e Minayo, 1998). A efetivação dessa modificação com relação ao manejo da violência foi homologada a partir da criação da lei 8.080, com o Estatuto da Criança e do Adolescente (Estatuto da Criança e do Adolescente, Lei Federal nº 8.069, 1990)

No ano de 1996, em torno de 22,6% dos óbitos de crianças com até 5 anos foram derivados de atos violentos. O percentual passa para 48,2% quando se trata de morte de crianças entre 5 e 9 anos, 56% entre 10 e 14 anos e 72% entre 15 e 19 anos, ou seja, a população infanto-juvenil brasileira morre mais por conflitos sociais do que por enfermidades (Minayo, 2001). Houve um crescente reconhecimento nos últimos anos de que os serviços de saúde possuem um papel fundamental na implementação das modificações necessárias ao enfrentamento da violência intrafamiliar, visto que são os locais mais favoráveis à revelação desses casos (Boyle, Robinson e Atkinson, 2004; Moura e Reichenheim, 2005; Weiss, Kripke, Coonse e O'Brien, 2000).

Há algumas décadas, os países desenvolvidos vêm trabalhando contra a violência familiar, criando e aplicando algumas estratégias para identificação de casos em serviços de saúde. A inclusão de perguntas sobre eventos violentos nas fichas de atendimento de emergência pode chamar a atenção dos profissionais quanto à necessidade de abordar essa questão, aumentando a possibilidade de detecção (Olson et al., 1996). Algumas pesquisas demonstraram que a inserção de protocolos e fluxogramas que investigam diretamente a presença de violência em crianças e adolescentes verificou um aumento significativo na detecção de casos suspeitos e confirmados (Benger e Pearce, 2002; Wiist e McFarlane, 1999).

Os Estados Unidos da América identificaram um aumento na necessidade de médicos especialistas em abusos contra crianças e adolescentes devido à alta incidência de casos denunciados. Esses médicos atuam tanto no campo da proteção (hospitais e clínicas) quanto na área jurídica, disponibilizando assim testemunhos técnicos considerados de alta qualidade quanto aos casos (Chadwick, 1990).

Devido ao grande número de vítimas de violência na infância ou adolescência, espera-se que, dentre as especialidades médicas, o pediatra seja um dos mais capacitados para atuar na prevenção, identificação, intervenção, proteção e notificação, especialmente em casos de abuso sexual (Pfeiffer e Salvagni, 2005). Com frequência, uma das suas primeiras medidas adotadas, quando um cuidador suspeita de que um abuso esteja ocorrendo em uma criança ou adolescente é levá-la ao pediatra. O preocupante é que grande número de profissionais médicos da infância desconhecem as diferenças entre o normal e o não normal, principalmente na genitália feminina (Dubow et al., 2005; Lentsch e Johnson, 2000).

Um estudo investigou, no município de São Paulo, as percepções de 67 residentes do segundo ano de pediatria em relação à violência em crianças e adolescentes. Dentre os resultados, identificou que os participantes percebem a graduação e a residência em pediatria como insuficientes quanto ao embasamento teórico sobre violência em crianças e adolescentes. Os participantes também se perceberam despreparados psicologicamente, o que gera medo no momento de trabalhar com casos de violência infantil. Devido a poucas informações, os residentes se sentem inseguros para diagnosticar e notificar esses casos (Bourroul, Rea e Botazzo, 2008). Portanto, existem evidências de que as universidades estejam formando profissionais despreparados para diagnosticarem casos de violência na infância e na adolescência.

A formação indicada para a capacitação médica deve abranger informações sobre a epidemiologia, o tratamento, a prevenção, a identificação, leis e a notificação dos casos de violência (Alexander, 1990). Um estudo avaliou um curso de capacitação sobre maus-tratos na infância e na adolescência dirigido aos residentes de pediatria e acompanhou e avaliou o desempenho dos participantes. A capacitação consistia de seis encontros com uma duração de 90 minutos, abordando conteúdos como epidemiologia, diagnóstico, fatores etiológicos e teorias, violência sexual, psicológica, negligência, transtornos do desenvolvimento, técnicas de entrevista, questões legais e éticas e a função do pediatra. Dentre os resultados do programa, obteve-se aumento do conhecimento e das habilidades em curto espaço de tempo, e maior senso de competência para manejar os casos (Dubowitz e Black, 2001).

Os profissionais médicos que atendem crianças e adolescentes que demandam de assistência quanto a traumatismos ou fraturas devem investigar o trauma como um sintoma de um diagnóstico a ser identificado. Essa avaliação é efetuada a partir do exame e registro cuidadoso de cada lesão, a análise de acordo entre o ferimento e a história apresentada com relação ao estágio de desenvolvimento da criança ou adolescente. Nos casos em que não for identificada concordância na avaliação da lesão, deve ser considerado um caso de suspeita de abuso e esta deve ser notificada (Johnson, 1990). Em vítimas de abuso sexual, a avaliação deve ser mais detalhada, devendo ser realizados exames que investiguem outros sinais de maus-tratos como dermatites perioral ou perianal, corrimento vaginal, equimoses, marcas de cordas ou queimaduras de cigarros. Analisar o comportamento da criança/adolescente durante o exame e observá-lo quanto à resistência ou aquiescência exagerada. Deve-se também buscar identificar fatores de risco familiar (conflitos, desemprego) além de analisar a história das ocorrências de atendimentos médicos por traumatismos repetidos (Scherer et al., 1987).

Para diagnosticar crianças e adolescentes vitimizadas é imprescindível avaliar aspectos relacionados à fase do desenvolvimento em que elas se encontram. Entretanto, McGovern (1991) verificou que os erros de diagnóstico dessa área da violência infantil estão vinculados ao fato de os profissionais (policiais, assistentes sociais, profissionais da saúde mental e médicos) não analisarem o desenvolvimento físico e psicológico esperado das vítimas.

Com relação ao abuso sexual infantil, deveria fazer parte da rotina de exames de todo médico a avaliação de experiências sexuais na criança nos casos em que a criança se queixa de sintomas relacionados à genitália, ao ânus e/ou estivesse apresentando comportamento sexualizado adiantado para a idade. O mais adequado seria que o exame físico dos genitais e ânus fosse incluído no acompanhamento da criança e adolescente, pois dessa forma, o profissional se familiariza com os dados normais, estando habilitado e seguro para identificar qualquer alteração dessa área (Heger, Ticson, Velásquez e Bernier, 2002).

Outro profissional de extrema importância na identificação e encaminhamento de crianças e adolescentes vítimas de violência são os enfermeiros. No entanto, o exame tradicional efetuado por ele não disponibiliza dados suficientes para identificar casos de maus-tratos. Os profissionais da enfermagem captam informações do comportamento psicológico da mãe e da criança e de seu relacionamento interpessoal. Entretanto, a análise da enfermagem está direcionada a um "recorte" da interação entre a mãe e criança. Raros são os profissionais que realizam uma investigação dinâmica, obtendo dados familiares, de história pregressa ou informações de outros colegas, que poderiam auxiliar em um diagnóstico de maus-tratos, segundo estudo realizado nos Estados Unidos (O'Toole, O'Toole, Webster e Lucal, 1996). Portanto, os enfermeiros devem estar habilitados para o reconhecimento de uma vítima de maus-tratos em seus atendimentos e se conscientizarem de que a omissão pode caracterizar um papel de coadjuvante à violência (Assis, 2003).

Um profissional da enfermagem capacitado quanto à dinâmica da violência em crianças e adolescentes pode desenvolver ações preventivas e de acompanhamento. Estará habilitado a identificar sinais de maus-tratos precocemente e assim promover um elo com a rede (hospitais, escolas, serviços de saúde e comunitários) para acompanhar o caso e oferecer um programa de atendimento adequado (Campbell, 1993; O'Tolle, O'Toole, Webster e Lucal, 1996; Slusser, 1995). Profissionais de enfermagem conscientes da importância de seu trabalho orientam e estimulam os pais a seguirem métodos educativos e disciplinatórios adequados em situações de estresse e que não utilizem mais a violência (Zottis, Algeri e Castiglia, 2006).

É necessário que os serviços constituídos de profissionais do modelo biomédico criem novas medidas para preencher as lacunas deixadas pela formação em relação à dinâmica da violência. Percebe-se como necessário a elaboração de protocolos de atendimento, que pode ser decorrente tanto do amadurecimento de uma equipe informada, como pode servir de ponto de partida para essa capacitação (Scherer e Scherer, 2000).

Os profissionais da psicologia especializados no atendimento de crianças e adolescentes vítimas de violência sexual devem atuar no campo da prevenção de novos casos e da promoção de saúde. Os profissionais precisam desenvolver uma identidade profissional capaz de questionar a realidade e avaliar os contextos de sua avaliação. Além de atuar interdisciplinarmente, quebrar o modelo tecnicista, criar políticas e propor alternativas de forma social e tecnicamente competentes e principalmente, os psicólogos devem se reconhecer como cidadãos (Amorin, 2002). O psicólogo que trabalha com essa temática no campo da assistência social deve compor seus atendimentos com um foco psicossocial, que é organizado a partir de um grupo de procedimentos técnicos especializados, com o objetivo de estruturar a atuação dos atendimentos e da proteção às crianças e aos adolescentes. Deve trabalhar para a promoção do direito à convivência familiar e comunitária das vítimas em condições dignas de vida e auxiliar no desenvolvimento de recursos para crianças e adolescentes superarem a violência sofrida e a violação de direitos (Conselho Federal de Psicologia, 2009).

Os cirurgiões-dentistas, mais especificamente os odontopediatras, devem estar conscientes de que possuem uma função especial em suas atividades laborais com relação a casos de negligência e abuso infantil. Visto que essa categoria profissional possui excelentes condições para a detecção de sinais de maus-tratos em crianças, pois 65% de todos os traumas físicos associados ao abuso ocorrem no rosto, cabeça e pescoço (Mouden, 1998). São identificadas as seguintes lesões nessas regiões: traumas nos olhos, orelhas e ouvido; fraturas nos ossos da face e dentárias; perdas de dentes ou queimaduras provocadas por instrumentos diversos ou líquidos ferventes (Sanger, 1984; Schimitt, 1986). É comum identificar em crianças menores a presença de febre, irritabilidade ou letargia, vômito e todos os outros sintomas de doenças comuns encontradas na infância. Portanto, uma anamnese detalhada é importante em casos de suspeita de violência para poder identificar a veracidade do relato do responsável com relação ao trazido pela criança. Além da importância da anamnese, é essencial que o(a) odontologista não centre a sua avaliação em relação apenas à cavidade bucal, mas deve ampliar sua avaliação e verificar aspectos gerais da criança (Cavalcanti, 2001).

Dentro da rede de atendimento às crianças e aos adolescentes vítimas de violência, existem algumas especialidades que são pouco citadas na literatura, como o fonoaudiólogo. Entretanto, sua formação profissional deveria possuir noções de atendimento a abusos na infância e adolescência, já que eles pertencem a uma categoria profissional que trabalham com um grupo de risco para sofrer maus-tratos, ou seja, crianças e adolescentes portadores de alguma deficiência, de má-formação e anomalias congênitas ou genéticas (Deslandes, 1994; Sullivan et al., 1991). As crianças e os adolescentes com limitações na comunicação possuem uma suscetibilidade maior de serem vítimas de abuso e/ou negligência devido às dificuldades comunicativas, da frustração das pessoas que cuidam destas e da interação que tende a ser mais física do que verbal (Hammond, Nebel-Gould e Brooks, 1989; Sullivan et al., 1991). Um estudo identificou, a partir de uma amostra de 224 fonoaudiólogos da cidade do Rio de Janeiro, que 54 deles (24,1%) atenderam pelo menos um caso em que a criança ou o adolescente foi vítima de maus-tratos. Dentre os fonoaudiólogos que atenderam pelo menos um caso de violência, 88,9% indicaram o Conselho Tutelar para encaminhamento dos casos aos responsáveis; entretanto, apenas quatro fonoaudiólogos afirmaram ter efetuado a notificação. Os resultados sugerem a falta de informação sobre o tema e a importância de investir na capacitação dessa categoria profissional (Noguchi, Assis e Santos, 2004).

Outro profissional raramente mencionado na área da violência na infância e na adolescência é o Terapeuta Ocupacional. Este demonstra ter um papel essencial com relação ao processo de recuperação das vítimas. Um estudo descreveu uma das ferramentas terapêuticas utilizadas por essa categoria profissional em casos de crianças vitimizadas sexualmente. O terapeuta ocupacional, a partir do brincar, utiliza um dispositivo que promove bem-estar para a criança, além de auxiliar na identificação de conflitos psíquicos e limitações motoras. O brincar também desenvolve na criança habilidade de como lidar com seus traumas, reconquistar sua autoestima, autonomia, independência física, comportamental e psíquica, como também favorece a inter-relação com a família (Silva et al., 2008).

Além dos profissionais de saúde, os professores são profissionais fundamentais para atuar em casos nos quais haja suspeita ou confirmação de que um aluno esteja sofrendo violência física, psicológica ou sexual. Esta última é a mais delicada em ser identificada, pois, em grande número de casos, ela não tem marcas físicas. Visto que um dos objetivos da instituição escolar é promover a cidadania e a garantia da qualidade de vida dos alunos, percebe-se como essencial que os colaboradores dessa instituição estejam capacitados para identificar adequadamente casos de crianças e adolescentes vítimas de violência, assim como efetivarem as medidas de proteção e notificação (Fagot, Hagan, Youngblade e Potter, 1989; Vogeltanz e Drabman, 1995).

Na área da assistência, possui papel importante o assistente social. Ele atua como mediador entre os membros dos centros de atendimento e órgãos competentes. O profissional do serviço social trabalha acompanhando sistematicamente os casos, oferecendo apoio com relação à violência e encaminhando as vítimas para atendimento psicológico e/ou psiquiátrico. Orienta sobre direitos e deveres, trabalha preventivamente com as famílias quanto à revitimização, além de encaminhar as famílias para programas do município para receberem assistência após o desligamento dos atendimentos e auxilia para que obtenham benefícios (Rodrigues, 1999).

No campo jurídico, os operadores do direito possuem uma função decisória com relação às crianças e aos adolescentes vítimas de violência, pois eles têm o poder de determinar a cessação do abuso, por meio de medidas como a destituição do pátrio poder, encaminhamento para tratamento da família abusiva, interdição de permanência e de contato com as crianças, prisão dos agressores, etc. (Roque e Ferriani, 2002). Apesar desse papel fundamental com relação à proteção da vítima, um estudo verificou a partir de sua amostra, que os operadores de Direito embasam suas decisões a partir de processos judiciais que apresentam crenças e valores que justificam a tirania e o poder dos pais exercidos frente às crianças. Os processos referem que o intuito das agressões dos pais era fazer o bem aos filhos, ou que a agressão decorreu devido à provocação que os filhos desencadearam nos pais. Esses dados, entre outros, foram identificados em uma pesquisa que analisou a formação dos argumentos que embasam os juízes para emitirem sentenças judiciais em relação aos crimes de maus-tratos contra crianças a partir de nove processos de uma vara criminal em uma comarca do Estado do Espírito Santo, abrangendo o período de 1995 a 2000. Dentre eles, verificou-se que o promotor de justiça opera de acordo com as opiniões do juiz e do defensor público e, assim, neutraliza os interesses dos envolvidos. A partir desses dados, o estudo demonstrou que os operadores do direito protegem a conservação da família sobrepondo-se à defesa dos direitos das crianças e da prática da justiça a partir da legitimação de atos violentos de pais contra filhos (Rosa e Tassara, 2003). Outro estudo que visou identificar e analisar as percepções dos operadores do direito sobre os aspectos desencadeadores da violência doméstica em crianças e adolescentes no Fórum da Comarca de Jardinópolis, localizado no estado de São Paulo, demonstrou que os participantes possuem a compressão de que o fenômeno da violência ocorre apenas nas classes sociais mais vulneráveis. Essa visão unilateral pode estar influenciando a forma como tais profissionais atuam nos processos, levando-os, provavelmente, à banalização da violência da criança e do adolescente (Roque e Ferriani, 2002). Portanto, a especialização dos operadores jurídicos e dos órgãos públicos, judiciais e ministeriais que trabalham com casos de violência doméstica e maus-tratos contra crianças e adolescentes é essencial para serem efetivadas medidas judiciais coerentes e adequadas (Andrade, Colares e Cabral, 2005).

Grande parte da deficiência tanto na identificação de vítimas de violência quanto na dificuldade em se implementar a notificação reside em algumas lacunas na formação acadêmica. Por exemplo, em uma pesquisa que analisou as percepções de 86 residentes de medicina em uma Universidade dos Estados Unidos em relação à violência doméstica, constatou-se que 26% dos participantes eram incapazes de descrever dois fatores para a detecção, triagem e tratamento de pacientes envolvidos com a violência intrafamiliar (Pursley, Kwolek, Griffith e Wilson, 2002).

Souza e colaboradores (2008) avaliaram a presença do tema violência intrafamiliar nos cursos de medicina e de enfermagem em currículos de 10 faculdades do Rio de Janeiro e de Cuiabá. Verificou-se que o tema foi trabalhado em 23% das disciplinas de medicina e em 16% de enfermagem. O curso da enfermagem foi aquele que mais discutiu o tema, abordando-o em 29% do curso nas áreas de saúde mental e coletiva. Por outro lado, a medicina trabalhou 11,4% do assunto ao longo do curso em disciplinas das clínicas cirúrgica e geral. Existem, entretanto, diferenças quanto ao modo de abordagem. Na enfermagem, o tema é mais abordado sob o ponto de vista psicossocial e da promoção da saúde, enquanto na medicina o foco é um entendimento biomédico relacionado ao traumatismo físico. A partir desse estudo, verificou-se que ainda é pouca a atenção desses órgãos formadores de enfermeiros e médicos com a inserção da violência intrafamiliar em seus currículos. Uma outra pesquisa avaliou os conhecimentos de 34 formandos em psicologia acerca de suas capacidades para identificar e denunciar crianças e adolescentes vítimas de violência. Além disso, pretendeu-se avaliar se os mesmos se sentem qualificados a trabalharem com essa temática. Os resultados mostraram que mais da metade da amostra possuía conhecimentos suficientes acerca do abuso sexual na infância e na adolescência. Porém, há carências de informações acerca da prática profissional como a obrigatoriedade da notificação tanto de suspeita quanto de confirmação de abuso sexual, assim como dificuldade em diferenciar um local de notificação e um local de atendimento da rede de proteção. Apesar de ser identificado que os participantes estão contemplados com informações adequadas quanto ao abuso sexual, eles se percebem despreparados para o atendimento clínico, pois necessitam de maior embasamento teórico. Entretanto, o estudo sugeriu que a sensação de despreparo pode estar relacionada a pouca prática clínica da amostra (Ramos, 2008).

Josgrilberg, Carvalho, Guimarães e Pansani (2008) avaliaram graduandos do 4º ano de odontologia quanto aos seus conhecimentos em relação aos maus-tratos na infância e na adolescência. Constatou-se que 98,4% dos estudantes sabem da importância da anamnese e exame clínico, entretanto 67,7% da amostra foca sua avaliação apenas na cavidade bucal. Dentre os participantes, apenas 20,9% estão informados acerca das regiões mais atingidas em situações de maus-tratos e 62,9% não sabem identificar manifestações orais de doenças sexualmente transmissíveis. Os autores concluem que é necessária a implantação de uma abordagem mais específica na formação do graduando em odontologia para que esteja capacitado para trabalhar adequadamente em casos de suspeitas de abusos contra crianças e adolescentes. Informações sobre o conhecimento de professoras de educação infantil acerca do abuso sexual infantil foram investigadas por Brino e Williams (2003). Os resultados mostraram que todos os participantes desse estudo possuíam o conhecimento do dever do profissional em notificar os casos identificados como abuso sexual infantil e 95% deles referiram que tomariam algum tipo de atitude se estivessem frente a um caso de abuso sexual, sendo que 75% denunciariam. O local que foi citado para a realização da denúncia foi o conselho tutelar em 96% da amostra.

Ainda analisando a importância da formação acadêmica, Penso e colaboradores (2008) investigaram as contribuições da vivência de um estágio com grupos de famílias, cujos membros foram vítimas de abuso sexual, em alunos e ex-alunos do curso de psicologia. Dentre os resultados, verificou-se que a experiência com o grupo multifamiliar auxiliou para o amadurecimento profissional e pessoal dos participantes, assim como reavaliação de preconceitos e discriminações pessoais. A partir da prática de estágio, os participantes citaram que não estão preparados para intervir, pois não possuem embasamento teórico suficiente e referiram a necessidade de estudar mais sobre o tema. Além disso, identificaram que a atividade prática é diferente da teórica e enfatizaram que a prática é fundamental para o trabalho com abuso sexual. Porém, os participantes citaram que a possibilidade de terem uma experiência na área foi muito importante, pois tiveram a oportunidade de colocar a teoria em prática, contribuindo assim para a profissionalização deles.

Um estudo, que também visou identificar as concepções de profissionais acerca do atendimento a crianças vítimas de abuso, investigou 35 profissionais de uma Unidade Básica de Saúde em relação à violência intrafamiliar (Nunes, Sarti e Ohara, 2008). Entre os resultados da pesquisa, verificou-se que os participantes têm a crença de que a violência intrafamiliar está diretamente relacionada com a pobreza. Os profissionais percebem que o desemprego, baixos salários, falta de moradia, condições impróprias de saúde e baixa escolaridade como fatores que geram a violência, além de citarem a intergeracionalidade como um dos fatores que desencadeiam a violência nas famílias. Segundo os autores, os participantes fizeram uma ligação inadequada ao relacionar violência à pobreza. Compreende-se que esse tipo de associação pode aumentar o preconceito e a discriminação às pessoas de baixa renda, o que pode gerar dificuldades na relação profissionais-clientela.

Além das deficiências na formação acadêmica específica de cada profissão, é necessário abordar o relacionamento entre os diferentes profissionais que trabalham com a violência na infância e na adolescência. Não é incomum que pessoas com formações diferentes possuam visões estereotipadas uns dos outros, ocasionando preconceito entre as categorias. Furniss (1993) encontrou dificuldades severas de relação entre psicólogos, juízes e policiais que não compreendiam a função um do outro, gerando uma relação de desrespeito e visão estereotipada do outro. Portanto, percebe-se a necessidade de integrar o conhecimento de uma forma global e interdisciplinar, complementar às equipes que atuam nesses casos. Os serviços que atendem suspeitas e confirmações de abusos perpetrados contra crianças e adolescentes devem ser constituídos de um grupo de diferentes profissionais que se respeitam e estejam cientes da importância de todos para trabalharem integralmente e com efetividade desde o momento da denúncia dos casos e o acompanhamento social, psicológico e jurídico das vítimas (Marsland, 1994).

O Estatuto da Criança e do Adolescente (ECA) afirma no artigo 13º a obrigatoriedade da notificação de casos suspeitos ou confirmados de maus-tratos contra a criança ou adolescente, dentre elas o abuso sexual. Seguindo o ECA, o Código de Ética Profissional dos Psicólogos (2005), por exemplo, permite a quebra do sigilo em situações nas quais há contradições em relação aos princípios fundamentais se baseando no artigo 2º inciso A e E. Enquadram-se nesses casos, o abuso sexual em crianças e adolescentes. Segundo o ECA, para aqueles profissionais quem sabem, ou mesmo suspeitam, e não notificam, é prevista multa de 3 a 20 salários mínimos, aplicando-se o dobro em caso de reincidência. A notificação não deve ser vista como o cumprimento de uma obrigação que tem fim em si mesma. É necessário que o profissional da saúde acompanhe o trabalho do Conselho Tutelar construindo uma parceria que permita compartilhar a decisão tomada para o melhor encaminhamento dos casos atendidos (Gomes, Junqueira, Silva e Junger, 2002).

Apesar das exigências éticas e legais para que o profissional denuncie, o número de notificações dos casos de maus-tratos contra crianças e adolescentes é baixo (Gomes, Junqueira, Silva e Junger, 2002). Uma pesquisa analisou 3.628 notificações efetuadas em três anos e identificou os principais profissionais que denunciaram. Dentre as notificações, foram encontradas 1.441 denúncias de médicos, 1.415 de assistentes social, 64 de enfermeiros, 63 denúncias de psicólogos, 570 denúncias de equipes multiprofissionais e 75 de outros profissionais (Secretaria Estadual de Saúde-RJ, 2004 apud Noguchi, Assis e Santos, 2004).

Alguns autores vêm identificando as principais dificuldades encontradas pelos profissionais de saúde em relação à notificação (Almeida, 1998; Azambuja, 2005; Deslandes, 1999; Gonçalves e Ferreira, 2002; Silva, 2001). Entre elas, destacam-se:

- falta de preparo do profissional para identificar e lidar com os casos de maus-tratos;
- medo em fazer a notificação em decorrência de problemas futuros com a justiça ou o sofrimento de retaliações por parte do agressor, intimidação frente aos processos legais que ocasionam após a notificação, como realização de laudos, pareceres e depoimentos;
- precariedade e insatisfação da atuação dos conselhos tutelares para a execução de medidas protetivas, descrença no poder público e na real possibilidade de intervenção nesses casos;
- visão de que se trata de uma questão familiar e, portanto, os profissionais da saúde não devem se envolver no caso;
- falta de suporte para realizar um atendimento mais aprofundado em função da enorme demanda;

- complexidade do próprio caso, em função das dificuldades inerentes a cada atendimento;
- interação muito próxima com a comunidade, em casos de trabalhadores de postos de saúde.

Além de dificuldades de notificação dos casos, é necessário que os profissionais estejam preparados para realizar a avaliação e o atendimento de pacientes com suspeita de violência. Poucas são as graduações que disponibilizam disciplinas que trabalham, por exemplo, o abuso sexual na infância e na adolescência com os estudantes. Devido à falta de discussão sobre o tema, os profissionais se encontram mal preparados para investigar e identificar as consequências do abuso sexual em crianças e adolescentes (Deblingler e Heflin, 1995). Além do aspecto técnico, os profissionais precisam estar preparados psicologicamente para o contato com essa população. Sentimentos como raiva, dor, impotência, nojo, agressividade e pena deixam os profissionais desconfortáveis e inseguros em relação ao manejo dos casos. Os aspectos emocionais dos trabalhadores podem interferir negativamente no desempenho em relação ao diagnóstico e aos encaminhamentos dos casos de violência na infância e na adolescência. Esses aspectos estão relacionados com dificuldades de lidar com tabus e com comportamentos de fuga frente a situações estressantes. É importante que o profissional identifique a presença de sua própria ansiedade em relação ao seu trabalho, conhecendo e avaliando as próprias emoções. No sentido de minimizar esses aspectos, os serviços podem criar redes de apoio e/ou equipes interdisciplinares para oferecer um espaço para discussões, sensibilização, capacitação e auxílio às ações dos profissionais (Ferreira, 2005; Melo, Cristo, Kamada, 2006; Nogueira e Sá; 2004, Penso et al., 2008; Ribeiro, 2004; Scherer e Scherer, 2000).

Berry e colaboradores (1993), em um estudo com equipes de um hospital, identificaram que os profissionais estavam desenvolvendo quadros de transtorno de estresse pós-traumático semelhantes aos de seus pacientes. Os trabalhadores se sentiam isolados e alienados de outras equipes e amigos fora da instituição, apresentavam embotamento afetivo, anedonia, insônia e medo. Portanto, o acompanhamento dos profissionais de saúde que trabalham com violência na infância e na adolescência deve ser permanente.

A atenção dos profissionais às vítimas de violência na infância e na adolescência pode se expandir muito além da intervenção e da notificação. Devido à privilegiada posição que ocupam na prestação de serviços na área da saúde, esses profissionais podem ser considerados essenciais na identificação de indivíduos e grupos populacionais de risco para a violência e para a execução de iniciativas que promovam a prevenção (Weiss, Kripke, Coonse e O'Brien, 2000). Programas de prevenção ao abuso de crianças e adolescentes têm abrangido a inclusão de equipes interdisciplinares em que assistentes sociais, pediatras, profissionais de saúde mental, enfermeiros, entre outros, desenvolvam atividades juntos. Estão incluídas nesses programas abordagens de prevenção primária e secundária que se caracterizam por rastreamento de crianças com maior risco para maus-tratos por meio de visitas de rotina de saúde com o objetivo de supervisionar as famílias e orientá-las preventivamente. A prevenção terciária corresponde à identificação e à notificação dos casos. Quando é identificada pelo programa uma família de alto-risco, trabalha-se com ela o fortalecimento dos seus membros para que sejam capazes de educar e proteger suas crianças. O fortalecimento é desenvolvido através de trabalhos sobre a prevenção de gravidez em adolescentes, humanização da experiência do nascimento, facilitação do relacionamento mãe-filho e os programas de educação comunitária. Nesse programa, o principal foco do profissional visa à proteção da criança na perspectiva individual, familiar, comunitária e social (Comitê de Familia y Salud Mental, 2003).

Os profissionais devem estar informados quanto à dinâmica da violência na infância e na adolescência, assim como os procedimentos de notificação. Ao se deparar com um caso, é importante buscar o apoio de profissionais de outras áreas para a discussão do caso, aprender e respeitar a diferente compreensão dos outros profissionais, assim como se instruir quanto à atuação que eles desenvolvem em casos de violência na infância e na adolescência. Visto que todos os profissionais, tanto da área da saúde, educacional, jurídica quanto social são importantes e complementares para o atendimento e acompanhamento das vítimas de violência. Portanto, a troca de informações, ou seja, o atendimento em rede é fundamental para que as crianças e adolescentes desenvolvam estratégias com o apoio de todos os profissionais para se desenvolverem mais saudavelmente frente ao evento estressor vivenciado.

Quando uma criança ou adolescente não recebe credibilidade dos profissionais ao relatar que sofre qualquer tipo de violência, ela acaba sendo duplamente vitimizada. Essa revitimização é caracterizada quando os profissionais não adotam as medidas de proteção adequadas previstas em lei. A negligência dos profissionais diante dos aspectos legais pode contribuir para um aumento do dano psicológico sofrido pela criança, além de auxiliar para a perpetuação do abuso sexual e com a síndrome do segredo (Amazarray e Koller, 1998; Gomes, Junqueira, Silva e Junger, 2002).

Crianças e adolescentes vítimas de violência devem ter à disposição ambulatórios especializados com equipe multiprofissional (assistentes sociais, psicólogos e ginecologistas), com a finalidade de contribuir para sua reestruturação emocional, psicológica e reintegração social (Melo, Cristo e Kamada, 2006). Para assistir esses casos de violência intrafamiliar, é importante conhecer e buscar se comunicar com a rede de apoio, como o posto de saúde, o conselho tutelar, a escola da criança, hospitais, etc. mas o cuidado não deve se resumir apenas às vítimas. Apesar de o profissional se envolver emocionalmente em relação às crianças e aos adolescentes agredidos visando à sua proteção, e repudiar ao familiar agressor, é essencial que ele mesmo compreenda a dinâmica do abuso, nos quais muitos agressores repetem com seus filhos o estilo educacional que vivenciaram em sua infância. Desse modo, a assistência às crianças e aos adolescentes vítimas de violência deve ser expandida para o âmbito familiar, visto que a punição ou o afastamento do agressor com relação à vítima não é suficiente, pois ele continuará sendo um agressor em potencial (Zottis, Algeri e Castiglia, 2006).

Sugere-se que o tema violência seja introduzido em diversas disciplinas ao longo dos cursos de graduação que trabalham com crianças e adolescentes. Assim sendo, o aluno/profissional poderá receber informações detalhadas para que incorpore, gradativamente, os conhecimentos, as práticas e as atitudes coerentes em sua função de prevenção e de intervenção junto à família (Penna, Santos e Souza, 2004). Indica-se também, além da necessidade de introduzir formalmente o tema nos currículos, o desenvolvimento de programas de capacitação constantes das equipes de saúde (Gonçalves, Ferreira e Marques, 1999). Além da necessidade de capacitar os profissionais, é imprescindível informar a comunidade acerca da violência na infância e na adolescência e com relação aos seus deveres de cidadão que protege essa população para tê-la como mais um auxílio para o enfrentamento da violência.

REFERÊNCIAS

Alexander, R. C. (1990). Educação do médico sobre abuso da criança. In R. M. Reece (Ed.), *Clínicas pediátricas da América do Norte: Abuso da criança* (pp. 1053-1072). Rio de Janeiro: Interlivros.

Almeida, E. C. (1998). *Violência doméstica: Um desafio para a formação do pediatra*. Dissertação de mestrado não publicada, Instituto de Medicina Social da Universidade do Rio de Janeiro, Rio de Janeiro, Brasil.

Amazarray, M. R., & Koller, S. H. (1998). Alguns aspectos observados no desenvolvimento de crianças vítimas de abuso sexual. *Psicologia Reflexão e Crítica, 11*(3), 546-555.

Amorin, S. M. F. (2002). Loucura, política e ética: A formação do psicólogo em questão. In Conselho Federal de Psicologia (Ed.), *Loucura, ética e política: Escritos militantes* (pp. 196-206). São Paulo: Casa do Psicólogo.

Andrade, K. L., Colares, V., & Cabral, H. M. (2005). Avaliação da conduta dos odontopediatras de Recife com relação ao abuso sexual. *Revista Odonto Ciência, 20*(49), 231-236.

Assis, G. S. (2003). Violência contra crianças e adolescentes: O grande investimento da comunidade acadêmica na década de 90. In M. C. S. Minayo, & E. R. Souza (Eds.), *Violência sob o olhar da saúde: A infrapolítica de contemporaneidade brasileira* (pp. 163-198). Rio de Janeiro: FIOCRUZ.

Azambuja, M. P. R. (2005). Violência doméstica: Reflexões sobre o agir profissional. *Psicologia Ciência e Profissão, 25*(1), 4-13.

Benger, J. R, & Pearce, V. (2002). Simple intervention to improve detection of child abuse in emergency departments. *British Medical Journal, 324*(7340), 780-782.

Berry, D., Drury, J., Prendeville, B., Ranganathan, P., & Summer, J. (1993). Sexual abuse: Giving support to nurses. *Nursing Standard, 8*(4), 25-27.

Bourroll, M. L. M., Rea, M. F., & Botazzo, C. (2008). Residentes de pediatria diante da violência doméstica contra crianças e adolescentes. *Interface: Comunicação, Saúde, Educação, 12*(27), 737-748.

Boyle, A., Robinson, S., & Atkinson, P. (2004). Domestic violence in emergency medicine patients. *Emergency Medicine Jounal, 21*(1), 9-13.

Brasil. (1990). *Lei nº 8069, de 13 de julho de 1990: Estatuto da Criança e do Adolescente*. Acessado em 23 jul, 2011, em http://www.planalto.gov.br/ccivil_03/Leis/L8069.htm.

Brino, R. F., & Williams, L. C. A. (2003). Concepções da professora acerca do abuso sexual infantil. *Cadernos de Pesquisa, 119*, 113-128.

Campbell, J. C. (1993). Violence as a nursing priority: Policy implications. *Nursing Outlook, 41*(2), 83-92.

Cavalcanti, A. L. (2001). Abuso infantil: Protocolo de atendimento odontológico. *Revista Brasileira de Odontologia, 58*(6), 378-380.

Chadwick, D. L. (1990). Preparo para o testemunho, em juízo, em casos de abusos de crianças. In R. M. Reece (Ed.), *Clínicas pediátricas da América do Norte: Abuso da criança* (pp. 1035-1052). Rio de Janeiro: Interlivros.

Comité de Familia y Salud Mental. (2003). Maltrato físico: Un problema de salud que nos involucra. *Archivos Argentinos de Pediatría, 101*(1), 64-72.

Conselho Federal de Psicologia. (2005). *Resolução CFP nº 010/05: Código de ética profissional do psicólogo*. Brasília: CFP.

Conselho Federal de Psicologia. (2009). *Serviço de proteção social a crianças e adolescentes vítimas de violência, abuso e exploração sexual e suas famílias: Referências para a atuação do psicólogo*. Brasília: Conselho Federal de Psicologia.

Deblinger, E., & Heflin, A. (1995). Abuso sexual infantil. In F. Dattilio, & A. Freeman (Eds.), *Estratégias cognitivo-comportamentais para intervenção em crises: Tópicos especiais* (pp. 229-253). São Paulo: Psy.

Deslandes, S. F. (1994). Atenção a crianças e adolescentes vítimas de violência doméstica: Análise de um serviço. *Cadernos de Saúde Pública, 10*(1), 177-187.

Deslandes, S. F. (1999). O Atendimento às vítimas de violência na emergência: "Prevenção numa hora dessas?". *Ciência & Saúde Coletiva, 4*(1), 81-94.

Dubow, S. R., Giardino, A. P., Christian, C. W., & Johnson, C. F. (2005). Do pediatric chief residents recognize details of prepubertal female genital anatomy: A national survey. *Child Abuse & Neglect, 29*, 195-205.

Dubowitz, H., & Black, M. (2001). Teaching pediatric residents about child maltreatment. *Journal of Developmental & Behavioral Pediatrics, 46*(5), 305-307.

Fagot, B. I., Hagan, R., Youngblade, L. M., & Potter, L. (1989). A comparison of the play behaviors of sexually abused, physically abused, and nonabused preschool children. *Topics in Early Childhood Special Education, 9*(2), 88-100.

Ferreira, A. L. (2005). Acompanhamento de crianças vítimas de violência: Desafios para o pediatra. *Jornal de Pediatria, 81*(5), 173-180.

Furniss, T. (1993). *Abuso sexual da criança: Uma abordagem multidisciplinar*. Porto Alegre: Artmed.

Gomes, R., Junqueira, M. F. P., Silva, C. O., & Junger, W. L. (2002). A abordagem dos maus-tratos contra a criança e o adolescente em uma unidade pública de saúde. *Ciência & Saúde Coletiva, 7*(2), 275-283.

Gonçalves, H. S., & Ferreira, A. L. (2002). A notificação da violência intrafamiliar contra crianças e adolescentes por profissionais da saúde. *Caderno de Saúde Pública, 18*(1), 315-319.

Gonçalves, H. S., Ferreira, A. L., & Marques, M. J. V. (1999). Avaliação de serviço de atenção a crianças vítimas doméstica. *Revista de Saúde Pública, 33,* 547-553.

Hammond, J. M. D., Nebel-Gould, A. M. S., & Brooks, J. M. S. (1989). The value of speech-language assessment in the diagnosis of child abuse. *The Journal of Trauma, 29*(9), 1258-1260.

Heger, A., Ticson, L., Velásquez, O., & Bernier, R. (2002). Children referred for possible sexual abuse: Medical findings in 2384 children. *Child Abuse & Neglect, 26,* 645-659.

Johnson, C. F. (1990). Lesões infligidas *versus* lesões acidentais. In R. M. Reece (Ed.), *Clínicas pediátricas da América do Norte: Abuso da criança* (pp. 861-885). Rio de Janeiro: Interlivros.

Josgrilberg, E. B., Carvalho, F. G., Guimarães, M. S., & Pansani, C. A. (2008). Maus-tratos em crianças: A percepção do aluno de Odontologia. *Odontologia Clínica Científica, 7*(1), 35-38.

Lentsch, K., & Johnson, C. F. (2000). Do physicians have adequate knowledge of child sexual abuse? The results of two surveys of practicing physicians, 1986 and 1996. *Child Maltreatment, 5*(1), 72-78.

Marsland, L. (1994). Child protection: The interagency approach. *Nursing Standard, 8*(33), 25-28.

McGovern, K. B. (1991). Was these realy child sexual abuse or is these another explanation? *Child & Youth Services, 15*(2), 115-127.

Melo, M. C., Cristo, R. C., & Kamada, I. (2006). Avaliação da assistência multiprofissional dos casos de violência intrafamiliar atendidos em uma unidade de pediatria. *Comunicação em Ciência em Saúde, 17*(1), 47-52.

Minayo, M. C. de S. (2001). Violência contra crianças e adolescentes: Questão social, questão de saúde. *Revista Brasileira de Saúde Materno-Infantil, 1*(2), 91-102.

Mouden, L. D. (1998). The dentists role in detecting and reporting abuse. *Quintessence International, 29*(7), 452-455.

Moura, A. T. M. S., & Reichenheim, M. E. (2005). Estamos realmente detectando violência familiar contra a criança em serviços de saúde? A experiência de um serviço público do Rio de Janeiro, Brasil. *Caderno de Saúde Pública, 21*(4), 1124-1133.

Noguchi, M. S., Assis, S. G., & Santos, N. C. (2004). Entre quatro paredes: Atendimento fonoaudiológico a crianças e adolescentes vítimas de violência. *Ciência e Saúde Coletiva, 9*(4), 963-973.

Nogueira, S. E., & Sá, M. L. B. P. (2004). Atendimento psicológico a crianças vítimas de abuso sexual: Alguns impasses e desafios. In M. C. A. Prado (Ed.), *O mosaico da violência: A perversão na vida cotidiana* (pp. 47-102). São Paulo: Vetor.

Nunes, C. B., Sarti, C. A., & Ohara, C. V. S. (2008). Concepções de profissionais de saúde sobre a violência intrafamiliar contra a criança e o adolescente. *Revista Latino Americana de Enfermagem, 16*(1), 136-141.

O'Toole, A. W., O'Toole, R., Webster, S. W., & Lucal, B. (1996). Nurses' diagnostic work on possible physical child abuse. *Public Health Nursing, 13*(5), 337-344.

Olson, L., Anctil, C., Fullerton, L., Brillman, J., Arbuckle, J., & Sklar, D. (1996). Increasing emergency physician recognition of domestic violence. *Annal of Emergency Medicine, 27*(6), 741-746.

Penna, L. H. G., Santos, N. C., & Souza, E. R. (2004). A produção científica sobre violência doméstica na área da saúde pública. *Revista de Enfermagem UERJ, 12*(2), 192-198.

Penso, M. A., Costa, L. F., Ribeiro, M. A., Almeida, T. M. C., & Oliveira, K. D. (2008). Profissionalização de psicólogos para atuação em casos de abuso sexual. *Psico, 39*(2), 211-218.

Pfeiffer, L., & Salvagni, E. P. (2005). Visão atual do abuso sexual na infância e adolescência. *Jornal de Pediatria, 81*(5), 197-204.

Pursley, H. G., Kwolek, D. S., Griffith, C. H., & Wilson, J. F. (2002). Women's health issues and residents' knowledge. *Journal Kentucky Medical Association, 100*(6), 238-244.

Ramos, M. S. (2008). *Formandos em Psicologia e seus conhecimentos em relação ao abuso sexual em crianças e adolescentes*. Trabalho de conclusão de curso não publicado, Universidade do Vale do Rio dos Sinos, São Leopoldo, Brasil

Ribeiro, R. (2004). *As emoções do profissional psicossocial com o abuso sexual infantil*. Dissertação de mestrado não publicada, Universidade de Brasília, Brasília, Brasil.

Rio de Janeiro. Secretaria de Estado de Saúde. (2004). *Dados epidemiológicos: Notificação de maus-tratos contra a criança e o adolescente*. Acessado em http://www.saude.rj.gov.br.

Rodrigues, E. A. P. (1999). A dimensão social da violência infanto-juvenil. *Serviço Social em revista, 2*(1), 77-104.

Roque, E. M. S. T., & Ferriane, M. G. C. (2002). Desvendando a violência doméstica contra crianças e adolescentes sob a ótica dos operadores do direito na comarca de Jardinópolis – SP. *Revista Latino-Americana de Enfermagem, 10*(3), 334-344.

Rosa, E. M., & Tassara, E. T. O. (2003). Violência contra crianças e discurso jurídico. *Temas em Psicologia, 11*(1), 46-60.

Sanger, R. G. (1984). Oral facial injuries in physical abuse. In R. G. Sanger, & D. C. Bross (Eds.), *Clinical management of child and neglect: A guide for the dental professional* (pp. 37-41). Chicago: Quintessence.

Scherer, E. A., & Scherer, Z. A. P. (2000). A criança maltratada: Uma revisão da literatura. *Revista Latino Americana de Enfermagem, 8*(4), 22-29.

Scherer, E. A., Gulko, P. S., Dillenburg, R. F., Ramos, M. C., & Bakos, L. (1987). Condiloma acuminado em crianças. *Revista do Hospital de Clínicas de Porto Alegre, 7*(3), 168-170.

Schimitt, B. D. (1986). Types of child abuse and neglect: An overview for dentists. *Pediatric Dentistry, 8*(1), 67-71.

Silva, K. H. (2001). *A notificação de maus-tratos contra crianças e adolescentes pela Secretaria Municipal de Saúde do Rio de Janeiro aos Conselhos Tutelares: Em busca de uma parceria.* Dissertação de mestrado não publicada, Instituto Fernandes Figueira-Fiocruz, Rio de Janeiro, Brasil.

Silva, M. O., Oliveira, F. N. G., Silva, G. L., Andrade, R. S., & Carvalho, R. M. (2008). O brincar terapêutico ocupacional com crianças violentadas sexualmente. *Revista LEVS, 2*(2), 39-47.

Slusser, M. M. (1995). Manifestations of sexual abuse in preschool-aged children. *Mental Health Nursing, 16*(5), 481-491.

Souza, E. R., & Minayo, M. C. S. (1998). Violência e saúde como um campo interdisciplinar e de ação coletiva. *História, Ciências, Saúde-Manguinhos, 4*(3), 513-531.

Souza, E. R., Penna, L. H. G., Ferreira, A. L., Tavares, C. M. M., & Santos, N. C. (2008). O tema violência intrafamiliar em currículos de graduação em enfermagem e medicina. *Revista de Enfermagem, 16*(1), 13-19.

Straus, M. A., & Gelles, R. J. (1995). *Physical violence in american families: Risk factors and adaptations to violence in 8145 families.* New Brunswick: Transaction.

Sullivan, P. M., Brookhouser, P. E., Scanlan, J. M., Knutson, J. F., & Schulte, L. E. (1991). Patterns of physical and sexual abuse of communicatively handicapped children. *Annals of Otology, Rhinology, and Laryngology, 100*(3), 188-194.

UNICEF. (2001). *A league table of child deaths by injury in rich nations* [Innocenti report card nº 2]. Florence: UNICEF, Innocent Research Centre. Acessado em 25 set, 2003, em http://www.unicef-irc.org/publications/289.

UNICEF. (2006). *Situação da infância brasileira: Crianças de até 6 anos: O direito à sobrevivência e ao desenvolvimento.* Brasília: UNICEF.

Vogeltanz, N. D., & Drabman, R. S. (1995). A procedure for evaluating young children suspected of being sexually abused. *Behavior Therapy, 26*(4), 579-597.

Weiss, L. B., Kripke, E. N., Coonse, H. L., & O'Brien, M. K. (2000). Integrating a domestic violence education program into a medical school curriculum: Challenges and strategies. *Teach Learn Medical, 12*(3), 133-140.

Wiist, W. H., & McFarlane, J. (1999). The effectiveness of an abuse assessment protocol in public health prenatal clinics. *American Journal of Public Health, 89*(8), 1217-1221.

Zottis, G. A. H., Algeri, S., & Castiglia, V. C. (2006). Violência intrafamiliar contra a criança e as atribuições do profissional de enfermagem. *Família, Saúde e Desenvolvimento, 8*(2), 146-153.

19
Maus-tratos contra crianças e adolescentes e o papel dos profissionais de saúde
estratégias de enfrentamento e prevenção

Thais Helena Bannwart e Rachel de Faria Brino

O fenômeno dos maus-tratos contra crianças e adolescentes, embora venha ganhando destaque na mídia, parece ainda não ter o devido enfoque em termos de prevenção em seus diversos níveis. Dados de diversas pesquisas apontam que a maioria dos casos notificados ocorre dentro da família (Abrapia, 2004; Azevedo e Guerra, 1989; Guerra, 1985; Santos, 1991; Straus et al., 1980), ou seja, os principais agressores se encontram próximos às vítimas e convivem com estas, em geral em relações desiguais, seduzindo-as ou forçando-as a se calar acerca das práticas abusivas. Esse panorama aponta para a necessidade de se incluir na prevenção dos abusos contra crianças e adolescentes pessoas não ligadas à família, como alternativa para possibilitar a revelação do "segredo" que, em geral, fica encerrado nos muros da casa. O contato com profissionais que lidam diretamente com crianças e adolescentes pode trazer possibilidades de atuação na prevenção primária, secundária e terciária dos maus-tratos infantis.

Considerando a complexidade do fenômeno e sua ligação com a saúde pública, o envolvimento dos profissionais de saúde, que diariamente têm contato com crianças e adolescentes, é pertinente. A atuação dos profissionais em relação ao tema é regulamentada, pois a notificação à autoridade competente de qualquer suspeita ou confirmação de maus-tratos é obrigatória, sob pena de multa de 3 a 20 salários de referência, segundo dispõe o Estatuto da Criança e do Adolescente no artigo 245 (Brasil, 1990).

Os objetivos do presente capítulo são apontar e discutir as dificuldades enfrentadas pelos profissionais de saúde frente à identificação e notificação de suspeitas de maus-tratos contra crianças e adolescentes e as estratégias que possibilitem aos profissionais de saúde enfrentar tais situações em seu cotidiano de trabalho, promovendo ações de prevenção em seus diversos níveis.

No Brasil, os maus-tratos contra crianças e adolescentes passaram a ser tratados como problema de saúde após os anos de 1960. A implementação do ECA em 1990 assegurou direitos especiais e proteção integral, além de tornar compulsória a notificação, por parte dos profissionais de saúde, de casos suspeitos e confirmados. A partir de 1998, o Ministério da Saúde elaborou a proposta de "Política Nacional de Redução de Morbimortalidade por Acidentes e Violência" em que foram formuladas ações arti-culadas sobre o assunto. A publicação da "Política Nacional de Redução de Morbimortalidade por Acidentes e Violência na Infância e na Adolescência", em 2001, estabeleceu como obrigatória a notificação de suspeita e confirmação de maus-tratos pelos profissionais dos estabelecimentos que atendem pelo Sistema Único de Saúde (SUS) (Pires e Miyazaki, 2005). Apesar dessa obrigatoriedade, a subnotificação da violência é uma realidade no Brasil, pois se estima que, para cada caso notificado, dois deixam de ser (Pascolat, Campos, Valdez, Busato e Marinho, 2001).

Os maus-tratos correspondem a uma grande parcela de atendimentos a crianças e adolescentes, no entanto, a maioria dos casos que chegam aos serviços de saúde não são identificados, e a maior barreira para a efetiva identificação se expressa pelo medo ou recusa do profissional de se envolver com o que é considerado problema "alheio" e reforçada culturalmente como "um problema de família" (Deslandes, 1995).

A despeito de haver normas técnicas e rotinas para a orientação dos profissionais da saúde frente ao problema da violência, estabelecidas pelo Ministério da Saúde, a aplicação das mesmas parece não ser uma prática dos serviços de saúde em geral, o que contribui para a dificuldade desses profissionais de diagnosticar, registrar e notificar os casos. Por outro lado, colabora também para esse desconhecimento o pacto de silêncio nos lares, espaço socialmente sacralizado e considerado isento de violência, mas que, na verdade, constitui-se como um lugar privilegiado para a prática de maus-tratos contra crianças e adolescentes (Sociedade Brasileira de Pediatria, FIOCRUZ e Secretaria de Estado dos Direitos Humanos, 2001).

As dificuldades enfrentadas pelos profissionais de saúde frente à identificação e notificação de maus-tratos foram abordadas em alguns estudos, como o trabalho de Braz e Cardoso (2000) que traz a percepção de profissionais de saúde acerca da violência e das responsabilidades em denunciar casos que vivenciaram por meio de entrevistas. Foi possível perceber que, para a equipe médica entrevistada, a violência possui várias graduações e tipologias. De maneira consensual, os profissionais afastam a hipótese orgânica com a realização de exames para então investigar as "causas externas". Um terço dos entrevistados disse que quando há presença de lesões corporais indicadoras de maus-tratos em uma criança internada por doença orgânica, firmar o diagnóstico de violência é bastante difícil pelo temor de cometer injustiças. Feito o encaminhamento ou não, foram recorrentes os sentimentos de frustração, impotência e imobilidade, além de, em dois casos relatados, existir o aconselhamento para desistência da queixa para autoridade policial. A violência psicológica foi menos valorizada do que a violência física porque tais atos foram vistos como formas de educação. O estudo apontou que os profissionais de saúde mental tendem a silenciar sobre a violência, pois "sua formação implica compreender e tratar os agressores e, assim, não consideram sua responsabilidade a denúncia" (Braz e Cardoso, 2000, p. 95)

A percepção dos profissionais de saúde frente à abordagem realizada nos casos de maus-tratos cometidos contra crianças e adolescentes foi analisada com base em entrevistas (Gomes et al., 2002). O estudo identificou uma oscilação entre a crença e a descrença da resolubilidade dos casos e a presença de medo e insegurança emocional, destacando-se problemas relacionados à lacuna desse tema na formação profissional e a reprodução de padrões culturais de não se envolver em assuntos que seriam familiares. O estudo, ainda, ressaltou a descrença na efetiva atuação dos Conselhos Tutelares e prévias experiências negativas.

Alguns aspectos citados também foram encontrados no estudo de Gonçalves e Ferreira (2002) que discutiu as principais dificuldades enfrentadas pelos profissionais na notificação de suspeitas ou confirmações de maus-tratos. As dificuldades identificadas foram: falta de informações básicas que permitam identificar a violência, assunto que não tem sido tratado nos currículos de graduação; peculiaridades de cada caso que são influenciadas por fatores de ordem pessoal dos profissionais e pelas próprias estruturas dos serviços, na maioria insuficientes; falta de infraestrutura e sobrecarga de trabalho dos Conselhos Tutelares e, até mesmo, a inexistência deles em alguns municípios brasileiros; cultura familiar em que se valoriza a privacidade da família; e, ameaça do agressor aos profissionais, apresentada como argumento para a não notificação.

Trabalhos internacionais como de Theodore e Runyan (2006) também indicaram as dificuldades que os profissionais encontram na notificação dos maus tratos, como experiências negativas com o sistema judiciário, que contribuem para a não notificação. Outro estudo apontou a necessidade de educação continuada para os profissionais na identificação dos sinais e sintomas de abuso físico e para compreender o papel dos médicos na administração multidisciplinar do abuso infantil (Haeringen, Dadds e Armstrong, 1998).

O estudo de Bannwart e Brino (no prelo) investigou as dificuldades enfrentadas pelos médicos pediatras na identificação e notificação de casos de maus-tratos em um município do interior de São Paulo. Os principais resultados indicaram que as dificuldades enfrentadas estão relacionadas à falta de formação, descrença e dúvidas sobre a atuação dos órgãos competentes e receio de possíveis consequências jurídicas e de causar maiores traumas ou desconforto na família e/ou criança. Foi encontrada a necessidade de uma condição prévia para realização da notificação, que seria a confirmação da suspeita. De acordo com o ECA (Brasil, 1990), em seu artigo 245, os profissionais têm o dever de comunicar aos órgãos competentes casos suspeitos ou confirmados de maus-tratos, de forma que a legislação é explícita quanto a incumbência dos profissionais, de comunicar a suspeita, mesmo que ainda não tenha certeza e que a abordagem à possível vítima ainda não tenha sido finalizada. No entanto, essa necessidade de confirmação de suspeita, parece se dever ao modelo biomédico vigente na área da Saúde no combate à violência, que a descreve como causa externa de morbimortalidade, na qual a prática dos profissionais se restringe à abordagem das consequências à vítima e não à proteção integral da criança ou adolescente (Minayo, 2001).

O despreparo dos profissionais para lidar com vítimas de violência se deve possivelmente ao desconhecimento sobre como proceder frente a esses casos, uma vez que as habilidades e conhecimentos necessários para a atuação não foram adquiridos ao longo da formação profissional. Esse despreparo foi constatado por Silveira, Mayrink e Nétto (2005), em estudo que indicou que 84% dos cirurgiões dentistas ($n=70$) de Blumenau-SC se julgavam despreparados para lidar com casos de maus-tratos. As dificuldades apontadas pelos profissionais para proceder à denúncia estavam relacionadas a receio das consequências (6%), falta de conhecimento (32%) e incerteza da suspeita (42%).

No Brasil, a escassez de regulamentos que firmem os procedimentos técnicos, a ausência de mecanismos legais de proteção aos profissionais encarregados de notificar, a falha na identificação da violência no serviço de saúde e a quebra de sigilo profissional, são considerados entraves para a notificação (Gonçalves e Ferreira, 2002).

Notificar casos de violência é de extrema importância, pois a notificação é um instrumento de combate à violência, uma vez que possibilita o embasamento de ações de intervenção em vários níveis. Ao tornar público um fenômeno que acontece no privado, torna-se possível perceber que são mais comuns do que se imagina, mas que nem por isso deve ser banalizado ou normalizado (Bazon, 2007). A falta de capacitação dos profissionais de saúde em geral sobre o que significa e qual a importância da notificação implica uma confusão entre os termos notificar e denunciar, sendo que notificar deve ter como sinônimo a garantia de que a criança e o adolescente e sua família terão apoio de instituições e profissionais competentes (Deslandes, 1999). Portanto, é fundamental investir maciçamente em ações que promovam a sensibilidade social aos direitos e às necessidades das crianças e jovens, de forma a incrementar a capacidade dos profissionais envolvidos diretamente na proteção às crianças. Os profissionais devem estar capacitados para identificar as situações de maus-tratos, reconhecendo-as como tal, notificar os casos e, por conseguinte, fortalecer o encadeamento entre essas ações (Bazon, 2007).

As duas principais estratégias para o enfrentamento dos maus-tratos e para que as dificuldades verificadas na literatura sejam diminuídas se referem à necessidade de capacitação para os profissionais e pesquisas que avaliem sua eficácia e à necessidade da inserção da temática nos currículos de graduação, ressaltando que o conhecimento do fenômeno é essencial para o cuidado dos casos (Algeri, 2005; Bazon, 2007; Cunha, Assis e Pacheco, 2005; Ferreira, 2005; Haeringen, Dadds e Armstrong, 1998; Leite, Oliveira, Camerini, Ramos e Moscardin, 2006; Pires e Miyazaki, 2005; Reece e Jenny, 2005; Silveira, Mayrink e Nétto, 2005; Warner-Rogers, Hansen e Spieth, 1996). Em termos gerais, o estudante em formação deve receber treinamento suficiente para lidar com casos de maus-tratos e após a formação, quando no exercício da profissão, necessita de constante atualização acerca da temática em cursos de educação continuada e, quando possível, em discussões periódicas no cotidiano de seu trabalho.

No que diz respeito ao treinamento em formação, os pressupostos que fundamentam o desenvolvimento curricular parecem ser mais importantes do que a simples inserção de disciplinas estanques acerca do fenômeno. Ou seja, se o desenvolvimento curricular está centrado em formar profissionais reflexivos sobre a sua prática, que atuem sempre pautados em princípios éticos, que enxerguem o paciente com uma visão global e não reduzido à queixa que apresenta, que considerem os aspectos biológicos, psicológicos e socioculturais envolvidos na situação de vida do paciente, a partir de uma perspectiva do cuidado integral, tal formação pode possibilitar uma atuação adequada diante de casos suspeitos de maus-tratos. A violência não pode ser considerada uma epidemia passível de ser tratada pelos métodos tradicionais da epidemiologia geral (Minayo e Souza, 1999). A complexidade do fenômeno exige abordagem social, psicológica e epidemiológica, levando em conta, inclusive, os aspectos biológicos. E quanto mais grave o fenômeno, maior é a necessidade de se trabalhar com várias disciplinas científicas e vários campos profissionais relevantes.

A atuação profissional em situações de maus-tratos exige, portanto, práticas inovadoras, baseadas em valores sociais legítimos e em articulações de saberes e competências de diferentes disciplinas científicas, bem como de diferentes instituições e programas de intervenção. É preciso romper com práticas fragmentadas, com ações profissionais fragilizadas, que ainda predominam e trazer elementos como a crítica e a criatividade para a atuação profissional junto ao fenômeno dos maus-tratos contra crianças e adolescentes (Bazon, 2007).

O contato com casos de maus-tratos ao longo da formação pode favorecer o desenvolvimento de habilidades necessárias à atuação dos profissionais diante de tais casos. Portanto, possibilitar ao aluno se inserir em serviços e cenários que propiciem o contato com o fenômeno é outra estratégia para instrumentalizá-lo a atuar adequadamente em tais casos.

Considerando os cursos de capacitação, a ressalva se refere à necessidade de incluí-los na rotina de trabalho dos profissionais, com encontros frequentes e periódicos, possibilitando momentos de reflexão e que estimulem a discussão da ocorrência dos maus-tratos no cotidiano profissional, no enfrentamento de casos suspeitos e/ou confirmados.

Aspectos específicos das estratégias de enfrentamento merecem ser apontados e discutidos. Para os médicos que já atuam é mais relevante capacitá-los sobre a explicação dada para a lesão, em caso de abuso físico, bem como a gravidade da mesma e sua relação com maus-tratos, o que deveria ser comum em cursos de capacitação (Warner-Rogers, Hansen e Spieth, 1996). Para médicos em formação se faz mais necessário desenvolver a habilidade de colher e deduzir informações das variáveis com qualidade e, desde o primeiro momento de formação, devem estar ativamente envolvidos no processo de identificação e notificação, isto é, atuar junto aos profissionais experientes nesses casos para terem modelo de atuação (Warner-Rogers, Hansen e Spieth, 1996). A formação dos profissionais de enfermagem para enfrentar a problemática da violência intrafamiliar contra a criança e o adolescente é também fundamental, principalmente pela proximidade desse profissional com as famílias (Algeri, 2005).

Ademais, é importante que o profissional esteja familiarizado com dados epidemiológicos sobre maus-tratos na infância, pois isso pode ajudar na tomada de uma melhor posição na avaliação da informação que coletaram, especialmente em relação à explicação dada pelo responsável da criança ao sinal ou sintoma indicativo da suspeita de maus-tratos, além de capacitar sobre diagnósticos diferenciais (Haeringen, Dadds e Armstrong, 1998; Leite, Oliveira, Camerini, Ramos e Moscardin, 2006; Warner-Rogers, Hansen e Spieth, 1996;).

Um aspecto crucial, e que deveria ser foco da capacitação, é o desenvolvimento da capacidade do profissional de identificar ou suspeitar de violência, sendo este o primeiro passo para a efetivação de um atendimento. Promover discussão e reflexão, a partir de casos reais, sobre quais os sinais menos evidentes da possível ocorrência de maus-tratos pode ser uma estratégia efetiva. Diante de situações em que não há relato da criança ou adolescente, ou mesmo marcas físicas ou lesões claramente relacionadas aos atos agressivos, é importante conhecer quais são os indicadores de uma suspeita de maus-tratos. Os profissionais devem ser capacitados para refinar seu "olhar" e identificar comportamentos da criança que podem sugerir que está sendo vítima de alguma forma de violência, a frequência dos mesmos e em que contextos aparecem. Essa observação também deve ser expandida para outros membros da família com quem se tenha contato nos atendimentos. A relação entre a criança, possível vítima, e membros familiares pode trazer componentes importantes na caracterização da suspeita.

A literatura (Algeri, 2005; Ferreira, 2005; Leite, Oliveira, Camerini, Ramos e Moscardin, 2006) indica que as dificuldades não estão vinculadas a uma ou outra profissão, pois as mesmas dificuldades são constatadas em diversas áreas. Portanto, seria possível partir do assunto mais amplo, que é o mau-trato, para depois direcionar a capacitação para especificidades e limitações das áreas, como tipos de tratamento que um médico e um cirurgião-dentista podem realizar, por exemplo.

Ferreira (2005) aponta alguns desafios para os pediatras no acompanhamento de casos de maus-tratos que podem ser inseridos em um projeto de capacitação, tais como: estratégias de se envolver sem gerar mais violência; ter as famílias, e não apenas as crianças e mães, como alvo da atenção; avaliar, na sua rotina de atendimento, os fatores de risco e de proteção relacionados à criança e à família, fortalecendo os de proteção e trabalhando para minimizar ou afastar os de risco, conforme apresentado na Tabela 19.1. A proteção da criança deve nortear todo o atendimento, tendo como objetivo o bem-estar da mesma.

Sobre o conhecimento das diferentes profissões em relação à temática, Hazzard e Rupp (1986) compararam o conhecimento e atitudes de pediatras, profissionais de saúde mental (assistentes sociais, psicólogos e psiquiatras), professores e estudantes de um curso introdutório de psicologia que preencheram um questionário sobre definições, características, causas e efeitos do abuso infantil. A principal conclusão é que profissionais da saúde mental são mais bem informados que os pediatras e ambos são mais bem informados que professores ou estudantes.

Tabela 19.1 Fatores de risco e de proteção para a ocorrência de maus-tratos.

Nível	Fatores de risco	Fatores de proteção
Individual	– Pais com depressão ou outros transtornos mentais severos – Pais com deficiência mental – Abuso de álcool e drogas – Crenças de que para educar é preciso usar punição corporal – Pouco conhecimento sobre desenvolvimento infantil – Pais maltratados na infância – Pais adolescentes – Temperamento da criança/apego inseguro	– Conhecimento acerca do desenvolvimento infantil – Criança com conhecimento de técnicas de autoproteção
Familiar	– Violência conjugal / mãe que sofre violência doméstica – Morte de pais ou avós cuidadores – Divórcio, separação forçada, doenças de pais ou irmãos – Instabilidade no trabalho dos adultos responsáveis / desemprego / detenção dos cuidadores – Isolamento social da família – Pouco envolvimento dos pais com os filhos	– Formas adequadas de educar crianças – Habilidades parentais adequadas
Comunidade	– Dificuldades econômicas graves – Pobreza – Falta de suporte social ou acesso aos serviços – Escassa rede de proteção	– Profissionais de diversas áreas capacitados na prevenção da violência – Rede de proteção à família – Serviços de apoio na comunidade/ Programas de suporte social na comunidade e na escola – Pessoas de confiança (família, escola e/ou comunidade) – Atividades lúdicas e de lazer na escola e na comunidade
Sociedade	– Cultura de tolerância em relação à violência e à pornografia infantil – Leis e sistema judiciário que não punem agressores de crianças – Nível elevado de violência na sociedade	– Leis e sistema judiciário que preveem e punem agressores de crianças.

Nota. Adaptado de American Psychological Association (2009).

A educação e o treinamento apropriados devem considerar o contexto ecológico dos maus-tratos para que seja possível entender os fatores de risco presentes na criança, na família, na comunidade e na sociedade (Reece e Jenny, 2005). A disparidade de conhecimento dos profissionais de saúde que atuam na mesma instituição devem ser diminuídas, isto é, todos os níveis da hierarquia necessitam ter conhecimento e capacitação para lidar com o assunto e verifica-se a necessidade de educação continuada. Essa é a mesma conclusão de Leite e colaboradores (2006) que verificaram um aumento no número de notificações após a capacitação realizada, mas uma queda nos meses subsequentes, o que indica a necessidade da educação continuada e não pontual. Haeringen e colaboradores (1998) sugerem da mesma forma encontros regulares, ênfase sobre a regra investigativa de serviços protetores e educação dos médicos sobre a importância e como se dá a abordagem multiprofissional. Nessa direção, a criação de uma responsabilidade institucional para a notificação dos casos favorece a conduta individual, pois o profissional não recebe todas as pressões, compartilhando a responsabilidade pelo caso (Deslandes, 1999).

A capacitação dos profissionais da saúde, portanto, deve ter como objetivo o investimento na promoção de ações que os sensibilizem aos direitos e às necessidades das crianças e adolescentes de maneira que aumente a capacidade de identificar as situações de maus-tratos, reconhecendo-as como tal, e o compromisso em notificá-las para fortalecer o encadeamento entre essas ações em todos os níveis, órgãos e instituições responsáveis por zelar pelo cumprimento dos direitos da criança e do adolescente.

Além disso, os profissionais devem ter clareza sobre as ações necessárias para o setor de saúde dentro de um sistema eficaz de proteção à criança, tais como identificar e notificar casos suspeitos; implementar serviços para diagnóstico e tratamento; interagir com agências de proteção; atender às demandas judiciais; fornecer informações aos pais sobre necessidades, cuidados e tratamento de seus filhos; identificar e prover suporte para famílias em risco de maus-tratos; desenvolver e conduzir programas de prevenção primária; providenciar treinamentos e participar de equipes multidisciplinares (Ferreira, 2005). A discussão e reflexão devem englobar qual o papel efetivo do profissional, para além de uma atuação limitada a sanar as consequências dos maus-tratos sofridos, seguindo o modelo biomédico ou mesmo limitando-se a notificar o caso aos órgãos competentes e encerrar os procedimentos técnicos que a profissão adota para esses casos. Atuar frente aos maus-tratos envolve uma visão ampliada do que é necessário para proteger a criança, no momento presente da suspeita e diante da possibilidade de uma revitimização. A atuação profissional pode ainda extrapolar para a prevenção de novos casos suspeitos, uma vez que a notificação pode possibilitar o planejamento de ações preventivas.

A partir dos dados de notificação, pode-se reconhecer as faixas etárias mais atingidas pelos maus-tratos em suas diferentes modalidades, bem como identificar fatores de risco aos maus-tratos presentes nas famílias envolvidas nas situações de suspeita. Com essas informações, os profissionais e/ou as equipes de profissionais podem delinear ações de prevenção, tais como programas de prevenção aos maus-tratos para famílias em situação de risco, envolvendo palestras, cursos, oficinas, orientações, realizados nos próprios serviços de saúde e/ou na comunidade em que estão inseridos. Além disso, os profissionais que têm conhecimento do perfil das famílias em que ocorrem os maus-tratos e da criança vitimizada, podem estar atentos em sua prática diária a sinais de uma possível ocorrência de maus-tratos no futuro e, dessa maneira, promover orientações e assessoramento à família, bem como encaminhamentos à rede de suporte e proteção, visando minimizar ou evitar a ocorrência de atos abusivos e prejudiciais ao desenvolvimento da criança.

Em uma situação considerada ideal, o profissional deveria ainda ser capacitado a manejar intervenções educativas junto a crianças e adolescentes, que pode ser feita pelo profissional que inicialmente reconheceu o abuso. No caso específico do abuso sexual, esclarecer a responsabilidade do agressor pelo ato, discutir o conhecimento sobre comportamentos considerados sexualmente abusivos e a segurança futura da criança são temas que podem ser tratados (Ferreira, 2005).

Em suma, é recomendável que o profissional de saúde não se exima do papel de tratar, referir e prevenir a violência familiar (Ferreira, 2005). Para tanto, os cursos de capacitação devem enfocar o papel do profissional nesses três sentidos, ampliando o desenvolvimento de habilidades necessárias para a atuação profissional diante de suspeitas ou confirmações de maus-tratos contra crianças e adolescentes.

Dados de um estudo internacional em mais de 37 países apontou a prevenção, a partir de ações educativas, como a forma mais eficaz de combate ao problema (ISPCAN, 2000). Entende-se que ações educativas devem envolver informações, reflexão e conscientização sobre o problema, além de modificação de comportamento das pessoas no sentido de cumprir os deveres estabelecidos pela lei e as medidas consideradas como protetoras das crianças e dos adolescentes. Para a garantia de proteção à criança e ao adolescente, são necessárias diversas ações envolvendo uma série de setores da sociedade e, portanto, diferentes profissionais (Brino e Williams, 2009). A Tabela 19.2 resume as recomendações a serem consideradas em cursos de capacitação:

Tabela 19.2 Recomendações para cursos de capacitação de profissionais de saúde acerca da violência contra crianças e adolescentes.

Frequência dos encontros	Encontros periódicos e com intervalos que possibilitem reflexão entre os mesmos e que ocorram ao longo do ano e não concentrados.
Conteúdos a serem abordados	– Dados epidemiológicos sobre maus-tratos – Definição de maus-tratos – Legislação acerca do papel do profissional – Sinais e indicadores de suspeita de maus-tratos – Especificidades da atuação profissional – Necessidade e importância da notificação das suspeitas.
Horário dos encontros	Desenvolvidos em períodos de trabalho, compondo parte das atividades cotidianas do profissional.
Foco principal	Proteção integral à criança, envolvendo a família. Desenvolver no profissional as habilidades de tratar, referir e prevenir os maus-tratos.
Atividades	Discussão e reflexão acerca de casos reais, enfrentados no cotidiano profissional.
Público-alvo	Diferentes profissionais de saúde e equipes multiprofissionais, possibilitando a corresponsabilização pelas ações protetivas à criança.

Aliada ao desenvolvimento de cursos de capacitação, a construção de um sistema de notificação parece de extrema pertinência para sanar as dificuldades enfrentadas pelos profissionais de saúde no enfrentamento da problemática. A construção de um sistema de notificação deve vencer três desafios. O primeiro é incorporar o procedimento de notificação à rotina das atividades de atendimento e ao quadro organizacional dos serviços preventivos, assistenciais e educacionais. O segundo desafio é o de sensibilizar e capacitar profissionais de saúde e de educação para compreenderem o significado, as manifestações e as consequências dos maus-tratos para o crescimento e desenvolvimento das crianças e dos adolescentes. Da mesma forma, treiná-los para o diagnóstico, a notificação e os encaminhamentos dos problemas que constataram. Finalmente, o terceiro desafio é o de formar as alianças e parcerias necessárias para que a notificação seja o início de uma atuação ampliada e de suporte à criança, ao adolescente, à sua família ou às instituições que os abrigam, e que não seja assumida apenas como o cumprimento de uma obrigação que tem fim em si mesma (Ministério da Saúde, 2002).

Quais seriam os elementos que uma capacitação necessitaria ter para alcançar esses desafios? Quais são as formas mais eficazes para capacitar tais profissionais?

Em primeiro lugar, a intervenção educacional, além de continuada, não deve se restringir apenas ao diagnóstico de casos de maus-tratos, mas sim abordar o tema de uma forma holística, esclarecendo aspectos jurídicos, epidemiológicos, clínicos e psicossociais (Leite et al., 2006). Outro aspecto a considerar em relação às intervenções com profissionais por meio de capacitações se refere ao fato de que, em geral, os programas de capacitação estão baseados em modelos transmissivos e prescritivos, ditando aos profissionais o que deve ser feito por meio exclusivo de palestras, aulas e manuais, o que não parece trazer resultados positivos em termos de ações e encaminhamentos eficazes. Tais modelos privilegiam transmitir um volume de informações, que muitas vezes não é compreendida pelo participante e que não possibilita a generalização para situações reais da prática profissional.

Os programas que envolvem atividades práticas, capacitação na aquisição de habilidades, exercícios de reflexão sobre a prática, exposição a situações em que os comportamentos a serem modificados devem ser exibidos e avaliações de quais conhecimentos e atitudes são adequados para dada situação são mais eficazes em prevenir maus-tratos contra crianças e adolescentes (Finkelhor, 1986; Goicochea, 2001; Kraizer, Witte e Fryer, 1989; Wolfe, 1998; Wurtele e Saslawsky, 1986).

Possivelmente, os profissionais de saúde já tiveram contato prévio com a questão dos maus-tratos em outras fontes, seja por meio de matérias de jornais ou revistas, programas televisivos, ou até mesmo já se viu diante de um caso suspeito de maus-tratos no trabalho. Dessa forma, os profissionais já possuem ideias pré-concebidas sobre o fenômeno, construídas por meio de suas experiências pessoais e no trabalho. Os programas de capacitação devem partir do que os profissionais sabem a respeito dos maus-tratos, ou seja, as concepções e valores possuem sobre o fenômeno podem favorecer o aprendizado, à medida que possibilita o estabelecimento de relações entre o que já tem de conhecimento prévio e o conhecimento novo que está tendo contato a partir dos programas. Permite a reflexão e o questionamento do que traz como pré-conceito, possibilitando modificações em suas concepções.

Como estratégia potente a ser desenvolvida em programas de capacitação, considerar as demandas trazidas pelo profissional merece lugar de destaque. A reflexão sobre as ações necessárias à proteção da criança na sua prática cotidiana possibilita o reconhecimento do valor dos profissionais na proteção à criança, uma vez que o papel dos profissionais não se limita somente a obedecer as leis, mas em refletir sobre como garantir formas mais eficazes de garantir o desenvolvimento saudável de crianças e adolescentes. Nessa direção, a proposta é promover um diálogo do profissional consigo mesmo, no intuito de perceber suas ações e avaliar a sua prática.

CONSIDERAÇÕES FINAIS

O enfrentamento do fenômeno dos maus-tratos contra crianças e adolescentes necessita do envolvimento de diferentes profissionais e deve envolver diversos setores da sociedade. Os profissionais de saúde em geral, em vista de sua formação e do modelo de atuação vigente, lidam, em seu cotidiano de trabalho, com diversas dificuldades no enfrentamento de casos suspeitos ou confirmados de maus-tratos. Tais dificuldades se referem às lacunas na formação profissional, ideias pré-concebidas, falta de habilidades para lidar de forma global com a questão, medo de sofrer processos ou represálias, necessidade de ter certeza sobre a ocorrência, dentre outros. Devido à quantidade e à gravidade dessas dificuldades, o que se observa é um despreparo dos profissionais para lidar e acompanhar casos de maus-tratos contra crianças, contribuindo para que o fenômeno se alastre.

Como possibilidade para melhorar este panorama, aponta-se a necessidade de planejar programas de capacitação permanente para profissionais já formados, com conteúdos e ensino de habilidades necessárias ao enfrentamento das suspeitas de maus-tratos. Tais programas podem resultar em profissionais melhor capacitados para enfrentar o fenômeno dos maus-tratos, amenizando as dificuldades enfrentadas cotidianamente pelos profissionais. Um destaque importante deve ser feito à avaliação desses programas, gerando dados que indiquem aspectos frágeis dos mesmos e que devem ser alterados, bem como aspectos fortes que possibilitam a almejada mudança de comportamento dos profissionais, apontando estratégias que realmente funcionem no combate e prevenção aos maus-tratos.

Para os profissionais ainda em formação, a indicação é que os currículos abordem a questão de forma ampla e não apenas em disciplinas estanques ou em discussão de casos acidentais, que porventura possam surgir, casualmente, sem planejamento no desenrolar das atividades práticas dos alunos. A inserção requer planejamento de cenários e atividades em que a problemática será enfrentada, fornecendo assim subsídios teóricos e práticos para lidar com casos reais de maus-tratos no dia a dia da atuação profissional.

Tanto a inserção nos currículos de formação, como em cursos de capacitação permanente, requer uma abordagem que possibilite a reflexão do profissional acerca do seu papel. Não devem ser considerados como meros instrumentos transmissores de informações, mas possibilitar ao profissional compreender a importância de sua atuação ampliada, não restrita ao emprego de procedimentos técnicos, mas a serviço da prevenção dos maus-tratos e da proteção integral à criança e ao adolescente.

REFERÊNCIAS

Algeri, S. (2005). A violência infantil na perspectiva do enfermeiro: Uma questão de saúde e educação. *Revista Gaúcha de Enfermagem, 26*(3), 308-315.

American Psychological Association. (2009). *Effective strategies to support positive parenting in community health centers: Report f the Working Group on Child Maltreatment Prevention in Community Health Centers*. Washington: American Psychological Association.

Associação Brasileira Multiprofissional de Proteção à Infância e Adolescência – Abrapia. (2004). *Abuso sexual infantil*. Acessado em 28 maio, 2004, em http://www.abrapia.com.br. Veja Observatório da Infância (2011). Violência sexual em crianças e adolescentes no Brasil. Acessado em 16 de setembro de 2011, em www.observatoriodainfancia.com.br.

Azevedo, M. A., & Guerra, V. N. A. (1989). *Crianças vitimizadas: A síndrome do pequeno poder*. São Paulo: Iglu.

Bannwart, T. H., & Brino, R. F. (2011). Dificuldades enfrentadas para identificar e notificar casos de maus-tratos contra crianças e/ou adolescentes sob a óptica de médicos pediatras. *Revista Paulista de Pediatria, 29*(2), 138-145.

Bazon, M. R. (2007). Maus-tratos na infância e adolescência: Perspectiva dos mecanismos pessoais e coletivos de prevenção e intervenção. *Ciência & Saúde Coletiva, 12*(5), 1110-1127.

Benetti, S. P. C. (2002). Maus-tratos da criança: Abordagem preventiva. In C. S. Hutz (Ed.), *Situações de risco e vulnerabilidade na infância e na adolescência: Aspectos teóricos e estratégias de intervenção* (pp. 131-150). São Paulo: Casa do Psicólogo.

Brasil. (1990). *Lei nº 8069, de 13 de julho de 1990: Estatuto da Criança e do Adolescente*. Acessado em 23 jul, 2011, em http://www.planalto.gov.br/ccivil_03/Leis/ L8069.htm.

Brasil. Ministério da Saúde. (2002). *Notificação de maus-tratos contra crianças e adolescentes pelos profissionais de saúde: Um passo a mais na cidadania em saúde*. Brasília: Ministério da Saúde, Secretaria de Assistência à Saúde.

Braz, M., & Cardoso, M. H. C. A. (2000). Em contato com a violência: Os profissionais de saúde e seus pacientes vítimas de maus tratos. *Revista Latino-Americana de Enfermagem, 8*(1), 91-97.

Brino, R. F., & Williams, L. C. A. (2009). *A escola como agente de prevenção do abuso sexual infantil*. São Carlos: Suprema.

Cunha, J. M., Assis, S. G., & Pacheco, S. T. A. (2005). A enfermagem e a atenção à criança vítima de violência familiar. *Revista Brasileira de Enfermagem, 58*(4), 462-465.

Deslandes, S. F. (1995). Prevenir a violência: Um desafio para profissionais de saúde. *Revista Latino-Americana de Enfermagem, 3*(2), 207-208.

Deslandes, S. F. (1999). O atendimento às víti-mas de violência na emergência: "Prevenção numa hora dessas?" *Ciência & Saúde Coletiva, 4*(1), 81-94.

Ferreira, A. L. (2005). Acompanhamento de crianças vítimas de violência: Desafios para o pediatra. *Jornal de Pediatria, 81*(supl. 5), 173-180.

Finkelhor, D. (1986). Prevention: A review of programs and research. In D. Finkelhor (Ed.), *A sourcebook on child sexual abuse* (pp. 224-254). Beverly Hills: Sage.

Goicoechea, A. H. (2001). *Abuso sexual infantil: Manual de formación para profesionales*. Madrid: Save the Children, Ministério de Trabajo y Asuntos Sociales.

Gomes, R., Junqueira, M. F. P. S., Silva, C. O., & Junger, W. L. (2002). A abordagem dos maus-tratos contra a criança e o adolescente em uma unidade pública de saúde. *Ciência & Saúde Coletiva, 6*(2), 275-283.

Gonçalves, H. S., & Ferreira, A. L. (2002). A notificação da violência intrafamiliar contra crianças e adolescentes por profissionais de saúde. *Cadernos de Saúde Pública, 18*(1), 315-319.

Guerra, V. N. A. (1985). *Violência de pais contra filhos: Procuram-se vítimas*. São Paulo: Cortez.

Haeringen, A. R. V., Dadds, M., & Armstrong, K. L. (1998). The child abuse lottery: Will the doctor suspect and report? Physician attitudes towards and reporting of suspected child abuse and neglect. *Child Abuse and Neglect, 22*(3), 159-169.

Hazzard, A., & Rupp, G. (1986). A note on the knowledge and attitudes of professional groups toward child abuse. *Journal of Community Psychology, 14*, 219-223.

International Society for Prevention of Child Abuse and Neglect. (2000). *World Perspectives on Child Abuse: The fourth international resource book*. Denver: Kempe Children's Services.

Kraizer, S., Witte, S. S., & Fryer, G. E. Jr. (1989). Child sexual abuse prevention programs: What makes them effective in protecting children? *Children Today, 18*, 23-27.

Leite, C. N., Oliveira, R. K. F., Camerini, M. B., Ramos, C., & Moscardini, A. C. (2006). Notificação de maus-tratos infantis: Necessidade de educação médica continuada. *Arquivos de Ciência da Saúde, 13*(1), 22-26.

Minayo, M. C. S. (2001). Violência contra crianças e adolescentes: Questão social, questão de saúde. *Revista Brasileira de Saúde Materno Infantil, 1*, 91-102.

Minayo, M. C. S., & Souza, E. R. (1999). É possível prevenir a violência? Reflexões a partir do campo da saúde pública. *Ciência e Saúde Coletiva, 4*(1), 7-32.

Pascolat, G., Santos, C. F. L., Campos, E. C. R., Valdez, L. C. O., Busato, D., & Marinho, D. H. (2001). Abuso físico: O perfil do agressor e da criança vitimizada. *Jornal de Pediatria, 77*(1), 35-40.

Pires, A. L. D., & Miyazaki, M. C. O. S. (2005). Maus-tratos contra crianças e adolescentes: Revisão da literatura para profissionais da saúde. *Arquivos de Ciência da Saúde, 12*(1), 42-49.

Reece, R. M., & Jenny, C. (2005). Medical training in child maltreatment. *American Journal of Preventive Medicine, 29*(5), 266-271.

Santos, H. O. (1991). *Crianças violadas*. São Paulo: FCBIA.

Silva, I. Z. Q. J., & Trad, L. A. B. (2005). O trabalho em equipe no PSF: Investigando a articulação técnica e a interação entre os profissionais. *Interface: Comunicação, Saúde e Educação, 9*(16), 25-38.

Silveira, J. L. G. C., Mayrink, S., & Nétto, O. B. S. (2005). Maus-tratos na infância e adolescência: Casuística, conhecimento e prática de cirurgiões dentistas de Blumenau – SC. *Pesquisa Brasileira em Odontopediatria e Clínica Integrada, 5*(2), 119-126.

Sociedade Brasileira de Pediatria, FIOCRUZ, Secretaria de Estado dos Direitos Humanos. (2001). *Guia de atuação frente a maus-tratos na infância e adolescência: Orientação para pediatras e demais profissionais que trabalham com crianças e adolescentes* (2. ed.). Rio de Janeiro: Sociedade Brasileira de Pediatria, FIOCRUZ, Secretaria de Estado dos Direitos Humanos.

Straus, M., Gelles, R. J., & Steinmedz, S. K. (1980). *Behind close doors: Violence in the American family*. Garden City: Anchor.

Theodore, A. D., & Runyan, D. K. (2006). A survey of pediatricians' attitudes and experiences with court in cases of child maltreatment. *Child Abuse & Neglect, 30*, 1353-1363.

Warner-Rogers, J. E., Hansen, D. J., & Spieth, L. E. (1996). The influence of case and professional variables on identification and reporting of physical abuse: A study with medical students. *Child Abuse & Neglect, 20*(9), 851-866.

Wolfe, V. V. (1998). Child sexual abuse. In G. Mash, & R. Barkley (Eds.), *Treatment of childhood disorders* (pp. 647-724). New York: Guilford.

Wurtele. S, K., & Saslawsky, D. (1986). Teaching personal safety skills por potential prevention of sexual abuse: A comparison of treatments. *Journal of Consulting and Clinical Psychology, 54*, 668-692.

20

Juventude em Cena
tecnologia social para a promoção da cidadania e enfrentamento à violência

*Ana Paula Lazzaretti de Souza, Mayte Raya Amazarray,
Michele Poletto e Silvia H. Koller*

A violência tem sido considerada um fenômeno complexo, relacionado a fatores psicológicos, biológicos, culturais, socioeconômicos e ambientais. Desigualdade social e violação de direitos dos cidadãos se constituem em importantes aspectos associados ao aumento da violência na sociedade, os quais se manifestam em âmbito mundial, nos mais diferentes contextos, como família, escola, trabalho e comunidade. Um dos grupos mais atingidos é o das crianças e adolescentes, que costuma ser alvo de diversas formas de violência (psicológica, física, sexual, social), e que, muitas vezes, acaba por reproduzi-las. Considera-se que iniciativas de fomento a uma cultura de respeito aos Diretos da Criança e do Adolescente (DCA) são fundamentais para legitimar a cidadania da população infanto-juvenil e combater a violência. Nesse sentido, a educação é uma das possibilidades de enfrentamento à violência contra crianças e adolescentes. O objetivo deste capítulo é discutir intervenções de enfrentamento à violência e promoção de saúde, tomando-se como exemplo um programa de educação em direitos humanos e cidadania. Para tal propósito, serão abordados aspectos relativos à infância e adolescência brasileiras, violência contra crianças e adolescentes e intervenções voltadas a essa população.

CONTEXTUALIZAÇÃO DA INFÂNCIA E ADOLESCÊNCIA NO BRASIL

Em relação a outros países da América Latina, o Brasil está entre os que possuem os menores percentuais de população infanto-juvenil, exceto em relação à primeira infância. Considerando-se os dados de 2006 oferecidos pelo IBGE (2007a), as crianças e adolescentes de 0 a 17 anos representavam 30% da população brasileira, percentual que supera apenas o Uruguai (23,8%), Chile (24,9%) e Argentina (26,4%).

As crianças são vulneráveis às violações de direitos, à pobreza e à iniquidade no Brasil. As crianças negras, em especial, têm quase 70% mais chances de viver na pobreza do que as brancas. O mesmo pode ser observado para as crianças que vivem em áreas rurais. As crianças pobres têm mais do que o dobro de chance de morrer, quando comparadas às ricas. A mortalidade infantil entre crianças filhas de mães negras é cerca de 40% maior do que entre as filhas de mães brancas. Do total de crianças e adolescentes indígenas, 63% são crianças de até 6 anos que vivem em situação de pobreza (UNICEF, 2008).

Quanto à escolarização infanto-juvenil, verifica-se que o alto índice de frequência à escola nem sempre se traduz em qualidade do aprendizado. Em 2006, 2,1 milhões das crianças de 7 a 14 anos frequentavam a escola e não sabiam ler e escrever. No caso dos adolescentes de 15 a 17 anos, que deveriam estar frequentando o ensino médio, novamente a situação de rendimentos influencia a possibilidade de frequentar a escola. A frequência escolar desse grupo como um todo é de 82,1%. Porém, chama a atenção a diferença entre a taxa dos 20% mais pobres (76,3%) e a dos 20% mais ricos (93,6%). Entretanto, os resultados são melhores que os de 1997 (55,7% e 87,7%). A disparidade ocorre em todas as grandes regiões e pode ser explicada, em parte, pela necessidade de os jovens mais pobres de trabalhar para ajudar suas famílias (IBGE, 2007a).

No Brasil, existem cerca de oito milhões de adolescentes cujos níveis de escolaridade e renda limitam suas condições de desenvolvimento e comprometem o futuro do país. Esse é o número da população, com idade entre 12 e 17 anos, que pertence a famílias com renda *per capita* menor que meio salário mínimo e têm pelo menos três anos de defasagem em relação ao nível de escolaridade correspondente à sua faixa etária. A condição de exclusão desses adolescentes se expressa de diferentes formas: 1,3 milhão de adolescentes entre 12 e 17 anos são analfabetos; 12% não frequentam a escola na faixa etária de 10 a 17 anos, ou seja, 3,3 milhões; 1,9 milhão de crianças e adolescentes entre 10 e 14 anos trabalham, pertencem a famílias com baixa renda e 3,2 milhões de adolescentes entre 15 e 17 anos já estão no mercado de trabalho (IBGE, 2001). A maioria deles realiza trabalhos precários e mal remunerados, cumprindo jornadas de trabalho excessivas que comprometem suas possibilidades de realizar com sucesso a educação básica, de ter acesso ao lazer e à cultura, além de outras vivências próprias da idade.

Ao considerar a realidade de milhares de adolescentes brasileiros, o cenário é complexo e os coloca em situação de vulnerabilidade social e pessoal. Entre os inúmeros fatores de risco aos quais são submetidos, encontram-se a violência, as doenças sexualmente transmissíveis, o abuso de drogas e a gravidez precoce. Esta, em especial, reforça o ciclo de reprodução da exclusão social: baixa renda, escolaridade insuficiente, inserção precoce e precária no mercado de trabalho (IBGE, 2007b).

VIOLÊNCIA CONTRA CRIANÇAS E ADOLESCENTES NO BRASIL

A história da violência contra crianças e adolescentes denota a persistência de diferentes tipos de agressões (físicas e psicológicas) e a disseminação dessas práticas nas instituições sociais. O resgate histórico evidencia que maus-tratos, violência e abandono marcaram a trajetória da infância e adolescência pobres no Brasil (Santana, 2007). Crianças e adolescentes foram inseridos em um processo sociopolítico de trabalho precoce, futuro subalterno, controle político, disciplina e obediência vigiada – quadro que hoje se mostra completamente inadequado para o desenvolvimento saudável de crianças e adolescentes (Faleiros e Faleiros, 2007).

A violência contra crianças e adolescentes é todo ato ou omissão cometido pelos pais, parentes, outras pessoas e instituições capazes de causar dano físico, sexual e/ou psicológico à vítima (Koller, 1998; Minayo, 2001). Verifica-se que há uma transgressão de poder e de proteção na função do adulto e da sociedade como um todo, levando a uma coisificação da infância. Ou seja, nega-se às crianças e aos adolescentes o direito de serem tratados como sujeitos em condições especiais de desenvolvimento e crescimento.

A violência contra crianças e adolescentes é praticada de várias maneiras, por diferentes atores e em distintos lugares. As diversas formas de violência são comumente classificadas em violência física, psicológica e sexual. A violência sexual, por sua vez, engloba abuso sexual (intrafamiliar e extrafamiliar) e exploração sexual comercial (prostituição, pornografia, turismo sexual e tráfico de pessoas) (Leal, Leal e Libório, 2007; Serpa, 2009). Além disso, são praticadas contra crianças e adolescentes violência estrutural, simbólica, institucional, familiar, negligência, abandono e exploração econômica (Minayo, 1994).

Na análise de situações concretas, verifica-se que essas diferentes formas de violência não são excludentes, mas cumulativas. Por exemplo, a violência sexual é também violência física e psicológica; a violência física sempre é acompanhada da psicológica. Na exploração sexual comercial, encontram-se presentes, além da exploração econômica, as violências estrutural, física, psicológica, social e moral. Por fim, a violência simbólica estimula todas as demais formas (Faleiros e Faleiros, 2007). Exemplos da violência estrutural são os altos índices de mortalidade de crianças e adolescentes, a qual é provocada por causas externas, ligadas ao tráfico de drogas, atuação de gangues e extermínio de adolescentes em conflito com a lei, bem como homicídios e acidentes de toda ordem. De acordo com o Relatório "Violência nas Cidades", da Organização das Nações Unidas (ONU, 2006), a violência no Brasil é jovem. A análise dos dados do Mapa da Violência, de 1996 a 2006, aponta o aumento dos índices que acometem a população de 15 a 24 anos. No período citado, houve um acréscimo de 31,3%, ou seja, os homicídios juvenis subiram de 13.186 para 17.312. Ademais, há um número crescente de crianças e adolescentes envolvidos com o mundo da criminalidade. Segundo o relatório, crianças de 6 anos já participam de quadrilhas do crime organizado transportando drogas, 15% daqueles que trabalham no tráfico têm entre 13 e 14 anos. Além disso, segundo a ONU (2006), o Brasil é o país onde mais se morre e mais se mata com arma de fogo no mundo. Os dados da entidade mostram que só em 2003 foram 36 mil mortos a tiros. A cada dia, morrem, em média, 100 brasileiros – 40 são jovens – vítimas das armas de fogo.

PROJETOS SOCIAIS COMO POSSIBILIDADES DE INTERVENÇÃO

Diante dessa realidade da população infanto-juvenil, fica evidente a necessidade de ações preventivas e de reintegração social, a fim de minimizar os efeitos das violações de direitos. Para tanto, é preciso lançar mão de iniciativas governamentais em conjunto com a sociedade civil, no sentido de promover o desenvolvimento saudável das crianças e adolescentes. Além de intersetoriais, é desejável que essas ações sejam interdisciplinares, abarcando questões de saúde, educação, seguridade social, entre outras. Para que sejam efetivas, tais iniciativas devem considerar as necessidades específicas dessa faixa etária.

O delineamento de programas de intervenção com crianças e adolescentes nem sempre leva em consideração as necessidades reais dessa população, especialmente quando em situação de vulnerabilidade social. Em muitos casos, verificam-se intervenções descontextualizadas e pouco eficientes. Especificamente no tocante a programas com enfoque preventivo e educativo, são comuns iniciativas que não preveem a participação ativa das crianças e adolescentes atendidos.

Programas educativos que tenham por objetivo desenvolver as potencialidades de crianças e adolescentes devem prever, por exemplo, uma formação adequada dos educadores e demais técnicos envolvidos. Um estudo com educadores infantis, em Portugal (Gil e Diniz, 2006), constatou que os profissionais com formação em educação para a saúde demonstraram atitudes e estratégias de promoção de saúde e resiliência com mais frequência quando comparados aos que não possuíam tal formação. As crenças dos educadores são importantes na medida em que contribuem para a emergência de práticas educativas que promovam as competências no público infanto-juvenil. As atividades devem ser planejadas de modo que todas as crianças tenham iguais oportunidades de realizar as suas aprendizagens, segundo suas necessidades de desenvolvimento. No estudo de Gil e Diniz (2006), os educadores considerados mais promotores de resiliência não apresentaram expectativas negativas face aos comportamentos disruptivos das crianças em situação de risco, considerando que não perturbam o grupo de crianças em geral. Por outro lado, o grupo dos educadores considerados menos promotores de educação em saúde e resiliência manifestou a percepção de que as crianças em situação de risco apresentam mais comportamentos perturbadores e sua presença pode gerar problemas de conduta nas demais crianças.

O manejo integral da saúde e da educação dos adolescentes deve ser construído a partir da ideia da prevenção primária positiva (Anicama, 1999). Os programas voltados para essa finalidade devem auxiliar os adolescentes a desenvolver habilidades e competências que lhes permitam tomar decisões que promovam a sua saúde mental, bem como o desempenho favorável da interação social. Para Anicama (1999), os programas de educação e de saúde devem considerar pelo menos algumas das seguintes competências: habilidades comunicativas e de interação social; competências para construir autoconfiança e fazer autoavaliação, manejar pressões negativas do grupo de pares, administrar emoções, fortalecer relações familiares, solucionar problemas, desenvolver pensamento crítico, tomar decisões acerca de sua saúde, prevenir a aquisição de doenças sexualmente transmissíveis, estabelecer metas e objetivos, melhorar e fortalecer a autoestima.

Bello e Paulilo (2006) realizaram um estudo com 12 adolescentes e suas mães, que participavam há pelo menos um ano de um projeto social em contraturno escolar em uma comunidade violenta da periferia de Londrina, Paraná. O projeto, que buscava promover a educação para a cidadania, foi pautado em uma base arte-educativa, dando ênfase a valores éticos e de estímulo à sensibilidade do indivíduo. O estudo investigou mudanças de comportamento e expectativas almejadas após a participação no projeto. Entre as mudanças de comportamento, os participantes citaram: ocupação do tempo em atividades educativas; distanciamento do tráfico e consumo de drogas; desenvolvimento da capacidade de resolver conflitos sem o uso da violência, tanto para os adolescentes como para as mães e estreitamento dos vínculos familiares, entre outras. Os fatores citados pelos adolescentes como favoráveis às mudanças de comportamento foram o trabalho desenvolvido junto às mães, o tempo dedicado para vivenciarem a etapa de vida pela qual estão passando de forma lúdica e reflexiva e a possibilidade de conviver em um ambiente no qual são reconhecidos independentemente de sua classe social. Quanto às perspectivas futuras, tanto os adolescentes quanto suas mães consideraram o projeto quanto parte de um processo, que dará acesso a cursos de qualificação profissional e, possivelmente, ao trabalho. Nesse sentido, Bello e Paulilo (2006) avaliaram o projeto como uma importante iniciativa no enfrentamento da violência, na medida em que ofereceu uma alternativa para a convivência saudável entre seus participantes.

Destaca-se a necessidade de que os programas para adolescentes levem em conta, antes de tudo, os aspectos sociais, culturais e econômicos da realidade em que se inserem (Lira e Dimenstein, 2004). Além disso, recomenda-se capacitação, sensibilização e motivação dos profissionais para atender integralmente às necessidades dos adolescentes, respeitando os valores e as atitudes dos jovens e promovendo a sua cidadania e autoestima. As autoras também indicam a importância de fornecer aos adolescentes informações claras e completas sobre a temática em discussão e sobre os verdadeiros objetivos do projeto; informar os adolescentes da comunidade sobre a existência do projeto, assim como as atividades desenvolvidas; propiciar um espaço onde os adolescentes possam interagir entre si e com os profissionais integrantes do projeto.

Políticas públicas voltadas para a superação da vulnerabilidade dos jovens à violência devem considerá-los em uma dupla perspectiva: por um lado, enquanto receptores de serviços públicos que buscam enfrentar as desigualdades sociais; e, por outro lado, como atores estratégicos no desenvolvimento de sociedades mais igualitárias e democráticas (Abramovay, Castro, Pinheiro, Lima e Martinelli, 2002). Essa perspectiva supõe a superação de políticas assistencialistas, que não promovem a participação juvenil, elemento-chave para a conquista da autonomia. Nesse sentido, o protagonismo juvenil aparece como importante contraponto à violência e exclusão social. A ênfase no jovem como sujeito das atividades contribui para dar-lhe sentido positivo e projetos de vida, ao mesmo tempo que conduz à reconstrução de valores éticos, como os de solidariedade e responsabilidade social.

Outro aspecto importante, assinalado por Abramovay e colaboradores (2002), diz respeito à superação de enfoques setoriais e desarticulados, que geram abordagens insuficientes e negligenciam a multiplicidade de fatores envolvidos na violência juvenil e na vulnerabilidade social. Alternativas visando à implantação de medidas preventivas devem buscar parcerias entre diversas organizações, como o Estado, sociedade civil, instituições internacionais de financiamento e agências da ONU.

Experiências alternativas nas áreas de educação para a cidadania, cultura, lazer e esporte com jovens em situação de vulnerabilidade social vêm trabalhando pela diminuição dos índices de violência e aumento da autoestima dos jovens. Em diferentes projetos, a arte, a educação, o esporte e a cultura aparecem como contrapontos a situações de violência, construindo espaços alternativos de socialização e de expressão dos sentimentos de protesto e afirmação positiva de suas identidades.

De acordo com Werner (2000), alguns elementos devem ser avaliados quando se pretende articular uma intervenção com populações em situação de vulnerabilidade social. Um dos aspectos assinalados é levar em consideração que existem amplas diferenças individuais mesmo entre crianças e adolescentes em situação de risco. Especialmente porque suas respostas às circunstâncias negativas e positivas do ambiente são diversificadas. Sendo assim, alguns poderão necessitar de maior assistência que outros e tal aspecto deverá ser levado em consideração quando se elege uma população para ser beneficiada com uma intervenção. Alguns critérios podem ser criados. Werner (2000) apresentou um critério ao indicar, por exemplo, que determinada intervenção contemple uma população que tenha acesso escasso a recursos de proteção, vivem em um bairro pobre no qual não há escola, local de lazer e para práticas esportivas, mas apenas um posto de saúde. Neste sentido, a ação poderia se ocupar de agregar recursos protetivos à rede.

Diversos pesquisadores e agentes de intervenções (Morais e Koller, 2004; Sheldon e King, 2001) assinalam a prevalência sobre o foco dos aspectos faltantes ou negativos das situações que envolvem populações em situação de vulnerabilidade social. Entretanto, é necessário que ao se planejar uma intervenção, a equipe executora avalie não apenas os fatores de risco, mas também quais são os elementos de apoio, de proteção e os recursos que determinada população possui (Werner, 2000).

Outro componente crucial para a efetividade dos programas é que pelo menos um adulto cuidador da criança ou adolescente os aceite incondicionalmente, que tenha um nível de inteligência, saúde física e emocional, além de interesse e preocupação para com eles (Werner, 2000). Se a criança e o adolescente tiverem um ambiente organizado e que combine carinho e cuidados, esse contexto fornecerá a segurança e a estabilidade necessárias para que cresçam bem (Poletto, 2007).

Werner (2000) apresenta uma reflexão acerca dos programas de promoção de saúde, os quais não devem estar focados em remover o estresse ou as adversidades completamente. Tais programas devem estar voltados ao encorajamento de desafios e mudanças, potencializando competências, recursos e confiança.

No presente capítulo, as crianças e os adolescentes foram concebidos como um público único nas considerações teóricas por se constituir em um grupo de atenção que apresenta problemáticas comuns em relação à violência. Entretanto, o programa que será tomado como exemplo a seguir, neste texto, focaliza a adolescência, uma vez que aborda temáticas específicas dessa fase do desenvolvimento.

JUVENTUDE EM CENA: UM MODELO DE TECNOLOGIA SOCIAL NA PROMOÇÃO DA CIDADANIA E NA PREVENÇÃO DA VIOLÊNCIA

O Juventude em Cena foi um programa de ensino, pesquisa e extensão, realizado pelo Centro de Estudos Psicológicos sobre Meninos e Meninas de Rua (CEP-RUA), vinculado ao Instituto de Psicologia da Universidade Federal do Rio Grande do Sul (UFRGS). Contou com apoio financeiro do Ministério da Educação em suas duas edições, em 2008 e 2009. A equipe que organizou e executou o programa foi composta por oito psicólogos/alunos de mestrado e doutorado da UFRGS e onze alunos da graduação de Psicologia e Serviço Social de diversas universidades: UFRGS, Pontifícia Universidade Católica do Rio Grande do Sul (PUCRS), Universidade do Vale do Rio dos Sinos (UNISINOS), Centro Universitário Metodista IPA e Universidade Luterana do Brasil (ULBRA).

A primeira edição ocorreu em 2008 com a participação de aproximadamente 70 adolescentes oriundos de Porto Alegre e de municípios da Região Metropolitana. Essas cidades foram escolhidas por executar os programas Enfrentamento à Violência, ao Abuso e a Exploração Sexual de Crianças e Adolescentes (SENTINELA), Programa de Erradicação do Trabalho Infantil (PETI) e Agente Jovem/Pro Jovem, e por serem próximas à capital, facilitando o deslocamento dos participantes até a Universidade. A intervenção teve como objetivo promover o protagonismo juvenil de adolescentes, por meio de temáticas como direitos da criança e do adolescente, cidadania, solidariedade, saúde, violação de direitos e projeto de vida, entre outras. O programa de capacitação teve dez encontros quinzenais, aos sábados, com duração de oito horas, entre junho e novembro, nas dependências do Instituto de Psicologia da UFRGS. Além dos adolescentes, participaram do programa 30 técnicos responsáveis pelo atendimento direto dos adolescentes nos municípios de origem e ligados aos programas governamentais.

Os encontros eram organizados em dois turnos. No turno da manhã, era proporcionada instrumentalização teórica, por meio de filmes e exposição didática de conceitos, realizada por educadores e profissionais qualificados, para técnicos e adolescentes. No turno da tarde, participavam apenas os adolescentes. Eram aplicadas dinâmicas de trabalho, em pequenos grupos, relacionadas aos eixos temáticos do programa. Cada grupo era coordenado por um aluno de pós-graduação, o qual recebia apoio de monitores (estudantes de graduação em Psicologia e áreas afins). A equipe executora acompanhava sempre os mesmos adolescentes durante o ano. O trabalho nos grupos possibilitou o melhor aproveitamento do tempo, integrando os adolescentes e tornando as atividades mais produtivas. Ao término de cada encontro, era feito um fechamento dos conteúdos trabalhados, visando à integração e à conclusão objetiva do trabalho, de modo que os grupos pudessem saber com precisão o que foi abordado no dia. Além disso, ao final dos encontros, eram designadas tarefas de casa aos adolescentes. Essas atividades tiveram a função de promover a preparação para o tema do encontro posterior ou desenvolver ainda mais a temática do dia. Tais tarefas eram propostas pelos instrutores e monitores, de acordo com a temática trabalhada, com o objetivo de introduzir o adolescente em questões do seu cotidiano ligadas aos Direitos da Criança e do Adolescente, como o reconhecimento dos equipamentos e políticas existentes em seu município, leitura de jornais, identificação de situações de violação de direitos, etc.

Outra importante estratégia de ação da tecnologia social proposta envolveu o trabalho junto aos técnicos dos programas da rede de proteção dos municípios participantes. Essa estratégia teve por objetivo possibilitar que os técnicos fossem mediadores dos adolescentes no processo de protagonismo. Além da presença dos técnicos nas atividades teóricas dos encontros, esses profissionais foram envolvidos, a fim de que se mantivessem engajados permanentemente no programa. Eles foram a ligação entre a equipe de capacitação e os adolescentes no dia a dia da comunidade, constituindo-se em uma referência para o esclarecimento de dúvidas, orientações e suporte na execução das tarefas de casa. A equipe pedagógica fez um acompanhamento semanal dos técnicos (mediante contato telefônico, *e-mail*) para supervisionar esse trabalho e fornecer apoio.

De maneira a dar seguimento ao programa, realizou-se uma segunda edição do Juventude em Cena, a fim de aprofundar as temáticas e desenvolver ações nos municípios de origem dos participantes. Nessa edição, ocorrida em 2009, contou-se com a participação de 25 adolescentes e oito técnicos de quatro municípios dos oito originais. Os critérios para a seleção dos participantes da segunda edição foram assiduidade e interesse demonstrados no primeiro ano do programa. Apesar de seis municípios serem convidados para a edição de 2009, apenas quatro puderam participar. A desistência dos demais ocorreu devido a dificuldades na obtenção de recursos para custear o transporte dos participantes até Porto Alegre.

O principal foco da segunda edição foi a realização de ações de participação social por parte dos adolescentes nas suas comunidades de origem, reforçando os conteúdos trabalhados na edição anterior. A ideia foi motivar os jovens a realizar ações que fizessem sentido para eles, que estivessem de acordo com as suas necessidades – busca pela garantia dos seus direitos –, e que beneficiassem a comunidade de maneira geral. Foram cinco encontros, aos sábados, de abril a junho de 2009, nas dependências do Instituto de Psicologia da UFRGS.

O método desenvolvido para o programa Juventude em Cena, nas duas edições, consistiu na aplicação de uma nova tecnologia social. Tratou-se de uma intervenção teórico-prática com os adolescentes e técnicos participantes. O conteúdo do programa de capacitação foi elaborado de modo a atender às três vertentes dos direitos das crianças e dos adolescentes, conhecidas como os Três Ps: Provisão, Proteção e Participação. Esses três principais aspectos estabelecidos pela Convenção dos Direitos da Criança são contemplados no Estatuto da Criança e do Adolescente (ECA, Brasil, 1990). A provisão se refere, por exemplo, ao direito à alimentação, ao cuidado e à educação, entre outros. Na proteção, estão especificados os direitos a não sofrer abusos, maus-tratos ou negligências, bem como exploração. Já a participação garante às crianças e aos adolescentes o direito de fazer parte das decisões que, de alguma forma, afetarão suas vidas (Verhellen, 2000).

A partir dessas três vertentes, o programa de capacitação foi desenvolvido em oito eixos, abordados de modo transversal em todo o programa: 1. Direitos da Criança e do Adolescente; 2. Identidade; 3. Solidariedade; 4. Cidadania; 5. Saúde, Risco e Proteção - Violação de direitos; 6. Projetos de vida (incluindo escola, família e trabalho); 7. Políticas públicas para jovens; 8. Protagonismo juvenil (participação social). Além de ter como base as três vertentes dos direitos das crianças e dos adolescentes (Proteção, Provisão e Participação), o método proposto focalizou o empoderamento da população atendida. Destaca-se, ainda, que a organização das atividades também teve como eixo central a teoria dos Quatro Pilares da Educação para o Desenvolvimento Humano (Delors, 1998; Hassenpflug, 2004). Estes são os princípios gerais que embasam os trabalhos propostos pelo Instituto Ayrton Senna (Hassenpflug, 2004) e pela UNESCO (Delors, 1998). São eles: "aprender a conhecer", "aprender a fazer", "aprender a conviver" e "aprender a ser". Os quatro pilares, ou aprendizagens, são vivenciados, identificados e incorporados, pelos educandos, na forma de habilidades, capacidades, valores e atitudes. Estes são empregados como ferramentas que transformam as capacidades das crianças e adolescentes em competências para agir sobre suas vidas e sobre o mundo.

Para avaliar o impacto da intervenção, em 2008, foi realizado um estudo longitudinal com pré-teste (T1 no primeiro encontro do programa de capacitação) e pós-teste (T2 no último encontro). A avaliação do impacto ocorreu por meio de investigação dos aspectos que a intervenção objetivou modificar, tais como a situação dos direitos; conhecimento em direitos e participação em ações protagonistas (no caso dos adolescentes); conhecimento dos direitos e implicação em ações de defesa desses direitos (no caso dos técnicos). O intervalo entre o pré e o pós-teste foi de aproximadamente cinco meses.

O processo da intervenção foi avaliado ao longo da sua execução através de reuniões de equipe semanais e do registro, em diário de campo, das impressões, sentimentos e observações a respeito dos encontros por todos os membros da equipe executora. Também foram considerados os comentários dos técnicos dos municípios acerca das mudanças constatadas nos adolescentes.

ALGUNS RESULTADOS DA INTERVENÇÃO

Depois de um ano de execução do programa, pode-se constatar algumas mudanças de atitude e uma consciência mais crítica entre os participantes. O envolvimento e o compromisso demonstrados pelos adolescentes na segunda edição do programa indicaram os efeitos da intervenção. Eles se mostraram mais críticos em relação ao seu entorno social e mais cientes de seus direitos e deveres. No momento em que foram propostas a elaboração e execução de ações locais nos municípios, as ideias trazidas pelos adolescentes surpreenderam a equipe executora pela sua relevância social. A ampliação de um posto de saúde para atendimento 24 horas foi pautada por um dos grupos, demonstrando preocupação com as reais necessidades da comunidade em questão. Em outro exemplo, um dos grupos se propôs a intervir em uma unidade habitacional, na qual alguns adolescentes residem, para trabalhar sentimentos de pertencimento dos moradores e questões de educação ambiental.

Também foram observadas modificações na socialização dos adolescentes, tendo em vista que passaram a demonstrar mais comportamentos pró-sociais e maior interação com membros da equipe e com o grupo de pares. Na primeira edição, observaram-se condutas agressivas entre os adolescentes como forma de resolver conflitos e diante de ideias discordantes. Além disso, eram comuns deboches, piadas frente às diferenças individuais ligadas a gênero, orientação sexual, cor, local de origem, etc. Por outro lado, à medida que os adolescentes dos diferentes municípios foram se integrando e vivenciando as atividades propostas pelo programa, foi possível constatar uma diminuição das condutas agressivas e de atitudes discriminatórias, evidenciando a aquisição de comportamentos pró-sociais.

A violência, inicialmente, também ficava evidente em atitudes como descaso e descuido com a estrutura física do local em que o programa ocorria e com os objetos de uso comum utilizados nas atividades. Um exemplo ocorreu no encontro inicial da primeira edição, em que alguns adolescentes desenharam nas paredes de um banheiro do prédio da universidade. Entretanto, essa situação, entendida pela equipe como uma forma de expressar a insatisfação com algum aspecto do programa, não se repetiu ao longo da intervenção, uma vez que os adolescentes demonstraram tomar consciência de que estariam prejudicando a si próprios e aos demais, caso continuassem a depredar o prédio e os materiais.

Os técnicos participantes verbalizaram, repetidas vezes, que o programa teve um papel importante no envolvimento dos adolescentes nas atividades desenvolvidas nos programas municipais. A implicação dos adolescentes no Juventude em Cena, de acordo com os técnicos, potencializava a participação social e o engajamento desse grupo nas atividades cotidianas dos programas governamentais.

Os resultados também puderam ser verificados em algumas situações individuais. Em diversos casos, foi percebida a importância do programa para os adolescentes e mudanças de comportamento desses participantes ao longo da intervenção. Houve o caso de um adolescente que, tendo perdido o transporte para chegar ao projeto, seguiu de bicicleta e sob chuva desde seu município até a Universidade para participar das atividades em determinado encontro. Já outro jovem, do início até a metade do programa, ficou afastado do tráfico na sua comunidade, atividade em que estava envolvido antes de ingressar no programa. Ainda houve uma adolescente que, nos encontros iniciais, nada falava nas atividades e, nos últimos, participou de um teatro e das demais apresentações coletivas, expressando-se verbalmente e enfrentando sua timidez. Outra adolescente demonstrou o interesse em aperfeiçoar a técnica de tocar um instrumento musical para se apresentar à equipe e aos colegas.

Também é possível mencionar a experiência ocorrida com o grupo de um dos municípios participantes enquanto exemplo dos desdobramentos do programa e de como este atingiu seu objetivo de formar multiplicadores em protagonismo juvenil. Os adolescentes e os técnicos que se propuseram a trabalhar o pertencimento e o cuidado em um conjunto habitacional buscaram parcerias para realizar tal ação com diversas secretarias municipais – saúde, assistência social, meio ambiente –, o que rendeu um convite para participarem de uma comissão envolvida com um projeto de recuperação ambiental. Além disso, o grupo divulgou a proposta de ação em eventos municipais – Conferência Municipal dos Direitos da Criança e do Adolescente; Conferência Municipal de Assistência Social –, sendo que essas apresentações deram sequência a outros convites para palestras em escolas, grupos de adolescentes e em um congresso. Ademais, uma das jovens componentes do grupo foi convidada a fazer parte da equipe da Secretaria de Assistência Social e integrar uma comissão que trabalha para a garantia dos diretos infanto-juvenis. Essa mesma adolescente foi porta voz do grupo ao informar que eles pretendiam organizar uma edição do programa no próprio município. Situações como essa parecem sinalizar que o propósito central da intervenção pode ser levado adiante pelos participantes e que a experiência de ser protagonista faz diferença na trajetória desses adolescentes.

Além disso, o trabalho realizado nas duas edições do programa possibilitou que a equipe executora conseguisse se dar conta da necessidade de alterações nas atividades inicialmente planejadas, evidenciando a importância de levar em consideração as especificidades do público alvo da intervenção. Tais experiências foram fundamentais para o planejamento de ações futuras e podem servir de exemplo a outros grupos que pretendam desenvolver intervenções semelhantes.

Tanto as vivências individuais quanto as coletivas parecem indicar que, de certa maneira, os adolescentes se sentiram apoiados pelos profissionais que os cercavam (equipe executora e técnicos dos municípios), ao serem vistos como protagonistas, sujeitos ativos das práticas que planejavam e desempenhavam. Esse empoderamento pode ser considerado um fator de proteção, para os adolescentes, frente a situações de violência, seja enquanto vítimas, testemunhas ou perpetradores. Nesse sentido, o programa pode ser considerado uma oportunidade para que os adolescentes: a) sintam-se autônomos e acreditados; b) participem das decisões que afetam as suas vidas; c) visualizem diferentes maneiras de interagir com seus pares e com figuras de autoridade e d) consigam alcançar seus objetivos. Essa outra forma de ser tratado e enxergado pode possibilitar uma mudança de perspectiva de vida e a chance de se afastar das diversas formas de violência. Portanto, o conjunto desses resultados qualitativos pode ser considerado um modelo de medida preventiva da violência para a população infanto-juvenil, baseado no respeito pelos direitos dos demais e no compromisso com seus próprios deveres.

DISCUSSÃO

Diante dos resultados apresentados, considera-se que o programa Juventude em Cena atingiu seu principal objetivo de promover o protagonismo juvenil e apresentou também repercussões secundárias relacionadas à prevenção da violência – embora não tivesse esse foco como central –, ao permitir a reflexão sobre o que ocorre com os adolescentes e na comunidade da qual fazem parte. A partir disso, percebe-se a importância da participação da educação para trabalhar com prevenção à violência, especialmente pelas possibilidades criadas, como já foi observado por Abramovay e colaboradores (2002). Tecnologias sociais com o fim de incrementar o capital social dos jovens e de todos aqueles que participam de políticas públicas ou privadas de promoção da juventude podem contribuir no combate da vulnerabilidade e, por consequência, da violência urbana (Abramovay et al., 2002).

A prevenção à reprodução da violência se deu com base na educação em valores e comportamentos pró-sociais. Condutas agressivas, por exemplo, era uma das formas utilizadas pelos adolescentes na resolução de conflitos ou diante de opiniões discordantes. A reflexão sobre tais condutas e sua ineficácia, posto que não valorizada no âmbito do programa, permitiu a introdução de novas estratégias para a dissolução de conflitos. Pode-se transpor, também, para a instrumentalização dos adolescentes na busca de apoio social junto a adultos ou instituições, no intuito de auxiliar na resolução de problemas de amigos ou vizinhos que venham sofrendo algum tipo de violência.

Nesse sentido, segundo Koller e Bernardes (1997), a pró-socialidade e a empatia por ela gerada são importantes para o desenvolvimento psicológico e a formação dos jovens enquanto cidadãos. Além disso, são atributos que promovem o respeito aos direitos dos demais e, consequentemente, uma vida civilizada. Observa-se uma estreita relação entre comportamentos pró-sociais e prevenção da violência. Anicama (1999) tem realizado programas visando à prevenção de violência e sugere que tais intervenções reduzem não apenas os comportamentos agressivos, mas também aumentam as condutas pró-sociais e incidem em mudanças nos níveis de autocontrole, autoestima e sentimentos negativos de cólera.

Outro aspecto fundamental para a eficácia do Juventude em Cena foi o foco no empoderamento dos jovens e a valorização destes, pela equipe executora, como sujeitos ativos do seu desenvolvimento e como atores sociais que merecem ser ouvidos. O protagonismo juvenil não esteve restrito à concepção teórica do programa, uma vez que, de fato, cada atividade da intervenção foi pensada tendo esse objetivo como determinante. Até mesmo o desenvolvimento das atividades nas dependências da UFRGS teve o intuito de aproximar os adolescentes à universidade pública, aos bancos acadêmicos e à produção de conhecimento. Os adolescentes verbalizaram com orgulho, diversas vezes, a importância de participarem de um projeto "na UFRGS". As estratégias adotadas pela equipe executora buscaram proporcionar uma real valorização dos adolescentes em todos os aspectos do programa, inclusive logísticos. Nesse sentido, buscou-se atender ao protagonismo juvenil como parte de um método de educação para a cidadania que prima pelo desenvolvimento de atividades em que o jovem ocupa uma posição de centralidade, e sua opinião e participação são valorizadas em todos os momentos (Abramovay et al., 2002).

O êxito obtido pelo programa repercutiu em espaços fora da Universidade e atingiu o propósito de formar multiplicadores das ideias e atitudes relacionadas ao protagonismo juvenil, conhecimento de direitos e deveres de crianças e adolescentes. Também proporcionou a mobilização dos participantes para a efetivação de atividades em suas comunidades. Esses desdobramentos podem ser indicadores da efetividade do programa (Tornero, 2001).

Merece destaque, ainda, o cuidado com o delineamento da intervenção, tendo-se em conta que o oferecimento de um programa deve ser adequado aos objetivos que se propõe, à população que deseja atender e ao seu momento desenvolvimental. Além disso, todas as especificidades que envolvem as características do ambiente no qual a atividade se desenvolverá. Deve-se considerar a adequação da linguagem e planejar atividades coerentes com os interesses dos participantes, respeitando o contexto cultural e socioeconômico em que estão inseridos. Por exemplo, uma adolescente que mora em uma comunidade quilombola possui necessidades diferentes de uma que reside em uma região urbana ou, ainda, em uma zona rural. Qualquer intervenção deve ter um planejamento que contemple os recursos possíveis e necessários, objetivos específicos para cada ação, que em conjunto direcionem para o foco principal a que se propõe a intervenção.

Além disso, faz-se necessário comentar sobre o papel central dos técnicos participantes no programa. Eles se engajaram nas atividades propostas do início ao fim. Também fizeram com que a participação dos adolescentes de fato se efetivasse, pois os estimulavam, constantemente, a comparecer aos encontros e a realizar as tarefas de casa, além de se envolver em questões burocráticas como a organização do transporte. Em diversas verbalizações dos técnicos para a equipe executora, evidenciou-se, ainda, a contribuição que estava sendo dada ao trabalho que eles desenvolvem nos municípios, na medida em que se reforçavam ideias trabalhadas por eles, dando mais força para elas. Em outros momentos, também foi possível perceber o quanto eles se sentiram apoiados pelo programa como um todo, de modo que foi valorizado o trabalho que desenvolvem cotidianamente junto aos adolescentes. A esse respeito, Bronfenbrenner (2005) destaca a importância de uma terceira pessoa que apoie, estimule e encoraje a pessoa da família encarregada pelos cuidados centrais da criança. O mesmo pode ser pensado para outros contextos de desenvolvimento, como o do programa aqui apresentado, visto que a equipe executora representou esse papel de um terceiro que prestou apoio aos técnicos, responsáveis pelo atendimento direto dos adolescentes.

CONSIDERAÇÕES FINAIS

O programa discutido neste capítulo apresentou resultados e perspectivas muito positivos. Entretanto, também se observou algumas limitações, entre elas a evasão de alguns adolescentes devido a diversos motivos (início de uma atividade laboral, mudança de cidade, proibição dos pais de participar, desinteresse, dificuldades de transporte). Além disso, mesmo com o crescimento de incentivos e da demanda para trabalhar com programas de intervenção dessa natureza, constata-se a dificuldade na obtenção de recursos financeiros para custear tais atividades. Muitas ve-zes, a renda disponível é extremamente limitada, obrigando os profissionais envolvidos a não receber remuneração pela atividade desempenhada.

A partir da experiência com o Juventude em Cena, apresenta-se o desafio de ampliar iniciativas dessa natureza para outras populações e outros contextos. O programa oferecido foi realizado com adolescentes. Entretanto, verifica-se a importância do desenvolvimento de atividades de intervenção também com crianças, para que estas possam ser estimuladas na potencialização de suas capacidades e recursos. Os resultados obtidos reforçam a importância da educação no enfrentamento da violência.

REFERÊNCIAS

Abramovay, M., Castro, M. G., Pinheiro, L. C., Lima, F. S., & Martinelli, C. C. (2002). Juventude, violência e vulnerabilidade social na América Latina: Desafios para políticas públicas. Brasília: UNESCO, BID.
Anicama, J. G. (1999). Estratégias de intervención conductual cognitiva para prevenir y controlar la violencia en niños y adolescentes en alto riesgo. In R. Reusch (Ed.), La adolescência: Desafio y decisiones (pp. 563-576). Lima: UNIFE.
Bello, M. G., & Paulilo, M. A. S. (2006). Jovens, vulnerabilidade e violência: Outra história é possível? Serviço Social em Revista, 8(2). Acessado em 25 ago, 2011, em http://www.uel.br/revistas/ssrevista/c-v8n2_marilia.htm.
Brasil. Ministério do Planejamento, Orçamento e Gestão. Instituto Brasileiro de Geografia e Estatística. (2001). Pesquisa nacional de amostra por domicílios. Rio de Janeiro: IBGE. Acessado em 14 jun, 2009, em http://www.scribd.com/doc/15244097/ Pesquisa-Nacional-por-Amostra-de-Domicilios-2001.
Bronfenbrenner, U. (2005). The bioecological theory of human development. In U. Bronfenbrenner (Ed.), Making human beings human: Bioecological perspectives on human development (pp. 3-15). Thousand Oaks: Sage. (Publicado originalmente em 2001).
Brasil. Ministério do Planejamento, Orçamento e Gestão. Instituto Brasileiro de Geografia e Estatística. (2007a). Síntese de indicadores sociais: Uma análise das condições de vida da população brasileira. Rio de Janeiro: IBGE. Acessado em 14 jun, 2009, em http://www.ibge.gov.br/home/estatistica/populacao/condicaodevida/indicadoresminimos/sinteseindicsociais2007/indic_sociais2007.pdf.
Brasil. Ministério do Planejamento, Orçamento e Gestão. Instituto Brasileiro de Geografia e Estatística. (2007b). Situação da adolescência brasileira. Rio de Janeiro: IBGE. Acessado em 14 jun, 2009, em http://www.unicef.org/brazil/pt/sab_3.pdf.
Delors, J. (Ed.). (1998). *Educação: Um tesouro a descobrir* (Relatório para a Unesco da Comissão Internacional sobre Educação para o século XXI). São Paulo: Cortez; Brasília: MEC/Unesco.
Faleiros, V. de P., & Faleiros, E. S. (2007). Escola que protege: Enfrentando a violência contra crianças e adolescentes. Brasília: Ministério da Educação; Secretaria de Educação Continuada, Alfabetização e Diversidade.
Gil, G., & Diniz, J. A. (2006). Educadores de infância promotores de saúde e resiliência: Um estudo exploratório com crianças em situação de risco. Análise psicológica, 2(24), 217-234.
Hassenpflug, W. N. (2004). Educação pelo esporte: Educação para o desenvolvimento humano pelo esporte. São Paulo: Saraiva Instituto Ayrton Senna.

Koller, S. H. (1998). Violência doméstica: Uma visão ecológica. In AMENCAR (Ed.), Violência doméstica (pp. 32-42). Brasília: UNICEF.

Koller, S. H., & Bernardes, N. M. G. (1997). Desenvolvimento moral pró-social: Semelhanças e diferenças entre os modelos teóricos de Eisenberg e Kohlberg. Estudos de Psicologia, 2(2), 223-262.

Leal, M. L. P., Leal, M. F. P., & Libório, R. M. C. (Org.). (2007). Tráfico de pessoas e violência sexual. Natal: EntreBairros.

Lira, J. B., & Dimenstein, M. (2004). Adolescentes avaliando um projeto social em uma unidade básica de saúde. Psicologia em Estudo, 9(1), 37-45.

López-Cabanas, M., & Chacón, F. (2003). Intervención psicosocial y servicios sociales: Un enfoque participativo. Madrid: Síntesis.

Minayo, M. C. S. (1994). A violência social sob a perspectiva da saúde pública. Cadernos de Saúde Pública, 10(1), 7-18.

Minayo, M. C. S. (Ed) (2001). Pesquisa social: Teoria, método e criatividade. Petrópolis: Vozes.

Morais, N. A. de, & Koller, S. H. (2004). Abordagem ecológica do desenvolvimento humano, psicologia positiva e resiliência: Ênfase na saúde. In S. H. Koller (Ed.), Ecologia do desenvolvimento humano: Pesquisa e intervenção no Brasil (pp. 91-107). São Paulo: Casa do Psicólogo.

Organização das Nações Unidas. (2006). Relatório mundial sobre a violência contra criança. Genebra: ONU.

Poletto, M. (2007). Contextos ecológicos de promoção de resiliência em crianças e adolescentes em situação de vulnerabilidade. Dissertação de mestrado não publicada. Universidade Federal do Rio Grande do Sul, Porto Alegre, Brasil.

Santana, J. P. (2007). Cotidiano, expressões culturais e trajetórias de vida: Uma investigação participativa com crianças em situação de rua. Tese de doutorado não publicada, Universidade do Minho, Braga, Portugal.

Serpa, M. G. (2009). Exploração sexual e prostituição: Um estudo de fatores de risco e proteção com mulheres adultas e adolescentes. Dissertação de mestrado não publicada, Universidade Federal do Rio Grande do Sul, Porto Alegre, Brasil.

Sheldon, K, M., & King, L. (2001). Why positive psychology is necessary. *American Psychologist, 56*(3), 216-217.

Tornero, M. E. M. (2001). Tipos de evaluación. In M. E. M. Tornero, *Gestión de Servicios Sociales* (2. ed., pp. 187-209). Murcia: Diego Marín.

UNICEF. (2008). Situação mundial da infância 2008: Caderno Brasil. Brasília: UNICEF.

Verhellen, E. (2000). Convention on the rights of the child (3rd ed.). Leuven: Garant.

Werner, E. E. (2000). Protective factors and individual resilience. In J. L. Shonkoff, & S. J. Meisels (Eds.), Handbook of early childhood intervention (2nd ed., pp.115-132). New York: Cambrigde University.

Índice

A
Abordagem ecológica do desenvolvimento humano, 23-27
Abuso emocional, 33-42
    consequências psicológicas, 37-39
    intervenção, 39-41
Abuso físico intrafamiliar, 43-53
Abuso sexual, 55-65, 69-78, 94-103, 107-120, 123-132, 221-230, 232-240
    caracterização, 131-132
    consequências, 70-71, 222-223, 232-233
    contra meninos, 107-120
    definição, 69-78
    dinâmicas familiares, 56-60
    entrevista clínica, 221-230
    grupoterapia cognitivo-comportamental, 232-240
    identificação de personagens, 60-64
    padrões de interação abusiva, 56-60
    percepções de meninas vítimas, 69-78
    perpetrado por adolescentes, 123-132
    repercussões neuropsicobiológicas, 94-103
Ações preventivas da violência na escola, 198-200
Acolhimento institucional, 179-182
Adolescentes, 80-91, 123-132, 176-186
    abusados sexualmente por outros adolescentes, 123-132
    infratores, 123-124
    institucionalizados, 176-186
    perpetradores de abuso sexual, 123-132
    violência e formação da autoestima, 80-91
Apoio social, rede de, 27-29, 84
Assédio moral, 140-145
    no trabalho, 140-145
Autoconfiança, 90
Autoestima e adolescência, 80-91

B
Brasil, contextualização, 266-267
    famílias, 176-179
    infância e adolescência no, 266-267
    sociedade, 176-179
    violência contra crianças e adolescentes, 267-268
Bullying, 140, 191, 194-196, 198-200, 203, 204

C
Capacitação de profissionais, 242-251
Cidadania, promoção da, 266-277
Contexto familiar, 19-132
Crianças, 69-78, 123-132, 159-172, 176-186
    abusadas sexualmente, 69-78, 123-132
        percepções sobre a violência, 69-78
        por adolescentes, 123-132
    em situação de rua, 159-172
    institucionalizadas, 176-186
Cyberbullying, 195, 203

D
Desenvolvimento humano, abordagem ecológica do, 23-27
Desenvolvimento infantil, 70-71, 94-96
    consequências do abuso sexual, 70-71, 94-96
    modelo da traumatologia do desenvolvimento, 96-97

E
Enfrentamento e prevenção da violência, 255-264, 266-277
    papel dos profissionais de saúde no, 255-264

Entrevista clínica após abuso sexual, 221-231
  atitude dos entrevistadores, 225-226
  características da revelação, 223-225
  indicadores de veracidade, 227-228
  roteiro semiestruturado, 228-230
  setting, 225
Escola(s), 83, 190-200
  públicas, 203-217
  violência na, 83, 190-200
    bullying, 194-195
    motivação, 196-198
    prevenção e intervenções, 198-200
Estratégias de intervenção, 39-41
  no abuso emocional, 39-41

F
Famílias, 43-53, 55-65
  padrões e dinâmicas no abuso sexual infantil, 55-65
  perfil da violência em, 43-53
Formação da autoestima, adolescência e violência, 80-91

G
Grupoterapia cognitivo-comportamental, 232-240
  e abuso sexual, 232-240
    modelo, 234-240

I
Inserção dos jovens no mercado e violência, 137-145
Institucionalização de crianças e adolescentes, 176-186
Intersetorialidade, 171-172
Irmãos, violência entre, 90
Intervenção(ões), 39-41, 114, 115-119, 167-170, 219-278
  em situações de rua, 167-170
  em situações de violência, 219-278
  no abuso emocional, 39-41

J
Jovens, trabalho e violência, 147-156

M
Meninos, abuso sexual contra, 110-120
Meninas e abuso sexual
  percepções sobre a violência, 69-78
Modelo, 96-97, 234-240
  da traumatologia do desenvolvimento, 96-97
  de grupoterapia cognitivo-comportamental, 234-240

P
Percepções sobre violência sexual, 69-78
  de meninas vítimas, 69-78
Perfil da violência intrafamiliar, 43-53

Políticas públicas, 167-170
  em situações de rua, 167-170
Prejuízos cognitivos, 97-101
  e abuso sexual infantil, 97-101
Profissionais, 242-251
  capacitação, 242-251
    manejo quanto à violência, 242-251
    papel no enfrentamento e prevenção da violência, 255-264
Projetos sociais como intervenção, 268-271
Psicoeducação, 114-115

R
Rede de apoio social, 27-29
Relações de apego, representação mental das, 29-31
Repercussões neuropsicobiológicas do abuso sexual, 94-103
Resiliência, 24, 25, 27, 28, 29, 31, 64, 70, 82, 84, 86, 90, 103, 167, 181, 193, 196, 269
Rua, crianças em situação de, 159-172

S
Situação(ões), 159-172, 219-278
  de rua, 159-172
  de violência, intervenções em, 219-278
Suspeita de maus-tratos, 255-264
  identificação e notificação, 255-264

T
Tecnologia social, 271-273
  cidadania e prevenção da violência, 271-273
Terapia cognitivo-comportamental *ver* Grupoterapia cognitivo-comportamental
Trabalho, violência e jovens, 147-156
  impactos na juventude brasileira, 152-156
Transtorno do estresse pós-traumático, 94-103, 109, 111
  e abuso sexual infantil, 94-103, 109, 111
Traumatologia do desenvolvimento, modelo da, 96-97
Tríade cognitiva, 69-78

V
Violência, 80-91, 138-140, 190-200, 266-277
  e formação da autoestima, 80-91
  e trabalho, 147-156
  enfrentamento, 255-264, 266-277
  entre irmãos, 90
  estrutural, 160-161
  intrafamiliar, 43-53
  na escola, 83, 190-200
  psicológica, 83, 138-140
    no trabalho, 138-140
  sexual infantil, 83 *ver também* Abuso sexual infantil
  situações de, intervenções em, 219-278